方位
読み解き
事典

山田安彦
［編］

柏書房

はしがき

方位に関する事典など今さら必要なのか、と案ずる諸氏もあろう。

方位のことを知っていようといまいと、現在では日常生活にそれほどの不便はない。まったく行ったことのない地域に赴く場合でも、行き先さえ分かっていれば、方位や方向などは分からなくても、交通機関まかせで目的地まで連れていってくれる。

それならば、ますます方位への認識など不要ではないかと思われても致し方ない面もあろう。さらには、やはり方位の事典など意味がないのではないかと思われるかもしれない。

今日、すこしなりとも方位や、その認識と密接にかかわり合う位置や距離といったものを意識しているのは、陸・海・空の交通機関に関係する専業者、土地あるいは場所などに関する専門業種の人々、たとえば測量従事者などくらいであろうし、研究の場に範囲を広げても、宇宙関係の諸科学や、地球関係の諸科学、測地関係の研究者くらいである。普通に想像して、それ以外の人々で方位への認識を必要とする人はそれほど多くはないものと思われる。

こうしてあらためて考えてみると、いったん稀薄になった一般の人たちの方位への認識を、ふたたびすこしでも共通の認識としてゆくことは、非常に困難な状況であると思わざるをえない。しかし、それゆえにわれわれはこの方位の事典を企画したのだということもできる。

ここで、ひとつ方位に関して、非常に基本的なことを確認しておこう。

方位を認識するためには、まず方位を定めるための原点となる自分の位置がどこにあるのかをはっきりとさせる必要がある。さらには、その原点から方位を定めるための基準となる対象物が必要である。そうしてはじめて、自分の位置と対象物に意味があたえられ、そのあいだに距離が生まれる。だから、方位と位置および距離はそれぞれ別個のものではなく、相互に補完した属性として考えるべきものである。

宇宙のなかにあって、また地球上において、さらに地域において、宇宙観、地球空間論、地域空間論、方位観、位置論などの問題の本質を理解するためには、こうした方位と位置への正確な認識が必要となってくるのである。

本書をお読みいただければわかるように、それらは遠古の昔から現在にいたるまで、われわれの先達たちが思索を重ね、試行錯誤してきた課題であり、そのなかでわれわれがアイデンティティーとして確立してきたものなのである。


私事になるが、筆者は地理学の一分野である歴史地理学を長年学んできた。この地理学という分野ほど、ここ数十年間で変貌をとげた学問は他に類を見ないのではなかろうか。

たとえば、宇宙学やコンピュータの発展により今までの地図観が一変したことは注目に値する。従来ならば、自分の位置は地球上において、しかも漁民の山アテなどに見られるように、ある程度目に届く範囲でのみ認識された。それは、見渡すかぎりの大海原をゆく古の遠洋航海者が、星空を眺めて自分の位置を知ったことにしても変わらない。

しかし、今日ではすこしばかり様相が違う。カーナビゲーションなどのように、自分の現在の位置からは見ることができない周辺の地域一帯の状況を知ることもできれば、衛星を通じて地球を鳥瞰的に外側から観察することまでできる。自分の存在を中心にして、自分の周辺をも含めて、地球上の位置を確認することになった。

さらに、輸送手段や情報技術は高度化し、それにともない価値基準は多様化し、人間社会自体も著しく流動している。そうなると、人間が関係する空間そのものの意味も大きく流動化してくるのである。

一九八〇年代以降、人間生活にかかわる空間はグローバル化の一途をたどり、また大企業建設や流通センターのための広大な土地利用などに見られる空間の消費という地域空間現象や、メディア空間なるイメージも、日常生活のレベルで現実のものとして経験化されている。

このような空間の流動化に対して、地理学はどのように対処するのかという思いが私のなかにはつねにある。従来の地理学が、物資や情報、人口、諸施設などが配置されている構成理論を究明してきたとするならば、今考えなくてはならないのは、スタティックな空間構造を基礎におくのではない、空間の流動性や変容性をまるごと認識するパラダイムを構築するぐらいのスケールをもった、空間の捉え直しをいかにおこなっていくかということであろう。

それでは、このように地理学の考え方も大きく変化するなかで、方位だけは不変なのものでありえるのだろうか。そうであるならば、その意味するものは何なのか。そもそも不変なものとは何なのか。いずれにしろ、その意味を追求することはあながち無意味だとはいいきれないのではないか。

方位を通じて、われわれとともに考えようではないか。

二〇〇一年五月　　印旛沼の畔に立つ陋屋にて

山田安彦

《方位読み解き事典……目次》

第3部　生活と方位

第4部　考古・歴史と方位

第5部　世界各地の方位

序

方位という視点でものをみる

方位とは——本書読解にあたっての覚書

空間と時間

人間という存在を考える場合、空間と時間を無視することはできない。

空間と時間は物質の存在を知る根本的な要素である。静態的に考えると、空間と時間とはまったく概念の異なるものになる。空間のなかに時間はなく、時間のなかに空間はない。しかし、人間を主体として考える場合、すなわち人間そのものの存在を考えた場合、空間と時間は人間の属性としてともに無視しえないものである。さらにいえば、空間のなかに時間はあり、時間は空間化されるのである。

こうして人間は存在しうるし、それにより人間は空間のなかに距離的認識をもつのである。仮にその距離的認識を大きく分けると、①密接的距離[★1]、②個体的距離[★2]、③社会的距離[★3]、④公的距離[★4]という四種をあげることができよう。

さらに、人間社会は居住する自然環境に影響を受けることによっても空間認識をもつ。今われわれは、自分の居住する自然環境が地球上にあり、その地球は自転しながら太陽の周囲を公転しているのだという知識をもつ。

また、さまざまな文化や宗教が分布する現在、先に述べた四種の距離認識と空間認識によって、各民族の方位認識は多彩なものとなり、価値認識も多様化していく

★1 **密接的距離** 保護や保育、愛情など、自他の区別を越えて心理的な密接さを表す距離。

★2 **個体的距離** 個人として、他者と恒常的に保たれる距離。

★3 **社会的距離** 個人的にではなく、社会的要件を処理するときの距離。

★4 **公的距離** 公の場でとられる距離。

のである。

方位と位置・距離

地球が自転しているという知識を得る以前には、当然のことながら東から日が昇り、西に日が沈むという自然現象の経験を得ることが根本にあった。アイヌやアフリカの諸民族に南北の認識が希薄なことを考えると（「アイヌ」「アフリカ」の項を参照）、南北より東西の認識が、より方位として早く認識されていたことがうかがえよう。

また、地球が太陽の周囲を公転しているという知識を得ることは、ある方向が一定の基準、たとえば今自分のいる位置に対してどのような角度（方位角）と距離にあるのかという認識が芽生え、方位が明確な存在となって認識されることが根本にあった。そうした経験を経て、人間は自らの位置とそこからの距離や方位に対する認識をもちえてくるのである。

それでは、具体的にどのようにして人間は方位を認識しえたのであろう。方位を示す方法としては、主に四主点と四隅点★5が使用され、東洋ではそのほかに十干十二支の利用がよく知られている。

一般には正東西南北、いわゆる四主点を基準にするが、民族によっては各々のもつ歴史や文化、基幹産業の再生産やその豊穣の祈願などにより、独特な方位が定められる場合が多い。

たとえば、水田農耕が基幹となる場合が多い東洋社会では、太陽の光と水をもっとも必要とするので、どうしても東か南、あるいは東南、または冬至の旭旦方位を

★5　**四主点と四隅点**　四主点とは、正東西南北の方位点のこと。四隅点とは、東北・東南・西南・西北の方位点のこと。

基準とする社会がでてくる。その一つが古代日本の社会である。

古代日本の社会では、四主点方位のほかに十干★6や十二支★7が用いられていた。現代では、それらは一六あるいは三二に等分され、北を基準にして東廻りに区分されている。易では北から東廻りに坎《かん》・艮《ごん》・震《しん》・巽《そん》・離《り》・坤《こん》・兌《だ》・乾《けん》と八等分にする。前近代における測地学や天文学などのように、当時において最先端の精密さを要する場合、このような詳しい方位角が利用されたのである。

そのほか、方位は空間的な方位認識だけにではなく、陰陽五行説★8や十干十二支、易の八卦を配して、人間の禍福の占いや人生の進路・方針、物の見方・考え方などを鑑定することに使用された。歳徳神《としとくじん》・金神《こんじん》などの方位神や、恵方《えほう》（吉方・兄方とも）、鬼門《きもん》などはよく知られる例である。

また、古くからの日本の言葉にも「方角が立たない」「方角を失う」「方角が付く」などという言葉がある。「方角が立たない」とは方法がみつからずに方策が立たない意を表す言葉であるし、「方角を失う」とは目標を見失うことをいう。一方、「方角が立つ」とは見通しがつく、見当がつくという意味を表す言葉である。

このように、方位に対する意識・無意識は人間生活の根幹をなしているのである。

太陽と方位測定

太陽が崇高な神として信仰対象にされていたことはよく知られているが、さらに太陽の運行方向と地球上からみた日昇・日没の方位も重要な信仰対象とされていた。

古代インド・アーリア人の最古の文化を伝えるバラモン教の経典『リグ・ヴェー

★6 **十干**　陰陽五行説により木・火・土・金・水の五行を兄（エ）と弟（ト）に分け、甲（キノエ）・乙（キノト）・丙（ヒノエ）・丁（ヒノト）・戊（ツチノエ）・己（ツチノト）・庚（カノエ）・辛（カノト）・壬（ミヅノエ）・癸（ミヅノト）の十種に区別した。その総称が十干である。「風水」の項などを参照。

★7 **十二支**　方位・時刻・年月日を表すため、子（ネ［鼠］）・丑（ウシ［牛］）・寅（トラ［虎］）・卯（ウ［兎］）・辰（タツ［龍］）・巳（ミ［蛇］）・午（ウマ［馬］）・未（ヒツジ［羊］）・申（サル［猿］）・酉（トリ［鶏］）・戌（イヌ［犬］）・亥（イ［猪］）の十二種の動物名を用いた。その総称が十二支である。

★8 **陰陽五行説**　中国から飛鳥時代に伝来した思想。天文暦法と深いかかわりをもち、吉凶を占い、呪詛をおこなうなどして、平安

ダ』によると、太陽神スーリヤは地上のすべてに崇められ、地上全体を見守る神として記述されており、人間の社会生活すべての行為を注視する存在である。その存在を象徴する日の出は、夜の暗黒や不信感を払拭し、祭式そのほかの活動を促進して、個体と種族の維持をも意味すると信じられていたのである。

概観的にいえば、アーリア人の天文学や仏教学的宇宙観では、地球は円形の平面で、その中心にメール・スメール山があり、その上に天空があって、天空には太陽をはじめとする天体が円運動していると考えられていた。

アーリア人が集落を建設する場合（図1）、この宇宙観にもとづいて、太陽の運行方向や日昇・日没の方位のほか、地割・地下水・表層地質などの土地条件を集落の立地する目的に合うように選択して、地上面における二点の測定地点が決定されていた（図2）。そこには独自の太陽信仰と方位概念があったはずであるが、どういった理由でこの二点の測定地点が選定されるのかは明らかではない。この問題については、長年にわたり議論されてきたが、いまだに明確な解答を得られていないのである。

このように太陽を信仰対象とする社会をみてくると、方位の決定が生活基盤に根ざした重要な祭祀行事でもあったことが分かってくる。とくにアジアモンスーン地帯の農耕民族にとって、光と温度の源泉である太陽の出没は最大の関心事であった。そのために、方位を正確に測定することが考えられたといっても過言ではない。

そのもっとも始原的な方法を一つ紹介してみよう（図2）。水平の地面に垂直な

時代に全盛を極めた。

図1　アーリア人の理想的集落形態（Begde, P. V., *Ancient and Mediaeval Town-Planning in India*, Sagar Publications, New Delhi, 1978）

棒を立て、その陰影が午前・午後とも等しい長さになる両先端を結べば、その線分は正東西を指示することになる。つぎに、垂直棒の地点と太陽の午前・午後とも等しい長さになる陰影を結んだ線分の中点とを結べば、正南北を指すことになる。これは中国の古文献『周髀算経』『周禮』にも記載された方位測定方法である。

　このようにみてくると、太陽信仰と方位の測定は密接不可分な関係にあり、かつ方位を知るうえで基本となっていたことが分かるのである。これらの具体的事例に即した実証については、後出する各執筆者の文章からも明らかになることだろう。

参照にあたって

　ここで、この事典を手に取られた読者の方が、いったいどのようにして利用したらよいのかを示しておこう。一般に辞事典類というものは、知りたいと思う用語や事項に関する項目を参照すれば、それで用件は足りるわけであるが、本書はそのような細切れの理解を目指すものとは大きく異なっている。本書の場合、そうした一般的な理解は、当初より目的とはしなかった。

　もし仮に、用語や事項が秒的時間、分的時間、時間的時間という三つの時間枠のなかで調べられるとしよう。一般的な辞事典類では、用語や事項は秒的単位で簡単に検索することが可能であり、分的単位で用件が足りる場合がほとんどである。

　しかし、検索事項によっては、調べるのに一、二時間、あるいはさらに時間を要する場合がある。本書の場合、それが後者に属することは明らかであろう。いずれにしろ辞事典類は、最終的に自分が知りたいことに関して理解が深まればよいのである。

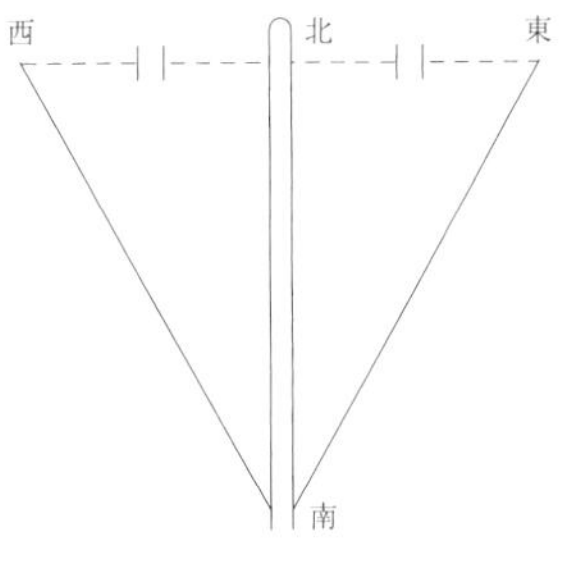

図2　始原的な方位測定法

この事典の場合には、まず一つの文章を任意に選んで読み、一つの文章で分からないことがあったときには、テーマごとに並んだほかの複数の文章を、興味に応じて拾い読みしていっていただきたい。そして、さらにそのあいだの関連性を考えることで、より深い理解へと到達していっていただければと思う。

さらなる理解のために

ただ興味に応じて……というだけでももちろん構わないが、もうすこし突っ込んだ読み方も可能である。それは、系統的に各項目を読み進めていく方法である。たとえば、グローバルかつローカルな観点で読み進めていくには、自然環境との関係で調べれば取りかかりやすいかもしれない。その取りかかりは何でもいいが、そこから読みを発展させていくのである。

自然環境という語の連想から、最初は「気候」などから読み始めるのがよいが、つぎには「気候」と風土との関係はいかがであろうかと興味の幅を広げ、その視角から各地域の文章を読み進める。読み進めながら、さらには世界の民族、地域文化、史的関係などを探求していけばどうなるか、と考えていただきたい。

一例として「風名」を取りあげてみよう。「風名」を読むと、日本の風にはさまざまな名称があり、夏の季節風としてヤマセという北東方向から冷風が吹き込むことがわかる。このために冷害がもたらされ、日本の場合には、北東の方角を鬼門というようになった。

しかし、中国では日本の場合と鬼門の方位の意味が若干異なる。文字通り「鬼門」とは鬼の出入りする方角、つまり悪霊のいる方位とされ、北東が鬼門とされたが、また、中国における鬼門は、外敵の侵入する方位とも解釈された。

　したがって、家相ではこの方角に便所、風呂、厩をつくることを避けている。その方角に悪臭のするもの、不衛生なものを置くと、風による影響があると考え、これを避けたのである。このことは、「民家」「便所の位置」「中国古典文学」などを参照するうちに理解されてくることであろう。

　このように、探究心を携えて、さらなる理解へと進んで欲しい。

自文化への視点

　また、自文化への視点をもつことも重要である。わが国の場合、古代からの方位信仰――冬至の旭日日昇方位の信仰――があり、「神道」などを参照すると、その信仰が根強いものであったことが理解できる。あるいはまた戌亥隅への信仰もあり、「民俗」「日本古典文学」などを参照すれば、その関連性を把握することができるであろう。

　奈良の平城京や京都の平安京の四神相応はよく知られているが、この伝統的な現象が、「鎌倉」や「江戸」などをみると、程度の差こそあれ、ほかの都市にも古代の都城にみられた思想が、後々まで意識されていることが看取されるし、「近代都市」をみれば、それまで生き延びてきたそうした思想が、近代思想のもとに一掃されたという感を深くしよう。

　「琉球」では、大きく分けて民俗方位と風水方位の二つがあることが紹介されている。また、方位についてもさまざまな名称があり、歴史的な要因により名称体系の混同がみられることが分かる。

「農業」などを参照して生活の面に目を向ければ、方位を意識せず、意識したとしても日常生活において当然のものと考えられている場合、日照方位や地割方位と畦・畝の方位が関係していたり、また、耕地の傾斜により地割や畦・畝の方位が関係したりすることが分かる。とくに山村の農業では、「日向」斜面と「日陰」斜面が明確に分けられ、生産や生活において太陽との関係がきわめて重要である。

異文化への理解

またグローバルな視野でみた場合の自然環境は、日本国内だけをみても東と西では異なるし、世界の各地域においても当然異なるものであるが、その影響を受けて生まれた文化も、それぞれの特色を帯びたものとなる。

たとえば、方位を色彩に置き換えた場合の対応関係をみると、同じ方位でも地域によりまったく異なる。「メソアメリカ」の脚注に簡単な一覧として設けたが、中国の場合とマヤ文明の場合、メキシコの場合とでは、相互に似たような対応関係はあるものの、おおむねはそれぞれ異なった対応関係を示す。これなどは、「メソアメリカ」「中国古典文学」「風水」などを対照しながら読み比べることにより、いっそうの興味と理解を広げていただけるものと思う。

また「メソアメリカ」には、マヤ人の水平的方位と垂直的方位とが複合した独特な方位観が紹介されている。マヤ人の三次元的宇宙観、三次元的方位は、小宇宙である人間身体との対応が認められるという。これなどは「北アメリカ」で紹介された「慈母の砂絵」との関連を想起させる。

「北アメリカ」には、相対的な二分法的方位の例が紹介されている。川の上流と下流を方位の基準とするところなどは、「アイヌ」で紹介された事例と相通ずるものがあり興味深い。「インド」には、東西南北にある四仏の配置が時代により異なることが紹介されている。そして、さらにわが国の四天王や仏像の配置と考えあわせると、かならずしもその配置が同じではないことが理解できる。「イスラエル」についてみると、東西南北の風に番号が付され、その番号の順番が、その方向にある周辺民族に対する敬意の表れの順位でもあったことが紹介されている。ところが、いわゆる旧約聖書による方位は、居住地の地形環境によって相対方位を利用している。風については「オリエント・ギリシア」「風名」などで主に紹介しており、比較の対象として興味深いものである。

各論について取りあげればきりがなく、ここで全稿を紹介できるものでもないが、方位というものが、地域とか民族によってさまざまな体系によって捉えられていることは理解していただけたと思う。さらには、一見するとまったくかかわりのない地域間に相通ずる理解が潜んでいる場合があることを、読者の方はほかにも読み進めるうちに何回となくみつけられるであろう。本書を繙くことは、異文化を多角的に理解するうえでも重要な示唆を与えるものと信ずる。

参照項目の利用

ここまで、各稿の関連性をみながら、いくつか読み方の例を紹介してきたが、より手っ取り早い読み方も可能である。脚注に付された「…参照」を活用していくのである。実をいうとこれは、筆者が編者として原稿へ目を通すにあたって、重複と思われる箇所が見受けられたさいに、あえて原稿にはあまり手を入れずに、他の文章と比較しうるようにとの趣旨でもうけたものである。

たとえば、五行思想などは本書において頻出する用語の一つである。これなどは「中国古典文学」で解説すべきかとも考えたが、「風水」「日本古典文学」などのほか、一見関係のうすいと思われる「メソアメリカ」などでも言及し、先述のように方位と色彩の対応関係の表までもうけた。

文章を読めば分かるように、こうした類の重複は、それぞれの文章のなかでは故のあることであり、文脈上、当然必要と思われた。そこで、先述のように無理な削除や書き換えなどはおこなわず、極力、脚注に「…参照」という形で他とも比較しうるように考慮したのである。

それ故に、読者が拾い読みするさい、この「…参照」に応じて、ある執筆者の分担する文章から他の執筆者の分担する文章へと、拾い読みを進めても一向にかまわない。

これまでいくつかの読み方を紹介してきたが、もちろんこれがすべてではないし、読者を拘束するものでもないことを申し添える。

（山田安彦）

【参考文献】 山田安彦『古代の方位信仰と地域計画』古今書院（一九八六）／山田安彦編著『方位と風土』古今書院（一九九四）／山田安彦『ケントゥリア地割と条里』大明堂（一九九九）

第1部

地理と方位

日本の地名——歴史的な政治色がみられる方位地名

地名と人名

明治から昭和戦前期にかけて活躍した歴史学者喜田貞吉は、自分の姓を説明してつぎのような内容を述べている。

徳島県の農村の出身。生家はムラの北部にあるのでキタといわれてきた。明治になって士族以外も姓を称することになり〔国民皆苗[★1]〕、この通称を姓にした。農民は田を喜ぶので喜田の字をあてた。

すなわち、彼の姓は方位にもとづくものであること、方位にもとづいた姓でも、東西南北以外の字をあてることもあったことを知ることができる。

わが国では多くの人の姓が先祖の出身地の地名であり、ときには開発功労者の名が地名になることもある。地名と人名とは関係が深い。わが国では地名の研究のみがさかんで、地名の研究会や地名の雑誌[★2]ができているが、欧米では地名のみならず、人名そのほかの固有名詞を総合してOnomastics（名称学）としている場合が多い。

本稿でも地名だけでなく、人名そのほかの固有名詞にも言及することにする。

絶対方位と相対方位

関連地名を整理して、絶対方位による地名と、相対方位による地名に分けてみる。

★1
国民皆苗　一八七五年（明治八）、太政官布告二二号により、平民も姓を称することが義務化され、今まで姓のなかった者は新しい姓を名乗ることとなった。

★2
地名の雑誌　昭和三〇年代に日本地名学研究所地名学研究会により『地名学研究』が発刊されたが、現在これにかわるような雑誌は発行されていない。

前者では東西南北のつく地名が普通であるが、十二支[★3]のつく地名にも注意する必要がある。子《ね》を北として、時計回りで十二支で方位を示す方法がある。帆船時代の港近くには、船頭が登って天候、とくに風向を見る山があって日和山と呼ばれ、南波松太郎によると、そこに据えられた石（方角石）の表面には十二支で方位が記されていることが多いという。地名においては、東西南北はよいが、その中間の方位の場合は地名にしにくいので十二支が使われる可能性がある。東南をタツミ（辰巳だが巽の字をあてる）、北西をイヌイ（戌亥、乾の字をあてる）などとするのがそれだが、さらにほかの字をあてることも考えておく必要がある。犬居（静岡県）も方位地名かもしれない。奈良市に辰市という地名がある。十二支のつく市場地名は全国でもここだけである。平城京の東市の跡で、平城京全体での位置関係は東南東（辰）にあたるので、それにもとづく地名と解しているが、確証があるわけではなく推察の域をでない。十二支は年、月あるいは時間を示すのにも使われるので慎重に扱う必要がある。午新田《うまのしんでん》のような場合、午は方位よりは開拓年次を示す可能性が大きい。

相対地名とは基準になる事物に対して方向とか遠近を示すもので、上下、前後、遠近等を冠するものである。その実例はあとで述べる。

五畿七道　古代に五畿七道というのがあった。この道は、道路名であるとともに、この道路によって都に結ばれる国々のブロックも意味した。七道のなかに方位を冠する東海道・東山道・北陸道・南海道・西海道の五道があった。これら

★3　**十二支**　一二頁脚注ほか参照。

の名称はその時代だけでなく後世にも影響を残している。

東海道は、道路名として中世にも近世にも使われ、明治になっても東海道線、東海道新幹線と鉄道の線名として現在にいたっている。地域名称としては、古代より縮小されて、静岡、愛知両県とその近隣をふくむ地域を東海地方と呼んでいる。東海自動車、東海大学など官庁、学校、企業、団体名としても多く使われている。

北陸道については福井、石川、富山の三県、ときには新潟県もふくめて北陸地方といわれるし、街道名、鉄道の線名としても使われる。北陸を冠する名称の企業等も多い。

南海道は、本来は紀伊、淡路、四国の区域であるが、現在は和歌山県以外に使われることがない。明治期に開通し、今も存続する南海電鉄の影響が大きい。ほかにも南海を冠する名称の企業等は多いが、ほとんど和歌山県内に限られている。

西海道とは九州全域のことであったが、今では西海国立公園、西海橋、西海町等、長崎県の一部に西海の語が使われるだけである。

また、九州を指して鎮西の語が使われたことがあり、佐賀県には鎮西町がある。

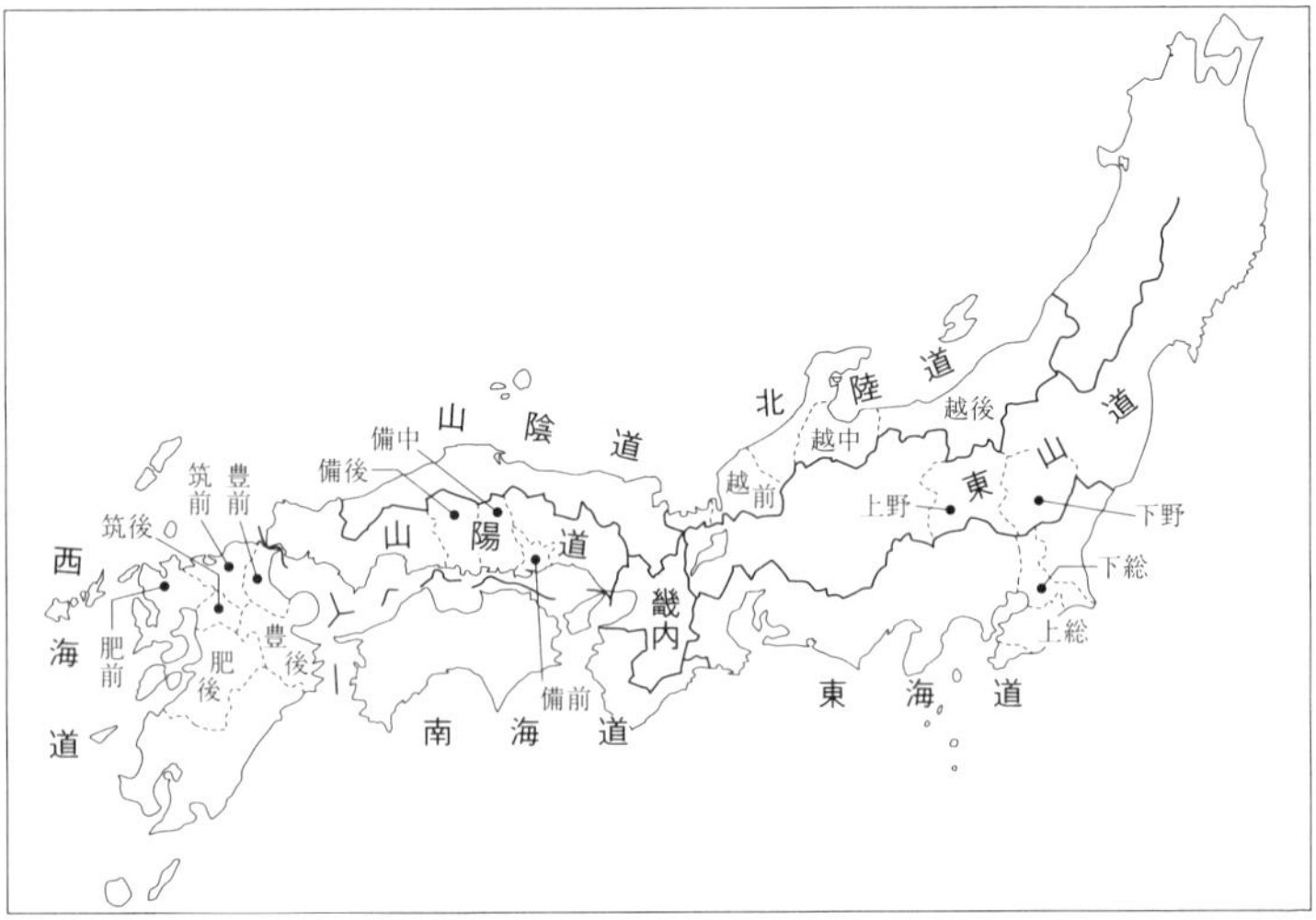

図1　畿内七道と遠近を表す旧国名

東山道は、道路名としてははやくから中仙道にかえられ、後世にほとんど影響を残さなかった。

明治になって、蝦夷地《えぞち》を改め北海道としたが古代の七道を意識しての命名であることはいうまでもない。

関東と関西

七道とは別だが関東と関西の語★4も広く使われる。関の東西の意であるが、ここでいう関とは箱根ではなく、古代の三関（鈴鹿・不破・愛発《あらち》）のことである。したがって、当初の関東は今の関東地方（一都六県）よりはるかに広い地域を意味していた。

関東・関西を冠する名称の学校、企業、団体は多数ある。関東と同じような言葉として坂東《ばんどう》（足柄峠以東の意味）というのもかつてはかなり使われ、利根川を坂東太郎といったりしたが、現在では俳優の芸名に残る程度で、ほとんど使われなくなっている。また、ある時代には東国、西国の語も広く使われた。

明治以降、東北地方という言葉ができ、今も広く使われている。学校、企業、鉄道の名称で東北を称するものが多い。これに対し、西南の方は西南学院大学（福岡市）がある程度で、西南地方というのはない。

旧国名にみる方位

県名に方位関係のものはないが、古代以来の国名に都からの遠近を意味する上下、前中後のつく国名が少なくない。上総《かずさ》と下《しも》総《うさ》、上野《こうずけ》と下野《しもつけ》、越前《えちぜん》と越中《えっちゅう》と越後《えちご》、丹波《たんば》と丹後《たんご》、備前《びぜん》と備中《びっちゅう》と備後《びんご》、豊前《ぶぜん》と豊《ぶん》後《ご》、肥前《ひぜん》と肥後《ひご》、筑前《ちくぜん》と筑後《ちくご》がそれである。

★4 **関東と関西**　企業、学校、団体等の名称は、東京付近では東京が優勢で、関東は東京よりやや離れたところで多く使われる。

関東鉄道（茨城県）、関東学院大学（神奈川県）、関東学園大学（群馬県）などである。関西とほぼ同じ区域を指す近畿という言葉があるが、関西のほうがより親しまれているようで、近畿を冠する企業、学校は、関西を冠するものより後発である場合が多い。

明治になってもこうした遠近感は残っていて、陸奥《むつ》と出羽《でわ》を分割した陸前《りくぜん》、陸中《りくちゅう》、陸奥と羽前《うぜん》、羽後《うご》ができた。

また、越前と越中は隣接せず、その間は加賀と能登がある。この両国は当初からのものではなく、加賀は越前の一部を、能登は越中の一部を分割して、設けられた国である。

近江《おうみ》・遠江《とおとうみ》は近いウミ、遠いウミの意味で、大きな湖（琵琶湖・浜名湖）をもつ二つの国を都からの遠近でつけた国名である。

県内を分割する地名

県内を二分、三分する場合の通称にも方位関係のものがある。これは公式のものではなく、また県外では知られていないが、県内では普通に使われる言葉である。

福井県の嶺北・嶺南、これは北陸トンネルの通る山地の北か南かで分けている。富山県の呉東、呉西は、呉羽山丘陵を境に東西で分ける。新潟県の上越、中越、下越は、都（京都）に近い方から、すなわち南西から北東へ、佐渡を除いた県内を三分する。ちなみに、鉄道の上越線はまったく別の発想（上州と越後を結ぶという意味）による命名で、上越線で到達する長岡は上越地方ではなく中越地方に位置する。上越市（高田市・直江津市を主体に合併）を通るのは上越線ではなく信越線である。

旧国名の一字を利用した、たとえば三河（愛知県）を二分して東三、西三、讃岐（香川県）を二分して東讃、西讃という呼称は各県で広くみられるところである。群馬県では東毛、西毛というようないい方をするが、この毛とは上野、下野に分割される以前の、さらに古い国名毛野国《ケヌノクニ》にもとづくものであり、伝統の強さには驚かされる。

神奈川県の相模湾沿岸地方を湘南というが、これに対応する湘北はない。和歌山県の南部を、主として観光の面から南紀といっているが、県の北部を北紀ということはない。紀北ということがあるが、南紀とはニュアンスが違う。

愛媛県では、旧国名にもとづく東予、中予、南予がよく使われるが、都からの遠近による道前、道後といういい方もある。道後といえば、温泉として全国的に著名であるが、地域名称でもあり、松山付近の平野を道後平野といっている。隠岐では島前、島後に二分しているが、往年の交通で本土からの到達順序によりつけられた呼称である。

房総半島の西側と東側を指して、内房と外房という語が定着している。東京からみて内側か外側かというだけでなく、波静かな東京湾側と波の荒い太平洋側のイメージにも合う。鉄道の線名も、当初は房総西線・房総東線だったものが、一九七二年（昭和四七）に内房線、外房線に改められた。

滋賀県では琵琶湖を中心に湖東、湖南、湖北、湖西と呼ばれ、ＪＲ湖西線もある。

都市の地名

東京の「東」は、旧来の首都京都に対しての東である。明治期には京都を西京《さいきょう》ということが多かったが、今では使われなくなった。中仙道の妻籠《つまご》宿（長野県）には一八八一年（明治一四）に建てられた大きな石の道標があり、「西京へ五十四里半、東京へ七十八里半」とある。

また、京都に対して奈良を南都ということがある。南都（興福寺）北嶺（比叡山延暦寺）以来の古い言葉である。

さらに、宮崎県には西都市がある。市域内にある、特別史蹟にも指定されている西都原《さいとばる》古墳群にもとづくもので、都市名としては昭和三〇年代以降で新しい。しかし、東京や京都に対する西の都という意識はない。

右の例にとどまらず、方位乱用の地名★5ともいうべき例は、枚挙にいとまがない。大阪市の東側の東大阪市、広島市の東の東広島市は当然の市名であるが、東松山市（埼玉県）や東久留米市（東京都）の近隣には、松山市も久留米市もない。これは、四国の松山市、九州の久留米市との混同を避けるためで、東を冠したのはどちらも市制施行時からで、それまでは松山町・久留米町だった。駅名は、前者を武州松山（東武鉄道東上線）から東松山に改め、後者は開業当初から東久留米（西武鉄道池袋線）だった。

東広島市は市制施行前は西条町だった。西条市にしなかったのは、広島市の東であり、広島大学の移転先でもあったが、隣の愛媛県の西条が先に西条市になっていて、混同を避けるという意味もあった。駅名は、山陽線は今も西条、新幹線は東広島、愛媛県の西条は伊予西条（予讃線）である。北条、南条、東条、西条の地名は各地にある。いずれも条里制施行地で、条里関連の地名である。

都市内部の地名

都市内部の地名として、まず政令指定都市の区の名前として東区、西区、南区、北区が各地にある。たとえば、北区は札幌、東京、

★5 **方位乱用の地名**　上記に加え、さらに次のような例もある。保谷市と田無市が合併してできた西東京市は、二十三区よりは西だが、通常、西東京といえば八王子・青梅付近を指し、東京都全体からみれば西部ではない。「東京」という言葉自体、西の京都に対する命名であることを考えると、西東京というのは「東京」の原義が忘れられたものだといえよう。

また、京浜急行の北品川駅はＪＲ品川駅の南にあるが、これは東海道品川宿の北側に位置することからつけられたものである。ちなみに、現在のＪＲ品川駅は品川区ではなく港区内にある。

浦和市内の駅名などもたいへん迷う。浦和駅（東北本線・京

名古屋、大阪、京都、神戸にみられる。

旧城下町では城東、城西、城北、城南が各地にある。大阪市に今も城東区があり、東京にも以前は城東区があり、城東電気軌道もあった。東京では、墨田川以東の意味で墨東という言葉があり、永井荷風の名著『濹東綺譚』が生まれた。濹東という区はないが、江東区がある。

京都では洛東、洛西、洛北、洛南、洛中の呼称がある。洛は首都の意味で、豊臣秀吉が設けた御土居《おどい》を境に洛中、洛外を区別する。しかし、これらは区名にはみられない。京都の区名は北区、南区、上京区、中京区、下京区、右京区、左京区、西京区、東山区と一一区中九区までが方位関係で、関係がないのは伏見と山科の二区のみである。西京区とは、京都の西の意味で、前記の東京に対する西京《さいきょう》ではない。読み方も「にしぎょう」である。上京、中京、下京は、高い方から低い方へ、すなわち北から南へと並ぶ。右京・左京は南に向いたときに西側が右京で、東側が左京である。西陣は応仁の乱で山名宗全ひきいる西軍の陣地が置かれたことにもとづくもので、ここで生産される西陣織で知られている。

山の名称

個々の山にではなく、山脈とか山地に方位を表す名称がつく場合がある。

日本アルプスの北アルプス（飛驒山地）、中央アルプス（木曾山地）、南アルプス（赤石山地）などが代表的な例である。

京都をめぐる山地は東山、西山、北山と呼ばれる。東山は三十六峰として知られ、大文字の舞台でもあり、とくに親しまれている。西山の山麓には粟生の光明寺があ

浜東北線）は当然としても、そのほか北浦和（京浜東北線）と南浦和（京浜東北線・武蔵野線）、東浦和と西浦和（武蔵野線）、と東西南北すべてそろっているほかに、武蔵浦和（武蔵野線・埼京線）と中浦和（埼京線）まである。

り、この寺を中心に浄土宗西山派が成立している。北山は銘木の育成がさかんで、北山杉として知られる。

富士山につぐ第二の高峰は北岳（三一九二メートル）であるが、白峰山中の一峰で、間《あい》ノ岳、農鳥《のうとり》岳と合わせて白峰三山と呼ばれる。続く第三位は奥穂高岳（三一九〇メートル）で、北穂高岳、前穂高岳、西穂高岳と一括して穂高岳と呼ばれる。北・西のほか、登山口からの遠近で前・奥の語が使われる。

日光には前白根山・奥白根山があり、草津の白根山と区別するために、総称して日光白根山とも呼ばれる。

河川・湖沼の名称

北浦（茨城県）に対する南浦はないが、霞ヶ浦には西浦の別称がある。この場合の浦は湖の意味だが、一般に浦という語は臨海漁村の意味に使われる。

西湖《さいこ》は、富士五湖中の西部ではなく中央部に位置する。これは富士五湖の西部という意味ではなく、東隣の河口湖に対して西側に位置するという意味である。

琵琶湖南東岸にあった内湖、大中之湖と小中之湖は干拓されたが、小中之湖の西部は残されて西の湖《にしのこ》と呼ばれている。水郷風景で観光に一役買い、淡水真珠養殖もおこなわれている。

日光にも西《さい》ノ湖《こ》がある。中禅寺湖の西にある小さな湖である。福井県の北部には北潟湖がある。

城下町小浜（福井県）は、二本の川の河口に位置する。北川と南川である。多摩川の支流秋川の上流は北秋川と南秋川である。同様に、多摩川の支流である浅川も、北浅川と南浅川が合流したものである。西川（新潟県）は信濃川の分流で、本流の西側を流れる。西川町が新潟県と山形県にある。新潟県の西川町は西川の川沿いの町という意味だが、山形県の西川町は、西山村・川土居《かわどい》村の合併にもとづく合成地名で、西川という川があるわけではない。秩父山地の東側は江戸向けの用材生産がさかんで、西川材と呼ばれた。しかし、西川という川があるわけではなく、入間川（上流は名栗川）や高麗川を利用して筏で運ばれたものである。江戸からみて西の方の川という意味で、この名がついたものと思われる。

新河岸川（埼玉県・東京都）には内川の別名がある。本流荒川の内側（西南側）を平行して流れることにもとづく名称で、「内川の九十九曲り、船頭の猫背を入れて百曲り」といわれ、河川改修以前には蛇行が著しかったことや水運の盛大であった様子を知ることができる。川越と江戸を結ぶ交通路として、利用度は本流の荒川以上だった。

（中島義一）

【参考文献】喜田貞吉『喜田貞吉著作集13学窓日誌』平凡社（一九七九）／鏡味明克『地名学入門』大修館書店（一九八四）／南波松太郎『日和山』法政大学出版局（一九八八）／深田久弥『日本百名山』新潮文庫（一九七八）／浮田典良・中村和郎・高橋伸夫『日本地名大百科／ランドジャポニカ』小学館（一九九六）／山口恵一郎『地名を歩く』新人物往来社（一九七六）

近世日本の地図——日本人の方位観はいかに形成されたか

地図は北が上か

地図は北を上にして作られるものという誤った固定観念が広がっている。地図の発達史をみると、地図の向き（マップオリエンテーション）には時代性と民族性があって一様ではなかった。いうまでもなく、球面にはもともと、上も下も、初めも終わりもないのであって、地図の向きをどのように作ろうとも自由なはずである。方位は空間をとらえるためにまったく便宜的に定めたものであるため、地表の全部ないしは一部を平面上に縮小して図示する地図の作製においては、どの方向を基準にしなければならないという絶対的な原則はありえない。

しかし、地勢図や地形図[★1]あるいは海図などのように、世界や一国全体など広い範囲を統一的様式で分割して作図する場合は、地図の方向をそろえる必要がある。また、地図の利用にも、慣れの点から向きをそろえたほうが便利であろう。そのようなことから、西洋では地中海の航行に用いられた海図（ポルトラーノ[★2]）が、羅針盤の扱いやすさを考えて北向きに作図されたことなどが影響して、ルネサンスのころより北を上に向ける作図法が一般化した。

★1 **地勢図・地形図** 地勢図は県域などある程度の広がりを範囲にして地表の概要を表現した一般図。地形図はより狭い範囲にて地形・水系・集落・耕地・交通などの状況を詳細に表現した一般図。わが国では国土地理院の発行する二〇万分の一の地図が前者、五万分の一と二万五千分

作図用式の通例化

　ところで、わが国でも明治期に西洋諸科学を本格的に受け入れて以降、あらゆる地図の向きはほぼ例外なく北を上にする作図様式が確立した。それ以前、一六世紀中葉にイベリア半島の商人やイエズス会の宣教師らによって西洋製の世界図がわが国にもたらされると、世界図に関してはもっぱらそれを受容したことから、江戸時代においても世界図はすべて北を上向きにして作製されていた。日本図については、古来わが国では南を上向きに作製する傾向が強かったが、江戸時代にいたると、これも世界図の影響を受けて、北を上向きにする作図様式が通例化した。

　しかし、江戸時代には世界図や日本図のほかにもさまざまな地図が数多く作製されていた。各種地図のうち国絵図、領絵図、町絵図および村絵図★3など図示範囲の狭い地域図においては、世界図や日本図とは異なり、地図の向きは自由であって、かならずしも北を上に向けてつくる作図習慣はなかった。

方位のとらえ方

　江戸時代においては、出版のための編集図はいざ知らず、地図作製のための測量では磁石（羅針・方位盤・方針）を用いて方位を測ることが作業の基本であった。村井昌弘の『量地指南』によると、磁石の効用について「おおよそ磁石を用いるの品、数種あるといへども、何の時も針頭を子の方に安して方位を定むるは、古今の極法なり」と記しており、磁石の針を子《ね》（北）の方向に合わせて、針の動きが安定したところで方位をとらえるのが古くからの常道である、といっている。

の一地図が後者に該当する。両者ともに統一した図法で北を上にして組織的に作製される。

★2 **ポルトラーノ**　主として一四～一五世紀ころ、地中海の航海用として作製された海図。図中には陸地の沿岸を描き、海中に多くの方位盤（コンパス・ローズ）から派出する三十二方位線が複雑に交差していて、航海者はこれらの方位線を基準にして目的地への方角（舵角）を読みとることができた。現存するのは一三世紀ごろの作製とみられるピサ図（パリ国立図書館蔵）を最古とする。船上で使用されるため、多くは羊皮紙や犢皮紙（とくひし）に手書きされていた。

★3 **国絵図・領絵図・町絵図・村絵図**　いずれも主として江戸時代につくられた絵画的な地図である。国絵図はわが国古来の六八か国の国を単位とし、そのほかには藩領・町・村などいずれも描かれる範囲の違いで呼び名が異なる。

わが国での方位のとらえ方は東西南北の四方位を基本方位として、三六〇度を三〇度ずつ時計回りに一二等分して、子を北にあて、子・丑《うし》・寅《とら》……の十二支による十二方位が用いられた。図1のごとく卯《う》が東、午《うま》が南、酉《とり》が西にあてはまる。このように、十二方位を基本とするわが国に対して、西洋では四方位から始めて、八方位、十六方位、三十二方位を基本とした。

　実際に地図作製のための測量では、十二方位程度の概略な測定では用を足さず、より細分した方位角の測定がなされた。一支（三〇度）のあいだを一〇等分して、三度ごとの角度で区切り「子の一分」「子の二分」などとし、北東であれば「丑の五分」として方位を測定した。さらに詳しくは一支を三〇等分して、子の一五分を真北、午の一五分を真南とし、一度刻みの方位盤が用いられた。伊能忠敬が道線法★4の測量で重用した小型方位盤（彎窠羅針《わんからしん》）も一度刻みの目盛りであった。さらに精密な方位測定のためには望遠鏡のついた大・中の半円方位盤があって、その盤面の方位目盛りは一分ごとが刻まれていた。

地図への方位表示

　事物の位置関係を図化して表す地図には、方位の表記が欠かせない要素である。近世の絵図では、一般には図面に「東」「西」「南」「北」の文字を記入して四方位が表される。方位文字の記入位置は四辺の中央部あるいは四隅に、対角線上に内側あるいは外側に向けて記される場合が多い。

　江戸時代も後期になると、図面の一隅に小形の丸あるいは四角（さいころ型）の枠内に東西南北の文字を記した方位盤を用いての方位表示も現れる。なかには和製

図1　十二支による方位（村井昌弘『量地指南』恒和出版、一九七八）

★4 **道線法**　道路や海岸などの測量ルートを曲がり角などで区切って、一地点から次の地点へと方角と距離を測りながら進む測量の方法。

の方位盤とは趣の異なる西洋風のコンパス・ローズを描くものも稀には見受けられる（図2）。方位盤を用いれば、東西南北の四基本方位よりもさらに細かい方位を表示することもできる。ただ、先に述べたように、江戸時代の地域図では北を上に配する作図慣習は確立していなかったため、基準となる方位はなく、図面での方位配置は自由であった。

長い陸路や海路を巻物あるいは折本に仕立てる道中図や海路図においては、方位を固定して表すことが困難であって、道筋の屈曲に応じて、図面上で方位の向きを動かす必要が生ずる。そのため、各地点で方位盤の向きを自在に動かして配置する方法が用いられている。萩藩主が参勤交代で江戸と国元を往復するさいに利用したとみられる折本型の道中絵図『行程記』（山口県文書館蔵）では、そのような方位表示が採用されている（図3）。伊能忠敬の地図においても、方位表示に西洋式のコンパス・ローズの方位盤が用いられているが、方位指針は日本風の二十四方位となっている。

絵になる向きの絵図

近世の地域図は、一般に緯度・経度によって位置をとらえることはせず、地形を絵画的に表現することが多いため、個々の地図が向きを自由に選んで作製される傾向があった。地物《ちぶつ》を絵画的に表現しようとすれば、もっとも描きやすい方向によって図面の構図が決まるのが自然であろう。たとえば、山から海をみおろす方向より、海側から山を仰ぎ見るほうが描きやすいのである。したがって、近世の地域図は特定の方向に左右されることなく、それぞれ地域の地形環境に応じて、もっともみやすく描きやすい方向をもって描かれた。

図2　伊能忠敬の地図に描かれた二十四方位のコンパス・ローズ（バラの花形の方位表示盤）。西洋のポルトラーノ海図などに始まり、江戸時代後期になるとわが国でもならうものが現れた。

例をあげれば、江戸図では西、大坂図・伏見図・奈良図などでは東、京都図は北、岡崎・宇治・山田では南、鎌倉は北東、駿府・長崎では北西を上に向けた構図をとるのが一般的であった。そのような地域による構図の違いは都市の立地した地形の問題のほかに、都市図においては、城下の城、門前町の寺院など、その町のシンボルとなるような建物を目立たせるような構図がとられることもあった。

江戸図の多くが西を上に向けて作製された理由は、東の江戸湾を手前に据えて、西方の富士山を上に仰げば、江戸城は前面に位置して図柄がいちばん安定することから、この構図が慣習的に踏襲されたのである。安藤広重の「江戸名所一覧双六」にみるごとく、地図に限らず錦絵の世界でも西方の富士山を借景とした江戸図絵が好んで描かれていた。近世絵図が現代の地形図より見やすいのは、表現が絵画的であるばかりでなく、見やすいアングルによって作製されていることが大きな理由なのである。

四方向き合わせの絵図

向きを自由にした作図法のほかに、四方のどちらからでも見られるような四方対置型の作図様式があった。町や村など比較的狭い範囲の絵図であれば、見やすい方向からの構図がとらえやすいが、地域図でも国絵図や領分絵図など描かれる範囲が比較的広い場合は、一定方向からの描写ではなく、四方から平等に見られるような様式の絵図も作製された。

四方対置型の絵図は見るものが自由に移動して、どちらからでもみられるような配慮をもって仕立てられたものである。このような四方対置型の絵図が作製された

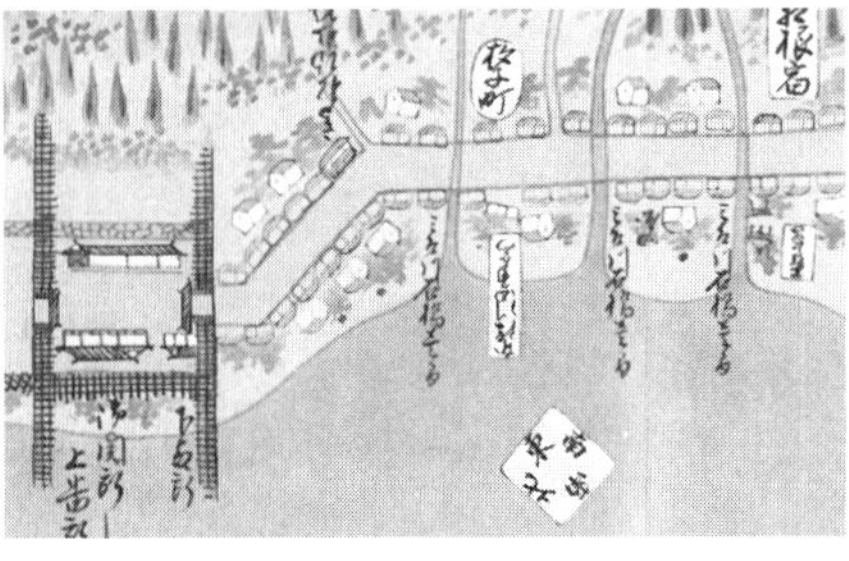

図3　『行程記』部分　東海道箱根宿付近。道筋を基準に描いたため、方位盤の向きは大きくずれている。（山口県文書館蔵）

理由を、栗田元次は〝畳の文化〟ととらえて、西洋と日本の生活様式の違いに起因することを指摘している。西洋の地図はたいてい壁面にかけて下から見上げるのに対して、日本では地図は畳の上に広げて眺めることが多いことから、地図を一方方向に固定する必要はなく、むしろ四方のどちらからでもみられるように仕立てたほうが便利であろう。

ただ、四方対置様式の絵図であっても、地物の表現上、どちらかの方向が主軸となることはありえた。地形を考えて描きやすい向きを主軸に据えた場合でも、地名や注記など図中の文字は四方に向き合わせて記載されるのである。西方を上にして描かれた江戸図においても、図中の文字は四方向き合わせに記され、屋敷割りにおいては居住者の名前や屋号を街路を挟んで向き合わせに記すなど、自由な作図法が取り入れられていた。

江戸幕府の国絵図[★5]においては、初期の慶長国絵図では特定方向にこだわらず、一方固定的な様式でつくられる傾向があった。しかし、正保国絵図を経て元禄国絵図にいたると、幕府の細やかな作製基準によって絵図様式の統一化が進み、絵図の向きについても四方対置型の様式に収斂されている。

南を上向きにする行基図

江戸時代の日本においても世界図や日本図はほとんどが北を上に向けて作製された。これが西洋の影響を受けた結果であることは疑いない。ところが、わが国に古来より伝わる行基式日本図[★6]が南を上に向けて作製される傾向の強かったことは、秋岡武次郎が指摘しているところである。

★5　**国絵図**　江戸幕府の命令で全国一斉に国単位で作製された地図である。幕府創設直後の慶長年間を初回とし、正保・元禄・天保年間にも実施された。

★6　**行基式日本図**　奈良朝聖武天皇のとき、諸国を行脚した高僧の行基（六六八〜七四九）が最初に作製したといわれる日本全図で、江戸初期まで写し伝えられ、木版で刊行されたものもあった。

現存する行基図で書写年代のもっとも古いものは、鎌倉時代の一三〇五年（嘉元三）に写された京都仁和寺蔵図であるが、これは南を上に向けて描かれている。同じく鎌倉時代の作製と推定されている、金沢文庫蔵の行基図もやはり南を上にしている。掛け軸型の縦長の図面に描かれる行基図は、西あるいは東を上向きに描かれるが、これは東西に長い日本の国土を伝統的な装飾形態の掛け軸に収めるために向きを動かさざるをえなかったものと考えられる。いずれにしろ、江戸初期ごろまで写し伝えられた行基式日本図のなかには、現在の日本地図のように北を上に配したものがほとんど見あたらない。

行基式日本図は朝鮮や中国など海外近隣諸国にもはやくから伝えられたようで、彼地で描かれた日本図も多くが南を上にして作製されている。申叔舟の『海東諸国紀』（一四七一）に掲載されている日本図は北を上にして

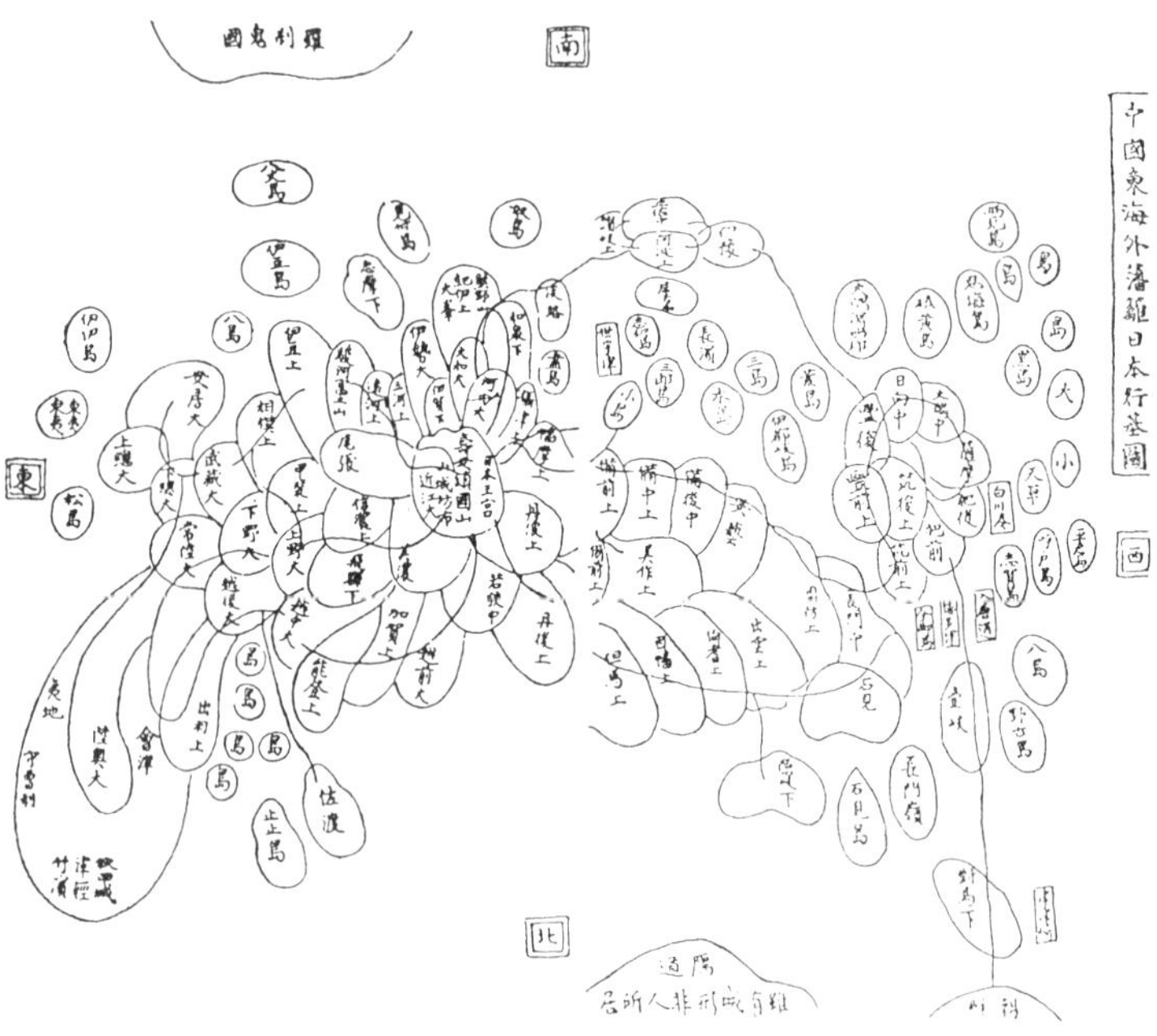

図4　『日本一鑑』所載の行基式日本図

作図した数少ない例であるが、『日本考略』（一五三〇）や鄭舜功の『日本一鑑』（一五六六ころ）などに収載の日本図は、いずれも南を上に向けている（図4）。また、藤田元春が『日本地理学史』のなかで紹介した古い朝鮮製の日本図は、多くが南を上にして描かれている。秋岡武次郎が『日本地図史』のなかで紹介している、一六世紀にヨーロッパで書写されたとみられるフィレンツェ国立古文書館蔵書に収載の手書き日本図が南向きであることも印象的である。

日本図の向きの逆転

古来、南を上向きにして描かれる傾向の強かった日本図が、どのような理由で、いつ北を上に向けて作製されるようになったのであろうか。このことを推測するのに、福井県小浜市の発心寺に所蔵される六曲一双の絵図屏風が注目される。世界図と日本図を対とするこの絵図屏風は、桃山時代から江戸初期ころの作製とみられている。世界図は南蛮系世界図であって、片方の日本図は行基式日本図である。注目されるのは、世界図のなかに描かれる日本は当然北向きであるのに、対の行基式日本図は南を上にして描かれている。日本の描かれ方が上下の向きにおいて不整合なのである。一六世紀中葉に緯度と経度の座標軸の枠組みによって作製された北向きの世界図や大陸図がわが国にも将来すると、日本図の向きについては世界図との整合が求められ、それまでの日本図の向きを逆転せざるを得なくなったものと考えられる。発心寺所蔵の絵図屏風は、西洋製の北向きの世界図と日本古来の行基式日本図を単に並べただけで、地図の向きの不整合を残したままの姿をとどめた過渡期の作品とみなすことができよう。（川村博忠）

【参考文献】藤田元春『日本地理学史』刀江書院（一九三二）／秋岡武次郎『日本地図史』河出書房（一九五五）／堀淳一『地図　遊びからの発想』講談社（一九八二）／川村博忠『近世絵図と測量術』古今書院（一九九二）／山田安彦編著『方位と風土』古今書院（一九九四）／栗田元次「古版地図と民族性」『史学研究』一一―一（一九三九）／川村博忠「近世絵図の地図性　地図の向き」『地理科学』四五―三（一九九〇）

地籍図
——前近代と近代のはざまにある描画様式

地籍図とは、一筆ごとの土地区画を描き、その各地筆に地番や地目などを示した大縮尺の地図である。わが国における明治以降の地籍図は、地方法務局出張所や市町村役場に備えつけられて土地登記などに利用され、（旧）公図や土地台帳附属地図などと呼ばれている。なかには、その役割を終えて、博物館や公文書館、大学などに移管されたものもみられる。

地籍図の原形はすでに近世にみられ、延宝検地図や萩藩の小村図などが知られるが、それらは限定的なものであった。

地籍図の歴史

時代が明治にかわると、政府は土地に対する収税方式の大改革に着手した。そのためには、まず土地の詳細を記録した地籍図の作製が求められたのである。

また、第二次世界大戦後には、一九五一年（昭和二六）の国土調査法[★1]や一九六〇年（昭和三五）の改正不動産登記法一七条[★2]にもとづく地籍図の作製が進められている。しかし、戦後の地籍図作製は国土の三割程度しか進んでいないため、明治期作製の地籍図（法務局では、旧公図と呼んでいる）が現在も全国で広く使われている。

地籍図には、小字地名をはじめ地割の形状やその利用形態などが示され、対をな

★1 **国土調査法**　わが国の国土の調査法を定めた法律で、第一条で地籍の明確化をうたっている。

★2 **改正不動産登記法一七条**　この改正法の一七条は、登記所に精

す土地台帳などを併用すれば所有者や土地利用などの詳しい変遷も追える。したがって、古墳や条里地割、都市や農村などの地割や町並景観を復元する格好の資料として、歴史地理学を主とする景観研究に用いられてきた。しかし、地籍図そのものの書誌学的な研究は近年ようやく緒に就いたばかりで、方位についてもあまり関心が払われているとはいいがたい。

地籍図の方位

明治期作製の地籍図は、最初は近世絵図のように寺社や山などを絵画的に描いて「絵図」と呼ぶ例が多く、後に記号化が進み「地図」と称するようになった。

近世絵図の方位に一定したものはなく、みやすい構図を選んで天（図の上方）にして、図の四隅に文字で方位を書くものが多かった。明治になると、北を天に取り、方位記号で示す欧米流の近代地図が積極的に導入された。

こうした時期に作製された明治期作製の地籍図は、近世絵図と近代地図の移行期に位置し、方位の描画様式や指示する方位も大きく変化する。

また、明治期の地籍図は、当初、各府県によって作製基準が異なり、その特徴がまちまちであったが、後に全国的に統一されていく。これは、明治政府が中央政権としての地位を確立していく道程と符合している。

つぎに、こうした近世絵図から近代地図への大きな転換期となった時代を中心に、事業ごとの地籍図の作製基準と実際に描かれた方位の特徴をみてみよう。

度の高い地図を備えることを規定している。一七条地図とも呼ばれる。

壬申地券地引絵図

一八七二年（明治五）の壬申地券発行にともない、壬申地券地引絵図[★3]が作製された。

愛知県の作製基準（雛形）では、一村全図は南を天と指示するが、字図には方位の図示はない。三潴《みずま》県（福岡県南部）では、方位の記入を求めるが、いずれを天にするかの指示はみられない。千葉県では、北を上に示している。このように、作製基準の方位は一定していない。

実際に作製された壬申地券地引絵図は、南を天にするものが多いという（図1）。佐藤甚次郎は、測量術書に「天」を南とするように指示したものがあり、その影響を指摘する。また、桑原公徳は、滋賀県野洲《やす》町などの壬申地券地引絵図を検討し、現代の北を上にする地図に比して南寄りが多いことは強調してよいとする。

しかし、島根県伯太《はくた》町の壬申地券地引絵図で南は三割強、同県仁多郡は南寄りのものを加えても二割強で、南がもっぱら選択されたとは考えにくい。また、図のなかには、図名、凡例、図の文字方向がそれぞれ異なり、図の天地（図の上下）がなく、四辺いずれの方向からもみることができるものもある。こうした図は大型のものに多く、絵図を畳において上から俯瞰するようにみるわが国の伝統的な慣習によるものである。

図の方位設定の多くは、近世以来のみやすい構図にもとづいて選ばれたと考えられる。滋賀県草津市や同県栗東《りっとう》町の壬申地券地引絵図では、条里地割にしたがって垂直方向に方位が設定されている。島根県の地籍図では、山や河川の上流を図の上

★3　**壬申地券地引絵図**　明治五年の干支が壬申であることから命名された土地の権利書。

図１　宇治郡五ヶ庄村壬申地券地引絵図　凡例と署名の記入方向が異なり、
①署名を基準にすると東が天になり、②凡例を基準にすると南が天になる。
（明治６年・宇治市歴史資料館蔵）

方に位置づけて描く場合がみられる。これらは、風景画にみるように違和感を感じないみやすい構図が選ばれ、その上方を天にして方位を定めたものである。また、紙のなかに村域を有効に収め、単に図の上方となる方位を示したものもみられる。

ところで、壬申地券地引絵図では、方位を文字で図の四辺に記すことが多いが、なかには方位記号に方位盤（干支）を図案に用いているものがある（図2）。滋賀県草津市の壬申地券地引絵図では、方位文字を対角に結ぶ線があり、正確な方位が記入されている。これらは、磁石が使用されたことを意味するのであろう。

地租改正地引絵図

つぎの地租改正地引絵図は、一八七四年（明治七）の地租改正事務局の設置にともない作製された。本図も府県ごとに作製基準が異なり、壬申地券地引絵図と同じく方位の指示もそれぞれであった。図の天を指す方位の選択も、壬申地券地引絵図との顕著な差異はない。ただ、方位の記載については、文字で書き込む方式から丸に十字、矢印、方位盤などの記号化がみられる点は注目できる。

壬申地券地引絵図や地租改正地引絵図は、近世絵図と同じよう構図や村域の形に影響されている。意図的に北を指しているものは少ないとみてよい。

地籍地図

一八七四年（明治七）の地租改正事業と同時に、内務省（地理寮、のちの地理局）は、地籍編成事業を開始して地籍地図を作製した。

内務省は、作製基準をかなり全国的に統一したようで、山形県の作製基準は十字記号で北を天にし、兵庫県や愛知県では丸に十字でほぼ北を天にしている。こうし

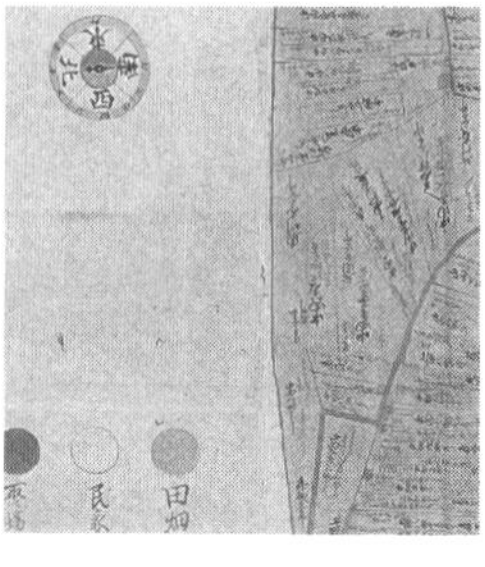

図2　磁石をかたどった方位盤を描いた図　久世郡大久保村壬申地券地引絵図（明治六年・宇治市歴史資料館蔵）

た例からみて、内務省は北を天にするよう指導したのではないかと考えられ、大きな転換点であったことが認められる。

しかし、実際の地籍地図は、地租改正地引絵図をそのまま転用したことが多かったことから、従来の方式を流用している場合が多く、北の方位を指示した府県においても、かならずしも北を天にした図ばかりではない。

更正地図

一八八五年（明治一八）の土地台帳整備にともなった地押調査で、更正地図が作製された。土地台帳の作製が主体であったことから、土地台帳附属地図とも呼ばれる。作製基準は全国一律に指示され、方位を矢印で北を天にして描くことが指示されている。実際に更正地図の北を天にしているものがほとんどである（図3）。しかし、なかには他の方位を天にしたものもあり、完全に統一されたわけではない。地籍図の天が北に統一されるのは、戦後の『国土調査法』にもとづく図の登場を待たねばならなかったのである。

現代のわれわれは、地図の北を天にすることを常識とするが、これは近代化を急ぐ明治政府の欧米化政策に沿って確立されたものである。これらの影響の一端を明治期作製の地籍図の方位の変化から読み取ることができるのである。

（礒永和貴）

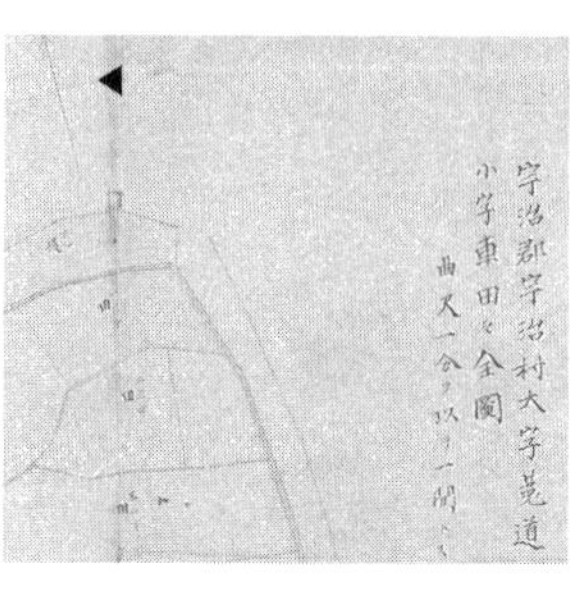

図3　北を指す方位記号（▼）宇治村大字莵道字車田の更正地図（明治二一年・宇治市歴史資料館蔵）

【参考文献】　佐藤甚次郎『明治期作成の地籍図』古今書院（一九八六）／桑原・礒永ほか「島根県仁多郡の地籍図とその活用」『鷹陵史学』一六（一九九〇）／同「島根県伯太町の地籍図とその活用」『鷹陵史学』一八（一九九二）／桑原公徳「地籍図にみる方位　壬申地引絵図と改租地引絵図を中心に」、山田安彦編著『方位と風土』古今書院（一九九四）／草津市立街道文化情報センター編『古地図に描かれた草津』草津市（一九九四）

測量 ――種類も測り方もさまざま

方位の種類

人間はいつの時代も広範囲を旅して、歴史を通じて方位の知識は必須であった。現在では、車による広域移動がみられ、大陸によっては車で数か国を横断することも多い。陸の見えない海上では方位がわからなければ、船は動きようがない。また、位置をともなう情報が激増しつつある現在、方位はいっそう基本的で重要な知識になっている。

測量・地図で方位というときには、北と南を基準として示す方向を意味し、表現するときには角度で表す。また、方位と方位角を同義に使うことがある。

方位には、真方位および磁針方位、方眼方位がある（図1）。真方位の北を真北といい、子午線★1（経線）の北である。真方位を単に方位と呼ぶことも多い。磁針方位の北は、磁石のN極が指す北であり、磁北という。方眼方位は、縦横格子になっている直交座標系の北であり、方眼北という。

方位角・方向角・真北方向角

ある地点Aから、別の地点Bを向いた角度を測るには、地点Aを通る基準方向を決めて、そこから地点Bが何度ずれているかを測る。このずれを示すため、測量・地図では、ある地点Aからみて

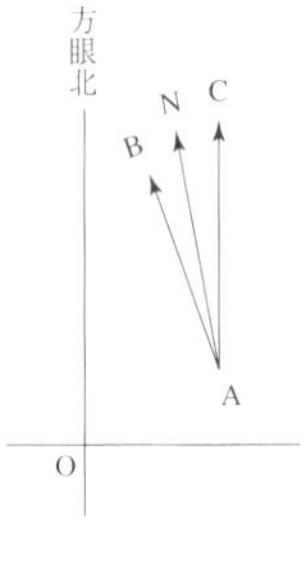

図1 方位の種類
B：磁針方位（磁北）
N：真方位（真北）。ANは経線
C：方眼方位（方眼北）

★1 **子午線** 地軸を含む平面で地球を切った切り口の線のこと。地図上では経線となる。

地点Bがどの方向にあるかを示すために、方位角と方向角に分けて表現する（図2）。方位角は、ある地点Aにおける子午線の北の方向を基準（〇度）として右回り（時計回り）に測った地点Bに向けた角度である。方向角は、基準の点Aを通る真北以外の任意の方向を〇度として右回りに測った地点Bに対する角度である。

磁北と磁気偏角

磁北、すなわち地磁気の北極は、一九五三年ごろには北緯七五度西経一〇一度、磁南極（南磁極）は南緯六七度東経一四三度にあった。これは毎年動き、一九九五年ごろには、真北からおおむね一一度ずれていた。二〇〇〇年にはカナダ北方の海域にある。

磁北と真北のなす角を磁気偏角という。磁気偏角は場所によって異なる。日本付近の磁力線は、磁極方向に地表で直線に向いているのではなく、三次元の向きであり、シベリアにある大規模な磁気異常により、西に偏っている。日本列島では、緯度によって五～一〇度の偏差があり、北へいくほど角度は大きくなる。東京や大阪、名古屋付近では約六～七度、北海道では九度前後、沖縄付近では五度前後である。

地形図から方位を知る

国土地理院の地形図には、磁気偏角値について「磁針方位は西偏何度」と記されている。東京付近では、真北は磁石の指す方向から約六度三〇分東に戻した方向になる。地形図と磁石で行動する場合には、この偏角補正が必要である。補正なしでは、一キロメートルにつき、目的方向から一〇〇メートル程度ずれるが、通常の登山では度単位で合っていればほとんど心配ない。海図では磁気偏角を示すコンパス図が載っている。

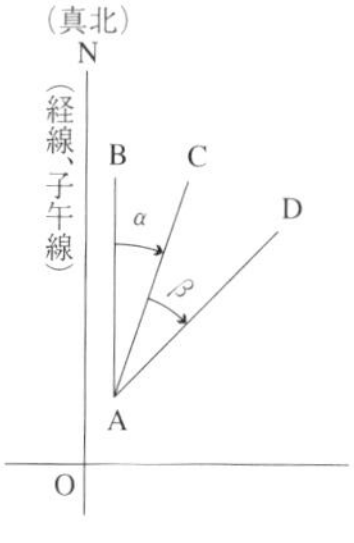

図2　方位角（α）と方向角（β）
ABはONに平行で、AC・ADは任意の方向である。

星による方位決定法

自分の現在位置を可能なかぎり正確に測ることは、古代からおこなわれてきた。古くからの方法では、星や太陽の観測には経緯儀や六分儀[★2]等を用いて方位を測る方法がおこなわれてきたが、最近ではGPSによって位置を知り、その結果から方位を求める方法に変わってきている。

星の観測による方位の決定方法では、三〇～四〇秒程度の誤差がでる。星は、天の北極を中心として円を描いて天空を東から西に回っている。この場合、星が観測地点の子午線を通過するとき、その星の高度はもっとも高い。観測点からの星の見かけの位置が、子午線に対して東西対称であるときに測る。対象とする星Aが、夕方に東の空にでてきて一定の高さhになるときに、星と地上に設置した方位標との角aを測る。つぎに星Aが翌朝西空の同じ高度hにきたときに、星Aと地上の方位標の角bを測る。このとき、地上方位標の方位角＝(a＋b)÷2であるから、これにより真北を求めることができる。

また、昼は星のかわりに太陽を用いる方位測定法があるが、原理は星の場合と同様である。

北極星による計測

北極星は、地球の自転軸の延長線上近くにあるので、一見すると動かないようにみえ、古代から北を示す星であった。実際には北極星は動いているが、その動きはわずかであり、一番安定した目安となり、航海等にも十分利用できる。

星は北極星を中心に回るようにみえる。しかし、北極星（小熊座のアルファ星）

★2 **経緯儀や六分儀**　ともに水平角および鉛直角を測る機械であり、経緯儀は陸上で、六分儀は海上で使われる。「科学史」の項の図4・図5なども参照。

も、真の北極（天の北極）から一度一四分ほど離れ、真の北極を中心にして、小さな円を描き、一昼夜に一周する。

北極星から方位を知ることは、古来からおこなわれてきた。北極星をみることによって、この高度と方向を測ることにより、方向から北の方向、すなわち、おおむねの真北を、高度から緯度を知ることができる。

磁石による計測

すでに述べたように、磁北は地域により西偏する。このことを承知したうえで、あとは磁北を基準にして西偏何度何分かを戻して測れば、おおむねの真北を求めることができる。

北半球の漁師や旅人は北極星を見て、出発地点よりも星の位置が高ければ自分が北上しており、低ければ南下していることを知った。

衛星測位とGPS

衛星測位は複数の人工衛星からの電波を受信して受信機の位置を測位する方法である。ここではGPS測量を例にして紹介しよう。GPS測量は、カーナビゲーションと同様に衛星からの電波を受けるものであり、測量精度が非常に良いものであると理解してよい。ただし、信号コードは複数あり、精度が異なる。

GPSは、Global Positioning System の略で、航空機や船舶などの航法支援用に米国で開発された測位システムである。一九七〇年代に実験的運用が始まり、一九八〇年代にわが国でも測量に利用され始め、一九九三年から本格的に運用されている。地上約二万キロメートルを周回する二四個ある人工衛星のうち（図3）、四

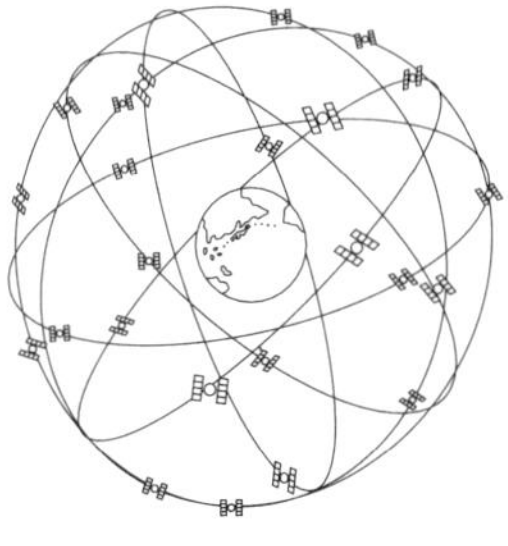

図3　GPS衛星の軌道（土屋・辻、一九九七）

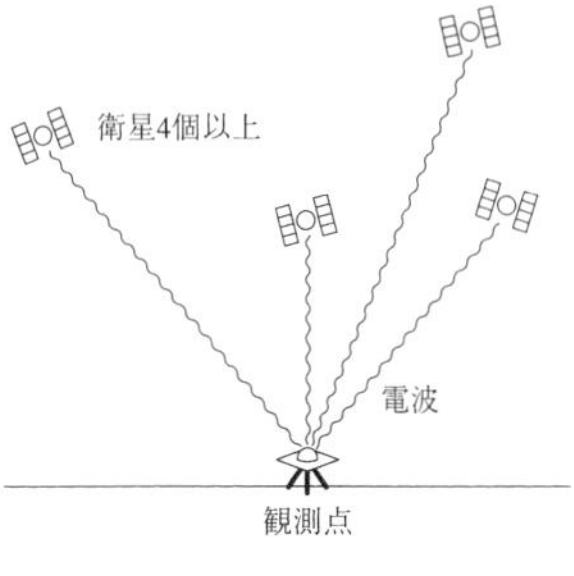

図4　GPSによる観測（単独測位）。測位とは、精密な測量により観測点の位置を明らかにすること。

個の衛星からの電波を受信して、受信機の位置を測る方法であり（図4）、測量用では精度を非常に重視する。システムは、衛星（六軌道面に四個ずつ配置）、衛星の追跡と管制をおこなう管制局、測位をおこなう利用者の受信機からなる。

ＧＰＳ測量には、単独測位、相対測位があり、測量のように高精度を必要とする場合には相対測位を用いる。これらには、ディファレンシャル（差動）ＧＰＳ測位、実時間キネマティック測位、リアルタイム測位システムなどがある。

単独測位と相対測位

単独測位では受信機を一台使い、衛星を動く基準点として、四個以上の衛星から電波のでた時刻と、受信機に入った時刻の差異から、観測点の位置を決定する。衛星の位置誤差や衛星からの電波が対流圏や電離層を通過するときの電波の遅れなどから、一〇メートルから一〇〇メートルの誤差で位置が決定される。時々刻々と、飛行機や船舶、自動車などの位置を求めることができ、ナビゲーションとして利用される。

相対測位では、二台以上の受信機を使い、同時に四個以上のＧＰＳ衛星を観測して位置を求める。衛星の位置を基準とし、衛星からの電波がそれぞれの受信機に到達する時間差を測定して、二点間の相対的な位置関係を求める。各観測点で同じ衛星の電波を受信する。そのとき、電波は同様の気象条件のなかを通過するので、二点の観測値の差を測ることにより、観測値にふくまれる衛星の位置の誤差や、対流圏・電離層遅延量が消去される。衛星からの電波の各アンテナまでの到達時間の差を位相差で知り、一〇〇万分の一（一〇キロメートルで一センチメートルの誤差）の精度で二点間の相対的な位置関係を明らかにできる。

DGPS測位

DGPS（ディファレンシャルGPS）測位とは、両点で単独測位をおこない、基準局においてあらかじめ分かっている詳細な位置の値と観測された座標値の差を求め、それから基準局および観測点の共通の誤差を求めて、観測点の補正データとして利用することにより、観測点では、観測データと基準局から送信された補正データを比較して誤差を除去し、数メートルの精度で観測点の位置を決めるものである。

RTK―GPS測位

RTK―GPS（実時間キネマティック―GPS）測位とは、位置の分かっている基準局と、位置を求めようとする観測点で、同時にGPS観測をおこない、基準局で観測したデータを無線等で観測点へリアルタイムに送信し、観測点の位置をリアルタイムに求めるものである。この方法によると観測点は、観測後すぐにつぎの地点へ移動することができ、多数の点を短期間に観測することができ、数センチメートルの精度で位置を決定できる。

リアルタイム測位システム

リアルタイム測位システムは、DGPSやRTK―GPSの測位技術を利用し、リアルタイムで高精度に位置を決定する。これにより各種の測量作業を効率化でき、カーナビゲーション、建設機械の無人運転、レジャーなどの多様な分野で幅広い利用が可能となり、今後の高度情報通信社会を支えるインフラとして期待される。国土地理院では、全国で約一〇〇ある電子基準点からのデータを、携帯電話や多様な通信手段により利用できるシステムの構築を進めている。なお、米国は最近民生用に公開しているデータの精度をあげた。

WGS84

現在のわが国の測地測量成果（実用成果）は、緯度、経度については日本測地系にもとづき、準拠楕円体はベッセル楕円体★3である。一方、GPSを用いた測量では、WGS84座標系（≒ITRF。実用上は問題ない）で表される。しかし二〇〇〇年現在では、国内の、たとえば、カーナビゲーションなどは日本測地系に補正されている。

以上のように、GPSでは、三次元座標値として位置を求めるので、そこから計算して真北を求めるのである。

地図による方位測定と投影法

地図をみて方位を知ることは、一般的な方法である。しかし、地図は地球の球面を一定の約束のもとに平面に描いたものであり、地図を用いて方位を測る、あるいは読み取るためには、地図投影法の特徴を理解しておかなければならない。

回転楕円体を平面に表現する場合、方位、面積、距離を三要素とするが、この三要素すべてを正確に同一平面上（紙地図）に表現することはできない。そこで、各種の投影法が利用目的に合うように考えだされてきた。このため、投影法により表現が異なり、経線が平行する直線、扇状に収束する直線、あるいはさまざまな曲線になる。また、特定の条件を満たす点のみの方位が正しいものもある（図5）。

方位図法の正軸図法（地軸と投影軸が一致する方位図法）では、経線が直線であり、極点に収束する。正距方位図法は経線方向では距離が正しくなり、図の中心からの

★3 **ベッセル楕円体**　一八四一年にドイツ人ベッセルがプロシアの測量にさいして発表した楕円体のこと。わが国で採用している準拠楕円体であり、基本測量そのほかの公的測量に用いられる。

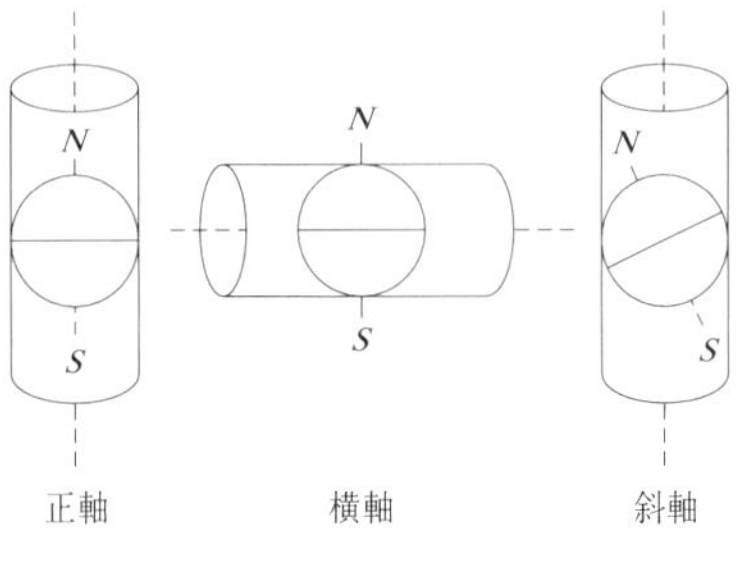

図5　投影法の正軸、横軸、斜軸の区別。同一投影法でも、この違いにより表現される地図はまったく異なる。

方位が正しくなる。

円錐図法では、正軸法の場合には、経線は扇の要である一定点から放射する直線束であるので、この経線の収束する一点が真北となる。

円筒図法では、正軸法の場合、経線は、平行直線群であるため、これらの北がそのまま真北である。この図法では、標準緯線が赤道の場合には、南北にいくほどその拡大率が大きくなり、実用上は緯度で八〇度よりも極に近いところでは別の図法を使用することになる。

このように、図法により経線は直線で示されたり、あるいは曲線で示されたりする。しかし、経線が示されていることにより、その北の方向にいき着くところが真北であることは図法を問わない。地図から真北を知るには、経線の直線になっている図法の地図を用いるのがもっとも簡単である。

メルカトル図法

もっともよく知られている図法としてまず、メルカトル図法があげられる（図6）。この図法は等角円筒図法であり、南緯八〇度から赤道を経て、北緯八〇度までのあいだを対象とする。経線は等間隔の平行直線群であり、緯線は経線に直行する平行直線群である。緯度間隔は高緯度になるにつれて広がり、六〇度では赤道付近の二倍になる。経線の北が真北である。

この図法は任意の航程線が直線で表されることから、航海に最適の地図投影であり、五万分の一以上の海図、高緯度地方の海図、特殊目的の海図を除いて、海図として使用される。

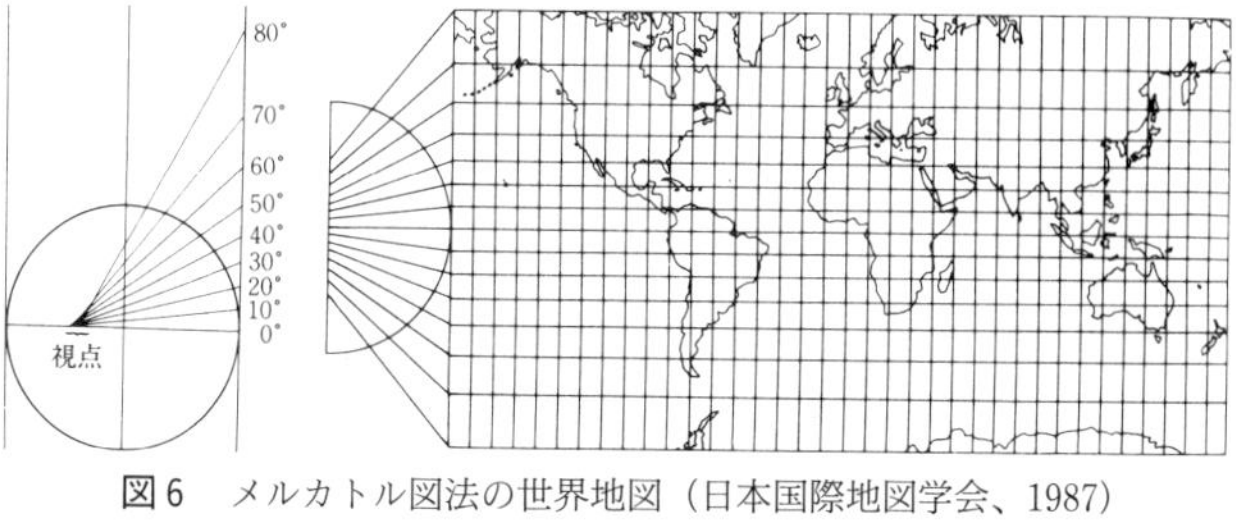

図6　メルカトル図法の世界地図（日本国際地図学会、1987）

星だけが頼りであったころの航海では、一定の角度でどこまでも進めばかならず目的地に到着するという方法を取っていた。磁北を知り、地図でその磁気偏角値を知り、真北を求めて、かならず目的地に着ける最適の方位角を選び、船舶をその方向に進めるという方法であった。

ユニバーサル横メルカトル図法

ユニバーサル横メルカトル図法は、大中縮尺の地図に利用され、日本では地形図の図法として使われる（図７）。ユニバーサル横メルカトル図法 Universal Transverl Mercator Projecdtion を略して「ＵＴＭ図法」という。回転楕円体から投影面に直接横軸等角円筒投影法で投影するガウスクリューゲル図法の一種である。

この図法は、東回りに経線で六度ずつ、六〇帯（ゾーン）に分け、その一帯ごとに中央経線を設ける。赤道と中央経線の交点に原点を置き、中央経線をｘ軸、赤道をｙ軸として投影し、ｘ軸上では地球表面と縮尺に合わせて等距離になる。緯度八〇度以上の両極地方を除く地域を対象とする。

ガウスクリューゲル図法では中央経線上の長さが正確であるのに対して、ＵＴＭ図法では中央経線の長さを実長の〇・九九六にし、中央経線から九〇キロメートル東西に離れた地点で一・〇〇〇になるようにしてあり、ゾーン内の誤差を＋一〇〇〇〇分の四～一〇〇〇〇分の六にしてある。

この図法では中央経線の北が真北である。磁石を用いるときには、地形図の図郭の周囲に記載されている磁気偏角値を戻して真北の方向を求める。

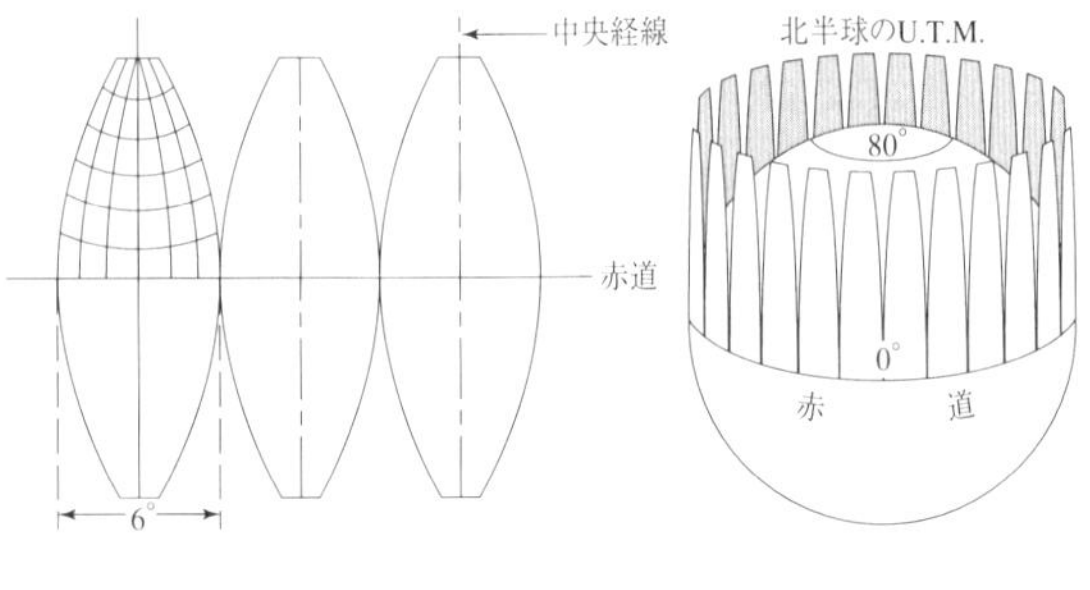

図７　ユニバーサル横メルカトル図法（真塩・種田、一九七五）

平面直角座標

平面直角座標は、国土基本図、市町村の都市計画図など大部分の大縮尺図に適用されている。全国を一九座標系に分け、実用を考慮して都道府県がその区域のなかで分断されずにどれかの座標系に入るように、県界を境界にしている。

投影法は、ガウスクリューゲル図法であり、中央経線の線拡大率は〇・九九九九として、中央経線より約九〇キロメートル離れた地点で一・〇〇〇〇になるようにしてあり、一三〇キロメートル付近で球面距離よりも約一〇〇〇〇分の一長くなる。最大誤差を一〇〇〇〇分の一以内にしてあり、座標原点から東西に一三〇キロメートル以内の範囲を平面として扱う。

このなかで、中央経線のみが真北を指し、他はわずかにずれる。このずれは、$\gamma = \Delta\lambda \sin\phi$ で求められるが、日常的に地図の縮尺に合わせた使い方で真北を求めるときには、この差はほとんど問題にしなくてよい。

終わりに

以上に述べたように、方位を測るためには、実測、GPS、地図の三通りあるが、真北は一つであり、目的に応じて使い分けることが必要である。地図に表現するには、目的により、さまざまな投影法による図法が使われているので、地図を使って真北を知るには、前述のように地図投影法の特徴を知る必要がある。

精密な方位角の値を知るには厳密な測量を要するが、地図からおおむね方位角を知ることが可能であり、実用の多くはそれで十分である。

（赤桐毅一）

【参考文献】海津優「一九九〇年磁気図発行」『地理』第三八巻五号古今書院（一九九三）／国立極地研究所『南極科学館』古今書院（一九九一）／国立天文台『理科年表』、日本国際地図学会地図用語専門部会『地図学用語辞典』（一九八五）／野村正七『地図投影法』日本地図センター（一九八三）／細野武庸・井内登『基準点測量』日本測量協会（一九八七）／土屋淳・辻宏道『やさしいGPS測量』日本測量協会（一九九七）

第2部

信仰と方位

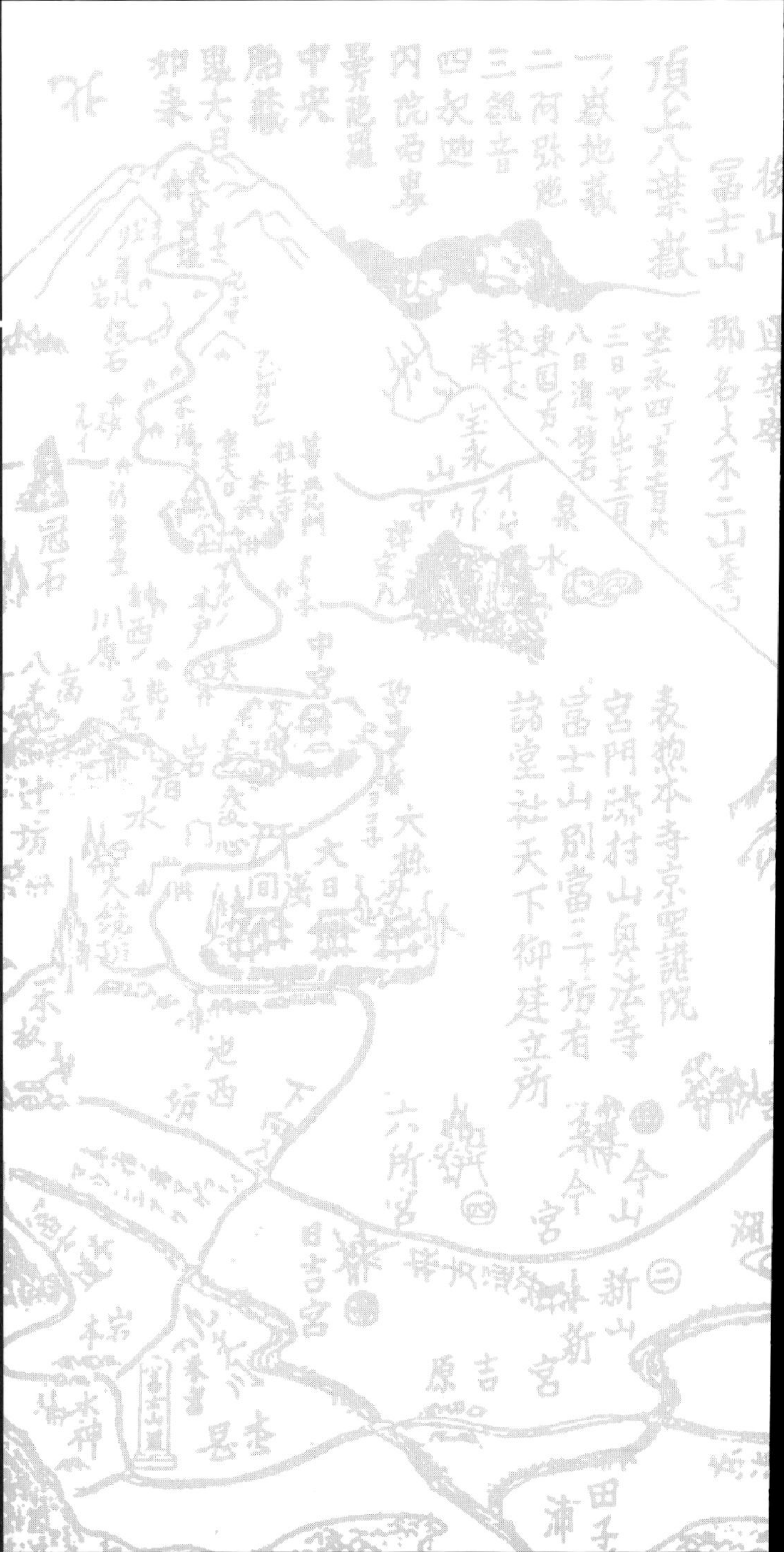

神道――古代神社の日神信仰

日本人はなぜ山に登るのか

「人はなぜ山に登るのか」という問いに対し、「そこに山があるから」と答えたのは、英国の伝説的登山家マロリーであるが、それは、人間の自然に対する挑戦というヨーロッパ的自然観にもとづく、近代登山精神の発露と理解されているようだ。それに対し、日本人が富士山をはじめとする高峰・霊山に登るのは「御来光（日の出）を仰ぐため」であり、これが日本人の「山」に対する伝統的な文化であり信仰である。

日本では、山頂の大岩を天より神の降臨する依代《よりしろ》――磐座《いわくら》と考えた。すなわち太陽が昇ってきてこの磐座を照らす。これを神の降臨と考え、山そのものを神――神体山として崇敬した。古代の神社はこの神体山を祀《まつ》る場――斎庭《ゆにわ》に建立されている。これは太陽――日神――の日の出・日没の方位と密接な関係があったのである。

三輪山と大和の神々

国のまほろば大和盆地の東にみえるなだらかな円錐形の山が大神《おおみわ》神社（桜井市三輪）の神体山三輪山《みわやま》である。かの風光明媚な〈山の辺の道〉はこの山の麓をめぐる。

『古事記』によると、三輪山の大物主神《おおものぬしのかみ》★1が勢夜陀多良比売《せやだたらひめ》の美貌に惹《ひ》かれ、彼女

★1 **大物主神**　出雲大社の祭神である大国主神と同神とされる。

が厠《かわや》で用便しているときに、丹塗矢《にぬりや》になって流れていって彼女の富登《ほと》（陰部）を突き、美男子に変身して彼女を娶《めと》り、生まれたのが比売多多良伊須気余理比売《ひめたたらいすけよりひめ》である。大和国を平定した神武天皇はその伊須気余理比売を后とし、生まれた三人の御子のなかに神八井耳命《かむやいみみのみこと》（後出）がいる。伊須気余理比売の住居《すまい》は狭井《さい》川の辺《ほとり》にあった。

丹塗矢は太陽光線を意味する。したがって三輪山の神である大物主神は太陽――日神であり、勢夜陀多良比売は日神の子を宿したことになる。いわゆる〈日光感精神話〉である。三輪山頂には高宮《こうのみや》があり、ここは大神神社の境内社神坐日向《みわにますひむかい》神社（桜井市三輪字御子の宮）の旧鎮座地であった。

また『日本書記』によると、崇神天皇★2は皇子豊城入彦《とよきいりひこ》命・活目《いくめ》命（垂仁天皇）の見た三輪山の夢を占って「日継皇子《ひつぎのみこ》」を定めておられる。三輪山の西麓には、箸墓《はしはか》古墳をはじめとして古墳前期の巨大古墳が数多くあり、崇神・垂仁・景行各天皇陵に比定されている古墳もある。初期の大和政権は三輪山を日神と仰ぎ、その神聖性を背景にして成立した。

三輪山の日神信仰

春分・秋分のころになると、大和では太陽は東の三輪山頂より昇り、西の二上《ふたかみ》山頂の方に沈む（図1）。その線上に多《おお》神社（磯城《しき》郡田原本町《たわらもとまち》多）がある。その祭神が多（太）氏の始祖神神八井耳命である。大鳥居は三輪山の方を向いており、多氏は春分・秋分のころに三輪山頂に昇る太陽を祀っていたのである。

多神社の北に岩見《いわみ》鏡作《かがみつくり》神社（田原本町岩見）があり、三輪山頂とこの神社を結

★2 **崇神天皇**　記紀のうえで一〇代目の天皇とされる。『日本書紀』によると、二人の皇子のうちから日継皇子を夢によって占おうとした。兄の豊城入彦命は三諸山（みもろやま・三輪山）に登り、東に向かって槍（ほこ）と刀をふるった夢をみたので東国に派遣し、弟の活目命は三輪山頂の四方に縄を張り、雀を逐う夢をみたので、四方を臨んだ活目命を後継ぎにしたという。

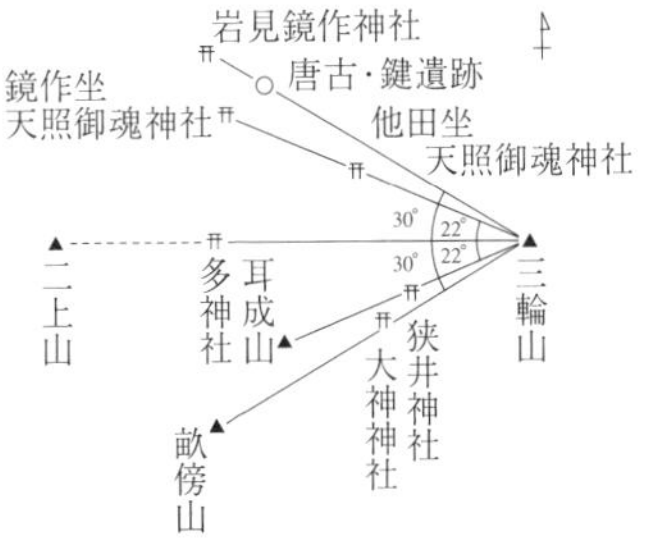

図1　三輪山と大和の神々との方位関係

ぶ線は、東西に対して西より北に約三〇度傾斜している。この線上には弥生時代の遺跡として有名な唐古《からこ》・鍵《かぎ》遺跡（田原本町唐古・鍵）がある。この線は三輪山頂からみれば夏至のころの太陽が岩見鏡作神社の方に沈み、同社からみれば冬至のころの太陽が三輪山頂より昇る方位である。

多神社の南には畝傍《うねび》山がある。三輪山頂とこの山を結ぶ線は、東西に対して西より南に約三〇度傾斜している。この線上近くに三輪山の奥津磐座《おくついわくら》・中津《なかつ》磐座・辺津《へつ》磐座・大神神社が並ぶ。この線は、三輪山からみれば冬至のころの太陽が畝傍山頂の方に沈み、畝傍山からみれば夏至のころの太陽が三輪山頂より昇る方位である。

岩見鏡作神社の少し北に鏡作《かがみつくり》坐《にます》天照《あまてる》御《み》魂《たま》神社★3（田原本町八尾《やお》）がある。三輪山頂とこの神社を結ぶ線は、西より北に約二二度傾斜する。その線上に他田《おさだ》坐《にます》天照《あまてる》御《み》魂《たま》神社（桜井市太田）がある。この線は、三輪山からみれば、立夏・立秋のころの太陽が鏡作坐天照御魂神社の方に沈み、鏡作坐天照御魂神社の方からみれば立冬・立春のころの太陽が三輪山頂より昇る方位である。

多神社の南に耳成《みみなし》山があり、三輪山頂とこの山を結ぶ線は、西より南に約二二度傾斜する。この線上に狭井《さい》神社★4（桜井市三輪字狭井）がある。この線は、三輪山頂からみれば立冬・立春のころの太陽が耳成山頂の方に沈み、耳成山の方からみれば、立夏・立秋のころの太陽が三輪山頂より昇る方位である。

日神復活への祈り

三輪山と二上山・畝傍山・耳成山との方位関係は、現代人からみれば単なる〈偶然〉にすぎない。しかし古代人は、これらの

★3 **鏡作坐天照御魂神社**　三種の神器、八咫鏡（やたのかがみ）・八坂瓊曲玉（やさかにのまがたま）・天叢雲剣（あめのむらくものつるぎ）の一つであった鏡の製作に従事した鏡作部の祖神、天照国照日子火明命（あまてるくにてらすひこほあかり）・石凝姥（いしこりどめ）命と天児屋根（あめのこやね）命を祀る。通称鏡作神社。

★4 **狭井神社**　三輪山の南西麓、狭井川の水源地に鎮座する。姫蹈鞴五十鈴姫（ひめたたらいすず

方位が太陽の運行と密接に重なることを発見して、これを〈神秘〉と感得し、その線上に神々を祀ったのである。

「天照御魂」は日神そのものである。「鏡作」は日神信仰とどのような関係にあるのだろうか。『古事記』によると、天照大神が須佐之男命の乱暴なしわざに怒って天岩屋《あまのいわや》に隠れる。すると世の中が真っ暗闇となり乱世となったので、神々が伊斯《いし》許理度売《こりどめ》命に鏡を作らせ、天宇受売《あめのうずめ》命に天岩屋の前で踊りを踊らせ、長鳴鳥——鶏を鳴かせて天照大神に岩屋から出てもらった。すると世の中はふたたび明るくなり、乱世も治まったという。この神話は冬至のころの衰微した太陽の復活再生を祈る祭事を意味する。

鏡を「日像《ひのかた》」という。鏡を作る祭事は日神の復活再生のための呪術であり模擬儀礼である。前述の各線上に「鏡作」「天照御魂」の神々を祀るのは、古代人の日神信仰を意味している。鶏は日の出を促して鳴く鳥と考えられている。

なお、「勢夜陀多良」「比売多多良」のタタラは溶鉱炉を意味する。故にこの二神は鍛冶神であり、「鏡作」すなわち日神の復活再生の祭儀に関係する神々であろう。

朝熊ヶ岳と伊勢の神々

『日本書紀』によると、三輪山麓に都を定めた崇神天皇は、皇室に祀ってあった皇祖神天照大神を豊城入姫《とよきいりひめ》命に命じて大和の笠縫邑《かさぬいのむら》に祀★5らせた。笠縫邑は三輪山西麓周辺に比定されている。さらに垂仁天皇は天照大神を倭姫《やまとひめ》命に託して、その鎮座地を明日香の真東にあたる伊勢国の五十《いす》鈴《ず》川の川上に定められた。

ひめ）命・勢夜陀多良姫（せやだたらひめ）命ほか三神を祀る。サイは鉄の古語サヒの音韻変化。鍛冶神タタラ姫の鎮座地としてふさわしい地である。

★5
垂仁天皇　崇神天皇の子。記紀のうえで一一代目の天皇とされる。野見宿禰の建議により殉死の風を禁じ、副葬品に埴輪を供えることを始めたといわれる。

伊勢はもともと伊勢・志摩の海人《あま》族が日神を祀る聖地であった。天孫降臨の際に道案内をつとめた猿田毘古大神《さるだびこのおおかみ》は、伊勢の海人族の奉じる日神であり、天宇受売命との遭遇は、その日神と巫女との神婚を意味する。伊勢の皇太神宮は、日神である天照大神が伊勢の日神と習合して祀られたと考えられている。

六九二年（持統天皇六）に、天皇が伊勢に御幸《みゆき》された際に、柿本人麻呂★6が京に留まって詠んだ次の三首の歌が『万葉集』に載っている。

鳴呼見《あみ》の浦に舟乗りすらむをとめらは玉藻《たまも》の裾《すそ》に潮満つらむか
訓《くしろ》つく答志《とうし》の崎に今日もかも大宮人の玉藻刈るらむ
潮騒《しおさい》に伊良湖《いらこ》の島辺漕ぐ舟に妹《いも》乗るらむか荒き島廻《しまみ》を

この歌でもっとも重要なことは、鳴呼見の浦・答志の崎・伊良湖の島——伊良湖崎の三地名が詠み込まれている点である。これらの地名を結ぶと一直線になり、朝《あさ》熊《ま》ヶ岳山頂に連なる（図2）。

朝熊ヶ岳は伊勢・志摩の海人族にとっては聖なる山で、漁撈・海運のさいの陸地の目標となる「山あて」の山であった。しかも、この線は西より南に三〇度傾斜し、三地名からみれば、朝熊ヶ岳は、太陽のもっとも衰微した冬至のころの日没方位にあたる。逆に朝熊ヶ岳山頂からみれば、三地名は夏至のころの日の出方位にあたる。現在、朝熊ヶ岳の山上広苑の展望台から眺めると、三地名はもちろん、伊勢の島々が手に取るようにみえる。好天に恵まれると富士山も遠望できるという。柿本人麻呂はこうした伊勢地方の地勢とその日神信仰を熟知していたのである。

★6 **柿本人麻呂**　『万葉集』最高の歌人といわれた。中国詩を取り入れた技法を生みだし、数多くの長歌・短歌を残した。天武・持統・文武の三代にわたって活躍した。

郵便はがき

恐縮ですが切手をお貼り下さい

1 1 3-0 0 2 1

東京都文京区本駒込
1－13－14

柏書房

編集部 行

本のタイトル

①お買い求めの動機をお聞かせください

A.新聞・雑誌の広告で（紙・誌名　　　　　　　　　　）
B.新聞・雑誌の書評で（紙・誌名　　　　　　　　　　）
C.人に薦められて（　　　　　　　　　　）
D.小社の各種書誌情報で
E.書店で実物を見て
1.テーマに関心がある　2.著者に関心がある
3.装丁にひかれた　4.タイトルにひかれた
F.その他（　　　　　　　　　　）

②本書のご感想、お読みになりたい企画などご自由にお書きください

③お客様についてお聞かせください

お名前	（フリガナ）		性別	年齢
			男・女	
ご住所	都・道 府・県			
郵便番号		電話番号		
ご職業				
本書をどこでご購入されましたか	都・道 府・県	区 市	書店	

■柏書房　愛読書カードへのご協力、ありがとうございました

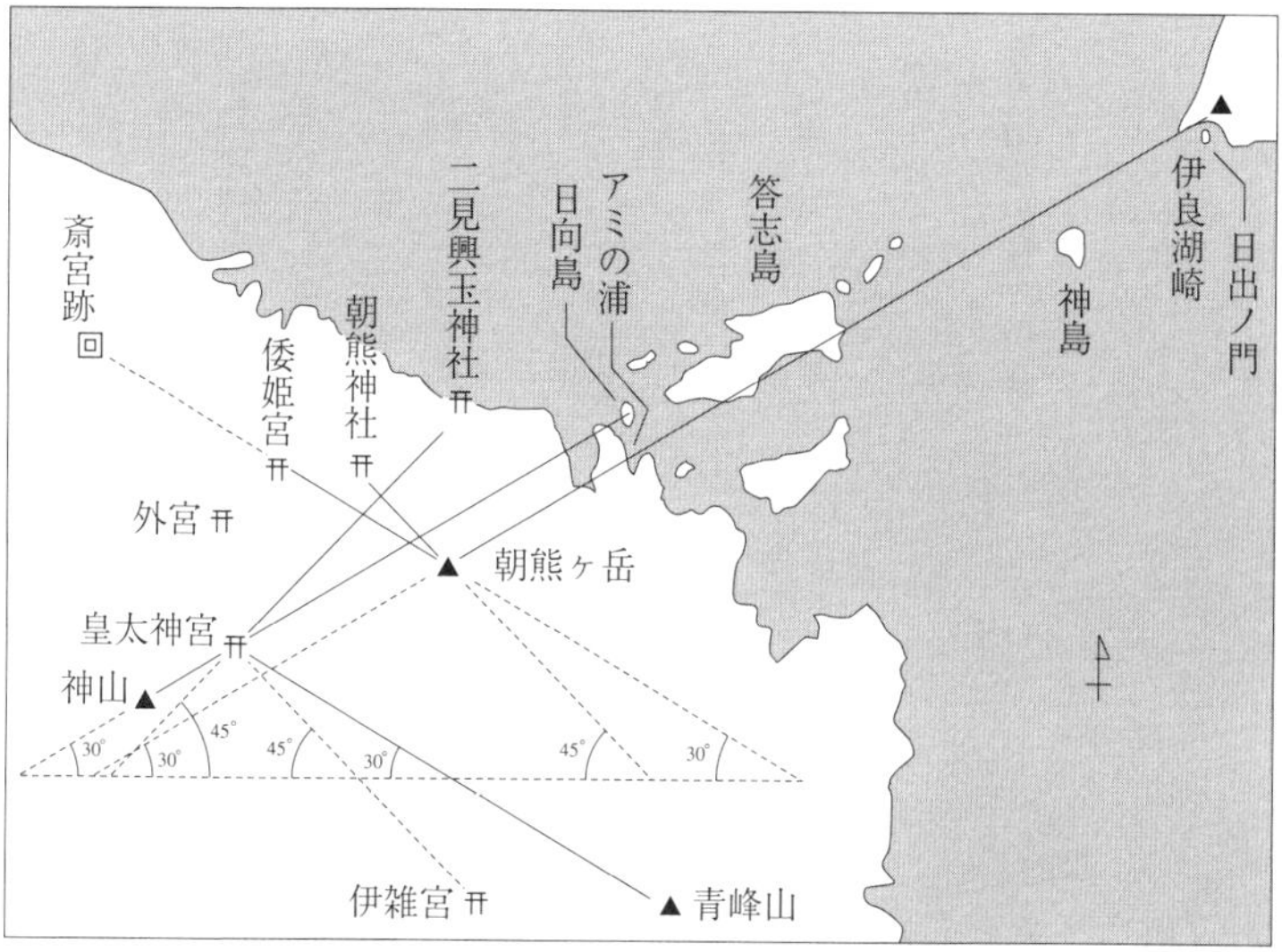

図２　朝熊ヶ岳と伊勢の神々との方位関係

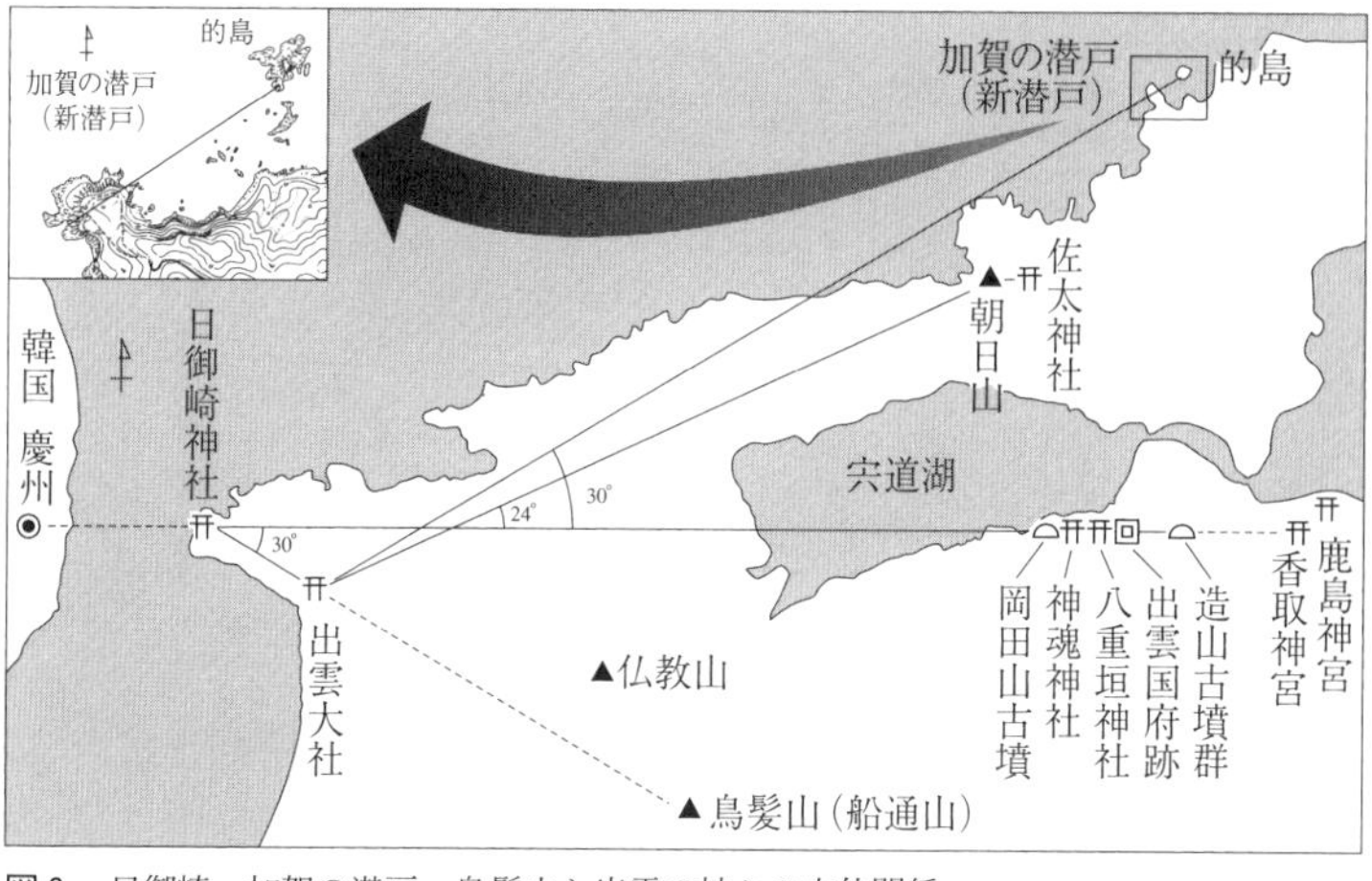

図３　日御崎・加賀の潜戸・鳥髪山と出雲の神々の方位関係

朝熊ヶ岳の日神信仰

朝熊ヶ岳の神は仏教と習合し、山上に虚空蔵菩薩《こくぞうぼさつ》を祀る金剛証寺★7が建立され、毎月、日の出に向かって一三度唱礼する日が、月のうち八日におよぶ。この山が古代より日神崇拝の霊山だったからである。

伊勢の皇太神宮は神山を霊山とし、両者を結ぶ線は朝熊・伊良湖線に平行しており、その延長線上にあるイルカ島は「日向島」とも称されている。

神体山朝熊ヶ岳の神を祀る朝熊《あさくま》神社★8（伊勢市朝熊《あさま》町）は、朝熊ヶ岳の戌亥《いぬい》の方位の山麓、五十鈴川と朝熊川の合流点に鎮座し、両川の合する股の位置にある鏡宮には白銅鏡二面が安置されていた。皇太神宮と二見興玉《ふたみおきたま》神社（度会《わたらい》郡二見町）の中間に位置し、ここに鏡を南面して置いて神宮の方からみれば、朝熊ヶ岳の虚像は二見興玉神社と同じ丑寅《うしとら》の鬼門の方位にみえることになる。

二見興玉神社は、ちょうど夏至の朝に夫婦岩の間から日の出を拝む位置に建立されている。また同社の輪注連縄《わじめなわ》や、神島《かみしま》に鎮座する八代《やつしろ》神社のゲーター祭★9のグミの輪は、海人族によって八代神社に奉納された六六面の鏡と同様、「日像」すなわち太陽のシンボルである。

皇太神宮の鎮座位置

斎宮跡（多気《たき》郡明和《めいわ》町）と朝熊ヶ岳を結ぶ線は東より南に三〇度傾斜する。斎宮跡からみれば、朝熊ヶ岳は冬至のころの日の出方位にあたる。一九二二年（大正一二）創設の倭姫命を祀る倭姫宮もこの線上に位置する。この斎宮・朝熊ヶ岳線は朝熊・伊良湖線や神山・神宮線に対応する。

また、五十鈴川は朝熊ヶ岳を水源とする川筋である。皇太神宮の鎮座地は、朝熊ヶ

★7 **金剛証寺**　参道の両側に角柱の卒塔婆（そとうば）が林立する。死者の霊は山に帰り、新生児の霊は山から来るという信仰にもとづく。日神の再生復活にあやかって、人間の生命の再生を祈る霊山である。

★8 **朝熊神社**　祭神は大歳神。大歳神は須佐之男神と神大市比売命の子とされ、穀物の神様として各地でも祀られている。

★9 **ゲーター祭**　伊勢湾の神島で大晦日から元旦にかけておこなわれる祭。グミの木の枝だけで作った直径二メートルほどの輪に白い紙を巻いたグミの輪は、アワとも呼ばれ、島の若者たちが雌竹で突き上げる。グミの輪は太陽の象徴、雌竹は太陽光線の象徴で、衰微した冬期の太陽にエネルギーを補給して、太陽——日神の再生復活を祈念する呪術的祭儀である。

岳の日神信仰を基盤にして選定されていたのである。

朝熊ヶ岳の東南に青峰山《あおのみねやま》がある。皇太神宮と青峰山を結ぶ線は朝熊・斎宮線に平行し、青峰山上に正福寺（鳥羽市松尾町）がある。その縁起によると、聖武天皇が東大寺建立のために神宮に祈願しようと朝熊ヶ岳に登拝したさい、辰巳《たつみ》の方位にある青峰山が観音の聖地であるという夢のお告げを得て、行基が開山した寺だという。神宮からみれば、青峰山頂は冬至のころの日の出方位にあたる。この山も、古来、伊勢・志摩の海人族の「山あて」の山であり、正福寺は現在もたくさんの船人に信仰されている。

神宮の別宮伊雑宮《いさわのみや》（志摩郡磯部《いそべ》町上之郷《かみのごう》）は御田植祭で有名であるが、そのさい立てられる大団扇《おおうちわ》には御供米《おくまい》を積んだ舟が描かれ、日の出の作り物が掲げられる。ここにも伊勢・志摩の海人族の日神信仰の伝統が示されている。

ついでながら、神宮と伊雑宮は東から南に四五度傾斜する戌亥と辰巳の方位関係にある。戌亥は神降臨の方位、辰巳はその神の向かう方位、もしくはその逆の方位関係にある。朝熊ヶ岳と朝熊神社も同じく戌亥・辰巳の方位関係にある。

出雲の神々の方位

天照大神の弟とされている須佐之男命は、出雲の須佐地方の神であると考えられている。この神が悪さをして高天原★10から追放されたのが出雲国で、出雲が母神伊邪那美命《いざなみ》が逝《い》った妣《はは》が国・根の国・黄泉《よみ》の国となっているのは、太陽の没する国だからである。その最西端が「日の山」の異名をもつ日御崎《ひのみさき》で、そのほぼ真東に下総の香取神宮★11（佐原市香取）、日高見《ひたかみ》の国といわれ

★10 **高天原**　記紀のなかでは天上界として描かれている。地下の根の国・黄泉の国、地上の葦原中国（あしわらのなかつくに）と合わせて、高天原神話における一つの世界観を構築している。

★11 **香取神宮**　下総国の一の宮。祭神は経津主（ふつぬし）命で、伊波比主命ともいい、武神としての信仰を集めた。利根川をへだてて鹿島神宮がある。

た常陸（日立）の鹿島神宮★12（鹿島市宮中）がある。両社とも古代には海に関係があった。春分・秋分のころの太陽は香取・鹿島方面の海上より昇り、本州を横断して日御崎の西の海に没する。

日御崎神社には上の宮（祭神須佐之男命）・下の宮（祭神天照大神）があり、下の宮を「日沈宮《ひしずみのみや》」ともいう。この宮の社殿は朝日の昇る東を向き、人がこの社殿に向かえば、西の海に沈む夕日を拝することになる（図3）。

『古事記』によると、須佐之男命は出雲の鳥髪山《とりがみやま》（船通《せんつう》山）に天降《あも》りしたとあるが、『日本書紀』の一書《あるふみ》によれば、須佐之男命はいったん新羅国《しらぎのくに》に天降り、舟で出雲に渡ってきたという。新羅の都慶州★13は日御崎のほぼ真西に位置する。

新羅の神話と出雲

朝鮮の古代史『三国遺事』の神話によると、新羅の東海のほとりに延烏《えんう》郎と細烏《さいう》女という夫婦がいた。延烏郎が海で海藻を採っていると、岩が急に動きだして、彼を日本に運んでいった。日本のその土地の人々は彼を特別な人と考え、王とした。細烏女は夫が帰らないので探しにいくと、岩の上に夫の履き物があったのでその岩に上がると、岩が動きだして日本に運んでいった。夫婦は再会し、細烏女は王妃となった。このとき新羅では太陽と月の光が消えたので、天文を司る役人が新羅王に、太陽と月の精が新羅から日本にいってしまったからだと言上した。新羅王は二人に使者を派遣して帰らせようとしたが、延烏郎は「私がこの国にきたのは天の意志によるのだから帰るわけにはいかない。妃の織った細綃《さいしょう》★14をあげるから、持ち帰って天に祀るとよい」というので帰って祀ると、

★12 **鹿島神宮**　常陸国の一の宮。祭神は武甕槌（たけみかつち）命で、香取神宮の経津主命と並んで武神として知られる。また、地震の神としても信仰され、地震除けの要石（かなめいし）も広く知られている。

★13 **慶州**　韓国の主要都市。古代国家新羅の首都で、巨大な古墳群がある。なかでも天馬塚古墳は金製品の装飾品等の出土で有名である。

★14 **細綃**　上等の絹織物のこと。

太陽と月は元通りになった。祭天の場所を迎日県または都祈野《ときの》★15と命名したという。中国の古典『淮南子《えなんじ》』等には、太陽のなかに三本足の烏がいるとある。延烏・細烏の「烏」は太陽の象徴である。紀州熊野権現の「牛王宝印《ごおうほういん》」にたくさんの烏が描かれているのも同意趣である。

慶州からみれば、太陽は真東の日御崎の方より昇り、西に沈んだのち再び東方より昇る。この神話も日神の復活再生神話であろう。須佐之男命がいったん新羅に天降りして出雲に来たという神話を思いだす。

また、『出雲国風土記』意宇郡《おうのこおり》の条に「国引き」の神話があるが、その最初に新羅の岬を「国来々々《くにこくにこ》」と曳いてきて出雲の国に縫い合わせたのが杵築《きづき》の岬（日御崎）だとある。これらの神話は、両国の日神信仰と、東西関係にある出雲と新羅の海人族の密接な交流関係をも意味しよう。

意宇氏の勢力圏

意宇郡にあった古代の出雲国府跡（松江市大草町）は、日御崎の真東に位置する。八重垣《やえがき》神社★16（同市佐草《さくさ》町）・神魂《かもす》神社（同市大庭《おおば》町）・岡田山古墳★17（同市大草町）・造山《つくりやま》古墳群（安木市荒島町造山）等がほぼこの線上に位置する。この地に蟠踞《ばんきょ》した意宇氏は、朝廷から〈出雲臣《いずものおみ》〉の姓《かばね》を賜り出雲国《いずものくにの》造《みやつこ》となる。

島根半島の中ごろ、日本海に突出した加賀《かか》の神崎《かんざき》の潜戸鼻《くけどばな》（八束《やつか》郡島根町加賀）の北端を、西から南に約三〇度傾斜して一直線に貫通する洞門があり、新潜戸という。この洞門の線をそのまま東北東方向に延長した線上に的島《まとじま》がある。現在、新潜

★15 **都祈野**　「トキ」には朝鮮語で「日の出」の意味がある。

★16 **八重垣神社**　祭神は素盞嗚尊（すさのおのみこと）で、『延喜式』にも「佐久佐神社」として記されている。縁結びの神として信仰されている。

★17 **岡田山古墳**　金象嵌で「額田部臣（ぬかたべのおみ）」と刻まれた鉄剣の出土で有名。

戸は洞門内を遊覧船で通る観光の名所となっている。この地も古代の意宇氏の勢力圏であった。

加賀の潜戸の金の弓矢

この潜戸について、『出雲国風土記』島根郡加賀の神崎郷につぎのような神話がある。加賀の潜戸は佐太大神《さだのおおかみ》の生まれたところで、神魂命の御子支佐加比売《きさかひめ》命が、子を産もうとするときに弓矢をなくしたので、「わが子が雄武の優れた神の子であるならば弓矢でてこい」と願うと、獣の角製の弓矢が流れついた。「これは私の弓矢ではない」といって投げ捨てると、今度は金の弓矢が流れてきたという。また加賀郷には、支佐加比売命が「暗い岩屋だな」といって金弓《かなゆみ》で岩屋を射通したら、岩屋のなかは光り輝いたとある。

この神話は、三輪山の丹塗矢によって子を宿す話と同様、〈日光感精神話〉の範疇に属する。また、新潜戸の洞門の方位からして夏至のころの日の出の光が洞内を照らし、冬至のころの夕日の光が洞内を照射して的島を射るはずである。金弓で射ると光り輝く話はその説話化であろう。

佐太大神を祀る佐太神社（八束郡鹿島町佐陀宮内《さだのみやうち》）は秋鹿《あいか》郡の神名火山《かんなびやま》朝日山の真東に東向きに建立されている。したがって、日御崎神社の下の宮と同様、社殿は朝日を拝する方を向き、人が社殿に向かえば、背後の朝日山に没する夕日を拝することになる。佐太大神は大穴持《おおなもち》命（大国主命）の別名とも、猨田比古大神ともいわれている。佐太大神のサダとは沖縄の、祭の行列の先導役をつとめるサダル神と同じ意味で、サルダ神——猨田毘古大神（日神）でもあると考えられている。

出雲大社の鎮座位置

出雲国のもともとの中心部は、出雲郡の神名火山仏教山（簸《ひ》川《かわ》郡斐《ひ》川《かわ》町）の北麓の出雲郷である。意宇氏が朝廷への国譲りの貢献によって、意宇から出雲の西部をも支配するようになり、「出雲臣」の氏姓を賜って出雲大社（簸川郡大社町杵築）の社家となる。

この大社の鎮座地は、第一に須佐之男命の天降りした鳥髪山（船通山）と日御崎を結んだ線上にある。これは日御崎の東より南に三〇度傾斜した線であり、日御崎から見て冬至のころの朝日が大社や鳥髪山頂の方より昇る方位である。

第二に加賀の潜戸の洞門の線をそのまま西南西の方に延長した線上に位置する。これは加賀の潜戸からみて冬至のころの日没方位にあたる。

第三に秋鹿郡の朝日山より西南に約二四度傾斜した線上にある。これは朝日山からみておよそ冬至・立春のころの日没方位である。以上三つの方位が一点で交差するという、日神信仰の方位関係を凝縮したような地点である。

出雲大社の祭神は須佐之男命の子孫大国主命である。『日本書記』によれば、天孫降臨に先立っておこなわれた国譲りの際、天照大神は経津主命に武甕槌命を添えて出雲に遣わされ、両神は稲佐《いなさ》の浜に天降りして国譲りが達成される。稲佐の浜は出雲大社の真西にあたる。両神がはるばる東国から出雲に遣わされる理由は、両神を祀る香取・鹿島神宮が、前述のように日御崎や杵築・意宇など、出雲国の主要地のほぼ真東に位置する日出《い》ずる国の神々であり、出雲大社を日の没する国の神として位置づけるためであったろう。

ちなみに、出雲大社の社殿は南向きであるが、神座《かみくら》は西向きである。これに対して、鹿島神宮の神殿は北向きであるが、神座は東向きである。その理由は両社とも海に縁のある神なので海の方を向いているのだと考えられている。たしかにそれに相違ないのだが、鹿島の神は日の出方位に、出雲の神は日没方位に向けて建立されたというのが根本的理由であると考えられる。

二荒山神社縁起の世界

『古事記』『日本書紀』は、尾張氏ら海人族の支援を得て壬申の乱★18に勝利し、中央集権国家を確立した天武天皇の意向をもとに編纂《へんさん》されている。これまで述べてきた事柄は、大和・伊勢・出雲の土着の神々の日神信仰を『古事記』『日本書紀』の編纂者が大系化したものであるが、高峰・霊山によった日神信仰は日本古来の伝統的文化であり信仰であった。したがって、こうした日神信仰は全国各地にみられるのである。一例だけ示そう。

日光・宇都宮の二荒山《ふたらさん》神社の縁起物語は、柳田国男の『神を助けた話』以来『日光山縁起』で通っているが、これは近世になって命名された一写本名にすぎない。正式名称は『日光山　併《ならびに》　当社縁起★19』で、当社とは宇都宮二荒山神社のことである。これは同社の社務職宇都宮氏によって鎌倉時代に制作されたものである。筆者はこれを二荒山神社縁起と称することにしている。物語の概要を述べよう。昔、京の有《あり》宇《う》中将は殺生《せっしょう》の鷹狩《たかがり》を好むがゆえに勅勘を蒙って奥州に下り、朝日の里の朝日君と結ばれるが、不慮の死により、朝日君とともに日光山に葬られる。中将は閻魔王《えんまおう》の裁きにより、前世において野口（日光市　日枝《ひえ》神社）の猟師であったが、貧しい

★18 **壬申の乱**　六七二（天武元）、天智天皇の弟大海人皇子と、天智の子大友皇子のあいだに起こった皇位継承をめぐる内乱。争いに勝利した大海人皇子は飛鳥浄御原宮で即位して天武天皇となり、中央集権国家を確立した。

★19 **日光山併当社縁起**　愛媛県大洲《おおず》市宇都宮神社所蔵　絵巻本。

衆生《しゅじょう》を救おうという願をかけていたことがわかり、朝日君とともに蘇生する。その後勅勘も解け、大将に昇進し、関東八か国と陸奥国が与えられ、一子馬王も授かる。馬王の子は猿に似た醜い顔だったので奥州に残され、小野猿丸と称した。一族は死後、中将が男体権現（男体山神・日光二荒山神社・千手観音）、朝日君が女体権現（女峰山神・滝尾神社・阿弥陀如来）、馬王が太郎明神（太郎山神・本宮・宇都宮二荒山神社・馬頭観音）として祀られる。

　ところが、中禅寺湖の領有権をめぐって、女体権現（大蛇）と赤木明神（赤城山神　大百足《むかで》）が争う。女体権現は、孫にあたる小野猿丸が猟師で弓の名手であるので、彼に助勢を求め、猿丸の手によって百足を追い払う。猿丸は徳次郎《とくじら》（宇都宮市智賀都《ちかつ》神社）で鶴と化現した女体権現から日光周辺の狩猟権を保証される。猿丸は猿田彦と同様日神でもある。

日光山の日神信仰

　柳田はこの物語を狩猟信仰の物語としているが、それは表面的なもので、その裏に隠されている信仰の一つに日神信仰がある。

　この物語に登場する主な地名は男体山・女峰山・太郎山・赤城山・日光・野口・徳次郎・宇都宮である。これを地図のうえで、第一に男体山と宇都宮、第二に太郎山と日光・野口、第三に女峰山と徳次郎、第四に日光と赤城山、第五に宇都宮と赤城山の組み合わせで線を引いてみる（図4）。第一の男体山と宇都宮を結ぶ線は、東より南に三〇度傾斜する。この線は、男体山からみれば冬至のころの太陽が宇都宮の方から昇る方位である。第二の太郎山と日光・野口を結ぶ線と、第三の女峰山

図4　日光・宇都宮二荒神社縁起の方位関係

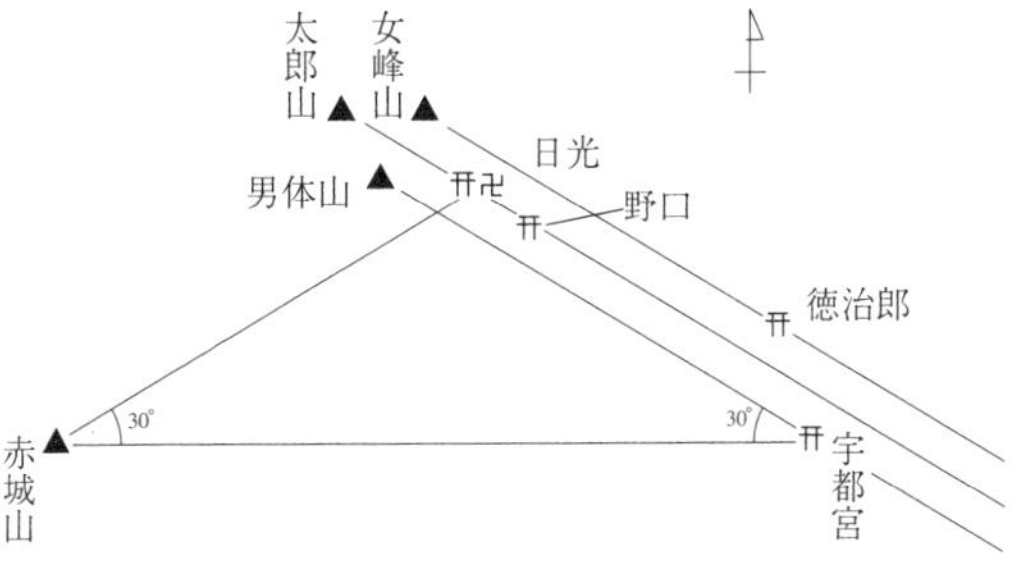

と徳次郎を結ぶ線は、第一の線に平行する。第四の日光と赤城山を結ぶ線は、西より南に三〇度傾斜する。この線は、日光からみれば冬至のころの太陽が赤城山頂の方に沈む方位である。第五の宇都宮と赤城山を結ぶ線は東西線であり、春分・秋分のころの太陽が宇都宮の方から昇り、赤城山頂の方に沈む方位である。

日光二荒山神社では、毎年正月四日に中宮祠で赤城山に向かって弓を射る武射祭《ぶしゃさい》がおこなわれている。この日、赤城神社ではすべての扉を閉ざすと伝えられている。これは前述の神戦譚による伝承行事でもある。この行事は、古くは日光の神橋近くの星宮境内でおこなわれていた。したがってその飛ぶ矢の方角は、第四の日光・赤城線に一致していたのである。弓は太陽を、矢は丹塗矢や金の矢と同じく太陽光線を意味し、冬至のころもしくは冬期の、没しようとするきわめて衰微した太陽に向かい、太陽光線を放つことによって、エネルギーを補給し、太陽の復活再生を祈念する呪術的祭儀だったのである。

男体山頂の発掘調査により、五世紀ごろの二神二獣鏡一面から鎌倉初期までの鏡が一六二面出土している。その大半は平安末期ごろの和鏡であった。一方、宇都宮二荒山神社の境内からは、古墳時代の有孔円板――「日像」としての鏡の祭祀用模造品――が出土している。おそらく、鏡が入手しにくく、しかも男体山登頂の困難だった時代には、主に宇都宮の斎庭に有孔円板を奉賽《ほうさい》して男体山を遙拝し、鏡の生産も容易になり、男体山登拝道もひらけた平安時代以降には、銅鏡を直接男体山頂に奉賽したのであろう。二荒山神社の日神信仰は古代からあったのである。

「日光」の地名の起源

二荒山神社縁起の最大のモチーフは有宇中将と朝日の君が、現世においてひとたび死亡しながら蘇生――復活再生する点にある。有宇中将の輪廻転生としての男体山の本地仏千手観音は、陽春神・光明神すなわち太陽神でもある。そこに日光の日神信仰に仏教の太陽信仰が習合する由縁がある。

日光の地名について、男体山を補陀落山《ふだらくせん》といい、その「補陀落《ふだら》」に「二荒《ふたら》」を当て、それを「二荒《にこう》」とし、「日光《にっこう》」を当てたとするのが通説となっている。しかしこれにはなぜ「日光」の字を当てたかという説明が欠落している。

補陀落山はインドにおいて千手観音等観音の住む山であり、光明山ともいった。日光山を古くは「光明院」が統括していたのである。「日光」という地名も、『金光明経』の経文から、この地の日神信仰にふさわしい章句「その明るく普《あまね》く照らすこと日光の如し」（原文の漢文から読み下した）から採用して命名されたものと考えられる。

太陽はミクロ的には一日に一度、マクロ的には一年に一度復活再生する。古代人はこうした日神の再生復活を祈念するとともに、それにあやかって、人間の再生と農産物や海産物の再生・豊穣を祈願していたのである。

（細矢藤策）

【参考文献】 小川光三『増補大和の原像』大和書房（一九八〇）／山田安彦『古代の方位信仰と地域計画』古今書院（一九八六）／細矢藤策「柿本人麻呂伊勢御幸留京歌三首の創作意図について」『王朝文学史稿』二一号国学院大学王朝文学史研究会（一九九六）／細矢藤策「二荒山神社の日神信仰」㈠・㈡『野州国文学』五一・五三号国学院大学栃木短期大学（一九九三・一九九四）

仏教——阿弥陀堂空間にみる方位観

浄土教の展開

仏教では、インド仏教以来、四方《しほう》（東西南北）と四維《しい》（東南・西南・西北・東北）の八方位に上下を加えた十方《じっぽう》世界を説き（図1）、そこに諸仏の浄土を想い描く十方浄土の世界を観念するが、そのうち、よく知られているのは四方の浄土世界であろう。たとえば、七三〇年（天平二）に建てられた奈良・興福寺の五重塔には、光明皇居の願いにより、東方・薬師如来、南方・釈迦如来、西方・阿弥陀如来、北方・弥勒菩薩、それぞれの浄土世界を描いた浄土絵が飾られたというが（『興福寺流記《るき》』）、なかでも後世の日本文化に絶大な影響をおよぼしたのが西方浄土の阿弥陀仏信仰、それを説く浄土教★1の来世観であった。

紀元一〇〇年ごろの北西インドに発した浄土教が、中国の仏教思想界を経て遠く日本へと伝来したのは七世紀の飛鳥・奈良仏教の時代。やがて九世紀半ばにいたって、中国より伝えられた音楽的な念仏が比叡山の円仁によって創始され、続く一〇世紀、同じく比叡山の源信《げんしん》が有名な『往生要集《おうじょうようしゅう》』を著して西方浄土《さいほうじょうど》の念仏の正しいあり方を示した。さらに、民間においては空也《くうや》が一般庶民に念仏信仰を広めるにおよび、わが国における浄土教の本格的な定着と展開をみることとなった。

図1　十方世界と四方浄土

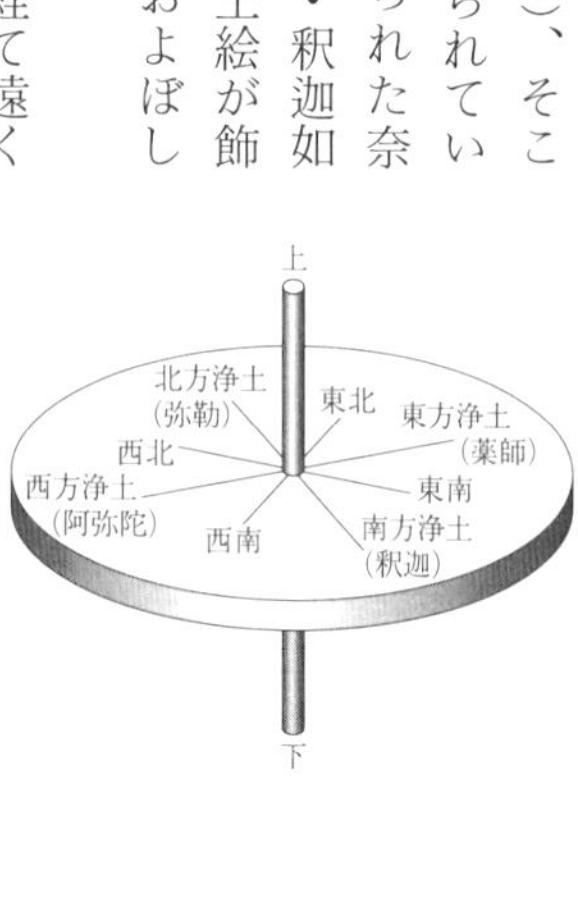

★1　**浄土教**　『無量寿経』『観無量寿経』『阿弥陀経』の経典を浄土三部経といい、そこに説かれた阿弥陀仏の極楽浄土世界に生まれ、悟りを得る教えを浄土経という。

道長と無量寿院

なかでも、源信の『往生要集』[★2]が時代文化にあたえたインパクトは実に強烈なものがあり、やがてその影響下、西方の阿弥陀浄土の世界を建物で地上に具現した阿弥陀堂建築が、東面して（つまり、参拝者は阿弥陀堂に西面することとなる）多数営まれることとなった。とくに一一〜一二世紀の院政期の前後、記録に残るだけでも約一五〇棟もの阿弥陀堂が、京都を中心として北は平泉（岩手県）から南は国東半島（大分県）にいたる各地でつぎつぎと建てられた。そのうち、現存する宇治・平等院鳳凰堂と平泉・中尊寺金色堂[★3]は阿弥陀堂建築の代表例といえよう。

前述のように、平安時代における浄土教文化の広範な波及を思うとき、その『往生要集』を愛読した藤原道長《ふじわらのみちなが》によって、法成寺無量寿院が創建されたことはとりわけ重要な意味をもつ。一〇二〇年（寛仁四）、病のため出家した道長は、九体の阿弥陀如来像を安置した無量寿院を京都の鴨川べりに建て、一〇二七年（万寿四）の死去にさいしては、その仏像の手に結びつけた五色の糸を握りしめ、西方浄土への極楽往生を信じつつ、無量寿院のなかで臨終を迎えた姿が『栄花物語《えいがものがたり》』のなかで理想化されて描かれており、そこにわが国における仏教信仰と方位観との具体的な結合を看取することができる。

仮想浄土としての鳳凰堂

道長の無量寿院ののち、一〇五二年（永承七）における末法《まっぽう》思想[★4]の流布を契機として、阿弥陀堂空間として具現されたわが国固有の西方浄土観はさらに独自な深化をとげることとなる。宇治・平等院鳳凰堂、そして平

★2 **『往生要集』** 源信の代表的な著作（九八五年撰）で、地獄・極楽のありさまを多くの経典から引用して詳しく叙述し、念仏による極楽往生を奨励する。後の鎌倉仏教の母体ともなった。

★3 **中尊寺金色堂** 平泉藤原氏の初代藤原清衡によって建立（一一二六年）。極楽浄土の黄金に光り輝くさまを具現化した阿弥陀堂で、藤原氏父子四代の遺体が今も眠る。国宝。

★4 **末法思想** 釈迦の没後、正法（しょうぼう）・像法（ぞうぼう）・末法と時代を経るにつれ仏法が衰え、世が悪化するとする仏教の歴史観で、日本における末法元年は一〇五二年とされた。

泉・無量光院において実現された浄土庭園景観がそれである。

古来、宇治は平安貴族たちの別荘が多く営まれた景勝の地として著名であった。一〇五三年（天喜元）、道長の子藤原頼通が宇治川に面して建てた平等院鳳凰堂は、仏師の定朝《じょうちょう》★5によって造像された穏やかで優美な阿弥陀如来像が金色燦然たる姿で安置され、さらに内部の四壁にも、阿弥陀如来とその使者たちが、西方極楽浄土より宇治の四季環境のなかへと飛来する光景が色彩あざやかに描写されていた。また、池中の中島に建てられた本堂からは楼造りの翼廊が左右方向へとコの字状に延び、その翼廊両先端の楼閣部分が水中から立ち上がるという独自の建築スタイルを誇示し、当初より、「極楽いぶかしくば宇治の御堂を礼《うやま》へ」（『後拾遺往生伝』）、とまで讃えられた。

しかも、鳳凰堂の前面を流れる宇治川は彼岸の河に見立てられ、そこには〈来世・西方浄土（鳳凰堂）――彼岸の河（宇治川）――現世（宇治川の対岸）〉といった仮想浄土の世界が仮託され、さらに、春秋における彼岸の中日の夕刻には、夕陽が鳳凰堂の中央背後（西方）へと落日するさまを日想観《にっそうかん》★6できるよう、特別な西方浄土観も併せて構想されていたのである。

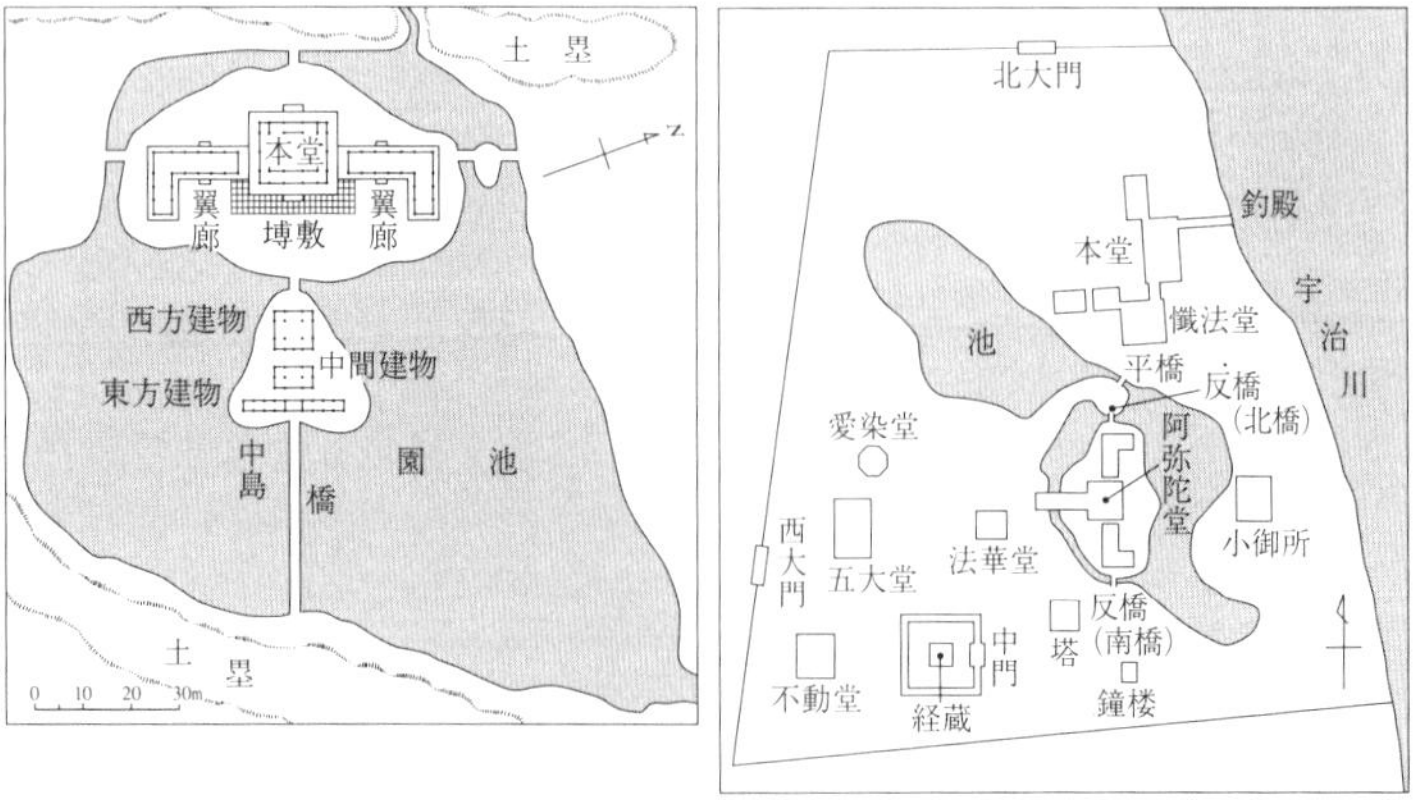

図2　平等院（右）と無量光院（左）の伽藍配置
（右：清水擴『平安時代仏教建築史の研究』中央公論美術出版、1992／左：藤島亥治郎監修『中尊寺』河出書房新社、1971）

小御所の設置

一一一八年（元永元）、頼通の娘にあたる寛子（後冷泉皇后）が、鳳凰堂において写経供養の法要を催したさい、池上には龍頭鷁首《りゅうとうげきす》の船を浮かべ、鳳凰堂を取り囲む園地《えんち》（庭園と池）には蓮や桜や紅葉、そして鶴や水鳥などの作り物が美しく飾り立てられ、寛子はその光景を鳳凰堂の対岸に設けられた小御所《こごしょ》から拝観したというから、まさに寛子は、極楽浄土世界そのものとして演出された鳳凰堂とその園地を小御所から礼拝したことになる。このような礼拝施設が設置されたのは頼通死去（一〇七四年）後のことらしいが、娘の寛子の時代、鳳凰堂空間は礼拝者が極楽世界を擬似的に体験できる施設として、さらに変貌をとげていたことが窺える。

秀衡の無量光院

宇治の地に忽然と出現した仮想浄土の構想を、より極限にまで推し進めたのは奥州平泉の無量光院においてであった。一二世紀後期、平泉藤原氏の三代藤原秀衡《ふじわらのひでひら》★7によって営まれた無量光院《むりょうこういん》は、本尊として阿弥陀如来像を祀るとともに堂内の四壁扉にも阿弥陀極楽浄土の様相を図絵し、しかもそこには秀衡自身によって狩猟の姿が描き加えられており、堂内の荘厳《しょうごん》はもとより、その地形にいたるまで宇治・平等院を模していたことが鎌倉幕府の歴史書『吾妻鏡《あずまかがみ》』には記されている。『吾妻鏡』の記述の正しさは★8、一九五二年（昭和二七）に実施された発掘調査によって実証されたが、しかしその地形、ことに浄土庭園景観の構想は鳳凰堂のそれをはるかに凌駕するものが認められる。

★5 **定朝**　法成寺や鳳凰堂をはじめ宮廷社会などの仏像を多く造像し、寄木造の技法を確立。その作風は定朝様（じょうちょうよう）として、後世における造仏の規範ともなった（?〜一〇五七年）。

★6 **日想観**　『観無量寿経』に説かれ、日没を観察して極楽浄土を心中で深く想う瞑想法で、わが国においては、彼岸の中日に入り日を拝む日祀り・日の神信仰と習合した日想観信仰が折口信夫によって唱えられている。

★7 **藤原秀衡**　平泉政権の最盛期を築き、奥州人として初めて鎮守府将軍に陸奥守を兼ね、南宋の文物をも舶載して平泉文化の栄華を誇った。父祖や子とともに、今も金色堂に眠る（?〜一一八七年）。

★8 **『吾妻鏡』の記述の正しさ**　発掘調査では、鳳凰堂とまったく同形式の建築遺構が確認された。

擬似往生のプラン

無量光院の景観上における最大の特質は同院の後景をなす山稜の存在を強く意識した点で（この点、鳳凰堂の背後に山容は存在しない）、このため、鳳凰堂に実現された彼岸中日における落日の構想★9はあえて無視された。背景となった山の姿と無量光院建築との緊密な一体感こそが強く求められたからである。無量光院においては、本堂の中軸線上の背後（西方）に標高約一〇〇メートルほどの小高い金鶏山《きんけいざん》（それは経塚山でもあった）の山頂が聳え、この山頂部を中心として左右へと連なる、低くなだらかな稜線と建物の屋根のラインとが重なり合いつつ調和を形づくる地点に無量光院は構えられた。つまりそれは、無量光院とその後景をなす山の姿とを一体化させた浄土景観をとくに創出すべく、建設地の設定と建築規模の拡張とがなされたことを語っており、さらに、本堂背後（西方）における金鶏山の落日地点、その山の端こそが西方浄土とも観念されるにいたっていた。

さらに、園地に目を転じると、鳳凰堂と同様、無量光院においても礼拝施設が設けられ、この両建物が建てられた二つの中島を池水が取り囲み、礼拝施設から池ごしに無量光院が眼前に迫るよう工夫★10がこらされていた。このように、とくに礼拝施設までもが池水上に設定されたことは、かかる礼拝施設に座した礼拝者自身が、極楽浄土の蓮池に囲繞されて浄土往生（再生）を果たした姿を無量光院において擬似体験すべく、特別に設定されたものであることを意味していた。鳳凰堂の場合、礼拝施設（小御所）は池を隔てた対岸の陸地に設けられて池水が繞ることはなく、無

わずかに異なる点としては、無量光院の場合は尾廊を欠き、建物の規模が若干大きいことなどがあげられる。

★9 **落日の構想**　無量光院の本堂中央背後への落日は、四月一四日と八月三〇日。

★10 **眼前に迫るよう工夫**　平等院の場合、鳳凰堂が営まれた中島のみ池水が囲む。

量光院においては、このような擬似往生のプランとして極点まで達したことが窺える。

神話空間としての無量光院

しかも、『吾妻鏡』によれば、無量光院の東門（正門）方向には秀衡の日常の私邸にあたる加羅御所《からのごしょ》が営まれ、そこから無量光院景観を望むことができた。つまり、加羅御所は、無量光院（来世・浄土）と山（現世）とが渾然と融合した現世浄土の景観を常日ごろ遙拝すべく設定された第二の礼拝所にもあたり、加羅御所において秀衡は、現世と来世とが一つに融け合ったこの世ならぬ光景を、四季の移ろいのなかで、居ながらにして凝視することができたのである。

また、礼拝施設が設けられた中島には、加羅御所の方向へ架橋された礎石跡が発掘調査で確認されており、そうであるなら秀衡は加羅御所から西行して彼岸の橋を渡って中島へといたり、礼拝施設において擬似往生を果たしつつ無量光院を拝礼したことになるが、礼拝施設に座した秀衡の瞳に山の稜線が映ることはいっさいなく、彼の眼には、無量光院として具現された来世の浄土建築のみが映じるよう巧みな企てがなされていた。

すなわち、秀衡の平泉においては、現世・日常の空間（加羅御所）と来世・非日常の空間（礼拝施設）とを往き来し、無量光院において極楽往生をとげつつ現世への帰還（再生）をも果たすという神話的な時空場の設定、このような現世往生を可視化した巨大なシミュレーションが新たに創出されていたのである。ここに、わが国における浄土庭園景観の構想は理念的にもついに極みへと達した。

平泉の方位軸

このように、無量光院景観においては、〈金鶏山―無量光院―礼拝施設―加羅御所〉という聖なる東西の方位軸が形成され、しかも、『吾妻鏡』によると、その無量光院に北接して秀衡政権の政庁・平泉館《ひらいずみのたち》が営まれており、かくなる平泉館こそは、中尊寺金色堂の正面方向を強く意識して構えられた特別の政治空間であった。その金色堂は、秀衡の父祖たる初代清衡と二代目基衡が永遠に眠る聖なる阿弥陀堂として営まれたものであり、それを基点とする政治宗教的な東西方位の軸線も併せて設定されていたのである。

現世往生空間の終焉

無量光院において実現された背景の山の姿と一体化した浄土景観のプランは、さらに、その平泉寺院をモデルとした源頼朝の鎌倉・永福寺《ようふくじ》★11へと継承され、春秋の彼岸における本堂背後への落日の構想が再度復活をとげることとなる。しかし、礼拝施設までもが永福寺の園地に設けられることはなく、わが国固有の自然景観のなかで独自の深化をとげた現世往生の神話的な時空間が再び希求されることは残念ながらなかった。

わが国の院政期に数多く建設された阿弥陀堂空間こそ方位観と強く結びついた仏教信仰の具体例であり、なかでも、僧侶ならぬ仏教信者によって営まれた宇治・平等院鳳凰堂景観と平泉・無量光院景観の構想こそは、その典型例と評価できよう。

（菅野成寛）

★11 **永福寺**　二階堂とも呼ばれ、中尊寺大長寿院（二階大堂）をモデルとして建立（一一九二年）、その後、阿弥陀堂と薬師堂が増設された。近年の発掘調査により、建物の形式と規模、園池の構造などが判明した。

【参考文献】　菅野成寛「都市平泉の宗教的構造」『奥州藤原氏と柳之御所跡』吉川弘文館（一九九二）／杉本宏「仮想浄土としての鳳凰堂と庭園」『朝日百科・日本の国宝別冊・国宝と歴史の旅六』朝日新聞社（二〇〇〇）

社寺建築の方位

神社建築

神社は、巨岩である岩座《いわくら》や、常緑樹である神籬《ひもろぎ》といった、古くからの依代《よりしろ》（神の宿る場所）を基《もと》にした祭祀の場に、社殿が建築されてきたものである。磐船神社（大阪府交野市・大阪府河南町）や三宮神社（大阪府枚方市）などが岩座を背景とした神社として知られ、全国にも多数みられる。天津石戸別神社（奈良県高取町）などが神籬を背景とした神社であり、その代表といえる。また、山をご神体とした神社も多く、立山のような高山や、神奈備山《かんなびやま》を背景に社殿が建築されたものも多く、前者は雄山神社（富山県立山町）、後者は「神道」の項で紹介した三輪山を背景とした大神神社《おおみわ》（奈良県桜井市）や、八雲山を背景とした出雲大社（島根県大社町）などが代表といえる。

また、ここ数年のダム建設にともなう移転で、旧境内を全面的に発掘することが可能となった奈良県吉野郡の丹生川上神社上社（式内論社）では、一〇世紀ごろから祭祀遺構は確認されるが、社殿の建築は平安時代末期と考えられ、境内の樹木を伐採すると吉野川対岸の巨岩（岩座と考えられる）が一望でき、これを拝むかたちで本殿やほかの社殿が築かれていたと推定されるようになった。この場合、北を拝むかたちにはなるが、正方位の北よりやはりずれている。

奈良の春日大社は春日山が神奈備山となるが、参道は平城京の三条大路の延長となり、東西に直線化されて、春日山を東に配した社殿の配置がみとめられる。しかし、社殿に向かう参道は、やや南に折れてから春日山を西から東に指しており、社殿は三条大路の直線的延長が中軸線になっているわけではない。

このように神社は、ある程度正方位にのっとった状況を示すこともあるが、多くは決まった方位による建築はなされず、依代となる自然の地形的な要因に規制されていると考えられる。

寺院建築

寺院は仏教とともに大陸から伝来したもので、飛鳥寺

（奈良県明日香村）、法隆寺（奈良県斑鳩町）、四天王寺（大阪市）など、七世紀ごろに建てられた初期の主要寺院は正方位、とくに南北が中軸になるかたちの伽藍配置で創建されている。

藤原京の本薬師寺や大官大寺、平城京の興福寺や元興寺など、都城のなかに創建された寺院は、条坊の区画に規制されて方形の境内に南北の中軸をもって建設されている。平城京に隣接して造営された東大寺も、南大門から大仏殿にいたる南北の中軸を維持しながら現在にいたるまで寺域が発展してきた。

写真1　宮の平遺跡（対岸の巨岩も）

二上山《ふたかみやま》南東麓に位置する奈良県の當麻寺は、南北に並ぶ金堂と講堂があり、それから東西に塔が一基ずつあるので、本来は南北軸が基準となる寺院として建立されていたらしいが、中世に広まった浄土教の影響から、東門、曼荼羅堂、奥院を結ぶ東西軸に変化して、境内の諸堂院が形成され、現在の様子になっていったと、山岸常人により考えられている。現在は、近鉄當麻寺駅や長尾街道からの参道が西に向けて當麻寺東門にいたり、この間に門前町も形成されている。境内を西に進み西方の阿弥陀浄土に向かって、曼荼羅堂で當麻曼荼羅を拝むという参拝形式が定着していったのである。

近世初頭になると、戦国時代に焼き討ちにあった比叡山延暦寺や東大寺などの復興がおこなわれ、徳川家康を祀る日光東照宮が創建されるなど、大名らによる社寺の創建・復興がおこなわれていくが、寺院は基本的な形式をふまえながら装飾の細部や諸堂の内部に変化がみられるようになっていった。

（関口靖之）

【参考文献】　太田博太郎監修執筆『カラー版日本建築様式史』美術印刷（一九九九）／岡田精司『神社の古代史』大阪書籍（一九八五）／朝日百科　日本の国宝　別冊『国宝と歴史の旅二　仏道の空間と様式』朝日新聞社（二〇〇〇）／朝日百科　日本の国宝　別冊『国宝と歴史の旅四　神社建築と祭り』朝日新聞社（二〇〇〇）

修験道——山岳信仰の縦型（垂直指向）方位観

垂直指向の聖域方位

日本国土面積の七二・八パーセントは山地と丘陵である（国土庁調）。古来、日本人は山を神が降臨する聖地、祖霊の往《ゆ》く他界、神仙界《しんせんかい》★1や極楽浄土の秘境、現実的には水分《みくまり》の源泉、生活を潤す資源の供給域として山を崇拝した。その一方では、通行を妨げる険阻で複雑な地形、見透しの困難な鬱蒼《うっそう》たる樹林、樹木のない山岳は厳しい寒冷な気候や、火山活動とそれにともなう地震の震源地としての恐怖などから、地獄の存在も意識された。また信仰対象のいわゆる霊山では、明治初期までは女人禁制《にょにんきんせい》★2の場合が多かった。したがって、里や巷《ちまた》の人々にとって、とくに霊山・神体山（神奈備山《かんなびやま》）とみなされた山岳は、容易に踏み込めない異界（他界）として認識されていた。

しかし、里や巷の人々が異界とした山地にも、古くから狩猟・採集・焼畑などの生活をする山人が散在していた。また俗世間を離脱して山に分け入り、精霊・神霊を感得し、山は天に通じる宇宙軸《うちゅうじく》★3とみなし、宇宙統一体の大日如来を主尊とする曼陀羅《まんだら》★4の世界と観想して（図1）、厳しい修行により神仏の霊力を修得可能と信じた修験者《しゅげんじゃ》（山伏《やまぶし》）たちが、古代から各地の霊山に出入りしていた。近世になると修

★1
神仙界　中国古代の山岳信仰に関連した神仙思想・道教に起源。俗世間を離れ、長寿で五穀を食べない仙人の世界。桃源郷ともいう。

★2
女人禁制　特定の山岳や宗教儀礼に女性の立入を禁じること。僧尼令（そうにりょう）（七一八年）以来の僧房・尼房へ異性停（いせいとどめ）禁止、生理・出産による赤不浄、山神（女神）嫉妬の俗信などが複合し、一八七二年（明治五）太政官布達による社寺の女人解禁まで、多くの霊山は女人禁制であった。現在まで女人禁制の大峰山（山上ヶ岳）では、宗教上の伝統を守るのか、男女同権で解放すべきか、せめぎあいが続いている（写真3参照）。

図1　富士山上の曼陀羅（江戸時代後期）火口（お鉢《はち》）を胎蔵界大日如来とし、火口の峰々を極楽浄土の象徴である八葉蓮華座に見立てて仏・菩薩を配置している。登頂することは曼陀羅の世界に入ることであった。富士村山修験が木版刷して登山者に案内図として配布したもの。「富士山禅定図」（部分）、個人所蔵

験者たちは積極的に一般民衆の登山を勧誘し、民衆もまた信仰組織の「講《こう》」[5]を結び、当時の世界では例のない登山ブームが江戸時代には実現した。

以上のような背景から日本人の山岳信仰は成立しており、俗世界とは異なる方位観が形成された。もっとも、常識的な水平指向ともいえる東西南北も使用するが、山岳信仰にもとづく垂直指向とでも称すべき方位観や、密教世界の聖域方位が諸霊山にみられ、俗世間からの登山者もその方位観に誘導されて登ることになる。

山頂指向方位の十合区分

方位は位置を示し知ることと表裏一体の関係にあり、東西南北とは無関係の場合も少なくない。たとえば古代から現代まで、都に向かって近づく方向を上り、遠ざかる方向は下りである。現代日本の交通体系でも、JR時刻表をみればそれで統一されており、単純にして合理的である。旧国名では京都に近い官道の通る国から前・中・後と相対的に位置づけられた[6]。現代のグローバルな視点からみた場合、地球上の北極点・南極点では東西南北は消滅し役立たない。しいていえば、北極点からの全方位三六〇度はすべて南、南極点からすべての方位は北といわざるをえない。このような方位では役立たない。この場合の有効な方位は、経線と緯線であり、その交点の位置が方位を示すことになる。

山岳信仰の方位も、個々の霊山の山頂は宇宙軸と考えられたので、地軸としての北極点または南極点と類似の方位観を生みだしている。つまり山頂に集まる登山路を経線とみれば、緯線に相当するのが山麓の一合目から山頂を十合目とする十界区分である。ただし、かならずしも十等分ではなく、山それぞれに独自性がある。で

★3 **宇宙軸**　仏教思想による霊山は、天（宇宙）と地を結ぶ宇宙軸と考えられた。そのような山をサンスクリット語の音写から弥山（みせん）、須弥山（しゅみせん）と敬称することがあり、大峰山・伯耆大山（ほうきだいせん）・出雲・厳島（いつくしま・宮島）などにその例がある。

★4 **曼陀羅**　曼荼羅とも。サンスクリット語で本質を得る意。密教思想を取り入れた修験道では、山岳そのものを仏・菩薩の集まる悟（さとり）を得る曼陀羅の道場と観念する。「インド」の項も参照。

★5 **講**　登拝する山名や神仏名などをつけて、大峰講・富士講・御嶽講・権現講など称した地縁的な信仰組織。旅費を拠出しあい、順番制や抽選で毎年代参者を登拝させた。年少者の参拝は成人式の通過儀礼にもなった。

★6 **京都指向の国名**　越前・越中・

は十界《じっかい》区分の基準は何であろうか。

天台教学において体系化された十界思想は、(1)地獄、(2)餓鬼、(3)畜生、(4)修羅、(5)人道、(6)天道の六道迷界と、煩悩《ぼんのう》を離脱した(7)聲聞《しょうもん》、(8)縁覚、(9)菩薩、(10)仏の四聖界で構成される。以上の十界を山の一合目から十合目に対応させたようである。山麓から山頂までの実距離を示す丁《ちょう》（町）石《せき》（約一〇九メートルごと）も多くの山にあって登頂の目安となるが、合目標示は登山する人々にとって所要時間や休憩環境なども考慮した設定となっており、東西南北方位とは無関係に、もっぱら山頂を指向する垂直方位の合目を目安に登ることになる。

表1の大峰山では、一般登山者にも分かりやすい現代的解釈の十界であるが、現在の羽黒山や中世末史料による彦山の場合は、修験者に課せられた厳しい修行をともなう十界である（写真1）。

また従来から合目設定の基準には諸説あるが、通説では富士山が元祖とされ、暗夜の登山で燈火の油を消費する量を示すとか、山麓から頂上までをほぼ均等に区分したともいう。しかし、富士山にならって全国の霊山に広まったという確証は存知しない。またほぼ均等区分説についても三七七六メートルの富士山の五合目は、単純な均等割であれば約一九〇〇メートルの位置になる。しかし実際は山梨県富士吉田口登山道（浅間神社標高八七〇メートル）では約二三〇〇メートル、静岡県富士宮口登山道（浅間神社標高一二〇〇メートル）では約二六〇〇メートルであり、標高の低い富士宮口からの方が標高の高い富士吉田口より五合目が高所にあって矛盾す

越後、備前・備中・備後、筑前・筑後など。三三頁参照。

表1　修験道の十界修行に比定された山岳の十合区分

十合区分		十界区分		現代の大峰登山 ＊1	現代の羽黒山修行 ＊2	中世の彦山修行 ＊3
山頂↑	十合目	四聖界	(十) 仏　界	仏・自然と一致し仏心がわきでる	出生灌頂（擬死再生の成就）	正灌頂（即身即仏）
	九合目		(九) 菩薩界	入峰（大峰山への登拝）中はお互いに助けあう	—	代受苦
	八合目		(八) 縁覚界	峰吹く風も仏の説法と自ら知る	三股沢の抖擻《とそう》	着頭襟《つけときん》
	七合目		(七) 聲聞界	先達に従って法を聞く	大先達の法話	比丘形
	六合目	六道（迷界）輪廻界	(六) 天上界	美しい山岳風景を楽しむ	鳴子＝謡曲:高砂・四海波（ヤッホーの発声で聲聞界へ入る）	延年（歌舞・酒宴）
中腹↑	五合目		(五) 人間界	六根清浄を唱えつつ登る	東補陀落の陰陽崇拝、深夜の柴燈護摩	懺悔
	四合目		(四) 修羅界	人に遅れないように頑張る	天狗相撲	相撲
	三合目		(三) 畜生界	荷物の重さをいとわない	水断ち	水断
	二合目		(二) 飢餓界	空腹や喉《のど》の乾きに耐える	断食（三日間）	穀断（七日間）
登山口	一合目		(一) 地獄界	寒暑や風雨をついて登る	南蛮いぶし	業《ごう》の秤《はかり》

＊1「入峰の栞」總本山聖護院門跡。「大峰山登拝の心得」奈良県天川村洞川観光協会、などによる。

＊2 羽黒山修験本宗「秋峰」の修行体験による。

＊3「三峯相承法則密記」阿吸房即傳、大永5年（1525)、『増補改訂日本大蔵経第94巻』鈴木学術財団（昭53）による。彦山は享保14年（1729）以降は霊元法皇の院宣により英彦山になった。

写真1　大峰山・西ノ覗《のぞき》の垂直（縦型）方位観　十界修行の「業ノ秤」または「懺悔」に相当するといわれる捨身行。比高約200メートルの断崖を覗かせ、大先達から「親を泣かすな」とか、「しっかり勉強せよ」などと叱咤される。天と地の垂直的空間に自己が置かれる感覚の瞬間である。

る。したがって一合目から十合目の設定は、修験者の十界修行になぞらえて「六根《ろっこん》清浄《しょうじょう》」★7の山念仏《やまねんぶつ》を唱えながらの山岳信仰と、山頂までの所要時間などを考慮した区分で成立したと考えられる。

富士山五合目が車道終点のわけ

山岳信仰の世界では、東西南北の方位とは別に、山麓から仰ぎみる山頂を究極の指向方位とし、または山頂から俯《ふ》瞰《かん》する同心円状の十界（十合）区分が重視された。図2は一九七八年（昭和五八）の五万分の一地形図を接合し縮小したものであるが、山梨県富士吉田市からの富士スバルラインも、静岡県富士宮市からの表富士周遊道路（富士スカイライン）、御殿場口登山道、須走口登山道もすべて五合目・新五合目で車道は止っている。これは道路建設技術や建設費に原因するものではない。伝統的な富士信仰の十界思想によって、五合目（人間界）と六合目（天上界）の間を天地の境とし、人々は五合目で下車し、徒歩で聖なる富士山へ登ることを地元の人々は望んだことが大きな要因といえる。地形図には五合目~六合目付近を一周する御中道《ごちゅうどう》（中禅定道《なかぜんじょうみち》）と敬称された回峰道が破線で記入されており、山麓から仰ぐその位置から上は、どの場所から仰いでも聖なる方位であった（図2）。

図3は江戸時代末期の一八六〇年（万延元）が六〇年に一度の庚申《こうしん》にあたり、この歳を富士山出現の御縁年（孝安天皇の庚申歳）と信仰し、女性の登山が許された。そのありさまを示す版画である。中腹にあたる五合目と六合目の境に、わざわざ「天地別《てんちのわかれ》」と記してあることに注目したい。版画にはみえないが、御中道は天地別

★7 **六根清浄**　眼耳鼻舌身意（がんにびぜっしんい）の六根、すなわち視覚・聴覚・臭覚・味覚・触覚と、それらを総合した知覚を、修行によって鋭敏にし、清浄にして登拝すること。信仰登山では山念仏と称し、「六根清浄、懺悔懺悔」と唱えて登る。

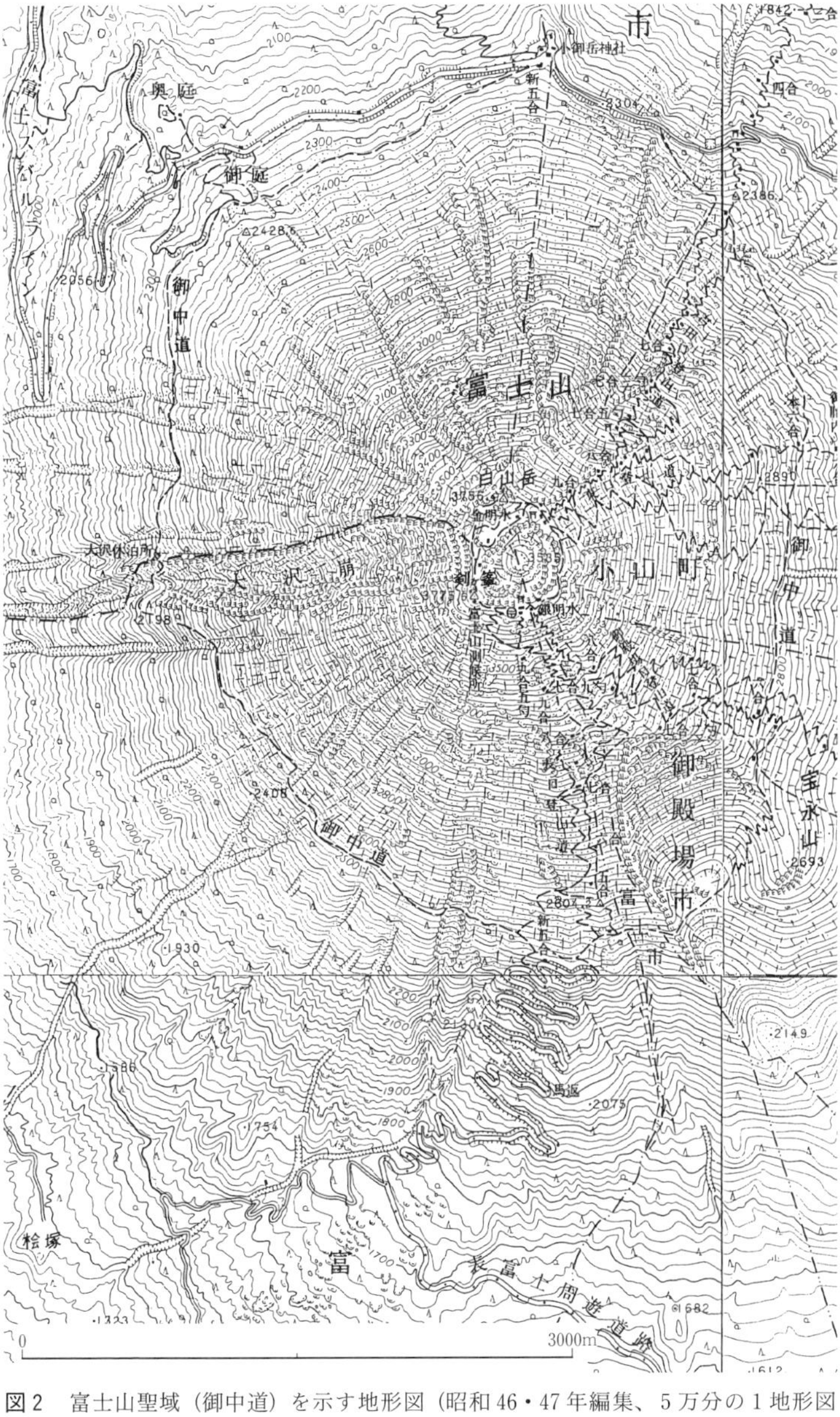

図2　富士山聖域（御中道）を示す地形図（昭和46・47年編集、5万分の1地形図「富士山」「山中湖」「富士宮」「御殿場」を81％に縮小）

図3　富士山北口女人登山之図、1860年（万延元）　庚申の年以外は、女性による登山は2合目の女人拝所までしか許されなかった。（『日本の心　富士の美展』図録、NHK名古屋放送局、1998）

を一周している。現在の車道を五合目でストップさせているのは、富士信仰の伝統が人間の自由な聖域侵入にブレーキをかけたといえる。

　富士山では東西南北の方位よりも、天地別に到達するまでの登山道との交点方位が、とくに聖域護持のために重要なのである。そのことを現代の多くの登山者は忘れ、汚染に拍車をかけているのではないだろうか。

中尊と四方仏

　山岳信仰を基盤に、神仏習合★8の修験道でもっとも重要な修行を峰入《みねいり》（入峰《にゅうぶ》）という。修験道の開祖とされる役小角《えんのおづぬ》（七世紀）が、熊野山と吉野山を結ぶ大峰山を山岳修行の根本道場としたことから、大峰山に入って修行することを峰入と称するようになった。現在は奥駈《おくがけ》とも称している。峰入では峰中（山中）において煩悩を焼滅させ諸願成就を祈禱する柴《さい》（採）燈《とう》護摩《ごま》がかならず執行される。この修法は九世紀に京都山科の醍醐寺を開創した聖宝《しょうぼう》（理源大師）が山中の柴を焚いて始めたと伝えられているが、現在は市中の修験系寺院でもおこなわれ、護摩木を焚き上げた残火のなかを素足で渡る火生三昧《かしょうざんまい》★9は、ショーと化した観がある。しかし本来は俗人を近づけない峰中の厳格なる秘儀であった。現在も羽黒山修験道では、深夜に、結界された聖域でおこなう伝統が守られ（写真2）、参加した数十名の山伏たちは、絶対に秘儀は他言しないことを、一人一人が大先達の前で誓言させられる。

　この柴燈護摩の聖域結界《せいいきけっかい》★10はどこの場合も共通している。中央（中尊）の護摩壇を宇宙統一神の大日如来（毘盧遮那仏《びるしゃなぶつ》）の座とし、東方は不動にして破魔の仏国土に

★8 **神仏習合**　本地・インドの仏が、日本では仮に神の姿で現れる（権現）という本地垂迹（ほんちすいじゃく）思想。平安時代から普及したが、明治維新の国家神道政策による神仏分離令で大きく後退した。しかし現在も結婚式を神式で、葬儀は仏式ですることに違和感をもたない日本人の精神文化に及ぼした影響は大きい。

★9 **火生三昧**　悟を得る修行で、火定（かじょう）・焼身入定（しょうしんにゅうじょう）ともいう。修験道では柴（採）燈護摩の修行形態をとり、不動明王の知恵の火で煩悩（欲望）を焼き尽くし、その火を踏み渡ることで自身は不動明王の化身として再生し、衆生を迷から救うと信念する。

成仏したとされる阿閦《あしゅく》如来。西方は極楽浄土に成仏して現在も説法しているという阿弥陀如来（無量寿仏）。南方は一切平等に財宝を司る宝生《ほうしょう》（宝幢）如来。北方は煩悩（欲望）を解脱して悟の境地を開いた釈迦如来、以上の四仏で固めている。

さらにまた東北方は末法の世を救済する弥勒菩薩、東南方は真理を観察する普賢菩薩、西南方は優れた知恵を発揮する文殊菩薩、西北方はさまざまに変化して救済する観世音菩薩を補充する聖域結界もある。いずれも六道迷界の衆生救済につとめる菩薩をあてていることが特色といえる。

胎蔵界と金剛界

密教思想では山岳そのものを大日如来の胎金（金胎）両部（両界）の曼陀羅（真理を悟る場）と観想し、山岳霊場を胎蔵界と金剛界に二分する。胎蔵界は生命を育む母胎のような世界であるのに対し、金剛界はあらゆる邪悪を破壊し排除する力を発揮する世界と観想し、峰入の修行によってその験《けん》力《りき》（超能力）を獲得しようとした。この胎蔵界と金剛界の所在方位は山岳によって異なり、かならずしも東西南北に対応しているわけではないが大峰山の場合は、北側の吉野山から峰伝いに南進して、女人禁制（写真3）の山上ヶ岳を経て釈迦岳手前の両部分け（真言系の当山派）、またはその先の大日岳手前の深山《じんぜん》（天台系の本山派）までを金剛界、それから南方の行仙岳・玉置《たまき》山などを経て熊野三山にいたるまでを胎蔵界とし、南北が胎金の方位軸となっている。

出羽三山では北方の羽黒山が胎蔵界、南方の月山が金剛界、湯殿山は胎金不二の秘所とした。この場合、羽黒山と月山・湯殿山はおおむね南北軸に位置するが、大

★10 **聖域結界**　魔障の侵入を防ぎ清浄域を守護するため、俗域と区分する境界。広域の霊山では四至（東西南北の境）、社寺境内は鳥居や山門、さらに小面積の聖域は四方に注連縄（しめなわ）などを張って結界する。

写真2　深夜の秘儀「柴燈護摩」（羽黒山修験本宗）　大日如来（𑖀）の聖火で煩悩を消滅させる。

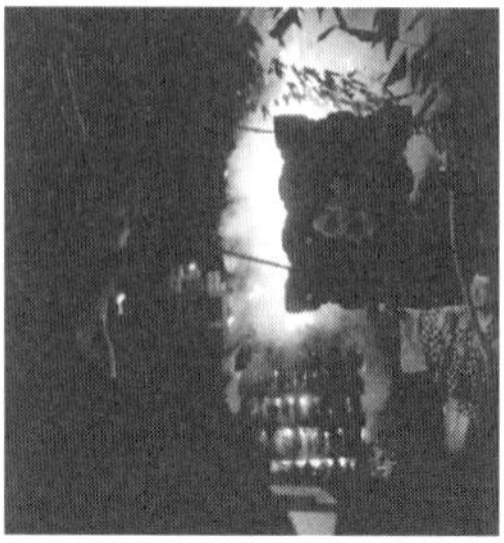

写真3　大峰山（山上ヶ岳）女人禁制の結界門「この霊山大峯山の掟は、宗教的伝統に従って女性がこの門より向うへ登る事を禁止します」と書かれた下

峰山では北が金剛界であるのに対して出羽三山では北は胎蔵界となっている。富士山は胎蔵界であるのに対して東方の相模大山《さがみおおやま》は金剛界としていることから、こちらでは東西軸である。しかし北方の甲斐金峰山を富士山胎蔵界に対する金剛界の山としていることから、この場合は大峰山と同じ南北軸となる。この類型は九州英彦山《ひこさん》にもみられる。英彦山胎蔵界に対して金剛界は、古代大宰府の鬼門鎮護《きもんちんご》★11とされた宝《ほう》満山《まんざん》（竈門山《かまどやま》）であるから東西軸、しかしまた英彦山北方の福智山も金剛界としているので南北軸となる。

以上の例から分かるように、密教思想を習合した山岳信仰の世界では、胎蔵界と金剛界のセットになった山岳が重要な行場として存在価値をもっていた。つまり胎蔵界と金剛界を結ぶ方位軸が、聖なる山並みとしてとくに崇拝された。

英彦山坊家の西方指向

修験道の拠点霊山では、共通した神仏習合（権現）信仰があり、山伏（修験）自身はもとより、俗世間から登拝する宿泊者が、宗教的神秘感や満足感を得るように、各霊山では独特の工夫がなされた。その具体例として、平安末期の『梁塵《りょうじん》秘抄《ひしょう》』（後白河法皇撰）に筑紫の霊験所として謡われている彦山《ひこさん》（一七二九年以後は英彦山《ひこさん》となる）について述べよう。

英彦山（一二〇〇メートル）は福岡・大分県境（豊前・豊後・筑前国境）にまたがる北部九州の最高峰である。標高六〇〇メートル前後の山腹西斜面（豊前国・福岡県側）に、鎌倉初期には霊仙寺（天台宗）を中心に禅庵二〇〇余宇と記されている（『彦山流記《るき》』）。しかし近世初頭の天正年間に豊後の大友宗麟の来攻で全山焦土と化

には、「婦人の入場を禁ず」と英語で外国人にも知らせている。

★11 **鬼門鎮護**　陰陽道では東北方を陰悪の気が集まり、鬼神の出入する門として忌む。京都は比叡山延暦寺、大宰府では宝満山（竈門山）寺、江戸は日光山（男体山）や東叡山寛永寺など、強力な寺社を造営し神仏の加護で鎮撫しようとした。

した。江戸時代に入ると再興し、元禄のころから幕末まで約二五〇坊からなる山伏集落が形成された（写真4）。表参道の両側に並ぶ坊家は、すべて雛壇状の石垣を築いた屋敷に建造され、間取りも同一構造である（写真5）。とくに意識されているのは、西面する玄関を入ると敷台・下中上《しもなかかみ》座敷の奥は仏間である。旧暦二月一四日・一五日は五穀豊穣を祈願する彦山大権現松会祈年祭（松会《まつえ》）がおこなわれ、九州全域と中国・四国の西部から彦山講の檀那（信者）が群集し、坊家に一泊した。多い年には松会両日で七〜八万人に及んだことを関銭徴収高から推計した記録がある（松浦資料博物館蔵「英彦山図」一七八五年・天明五）。松会の季節は新暦では春の彼岸ごろであり、天気がよいと真西に沈む夕日が各坊家の仏間の本尊を照射し、西方極楽浄土の日想観《にっそうかん》★12を宿泊者は体験することになる。

　そのような坊家の配置も、山岳聖域の環境保持に配慮した結果であり、六道・四聖の十界思想と「四土結界《しどけっかい》」★13が応用されている。

　すなわち標高約五〇〇メートル以下の山麓部は六道迷界の「凡聖同居土《ぼんしょうどうごど》」として聖俗混住するが殺生禁制とした。約五〇〇〜七〇〇メートルの中腹部は「方便《ほうべん》浄土《じょうど》」（聲聞・縁覚界）、つまり俗世界から隔離した仮の浄土とし、山伏の常住する坊家をここに集中させた。約七〇〇〜一一〇〇メートルの険阻な山岳部は「実報荘厳土」（菩薩界）で修行専念の聖域とした。山上部は三峰からなり、最高峰の南岳（祭神・伊弉諾尊《いざなぎのみこと》＝本地仏・釈迦如来）、中岳（伊弉冉尊《いざなみのみこと》＝千手観世音菩薩）、北岳（天忍穂耳尊《あめのおしほみみのみこと》＝阿弥陀如来）を総称して英彦山三所権現と崇拝した。この山

★12 **日想観**　七七頁の脚注参照。

★13 **四土結界**　天台教学では仏国土を四重の聖域圏に区分した。これを山岳霊場に適用し、山麓から山頂に近づくほど聖域性を高め戒律を厳しくした。英彦山では凡聖同居土と方便浄土の結界に、表参道に銅（かね）鳥居、実報荘厳土の結界は石鳥居、山頂部の常寂光土は木鳥居で結界された。

写真4　西方指向の門前集落棚田はすべて明治以後に離散した山伏の坊家跡。

上部を「常寂光土《じょうじゃくこうど》」（仏界）と観想し、人も自然も神仏とともに宇宙に合一可能な絶対聖域とし、唾《つば》を吐いたり、大小便も禁制であった。西方指向の坊家は、以上のような四土結界による宗教的環境のなかに成立したものである。

中・東西南北の山岳名称

山名の頭文字に中や東西南北のつくものは多数ある。武内正の『日本山名総覧』などから検討してみると、もっとも多いのは複数の山体に囲まれたり、二つの山体に挟まれた場合に名づけられやすい中岳・中山・中峰・中津山など、「中」が一六二座ある。東西南北では西岳・西山・西峰・西森などの「西」が一四八座。ついで東山・東岳・東峰・東谷山などの「東」が一二七座。南岳・南山・南沢山など「南」は八一座。もっとも少ないのは北山・北岳・北丸山などの「北」が五七座である。

以上のように、東西（二七五座）が南北（一三八座）の二倍あることは、偶然というよりも朝日の昇る山や照射を受ける山の位置と、夕日の沈む山の位置という東西を軸とする太陽信仰の影響が考えられる。とくに冬至・夏至・春秋の彼岸など、太陽運行の節目に太陽がどの山の背後から昇るか、また最初に朝日の照射を受ける山ということでも命名される場合がある。また東西の方位で表現せずに、朝日岳・朝日山・朝来山など「朝日」を意識した山名も三五座ある。それに対して夕日岳・夕日山・夕森山など「夕日」の山名は六座にすぎないので、西山の類に吸収されているかもしれない。朝日・夕日も東西軸の太陽信仰に含むことが可能であろう。

しかしまた山名の東西南北は、どこからみた方位で名づけられたかが問題である。

写真5　坊家の玄関はすべて西面す（旧円印坊・一九九九年焼失）。

図4　滋賀県朽木村の東山と西山。市場と野尻のあいだを流れるのが安曇川。東山の西方は山地集落が点在している。（五万分一地形図「熊川」、一九八八年発行を縮小）

これは山名にかぎったことではないが、地形図上に地名の少ない山岳地域では、山名は目立つ存在であり方位の指標になりやすい。しかし地形図の左右を東西軸、上下を南北軸としてかならずしも命名されていないから厄介である。図4はその一例であるが、滋賀県高島郡朽木《くつき》村に東山（四一七メートル）と西山（三五〇メートル）がある。村の中心地で役場や郵便局のある集落（市場）からみれば、山名の東西は逆方向になっている。山頂に神社のある西山は中世に山域の築かれた要地であり、琵琶湖に注ぐ安曇《あど》川の中・下流域平野の農村地域からは、西方に位置していることが優先された山名といえる。それに対して東山は、朽木村の山地側から見た東方の山ということになる。東山を越せば湖西の平野という、山村地域住民の認識から名づけられたと考えられる。現地では東山・西山について、とくに実際方位との違和感は薄いようで、意に止めることなく現在にいたっている。山名の方位は謎めいたものが全国的に多くあり、その謎解《なぞと》きによって隠れた風土の地域性がみえてくる。

（長野覺）

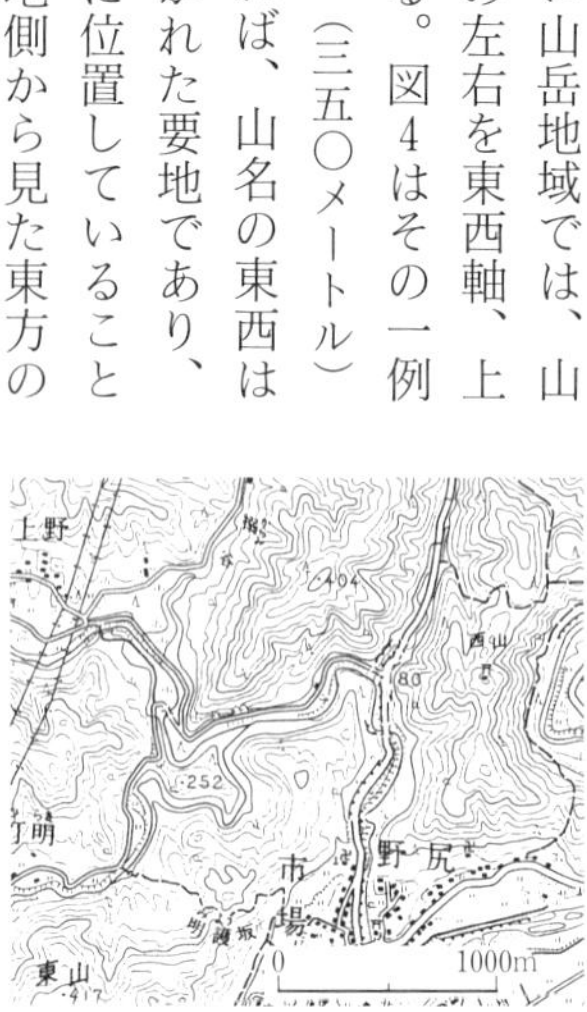

【参考文献】和歌森太郎ほか編『山岳宗教史研究叢書』（全一八巻）名著出版（一九七八～八四）／宮家準『修験道儀礼の研究』春秋社（一九七〇）／同『修験道思想の研究』同（一九八五）／同『修験道組織の研究』同（一九九九）／田邊三郎編『神仏習合と修験』新潮社（一九八九）／五来重『山の宗教』角川書店（一九九一）／長野覺「山岳霊場における集落・行場の立地と方位」、山田安彦編著『方位と風土』古今書院（一九九四）／修験道修行大系編纂委員会編『修験道修行大系』国書刊行会（一九九四）

山で叫ぶヤッホー

登山中に仲間と離れたとき、おたがいに方向や間隔などを確かめようとしてヤッホーと呼び合う。また眺望のよい場所や山頂に立つとき、思わずヤッホーと叫ぶ。そのルーツを登山愛好者やマスコミは熱心に追究してきた結果、一九一六年（大正七）にオーストリアのレオポルド・ウィンクラーがスキーの指導に来日し、山形県五色温泉スキー場（米沢市）で滑走するときに「ヨッホー」と発声、以後はスキー仲間で使われていたという。しかし、一般化したのは第二次世界大戦後のＮＨＫラジオ歌謡「キャンプの歌」や、美空ひばりが歌った「あの丘越えて」などの影響によるという。

国語辞典類はすべてヤッホーは外来語とし、「山での呼び声。互の所在を明らかにし、あるいは歓喜を表すときに発する」（広辞苑）などと説明している。たしかに、オーストリアのチロール地方民謡のヨーデルのなかには、歌の始めと終りに高声で「ヨッホ」と短く発声することがある。ときには聴衆に「ヨッホー」と呼びかけたりもする。

ところが実は、外来するはるか以前から（中世の可能性）、羽黒山の山伏たちは峰入の十界修行のなかで、ヨッホーではなく「ヤッホー」と叫んでいたのである。それは「修験道」写真2、深夜の秘儀「柴燈護摩《さいとうごま》」の直後であるが、現在にいたるまで「峰中のことは親子・兄弟といえども他言は無用でござる」と誓言させられる秘守性のため、一般に普及しなかったのであろう。現在も「修験道」表1の六道迷界最後の天上界の修行で、山伏集団は数十名ずつ左右二組に分かれ、その左の上座で先達が延年の謡曲「ところは高砂や――」を謡いおわると、右側の山伏たちは一斉にヤッホーと発声する。つぎに右の上座で「四海波静かにて――」を謡いおわると、左側の山伏たちが一斉にヤッホーである。おそらく六道迷界から四聖の声聞界へ入るための呪術的発声であろう。ヤッ＝弥《いや》または気合音、そしてホー＝破《は》有《う》すなわち有情の世界（六道迷界）を突破して、仏・菩薩へ近づく、より高度な精神世界へ入ろうとする呼びかけの発声ともいえる。それは山岳信仰の垂直的方位観と関連しているように考えられる。

写真1　羽黒山中の荒沢寺で修行する山伏たち（羽黒山修験本宗）
俗世間から隔離した茅葺の山寺に電気やテレビはない。ランプとロウソクのもとで8日間の入峰・十界修行（「修験道」表1参照）を続ける。3日間の断食の翌日、境内で徹夜の柴燈護摩を執行し、煩悩を消滅させたのち、この荒沢寺で丑三つ時（午前3時ごろ）には延年の修行となり、ヤッホーを発声するその状況は極秘のため撮影不可。

「ヤッホー」には普及性をもった外来性のものと、秘守性の強い山岳信仰にもとづいたものの二系列があることは確かといえる。

（長野覺）

註　本稿は、一九九七年一〇月の日本民俗学会年会における発表、「山で呼ぶ〝ヤッホー〟と修験道の峰入《みねいり》（入峰《にゅうぶ》）の関連」の要点を記したものである。

【参考文献】　谷有二「ヤッホー騒動録」『山書月報』第四二七号・日本山書の会（一九九八）

風水——方位に意味をあたえる根本思想

中国が起源とされる風水は、方位に意味づけがおこなわれ、それを基に吉凶の判断がおこなわれており、それが東アジア諸地域に広くみられるという点で、方位を論じる際にはきわめて重要である。ここでは、風水における方位の意味づけと、それがいかに吉凶判断に結びつくのかについて、基本的な事項を中心に述べる。

形法と理法

現在日本では、「風水」というと「方位占い」という認識が一般的であろう。しかし、風水はただ方位のみを問題にするのではなく、きわめて広範な内容をもっている。風水の流派をきわめて大まかに整理すると、地形を「気」の流れと解釈し、墓や建築物を造営するのに良い場所を選定する「形法」[★1]と、陰陽五行説や易を用いながら方位の吉凶を判断する「理法」[★1]に区分できるとされる。方位判断をするものは主に後者と考えてよいであろう。また、理法は陰陽五行説などを用いた方位判断であることから、日本でおこなわれてきた家相も風水と同質のもの、あるいは日本化したものと考えられるかもしれない。

なお、形法であれ、理法であれ、適切な場所や方向を定め、そこに墓や建築物を

★1
形法と理法　この両者の呼称はさまざまであり、形法を形勢学派、江西法、巒頭、理法は原理学派、福建法、理気などと呼ばれることがある。本稿では何暁昕の分類によった。

★2
八卦方位　伏羲八卦方位は先天方位とも呼ばれ、河図がその基

造ったり、適切な方位に配置することで、家が繁栄したり、優秀な人物が出生するなど、良いことが起こるようにしむけることが風水の本来の目的なのである。

　理法における方位判断は、基本的に易や陰陽五行説にその根拠を置いている。端的にいうと、方位を易における八卦《はっけ》やあるいは五行に変換して、方位に意味づけをおこない、判断をしているといえる。その基本となるものは、易の八卦方位★2と五行の方位への配当である。

表1　八卦の象

	自然	人間	性質	方位	動物	身体
乾	天	父	剛健	西北	馬	首
兌	沢	少女	悦ぶ	西	羊	口
離	火	中女	付着	南	雉	目
震	雷	長男	動く	東	竜	足
巽	風	長女	入る	東南	鶏	股
坎	水	中男	陥る	北	豚	耳
艮	山	少男	止る	東北	犬	手
坤	地	母	従順	西南	牛	腹

八卦方位

　易の八卦は、図3に示すように生成される。すなわち、混沌の状態である太極から陰（⚋）と陽（⚊）が分かれ、さらにそれを積み重ねることによって、乾《けん》、兌《だ》、離《り》、震《しん》、巽《そん》、坎《かん》、艮《ごん》、坤《こん》の八卦となる。このそれぞれが八つの方位に配当されるのである。配当の方式には伏羲《ふっき》八卦方位と文王八卦方位（図4・5）の二種があるが、理法においてよく使用されるのは後者である。これは、北から右回りに坎、艮、震、巽、離、坤、兌、とならび、北西方が乾となる。

　八卦の各々はさまざまなものを象徴し、各方位ごとにその意味がつけ加えられる。表1は八卦それぞれの意味を示したものであるが、このうち、たとえば方位として

礎であるとされる（図1）。文王八卦方位は、後天方位とも呼ばれ、洛書がその基礎とされる（図2）。

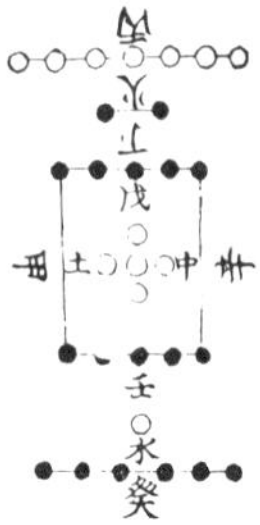

図1　河図

図2　洛書

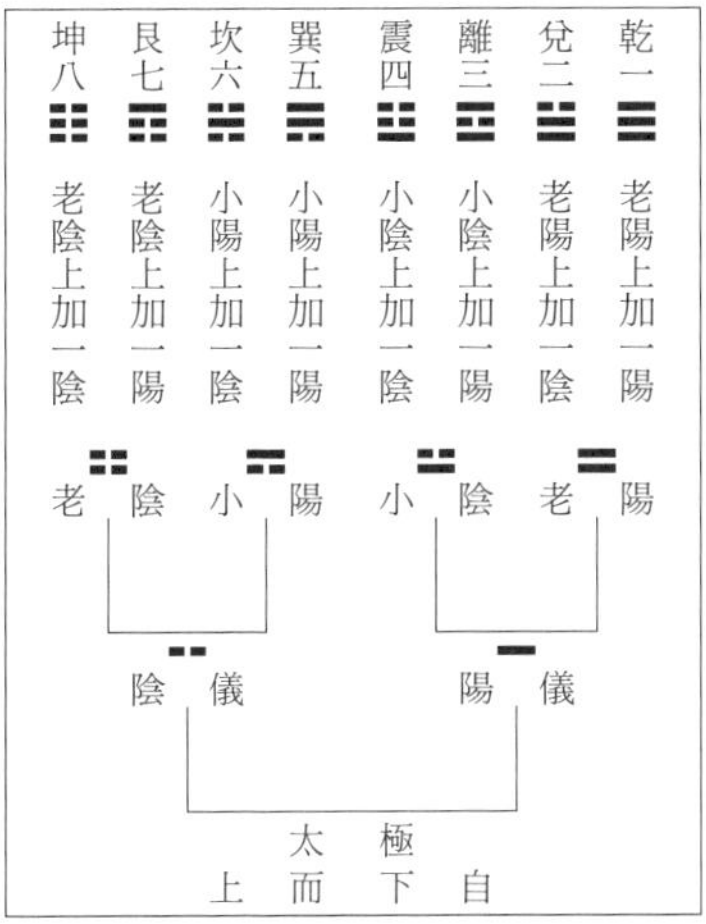

図3　八卦の生成(崔昌祚『韓国の風水思想』人文書院、1997)

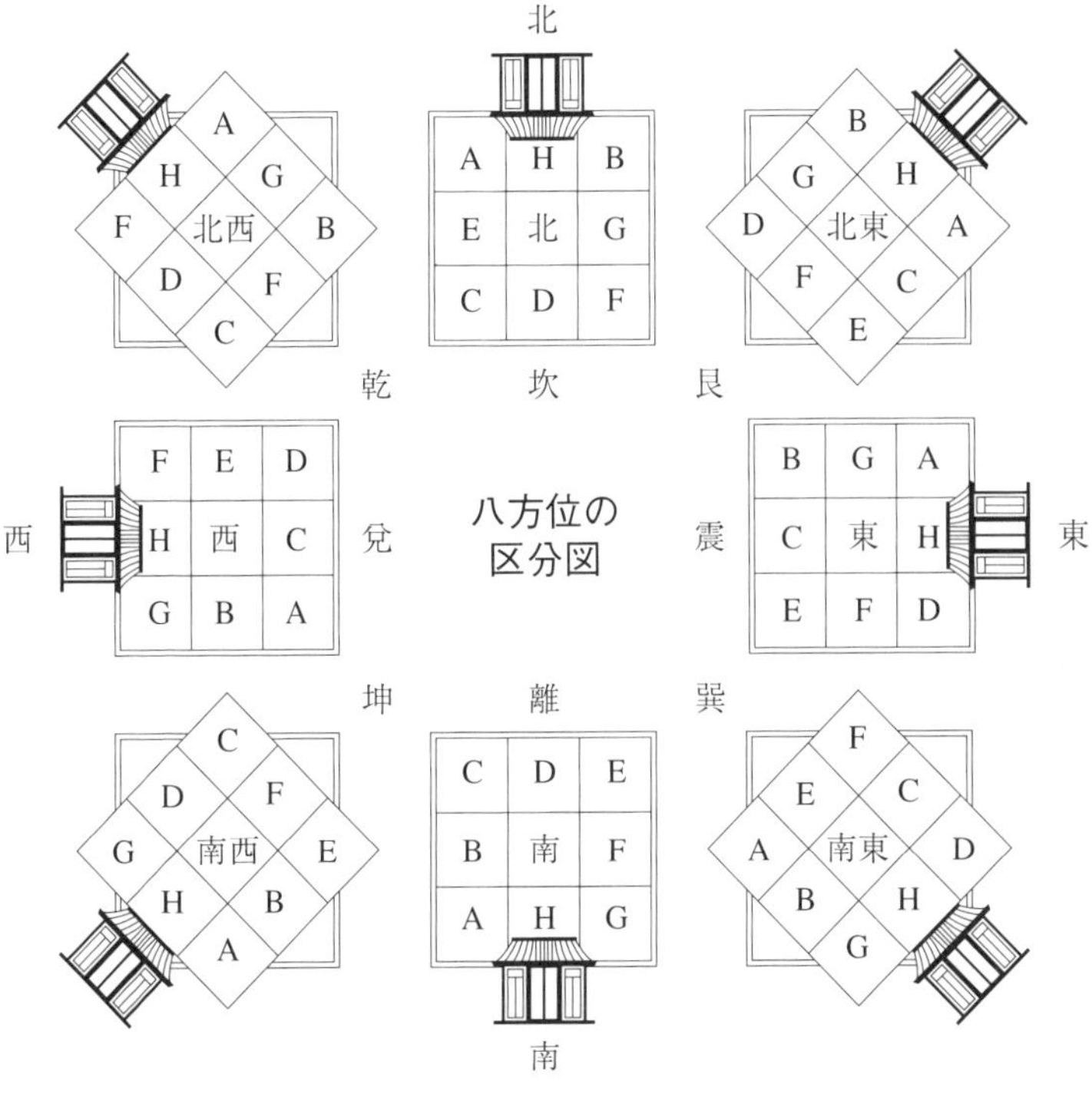

図6　八宅法による方位判断(デレク・ウォルターズ［荒俣宏訳］『必携風水学』角川書店、1997)

〔凡例〕

○＝吉　　×＝凶

A…六煞(×)	E…禍害(××)
B…五鬼(×)	F…生気(○○)
C…絶命(××)	G…天医(○)
D…延年(○○)	H…伏位(○)

は南を示す離についてみてみると、火、中女、付着、雉、目などを象徴している。そのため、南の方位にはこれらの意味がつけられ、またその意味をもつものが存在するのに適切な方位と考えられる。これが八卦と方位の基本的な関係であり、理法の方位判断基準の基礎となる。たとえば日本の家相で「南に井戸があると眼病を患う」などとあるのは、南が離の方角であり、離は目を象徴するからである。

八宅法

八卦方位に関連して、理法の方位判断において重要な位置を占めるのが八宅法である。この八宅法は、前述の八卦方位を利用し、玄関（入口）がどの方位を向いているかで類型化をおこなう。たとえば玄関が南側を向いている家は「離」の方向に向いている家と考え、「離宅」とする。さらにそれぞれの類型に属する家ごとに、住宅あるいは敷地を九分割し、中心を除いた八つの方向の部屋を想定し、判断をおこなうものである。図6は、その内容を示した図である。これをみると、たとえば離宅の場合、東南方は「生気」の方角であり、きわめて良い方向である。逆に北西の方向は「絶命」の方角であり、良くない方向である。

五行と方位

次に五行と方位の関連についてみてみよう。五行の特性は事物や現象を木、火、土、金、水の五つの元素に分け、その関連性をみるところにある。この五つの元素間には、図7に示すような関連性がある。すなわち、木→火→土→金→水→木の関係は「相生」とされ、それぞれの性質を活かすつながりであり、良いものとされる。逆に木→土→水→火→金→木の関係は「相剋」とされ、それぞれの性質を阻害するつながりであるとされる。

図4　伏羲八卦方位の図

図5　文王八卦方位の図

八卦と同様に、五行のそれぞれの元素に意味づけがおこなわれるが、表2にあるように、元素ごとに方位も象徴されている。すなわち木は東、火は南、土は中央、金は西、水は北である。そのため、たとえば西の方角は「金」の属性をもつが、この金は、色では白、季節としては秋、臓器としては肺などの意味をもつため、これらの特性が西にふさわしいものと考えられるのである。近年の日本における「風水」において、「西から財物が入るのが基本」などといわれるのは、以上のことが根拠であると思われる。方位と色の関係に言及されるのも、五行を判断基準としているためであろう。

また、人間の生年月日も五行の属性をもつとされている。これは日本の高島易断などで用いられる「一白水星」などの用語中にも表れる。すなわち、「水星」であればその人は、五行のうち水の性質をもつものと考えられているのである。これと方位判断を関連づける場合も多い。

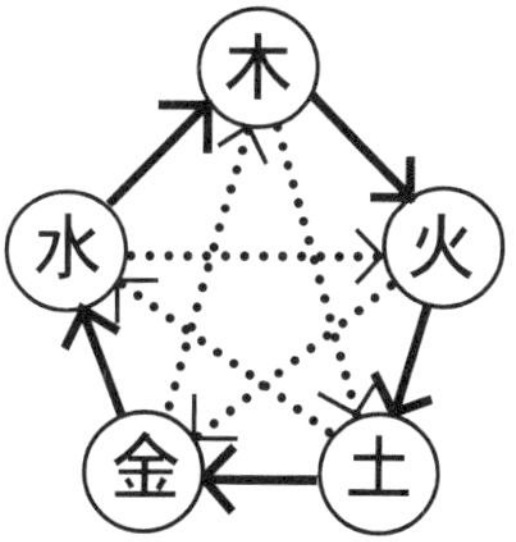

図7　五行の相生（実線）と相剋（点線）

表2　五行配当表

五行	五色	五方	五時	五臓	五常	五味	五事
木	青	東	春	肝	仁	酸	貌
火	赤	南	夏	心	礼	苦	視
土	黄	中央	土用	脾	信	甘	思
金	白	西	秋	肺	義	辛	言
水	黒	北	冬	腎	智	鹹	聴

羅盤と二十四方位

図8に示した風水の羅盤（風水用のコンパス）にも、この八卦と五行は用いられている。なお羅盤にはこれ以外に十二支、十干

をも加えた二十四方位が表示されており、八卦方位からは、北東方の艮、南東方の巽、南西方の坤、北西方の乾が採用されている。風水の方位判断にはこの二十四方位が用いられるのが普通である。また二十四方位の内側に火、水などが記されているのは、方位に五行の意味づけもなされているためである。

このように羅盤をみると、八卦、五行、十干十二支など、方位判断にあたっていかに風水が各種の思想を総合的に取り込んできたのかがわかる。

風水による方位判断

風水の方位判断はきわめて複雑なものであるが、ここまで述べた基準を用いた簡単な例を示してみる。ここでは生年によって五行のうち「水」の属性を持つ人物が、八宅法のところで述べた南向きの「離宅」に住むケースを検討してみよう（図9）。

「水」は方位では北を意味するため、この人物

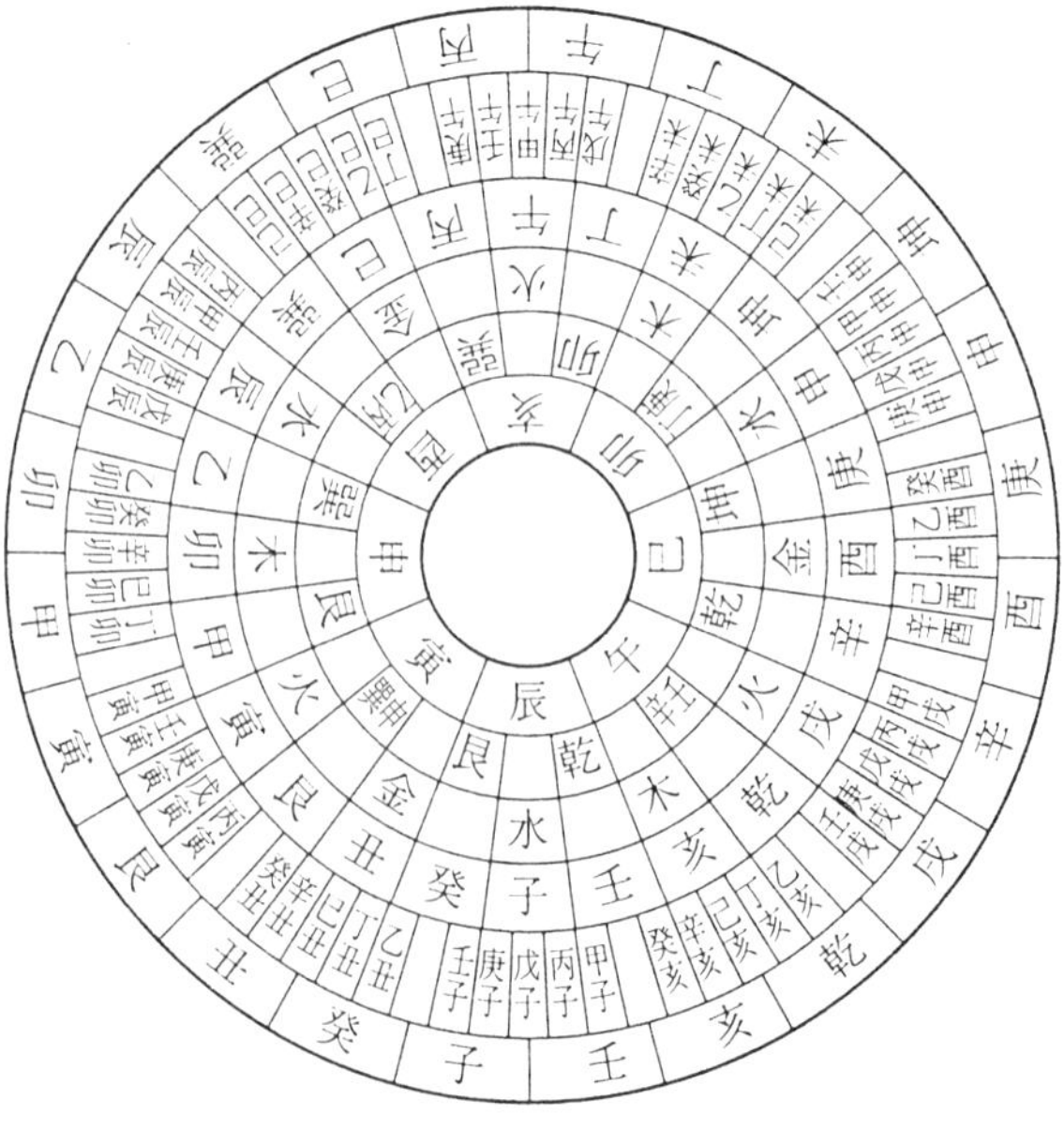

図8　風水の羅盤　（崔昌祚『韓国の風水思想』人文書院、1997）

にとって良い方位であり、また「水」と相生の関係にある「金」の方位である西も良い方位と考える。さらに、八宅法をこれに重ねると、離宅における北の部屋は「延年」であり、総合的にみてこの人物にとって良い部屋であるということができる。しかし、西の部屋は上記の五行では良い方位ではあるが、八宅法では「五鬼」の悪い方位であるため、吉と凶が相殺され、あまり良いものとはいえない。

このように風水の理法では、周易・陰陽五行説などを基準として、方位に意味づけをおこない、そこから判断をおこなっている。また、もしも悪い方位であったとしてもそれを修正するような方法が用いられることもある。

（澁谷鎮明）

図9　風水の方位判断の一例（生年が「水」の属性の人間の離宅における吉方位・丸囲み字が吉方位）

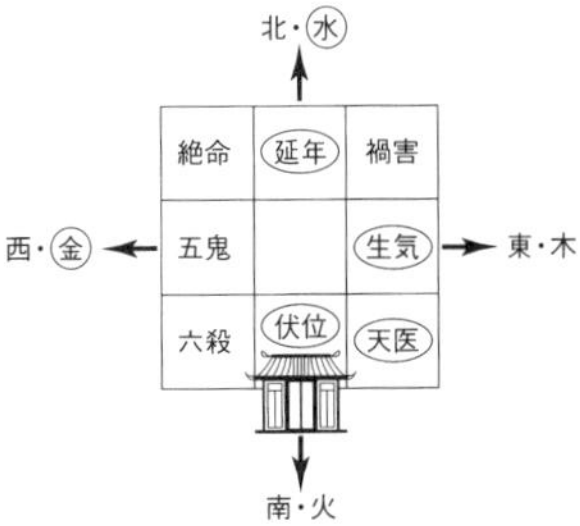

【参考文献】　何暁昕（三浦國雄監訳・宮崎順子訳）『風水探源』人文書院（一九九五）／李夢日『韓国風水思想史研究』（韓文）日駈社（一九九一）／丸山松幸訳『増補改訂版中国の思想　第七巻　易経』徳間書店（一九九六）／目崎茂和『図説風水学』東京書籍（一九九八）

葬送空間と方位

どこまで北枕が配慮されているか

死者に対する葬送儀礼は信仰する宗教によりさまざまである。仏式の場合は、枕直し→納棺→通夜→葬儀→告別式→出棺→火葬・拾骨→法要→埋葬・納骨と続き、神式の場合は、枕直し→納棺→通夜祭→遷霊祭→葬場祭→出棺祭→火葬・拾骨→帰家祭となる。キリスト教式では、納棺→通夜または前夜祭→葬儀（ミサ聖祭式・赦禱式）→出棺→火葬・埋葬の順でおこなわれるのが通例である。

仏教経典には方位のことに関して一切記されていないが、今日、これら一連の葬送行為のなかで方位を重んじるのは、仏式で葬儀をおこなう場合の、納棺前だけになってきているのが現状である。

これは釈迦の涅槃図からの影響によるもので、通夜の祭壇に置く前、枕直しのさいに死人の頭を北の方角へ向ける習慣で、「北枕」という呼び名で知られているものである。

涅槃図のなかで、釈迦が頭を北に、顔を西に向けて入滅した姿が描かれていることから、これと同じようにして、死人の頭を北、顔を西に向けることが一般化していったのである。

今日でも、多くの地域で「北枕」の習慣はおこなわれているが、実際には、硬直しかけた死体の首の向きを変えることは、遺族も葬祭業者も苦労することなのである。

病院で死亡した場合、遺体はいったん病院内の霊安室に搬送されるが、霊安室の場所や配置によっては、遺体をかならずしも「北枕」にできないところも多い。ただ、どの病院でも、霊安室から死体を運びだすときには、絶対に正面玄関からだすようなことはしない。裏門をはじめ、別な出入口から運びだすのが普通である。

葬儀や告別式をおこなう式場でも、病院の場合と同様、棺を「北枕」にしたいと考える遺族がいても、式場の構造上、その要望に応えられない場合が多い。

葬儀や告別式がおこなわれる式場は、寺院、教会、斎場、会館、講堂、集会所、自宅などさまざまであるが、とくに都市部などでは敷地との関連で建造物が制約されているので、棺のなかの遺体が「北枕」になることまで配慮されているところは非常に少ない。

火葬場・墓場の立地

出棺をおえると、霊柩車を先頭に、タクシー・ハイヤーなどと自家用車、あるいは参列者を乗せたバスがあとに続く。いわゆる葬列を組んで火葬場に向かうのであるが、葬儀・告別式の場所と火葬場との往復には、同じコースを通らないことが通例となっている。

民俗学的な見方によれば、これは死者の霊魂が、自家に戻ってこないようにおこなわれた風習の名残であると指摘されている。土葬の場合、埋める前には、棺を担いで何回も回してから埋葬する習俗と、心意のうえでは通底するものがある。死者の方位感覚を迷わせて、現世へ戻ることのないようにおこなわれる営みである。

それでは、火葬場の立地は、市街地に対してどのような方位をとっているのであろうか。おそらく、現在はそうした考慮はまったくなされていないのではないだろうか。従来から立地している火葬場が、市街地のなかに含みこまれて操業を続けている都市も多いし、郊外の田園や山ふところに新しい火葬場を建設して、移転していったところも多い。

火葬場にもさまざまな営業形態があり、一市単独で運営するもの、いくつかの市町村が事務組合をつくって広域経営するもの、また、そうした公営の火葬場に対して、民営

写真1　独立した木造建築のままの珍しい霊安室
（福岡県東区・九州大学医学部付属病院構内）
（2001年3月17日筆者撮影）

（私営）の火葬場もある。

しかし、市街地の中核部から火葬場の方位を考えるというようなことは、まったくおこなわれていなかったといえよう。住民が納得する場所に設置できれば良いというのが、今も昔も変わらない火葬場の立地条件である。

火葬場のなかにおいても、かならずしも火葬炉が南を向いて開いていて、頭部を奥にした棺を北方へ入れるように、わざわざ方位を考慮して建設されているとは限らない。

遺族や肉親にとって、死者との別れは火葬場が最後となる。したがって、火葬場での告別は重要な意味をもつ。今日の建築計画では、告別ホールや炉前ホールなど、場内での告別の形式とその構成に主眼が置かれている。そのため、方位などには考慮をはらっていないというのが実情である。

東京北西部などの首都圏郊外を歩いていると、在地の大きな農家の邸宅の西側に、その家の墓地があるのをみかけることがある。これは、かつて武蔵野として畑と雑木林のあいだに農家が点在していたころ、農家の当主が仏教の説く西方極楽浄土を信じて、屋敷の西側にその家だけの墓所をつくったのだと民俗学者は指摘している。

しかし、今日では個人が所有地内に任意に墓地をつくることは禁じられている。厚生労働省の通達により、個人墓地の新設許可は原則としておりないことになっているのである。例外的に、山間僻地で利用できる墓地がない場合など、やむを得ない何らかの理由がある場合にのみ新設が認められることがあるだけである。

土葬がおこなわれていたころは、棺に入っている死者の頭部が北方にくるように、また、座棺の場合は死者の顔面が北方を向くように、方位を考慮したうえで埋葬したのが、わが国の一般的な風習であった。しかし、現在では各市町村によって土葬禁止区域が設けられている。たとえば東京都では、条例によりほぼ都下全域が土葬禁止区域となっている。

一般的に、墓地の立地として北向きは良くなく、東南向きが明るくて良いとされている。これは、墓参りする人が北（東）向きになることに意味があるのであろう。

（浅香勝輔）

【参考文献】　浅香勝輔・八木澤壯一『火葬場』大明堂（一九八三）／葬送文化研究会編『葬送文化論』古今書院（一九九三）／戸田芳実『中世の神仏と古道』吉川弘文館（一九九五）

第3部

生活と方位

農　業――食の環境を考えるための方位論

農業の方位へのアプローチ

二つの原理

農業活動には、自然の摂理に依存して初めて成り立つという側面と、あくまで人間社会の要求によって発生するという側面の、二つがある。世界にはじつに多様な形の農業が各地に生成・展開している。が、その多様性も結局は、この二つの方向からの影響の仕方に規定されて生じている。

したがって、農業活動を理解するためには、具体的な立地における農村社会をはじめ、土地の所有と利用、農業経営、農耕技術、などの諸特徴を把握することと同時に、他方で、その立地自体がいかにして定められているかを見極めることが、きわめて重要である。右の二つの側面こそが、農業立地を左右する原理を構成している。今、方位を「ある基準にもとづいて、一定の方向またはその方向から測った他の方向」と定義するならば、農業活動における立地や場所の選択の問題は、まさに方位の問題といっても過言ではないほど中心的な課題である。それでは、農業立地を左右する二つの原理としての方位とは何か。

第一は、農作物の生長の前提となる温度（日射と日照）の根源である、太陽とのかかわり[★1]の問題である。農業は経済活動の一部門ではあるが、「風土」産業である点に大きな特徴がある。風土とは地域（土地）と結びついた気候とでも定義することができるが、気候の根源には、太陽の存在が大きな役割を占めている。たとえば、北半球では東と南の方位が生活と生産に重要な要素として評価される。これは太陽の恩恵を受けやすい方向のゆえである。洋の東西を問わず、日向・日陰といった気候地名が存在していること、あるいは、中国や日本において陰陽・五行・干支・八卦などで方向を定め、吉凶の判断をしてきたことも、こうした方位の原則を元にしたものである。

第二は、農産物の消費のあり方によって規定される方位性の問題である。イーフー・トゥアンは、「人間こそが立地を規定する尺度である」と明言している。じっさい、空間で観察できる人間活動の特徴は多くの場合、個々の場所に固有の特性であるよりも、人間の存在から規定される位置の相対性に帰着しうる。このことは、農業空間についても例外ではない。今人間を、その集団が居住する集落や都市に置きかえてみるならば、農業空間もそれぞれの地域社会の意志活動の構造に対応して細分されたり、特徴づけられたりしていることに気づくであろう。

このように、農業活動はその根源である太陽と、人間存在それ自体の二つの側面によって方向づけられているのである。その場合、前者は生産（栽培）の面から農

★1
太陽とのかかわり　農作物の生長に必要なエネルギーはほとんど全部が太陽から受けている。太陽から地球にいたる輻射量は一分間に直角な平面一平方センチメートルにつき一・九四カロリー（太陽常数）。輻射熱が地温や気温に及ぼす影響は、太陽と地球の距離の変化よりも、輻射線が地平面となす角度の変化（相違）によるところが大きい。正午と朝夕の差、夏冬の差はここからくる。

業活動を方向づけるという意味でプレ・ハーベストの原理（第一原理）、後者はその消費の面から農業活動を方向づけるという意味でポスト・ハーベストの原理（第二原理）と呼ぶことができよう。

方位の意義と読み解き方

人類生存の基盤としての農業とは、ア・プリオリに特定の地域に自然発生的に成立するものではなく、自然や社会の双方から規定される環境への順応の姿として理解すべき存在である。それは農業者の計画と実践をふまえた試行錯誤のプロセスを示すものであり、広くは地域文化の一形態であるともいえる。地域農業と前述の二つの原理とのかかわり方が変化するならば、環境への順応の手段としての技術のあり方、あるいは土地利用方式にも変更が加えられることになる。

もちろん現実には、二つの原理は、農業活動の場（地域）固有の諸条件と複雑に連動して、農業のあり方を基本的に規定している（図2）。このような意味で、農業はつねに複合的な農業地域生態図を形成する、いわば地域的存在として、また動態的な存在として理解しなければならない。

農業を規定する方位の読み方として二つの点に配慮することが大切である。第一は前述の二つの原理としての方位と地域的諸条件を分析することによって、両者の諸関連を明らかにすることである。第二は、前述の原理が農業地域形成に及ぼす影響が、歴史のなかで第一原理から第二原理へと移行してきたことを読み取ることが重要になる。とくに人類が、産業革命を経て自然に順応するさいの認識と技術の力

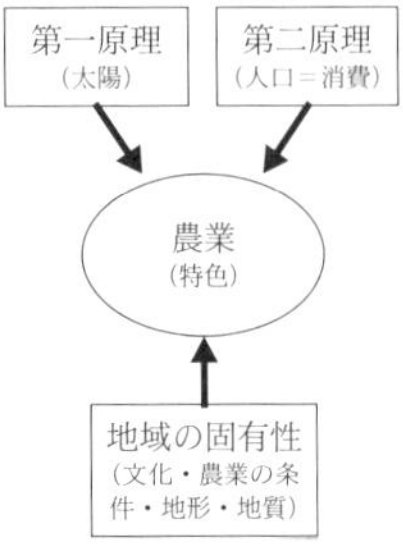

図2　農家および農業地域における農業決定の基本条件

を大幅に増大したこと、同時に人間の居住形態が大きく変化し、都市の存在が大きくなるとともに、産業の地域分化が急速に進展したことである。

農業および農業地域における方位を読み解くうえで、伝統的な農業と、社会が近代化（工業化・都市化）した場合の農業に大きく分けてみること、そして農業活動が具体的に展開する場所的条件とのかかわりでは、平野部の農業とそれ以外の山地部の農業に分けて考察していくことが必要になろう。社会の近代化が進められてきた結果、今日では伝統的農業はまだ山地部において幾分残存するが、平野部においては消滅し、新しい形態を生みだしている。

以下では、第一の原理と第二の原理のそれぞれと農業の方位との関連についてみていくことにしよう。

太陽の運行と農業の方位

山地農業と平地農業　太陽の運行★2と地表面とのかかわりという形で現れる第一の原理は、農業の方位を規定する絶対的な要因である。自給的性格が強い伝統農業は、第二の原理より第一の原理に強く依存した農業であるといえる。その場合、同一の緯度帯における山地農業と平地農業のあいだには生産力に大きな差異が存在することに注目したい。この理由は、山地においては地形的な制約を受けて、太陽からの日射・日

★2
太陽の運行　地球は自転をおこなうと同時に太陽の周りを公転しているために、一日の周期と一年の周期をもつ。花信風は一年を立春、雨水、啓蟄、春分、清明、穀雨、小寒、大寒の八期に分け、一季を三候に細分し、各候に特異の花木を配したものであり、地球からみて太陽の運行の影響がどのように変化するかをよく表している（図1）。

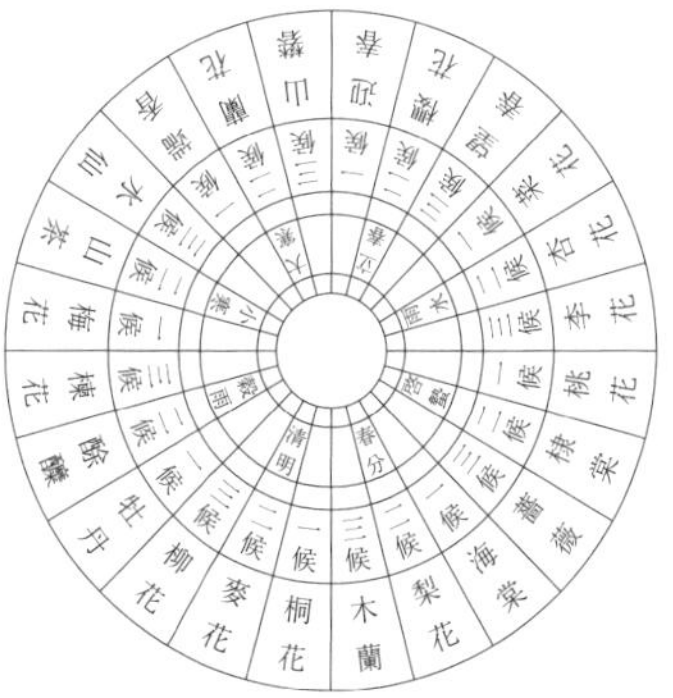

図1　二十四番花信風

照の利用条件が劣るためである。

ヨーロッパ・アルプスの例では、平均傾斜三九パーセントの斜面を利用する農民経済では、南向き斜面で夏季に太陽の入射角はほとんど九〇度となるが、北向き斜面の入射角は冬季に零度となる。埼玉県内の平地と山地部の日照時間を比較した例では、後者の場合夏至においても前者の八五パーセント程度、冬至においては五〇パーセント台となる（表1）。

古代の遺跡や農耕地の立地は、一般に、平野のなかでもこうした条件に恵まれた場所が選ばれている。平地農業は一般に、その生産基盤が広く、豊かな生産力を発揮しやすい。またそれによって都市を生み、都市の成長にともない農業の可変性が高い。これに対して山地農業は、脆弱な農地基盤を前提として、農業の伝統性が遅くまで残されやすい。このような差異に着目して、農村と山村を本質的に区別する考え方もある。われわれは、それゆえに、太陽とのかかわりが農業生産にとっていかに重要であるかを、山地農業においてこそ明瞭に確認することができる。

日向斜面と日陰斜面

山地農業においては高度位置や斜面傾斜などの地形の差が日当たりに大きな影響を及ぼす。そして、北半球の場合、南向きの（受光面の入射角が直角に近くなる）日向斜面がもっとも好条件となる。表1は、荒川上流の奥秩父山地の東西性の谷筋に向かい合う北向きの斜面と南向きの斜面のあいだで計測された可照時間であるが、両者のあいだには、日照時間の差にもとづく日向・日陰の差が著しいことがわかる。それはとくに、太陽の高度がもっとも低

表1　南向斜面と北向斜面の可照時間比較（福宿光一「山村に於ける日向・日陰耕地の利用について」『地理学評論』二五―五、一九五二）

位置		冬至		春分・秋分		夏至	
		(1)	(2)	(1)	(2)	(1)	(2)
南向斜面	上部斜面	7.30	78.6	10.10	83.8	12.30	85.7
（三田川村日向部落）	中部斜面	6.40	68.4	9.00	74.1	12.20	84.5
	下部斜面	5.30	56.4	8.20	68.7	12.10	83.4
北向斜面	下部平坦地	4.40	48.0	8.00	66.0	12.10	83.4
（三田川村日陰部落）	下部斜面	2.30	25.4	7.20	60.4	11.50	81.1
	中部斜面	0.00	0.0	6.40	54.9	11.20	77.7

(1)一日あたりの可照時間。コンマ以下一〇分刻み。
(2)熊谷との可照時間比率（%）

くなる時期、つまり冬季に著しくなる。このように、日向・日陰の相反する自然環境は、山村民に農業・居住・生活上種々の影響を及ぼすが、とくに零細経営の場合に山村民の日向耕地に対する欲求は強くなる。

四国阿讃山地では、集落立地にさいして、どこに優良農地が得られるかがもっとも重視され、また農家の所有耕地が日向斜面にあるか、日陰斜面にあるかが作物選択に大きく影響する。神流川河谷において、かつて自給作物は日向耕地、日陰耕地は桑というような地域分化がみられたが、これは自給農業においてもっとも基本的な食糧の確保のために日向斜面が優先[★3]してあてられていたことを示している。

図2は、ヨーロッパ・アルプスの縦谷[★4]の土地利用の横断モデルである。寒冷で湿潤な北斜面では森林はほとんど谷底まで下がっているが、南向き斜面では農耕はしばしば海抜一〇〇〇メートル以上にも達していることがわかる。

斜面の畝の方向

山地農業では傾斜地農業が卓越している。したがって第一の原理、すなわち太陽とのかかわりによって大きく方向づけられる作物の選択のみではなく、地形それ自体の負荷（ストレス）に対応するための工夫が微細な方位を生みだすのである。土壌侵食防止のための等高線耕作、斜面の方向に直角方向に整備された棚田式水田などはその代表的な例である。さらに斜面耕作における横畝耕作景観がそれである。群馬県鏑川流域のコンニャク栽培地域における急峻な日向斜面にみられた横畝栽培の場合、そこに刈敷きの量を多くしている点が特徴的である。これは、それによって土壌への直射日光を遮り、過度の乾燥を防止し、

★3 **日向斜面が優先**　日向斜面がすべての農業活動に適しているわけではない。たとえば、好陰性植物の一つである薬用人参は逆に北向き斜面でよく生育する。しかし、これは第一の原理と無関係というのではなく、適度な日射が必要である作物のゆえである。林業もそうした例の一つである。

★4 **縦谷**　褶曲・断層・地層の重なり方など、地質の構造に支配され、多くは山脈の走行に平行している谷。横谷の対語。横谷が峡谷である場合が多いのに対して、縦谷は谷が開けて、農業が行われ集落が発達する例が多い。

雨滴の土壌衝撃をそぎ、雑草の繁茂を抑制するいっぽう、急傾斜畑における水質を保持し、地力を保全増進させる基本的なねらいがある。傾斜地農業では、横畝の形式が縦畝に比べて多くの点で有利であり、一般的である。

しかし、伝統的な農業がみられた地域のすべてにおいて横畝がみられたわけではない。日本列島では、東北日本や西南日本の周辺地域において縦畝が第二次世界大戦後にもおこなわれていた。その場合、土壌流出を防止するために、畝の下方に流下した土を上方に運び上げる、畝の上方には下方よりは肥料を多く施す、敷わらや草地、畝間の溝に桑の木を植えることなどのさまざまな対策を施し、しかも東日本では踏鋤や鍬が、西日本では万能鍬が使われ、縦畝耕作がいわば農法として存在していた。急傾斜地においてなぜ縦畝耕作がみられたのであろうか。この理由は、急傾斜地での畝立てが一度の作業で完了することである。とくに東北日本では、土地の豊富さを前提として、労力節約を主眼とした経営方式が優先され、縦畝の方向が選ばれていたのである。

高低と農業変化

斜面の向きと同時に、地形の高低あるいは高度位置も農業活動を変異させる要因として作用している。図3からも明らかなように、一般に山地の低地部では水や気温に恵まれ、農業活動は多様に展開するが、標高を増すにしたがって土地利用は単調になる。しかし、こうした範疇に入らない農業現象もある。

たとえば、茨城県の筑波山麓（たとえば、八郷町園部地区）では斜面の温暖帯を利

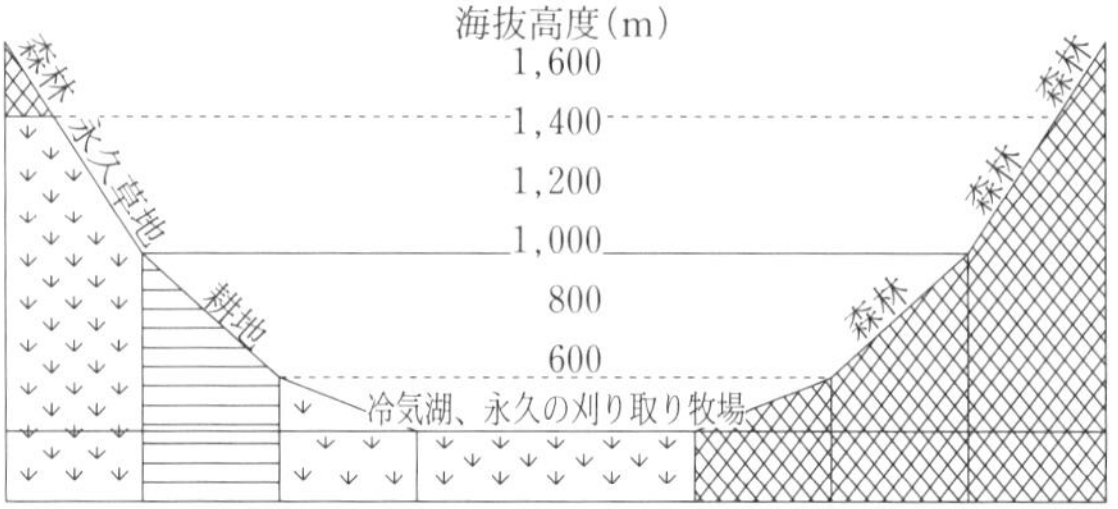

図3　斜面の方向と高度による土地利用差（ベルント・アンドレ、佐々木博訳『農業立地の展望』大明堂、一九八三の図15を改変）

用して古くからみかん栽培がおこなわれている。ある観測結果によれば、冬期の最低気温平均が平坦部ではマイナス四度であるのに、中腹の斜面ではマイナス二度〜マイナス一度しか下がらず、みかん栽培が成り立っている。これは冬期に発生が多くなる気温の逆転層[★5]という限定的な気象資源を、人々がたくみに利用した結果である。河川に沿って形成された肥沃な土壌地帯を蔬菜園芸のために利用しているのと類似している。第一の原理に方向づけられた農業の形を地域条件がさらに支援している例として注目される。

地形の高低にかかわる方位の問題が特定の農作業期に重要視される場合がある。わが国のような水田農業が発達している地域おいては、水を高所から導いて低所へ流す自然流下の方式で、何度も再利用する灌漑の慣行が各地に発達してきた。田植えの時期になって適期に、一斉に田植えをするのには不都合で、昔はしばしば水争いを招くことがあった。しかし、水利用のためのエネルギーコストがかからないという点では持続的な方法である。またこのような水利用を原理として、わが国の地域社会は高所（上流）と低所（下流）をむすぶ形で形成されてきた。

季節感が強く現れる農業の方位の現象として、今日では残存する例は少なくなったが、わが国の各地に独特の景観を生みだしてきた稲架の景観があげられる（写真1）。収穫後の稲を乾燥させるために、風上と風下の方向をとらえて配置されることの景観は水田地帯に広くみられたが、畑作地などにもみられる。

★5 **気温の逆転層**　地表面に接近した下層のほうが上層よりも低温になる現象を気温の逆転といい、地面から気温が逆転している高さまでを逆転層という。

写真1　岩手県北、南部藩における稲の乾燥景観（筆者撮影）

山地農業は第一原理を活かす前提として、地形変化にともなう立地ストレスに適応した経営を組み立てねばならず、その結果平地農業以上のきめ細かな対応が農業の多様性を生む基礎になっている。日本社会が山村地域から平地農村へ重心を移したことから、焼畑は一般に原始農法と位置づけられるようになったが、傾斜地農業あるいは伝統農業がもつ自然的ストレスへの対応力（持続性）をそなえた農業の形態であった。しかし、今日のような近代社会においては、第一原理に対応するための農業の方位のしくみは大きく変わりつつある。それは平地農業においても例外ではない。

農業変容と方位

いくつかの例をあげてみよう。たとえば、第一原理への対応は温暖な地方の平坦地においてはことさら重要視されないが、寒冷地になると受熱効果を上げるために重要な意味をもつ。筆者が旧満州（中国の東北地方）の畑作地帯で調査した例では、おもしろいことに、従来はこのことが強く意識されず、一九六〇年代当時は畝立ての方位は一定していなかったが、今日ではとうもろこしや大豆畑の畝立て方向に大きな変化が生じている。すなわち、道路の方向はさまざまな配置をみせるが、畝立ては一貫して南北方向を示している（写真2）。地元の試験場での聞き取りによると、「通風透光」のためにこのような技術指導がなされた結果であるという。

また、前述した日向・日陰斜面をもつ山村地域で、日向斜面に卓越して展開していたコンニャク栽培が、新しい技術（移植式コンニャク栽培）が導入されてからは日陰斜面にも普及するようになり、地域差がみられなくなったというような例もあ

写真2　中国黒竜江省の畑地耕作景観（筆者撮影）

る。さらに、耕境の拡大が求められる時代には、集落の立地が山を登る傾向がある反面、集落の衰退ないし下降移動が発生すると耕地の垂直的縮小を招く事例も知られている。

消費のあり方と農業の方位

自然発生的耕作圏　自給的農業★6は第一の原理への依存関係が強く現れる農業形態であると述べたが、無論、第二の原理と無関係でないことはいうまでもない。農家・村落・小村は、土地に対するあらゆる投入、ことに労働が発生する起点であり、またあらゆる収穫（生産）物が集められなければならない地点でもある。村落が丘陵に立地し、その周辺の土地は通常やせているような場合でも、もっとも集約的な農業がそこで営まれているのである。

岐阜県の中山間地において調査された例によると、母屋からの距離が離れるにしたがって一筆ごとの作物種数は減少し、冬場の作付けは避けられる。さらに飛び地にある畑では、夏作も大豆、小豆、里芋、サツマイモ、あるいは大根、キクイモなどの根菜類のような、あまり手のかからない粗放的な作物が多くなっている。反対に、母屋近くでは収穫頻度の高いキュウリ、ナス、ほうれん草などの果菜、葉菜類が多く作付けされていた。このことは、耕地利用が労働力との関係からもある程度限定されることを示唆している。すなわち、畑地が母屋に近いほど、手入れしやす

★6 **自給的農業**　作物や家畜を販売するためではなく、主として生産者（家族）が消費するために栽培・飼育する農業のことである。商業的農業の反対の概念。

いことから、一般の畑地よりも多くの集約技術が集積することを物語っている。集約技術の解析と応用を図るうえでも注目に値することであろう。

千葉徳爾によれば、旧ソ連のアムール川（黒龍江）流域で有畜自給経済状態にあった村落では、村落にもっとも近くは放牧地、つぎに採草地、さらに離れた斜面に耕地、それを囲んで森林が外側に配列されるという耕作圏をつくっていた。なお、耕地は数年間耕作すると放棄される移動式のタイプであった。

それから西ヨーロッパでみられた、耕地を内耕地（インフィールド）と外耕地★7（アウトフィールド）に二分する農業方式も特徴的である。前者は厩肥《きゅうひ》を施され、後者はその肥沃土を回復するのに周期的な休閑に依存しなければならない。なお、こうした耕地の外側には、いっそう粗放な放牧利用のための第三の地帯があった。このパターンも村落を中心とした圏構造を示している。この理由はやはり家族の労働力や土地の固有の性質によって大きな影響を受けている。

生産・消費の分化と方位形成

工業化・都市化に象徴される近代化は、一般に平野部への人口の集中を時代の大きな特徴とする。生産と消費の地域分化が進展し、都市すなわち消費のあり方が農業地域の立地選定に影響力を強めるようになる。このことを、理論的に、明瞭な形で示したのはドイツのチューネン★8であった。わが国においても、青鹿四郎★9がこのことをさまざまな地域レベルで実証している。

チューネンは彼の主著『孤立国』（一八六二）のなかで、都市を中心とする孤立

★7 **内耕地と外耕地**　西ヨーロッパの中世およびその後の時期を通じて、ケルト地域（とくに西海岸や台地）の特色であった。内耕地は住居の近くにある耕地であって毎年継続的に耕作される。外耕地は遠くにある耕地であって周期的に休耕される。

★8 **チューネン**　ドイツの農業経済学者（一七八三〜一八五〇）。農業立地論の嚆矢。

★9 **青鹿四郎**　青鹿四郎（一八九二〜一九五五）。東京市を中心とする農業組織の地理学的研究は、チューネンの孤立国研究の日本版ともいうべき業績である。

国を理想郷として設定し、農産物価格は都市（市場）からの距離によって決定されるので、農業がもっとも合理的に営まれるならば、各種の農業経営方式は都市からの距離に応じて、同心円的な配列をなして成立することを論じた。すなわち消費地である都市から外側に向かって、自由式農業→林業→輪菜式農業→穀草式農業→三圃式農業→畜産へと、それぞれ異なった土地利用が形成されることを示した。

青鹿四郎は、東京市付近を中心に展開した農業組織を考察し、その開発以来のもっとも原始的な焼畑や放牧時代から雑穀菽作《しゅくさく》、特用作物、養蚕さらに根菜、蓏菜《らさい》、葉菜、種苗、また、高等栽培、高等養蚕、農産加工、そのほか副、兼業など自由式近代農業の最高段階への発展過程を地帯別（市場地位別）に詳述している（図4）。そして、市場から遠隔地の粗放経営ではもっぱら労働生産性（所得性）が目標となり、市場に近づくにつれて土地生産性（収利性）、さらには資本生産性が、そして近郊では企業利潤が目標とされるにいたるとしている。これはチューネンが『孤立国』において、地代（土地収益性）だけを取り上げたのに対して、はるかに有意義であるといえよう。

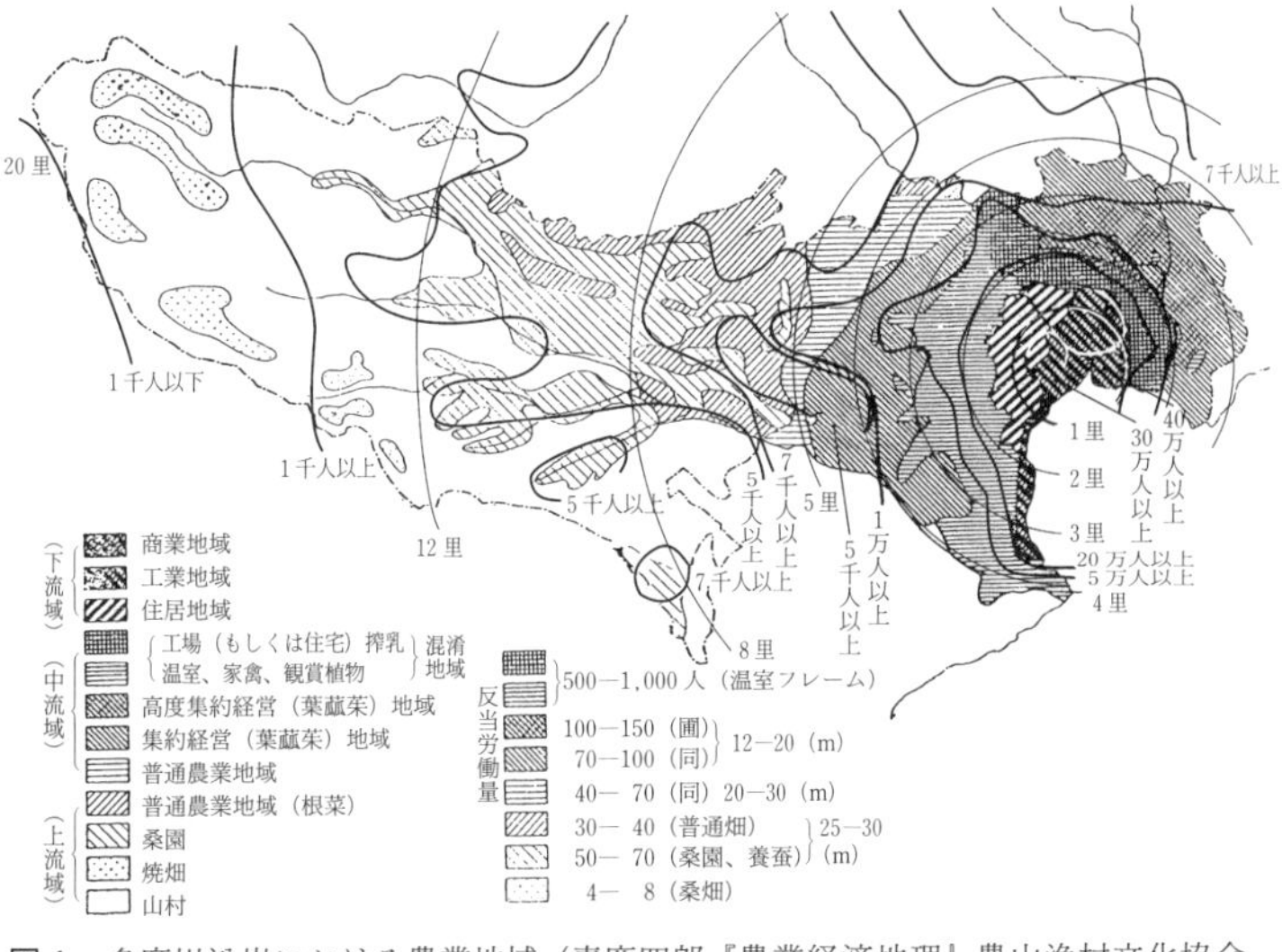

図4　多摩川沿岸における農業地域（青鹿四郎『農業経済地理』農山漁村文化協会、1980）

今日、関東大都市圏の土地利用は首都東京の発展とともに、農業圏は外側へと押し広げられ、第二原理としての都市（消費地）の農業地域に対する方向づけはいっそう強められている。しかも、その結果、経済栽培の限界地とされるような自然条件下において、新しい農業景観を生みだしてきている。その一例はかつて、江戸あるいは東京近郊の特産物であったレンコン栽培が衰退する過程で、茨城県の霞ヶ浦湖岸において、全国一の産地形成が進められた事例にみることができる。

方位に注目することは、新たな農業地域開発・整備のための基軸としても重要な意義をもつ。このことに最後にふれておこう。これまでは第一原理と第二原理を中心に農業における方位の問題について概観してきたが、国土利用、さらに国土開発の観点からみても、この問題は重要である。

農業地域計画

国土利用のなかでみると、農業に及ぼす方位の影響力は、第一の原理から第二の原理へと大きく転換してきているようにみえる。わが国の国土利用は水田稲作を導入して以来、温暖で稲作に有利な西南日本から寒冷な東北日本へと展開してきた。近代化が進み、都市化・工業化が一般化してきた今日では、東北日本がわが国でもっとも先進的な稲作地域を形成するにいたっている。しかしながら、これは近代化にともなう都市化・工業化、あるいは西南日本における農業の集約化の反面であって、いわゆる国土利用の地域分化に方向づけられた現象である。こうして進む地域分化[10]は、土地利用の大規模化、単一化を強化する傾向がある。この背景には、わが国一国の経済をはるかに超えた世界貿易構造の変化という状況がある。いずれにせ

[10] **地域分化**　地表上の諸地域が都市と農村、工業地域と農業地域、水田と畑地などのようにそれぞ

よ、かくして今日のわが国では農業の選択範囲は限定され、特定作目への依存を余儀なくされつつある。

青鹿はかつて、農業の発達史的見地より、都市農業を最高の祭壇にのぼれるものとしてとらえ、一国農業の推移の方向に対する指針を見出そうとした。そして従来の低度発達段階における農業組織の商品生産化を拡充させること、すなわち商品経済下の地域主義の効用について論述している。しかし彼は、一方で、これらの地域主義[★11]の発揮が一定の段階に達すれば、経済合理性の原則にしたがって、農地の使用目的が決定され、作目が単純化する問題が発生すること、他方それに対応し得ない場合は、農業は衰退に向かうことを示唆している。今日のわが国農業の現状は、この両極に向かって変化しているようにみえるのである。これは、国土利用問題としてみるならば、第一原理すなわち都市が農村を方向づける作用が強くなりすぎた結果である、といっても過言ではないであろう。

地理学者の坂本英夫は、こうした現象を「大の虫（都市）を活かすために、小の虫（農村）を殺す」方向でなされてきた従来の都市科学、あるいは都市のプランニングの問題点として批判している。山田安彦も、現在の多くの市町村の都市計画・農村計画および地域計画の思想が確立されていないことを指摘する傍ら、「古代人の生活地域設計のほうが遙かに優れた哲学を養っていたように思える」と述べ、さらに地域構成に立脚した地域主義の開発の重要性を強調している。

もちろん、両氏のこうした発言は、現実の問題解決のためにはあまりにも複雑で

れに専門化して分業している状態。分業化された各地域は相互に有機的な関係を保ちながら、大地域（広義の社会環境）を構成している。地域の機能分化ともいう。

★11 **地域主義**　地域主義という言葉は、全体に対する部分（地域）に焦点をあてて使われる言葉であるが、その用法は思想から政策にいたるまできわめて多様である。青鹿のいう「商品経済下の地域主義」と、山田のいう「地域構成に立脚した地域主義」の主張にも大きな差異がある。

【参考文献】　イーフー・トゥアン（山本浩訳）『空間の経験　身体から都市へ』ちくま学芸文庫（一九九三）／上野福男・斎

困難な問題があることを承知のうえでのことであろう。ただ以上にみた方位と農業という課題から考察すると、おそらくだれでもが気づきつつあることであろうが、問題解決に向けた方向はいかなる農業地域といえども、第一の原理にもとづいて第二の原理に即応した形態を指向しなければならない、という点ではなかろうか。今日の状況はこの逆になっている。

　この最大の理由は、視点を変えると、わが国の農・畜・水産物輸入を前提とした貿易構造（政策）にあることはいうまでもない。このことが世界の環境問題や食糧問題に影響を及ぼしている一面も否定できない。世界的視野と問題点を踏まえた新しい国土計画、とりわけ農業（農村）地域計画の再考が期待されるゆえんである。そのためには、わが国の歴史・経済・地理的な環境を十分に認識したうえで、農業を規定する前述の二つの原理を国土利用のための国土観として、どのように位置づけていくかが大きく問われなければならない。

（元木靖）

藤叶吉・福宿光一「急傾斜畑地域における土地利用の発展　群馬県鏑川流域を事例として」『地理学評論』二九—一二（一九五六）／大石湛山「農山村における生産基盤と方位観」、山田安彦編著『方位と風土』古今書院（一九九四）／坂本英夫『農業地理学』大明堂（一九八七）／篠原重則「阿讃山地の集落景観と土地利用景観」『香川大学教育学部研究報告』Ⅰ—九八（一九九六）／千葉徳爾「ソ連黒竜江流域の農村に就いて」『地理学』一〇—一二（一九四二）／同「傾斜耕地の畝方向について　農作業慣行と土壌侵食」『地理学評論』二六—五（一九五三）／堀内孝次「山間地域の耕地利用」栗原浩教授定年退官記念出版会編『耕地利用と作付体系』大明堂（一九八四）／ミカエル・チサム（村田喜代治監訳）『農業集落と土地利用』大明堂（一九七一）／元木靖『現代日本の水田開発　開発地理学的手法の展開』古今書院（一九九七）／山田安彦『古代の方位信仰と地域計画』古今書院（一九八六）

民俗——近代以前の生活の知恵

民俗学と方位

「民俗」という語で表すことのできる、日常生活のなかで慣習的におこなわれてきた行事や意識のなかで、方位というものはどのように意識されてきたのだろうか。

柳田国男は方位とも密接にかかわる風の方言に注目して、『風位考』(一九三五)を発表した。また年中行事に関する著作『新たなる太陽』(一九五六)では、正月の神祭りの原型を考察するなかで、神を迎える方角にも言及している。

民俗学では、このような問題は主に民俗知識とか俗信とか呼ばれる分野で扱われることが多い。原田敏明、井之口章次は俗信の資料を整理して概説を試みており、方位に関する俗信も「禁忌」にかかわるものとしてとりあげられている。

恵方《えほう》や鬼門《きもん》など民俗のなかの方位の意識は、陰陽道の影響を強く受けている。そのような点について吉野裕子は、陰陽五行思想[★2]から民俗の意味について論じるなかで、正月行事の門松を例にとり「今日まで根強く残る正月行事としての門松の淵源は、たとえ原始信仰にあるとしても、陰陽五行が入ると、その古代信仰の上に、より強烈に「理」が覆いかぶさり、その方が優位を占めるに致る」(『陰陽五行と日本

★1 **民俗知識とか俗信** 毎日の暮らしのなかで、いつ、だれともなくいい伝えられてきた知識や知恵をいう。多くの人々の経験によって育まれたもので、生業や生活の指針として活かされた。俗信の語は柳田国男が用い始めた用語という。民俗知識は、文化財行政上、用いられるようになった語である。これらは非合理的・非科学的だとして否定的に考えられる面もあるが、日本の民間信仰・民俗文化を明らかにする資料として、積極的に検証していく必要がある。

★2 **陰陽五行思想** 一〇二頁ほか参照。

の民俗』一九八三）と述べている。方位についても同じことがいえるだろう。

いっぽう、体系的な知識とは別に、人々の生活のなかで経験的に蓄積されてきた知識も存在する。生業にまつわる諺★3など、生活を取りまく自然環境を指標とした伝承には方位を意識させる伝承も多い。

つぎに、人々の暮らしのなかで伝えられてきた方位感覚のいくつかを具体的に紹介してみよう。

気象と伝承

気象は農作物の育成を左右することから、人々は重大な関心をもっていた。経験的に知っている気象予知の諺が、地域それぞれに伝承されていて、風の吹き方や★4雲の流れなどの伝承は、おのずと方位を意識させるものとなっている。たとえば、周囲を山に囲まれた奈良盆地の伝承を記すと、

「いぬい風が吹くと晴れ」
「生駒山の灯がみえだすと天気」（北西の風は晴れを示す）
「秋は（吉野川の）川尻、春乾」（ここが空いていると晴れになるの意）
「雲のひつじさる落ちは三日の雨気」
「雲が奈良参りすると雨、初瀬参り（または伊勢参り）すると晴れ」（南西の風は雨、北西の風は晴れ）
「雲が大仏参りすると雨」（奈良市付近）
「雲が岡参りすると晴れ」（盆地南部）
「雲が山上参り（大峯山）すると晴れ」（下市町付近）

★3　**諺**　言葉の技の意とされ、民俗知識に裏づけられた教訓的な内容をもつものなどが多い。

★4　**風の吹き方や**　具体的な風名などの事例については、「風名」の項を参照。

これらの伝承をみると、奈良の人々が周囲の山々と雲の動きを目印に、天気の変化を予感したことがわかる。当然、自分の生活圏を中心にした方位に対する感覚が経験的に養われたであろう。こういった例が、奈良盆地だけではなく、全国各地に伝承されている。

アキの方

正月は、年中行事★5のなかでも民俗学が強い関心をよせてきた行事である。正月行事には祖霊的性格をもったカミ祭りの痕跡や農耕予祝の儀礼★6があり、日本の民間信仰のあり方を考えるうえで重要だからである。

正月の祭りは各家庭ごとにおこなわれる。その中心はトシガミ（年神）祭りだという。ショウガツサン、トシトクサンなどいろいろな呼び方があるが、この神はアキの方角（恵方）からやってくるとの伝承をもつことが多い。

たとえば、奈良県と三重県にまたがる大和高原地域では正月に祭る神をフクマルサンと呼ぶところが多いが、奈良市別所町の事例では、これを迎えるのに大晦日に、枝を払って先端にすこしだけ葉を残した青竹四本を田圃に立て、払った枝やワラ、その他燃えやすいものを真ん中に積んでおく。夕飯のすぐ前に子供たちが集まり、御飯を供えてから火をつけてアキノホウ（恵方）に向かって「フクマルコイ　フクマルコイ」と連呼する（『奈良市史民俗編』一九六三）。

恵方、アキノカタという方位の神は「歳徳神」★7で、年ごとにアキの方角は変わる。人々は暦でアキの方角を知り、その方向から神を迎える。一方、奈良県室生村では牛の寝ていた方向にトシトクジンがおられるという（『室生村史』一九六六）。同野

★5 **年中行事**　一年ごとに同じ日、または暦により決められた日に繰り返される行事。民間の行事を中心とする年中行事の調査・研究は、民俗学の主要な課題の一つである。

★6 **予祝の儀礼**　年の初めに一年間の農作業の過程を象徴的におこなう儀礼。農作物の豊かな実りを期待する一種の呪術的行為で、多くの場合、年中行事として定着している。

★7 **歳徳神**　その年の福徳を司る神。陰陽道では歳徳神のいる方角が恵方で、これは毎年、その年の干支によって定められる。関西では正月の年神を、歳徳神とする所が多い。

迫川村でも正月の朝、牛の頭が向いている方がアキだといい「アキを知らなんだら牛に聞け」といったという（『野迫川村史』一九七四）。

恵方から歳徳神を迎えるというのは陰陽五行の思想によるものだが、それとは別に生活環境に根ざした伝承も各地に伝えられている。

年神棚

アキの方から迎えた神は年神棚[★8]で祭られる。

『総合日本民俗語彙』のエホウ棚の項には、「『吉方』すなわち『明きの方』から、正月の神がおいでになるという信仰から、年棚をその方向に向けて吊る習わしがある。この名の年棚は都会地方に多かったが、農家でもこれを吉方に向けるため筋かいに吊ったのが今なお見られる」とある。

奈良県では年棚よりも歳徳膳あるいはイタダキ膳といって、大晦日から床の間か神棚などに供えておいた餅などを盛った三宝や高膳を、ゾウニを祝う前に、家族が順々にアキノホウ（神棚、氏神なども）に向かってイタダキ（両手で頭上に押し戴く）、その年の果報を祈願することがおこなわれている。

トンドの火

正月一五日（小正月）[★9]を中心にトンドをすることも広く各地でみられる。

奈良市六条町では一月一五日にトンド[★10]をしたが、燃え尽きるころに芯柱をアキノカタの方向に倒し、燃えさしの竹をもちかえってチョウズの隅に立てておくと蛇が入らぬといった。同市南永井ではアキノホウへこけるとよいといって、無理に引っ張ってその方向に倒した。

★8 **年神棚**　年神を祀るために、その年の恵法（アキの方角）に向けてつくる棚のこと。たんに年棚とか恵方棚などともいう。

★9 **小正月**　元旦を中心とする大正月の対語。大正月には公的な儀礼が多いのに対して、小正月には日常生活に根ざしたものが多く、本来、一年の始まりは小正月であったとする説もある。

★10 **トンド**　小正月におこなわれる火祭りの広域名称。ほかにも左義長・標焼きなど、さまざまな呼び名がある。

そのほか、二月一一日におこなわれる奈良県桜井市江包・大西の綱掛祭りは、両村でつくられた巨大な男綱と女綱が吊り合わせられるが、できあがった女綱はその先端を、その年の「明きの方」に向けて吊るしておくことになっている。

このような年頭の行事以外にもアキの方、恵方を意識した民俗儀礼は全国にいくつもあり、年中行事におけるアキの方角の重要性がうかがわれる。

タツミ・イヌイの方角

アキと同様に吉方と考えられる方角に、タツミ（巽）とイヌイ（乾）がある。タツミは東南、イヌイは西北の方位を指し、住居にかかわる俗信のなかでタツミ便所、イヌイ蔵は昔から吉とされた。奈良市各地では、タツミバリといって、この方向にいくら屋敷を出っぱってもよいといわれた。また三重県上野市白樫では、家を新築するさいに、大黒柱の基礎固めのとき石搗唄が歌われたが、その一節に「ここのやかたの乾のすみに、こがね花咲く銭がなる、おもしろや」とある（『三重県の民謡　民謡緊急調査報告書』一九九〇）。

鬼門と民俗

恵方とは反対に忌み嫌われるのは、いわゆる鬼門の方角である。これは住居にかかわる禁忌に顕著に現れる。東北の方位を示すウシトラ（艮）は鬼門であり、この方角は少しでも土地をあけておかねばならない。何か建てるときは軒を低くするなどに類する伝承は各地に伝わっている。

もっとも凶と感じる方向も、土地によって違いはある。奈良市興隆寺町では勧請掛けの行事があったが、綱は谷がイヌイに向かって流れているところでは「悪鬼羅刹」の侵入を封ずるために張るといったといい、興隆寺町の隣村になる米谷町では北から南に通り抜けた村だけ張るものだという（「奈良市史民俗編」）。

一般に凶とする方位に対しては、結婚や引越しなどでも嫌う。良くない方角を避けようとする考えは現在でも根強いものがある。

方位盤

祈願あるいはその成就を記念して、絵馬や燈籠などを神仏に奉納することはきわめて一般的な信仰の形態である。そのような奉献物として方位盤が奉納される例がある。たとえば、三重県上野市東町の上野天満宮の拝殿天井には大きな「方位盤」が吊るされている。中心に東西南北の方位と矢印をおき、その周囲に十二支の動物の彫り物が配されている。さらにその周りに、京・関・津・奈良・大阪などの主要な町と宮川・大峰・高野・初瀬などの著名な信仰地名とその距離が記されている。

上野は近世、藤堂藩の城下町として発展した。町を東西に東海道の関宿から延びる奈良街道が通り、北へは甲賀郡を抜けて石山、大津、京へと続く京街道の起点となっていた。「三筋町」と呼ばれる商業地が形成されていて、魚市や薪炭の問屋、茶碗や金肥その他の日常用品の店があり、周辺の村からも買い物にやってきた。木津川の水運もあり、行商人や運送業者、旅行者など多くの人が往き来して、その商圏は上野盆地のみでなく周辺の農山村にわたっていた。

現存の「方位盤」は、奉納年や奉納者などが見あたらず、詳しい由緒は不明であるが、上野天満宮は商業地の東端に鎮座しており、上野へ通じる要路にも近く、このような奉懸物が奉納されるにふさわしい神社である。伊賀国の中心である上野の

写真1　天井より吊り下げられた上野天満宮の方位盤（筆者撮影）

地域的特色を示す奉懸物としても貴重なものである。

ほかにも大阪天満宮の意匠を凝らした華やかな十二支の方位盤（菅原道真が鶏を嫌った故事にちなんで、西の位置に鳳凰《ほうおう》が配置されている）や、海上の守護神として信仰を集める香川県の金刀比羅宮に奉納された羅針盤などが知られている。

このほか、死者を北枕[★11]に寝かすことなど社会生活のいろいろな場面で、方位を意識することは多い。方位も含め、このような民俗知識・俗信は、とくに学問として体系だったものではなく、素朴な生活の知恵とでもいうべきものである。しかし、天候にまつわる諺のように毎日の体験に根ざした信憑性の高い結論として信頼できる伝承もあり、近代的な科学的知識が一般化する以前の人々の暮らしの様子を考えるうえで重要な示唆をあたえるものであろう。

（岩坂七雄）

★11 **北枕**　釈迦が涅槃のときに、北に頭を向けていたことにちなむ。一般に生者の北枕は忌まれ、北枕にするのは死者だけである。「葬送空間と方位」の項参照。

【参考文献】　原田敏明「俗信」他『日本民俗学大系7』平凡社（一九五九）／井之口章次『日本の俗信』弘文堂（一九七五）

恵方 ――カミはどの方角からやってくるのか

無言で恵方を向いて、太巻寿司を一本のまま、切らずに食べる、関西で最近流行してきた節分の習俗である。新聞やテレビなどにも取り上げられ、スーパーマーケットでも節分の行事食として大々的に紹介されている。新しい年中行事を定着させる鍵に、特定の食べ物との結びつきがあるようだが、節分の場合、伝統的な豆や鰯《いわし》だけでなく、恵方を向いて食べる太巻が、行事の演出効果をより高める食べ物として受け入れられたのだろう。その結果、最近の節分風景としてよく紹介され、広がる傾向にあるようだ。

「幸い」をもたらす方向

ここに登場する恵方とは、歳徳神のある方向、すなわちその年の幸いをもたらしてくれる方位をいい、毎年変化する。「暦」の知識が普及することで、人々に意識されるようになったと考えられるが、その正確な歴史は定かではない。

初詣の先がけとなった恵方参りは、江戸時代からみられた習俗であるし、恵方棚も年徳神を迎え祀る正月の習俗として各地にみられる。年頭行事のさまざまな場面★1で、恵方は意識されていた（写真1）。ここでは、滋賀県の民俗事例から、恵方をふくめて、幸いをもたらす方位をどのように捉えていたかを考えてみる。

★1 **年頭行事のさまざまな場面**　年神棚、トンドなどの、正月におこなわれる民俗行事については、「民俗」の項を参照。

★2 **山の神**　山を司る神。近江の農村の場合、正月三日や七日を祭日とし、この神に豊穣を祈願する。

写真1　志賀町北浜の田打ち　正月二日、一家の主人は田の水口あたりに松を立て、供え物をし、アキの方に向かって三鍬土を起こす。

山の神行事における恵方

大津市平津二丁目では、同族を表す「株」を単位に、正月三日に山の神★2を祀る。そこに供える餅を搗くとき、臼の下に恵方（アキの方）へ向けて扇状に藁《わら》を敷く（写真2）。恵方からの幸いのこもった餅を山の神に供えて、皆がいただくのである。またつぎのような山の神行事にもアキの方が登場する。

大津市石山外畑の山の神では（写真3）、正月三日、めいめいが祭場にオツギの木の鍵を掛けるが、前日これを採りにいくのに、アキの方角の山へ向かうという。同市大石富川の納所の山の神では、神に供える供物の一つに御飯があり、当番が祭場脇にある小さな竃《かまど》で御飯を炊く。それをすくうしゃもじは、近くに生えている榊を削ってつくる。その年のアキの方の幹を鉈《なた》で削りしゃもじとするのである。

蒲生郡日野町杉・杣・河原では、正月三日に山の神がおこなわれる。氏神大屋神社に三か字の男たちが集まり、二個の藁苞をつくる。一つは山の神へ奉納し、一つはもち帰り、屋敷のアキの方の木に括りつける。そして大きな注連縄や男女を表す自然木の人形、鳥に供える餅を三宝に載せて祭場へ向かう。山の神の森は、氏神から少し離れた田の中にあり、樫の大木を神体としている。そこに注連縄を巻き付け、供え物をして、祝詞奏上がおわると、宮守と呼ばれる世話役が、餅を載せた三宝をもってアキの方へ三〇〇メートルほどいき、畦に立つ。神職も氏神の入口まで戻り、他の一同は山の神の森に留まる。

こうして所定の位置に関係者が立つと、まず宮守が「かかりよったー」と大声で

写真2　大津市平津の山の神　臼の下に、アキの方を向いて敷かれた藁。

写真3　大津市石山外畑の山の神　アキの方角の山から採ってきたオツギ（空木）を、祭場の木に掛ける。

叫ぶ。そして、神職が「早稲もよけれー」と叫び、山の神の森の一同が「えんややー」と答える。こうして「中稲もよけれ」「えんやらや」、「晩稲もよけれ」「えんやらや」、「作り物みなよけれ」「えんやらや」と叫び合って行事をおえる。そして宮守は、餅を畦に供えて帰る。以前は、烏がきてこの餅を食べてから「かかりよったー」と叫んだそうだが、やがて烏の姿がみえてから叫ぶようになり、現在では所定の位置に着いたら叫ぶように変わってきている。

これは各地にみられる「烏喰行事」[★3]の一つといえるが、烏が食べる方位がアキの方である点が注意される。新年に幸いをもたらしてくれるカミがやってくる方位として恵方が素朴な民俗行事のなかに組み込まれていたことがうかがえる。ただし、恵方は、暦の普及によって受容されたものであり、こうした観念がともなわない山の神行事をはじめとする年頭行事も多くみられる。つまり、恵方という知識が普及する以前から、正月に幸いをもたらすカミがどこからかやってくるという意識があったのである。

正月さん

正月前、正月を待ち望む気持ちを歌った「正月さん」という民謡がある。蒲生町鋳物師では、「お正月ぁんござった　どこまでござった　岳の山裾まで　何もってござった　ほっかいに餅入れて　あさがらにのて　ゆずりゆずりござった」と歌われる。類似の歌は県内各地で歌われており、岳が富士山に変わっていたり、瀬田橋が歌い込まれていたりするのだが、日野町や蒲生町では、岳の山裾から正月さんがやってくると歌われることが多かった。この岳がどの山を示すか

★3 **烏喰**　儀礼の祈りが通じたことを、烏が供物を食べることで確認する。多くは儀礼の最後におこなわれる。

は定かでないが、鈴鹿山系の山麓に開かれた農村であるから、そうした身近に見上げる山々を指すと思われる。つまり、幸いをもたらすカミは、身近な山から下ってくると考えられていたことになる。

岳参り

正月さんで歌われたダケが、身近な山を指すと考えると、こうしたダケと呼ばれる山へ特定の日に参拝する行事がみられる。ダケ参りと呼ばれ、七月前後を祭日としている。たとえば、高島郡高島町音羽の嶽山には長谷寺があり、本尊十一面観音の脇侍に雨宝童子と八大龍王が祀られている。この寺は、山麓近在の農耕用牛馬の守護神として篤く信仰されており、七月九日のダケ参りでは、多くの参拝者で賑わう。油日神社（甲賀郡甲賀町油日）の背後に聳える油日岳には、同社の奥宮が祀られている。この奥宮に参拝する行事として旧六月一日の岳参り、そして台風の被害から逃れられるようにと、旧八月十一日に氏子七か郷による岳参籠がおこなわれる。

この時期、つまり七月前後に身近な山や川上の聖地に参拝する行事が、よくみられる。農業が卓越していたかつての近江の農村にとって、水をもたらす聖地としての山々に大きな意味を感じていたようだ。こうした認識を語る事例として愛知川の水分神をみてみることにしよう。

水分神の信仰

湖東平野の中央部を流れる愛知川は、鈴鹿山系を源に琵琶湖に注いでいる。この川が形成する平野部は、井堰や伏流水による湧水を水源とする水で灌漑されており、およそ八〇〇〇ヘクタールに及ぶ水田が、この一本の河川に依存していた。このため、複雑な水利慣行を生んでいる。この愛知川扇状地を遡ること数キロのところに萱尾滝があり、その横に大滝神社が祀られている。このカミは愛知川の水分神と認識されており、龍神が住むといわれていた。

七月一日の大祭には、下流の村々の代表が参拝し、かつては相撲や地元の若者による滝飛び込みなどもおこなわれていたが、現在では少し下流に永源寺ダムができたため、萱尾滝も水没してしまった。このダムのおかげで下流の圃場に安定した水を送れるようになったが、このため往時の儀礼は失われたことになる。現在も祭りには下流村落のいくつかが参列しており、水分神の信仰は薄れていない。

大滝神社は、永源寺町萱尾の氏神であるが、愛知川の聖地としても認識されていたのである。このことを示す象徴的な行事が、明治初期までおこなわれていた。

この神社を管理していた瀧本内喜なる人物が、愛知川にかかわる村々を回って、米と麦の二回御初穂を集める慣行が続けられていたのである（図1）。上流から下流まで、右岸五六か村、左岸一〇二か村、計一五八か村の各村の家々を、三か月ほどかけてめぐり御初穂を集める。麦初穂と米初穂の二回おこなわれ

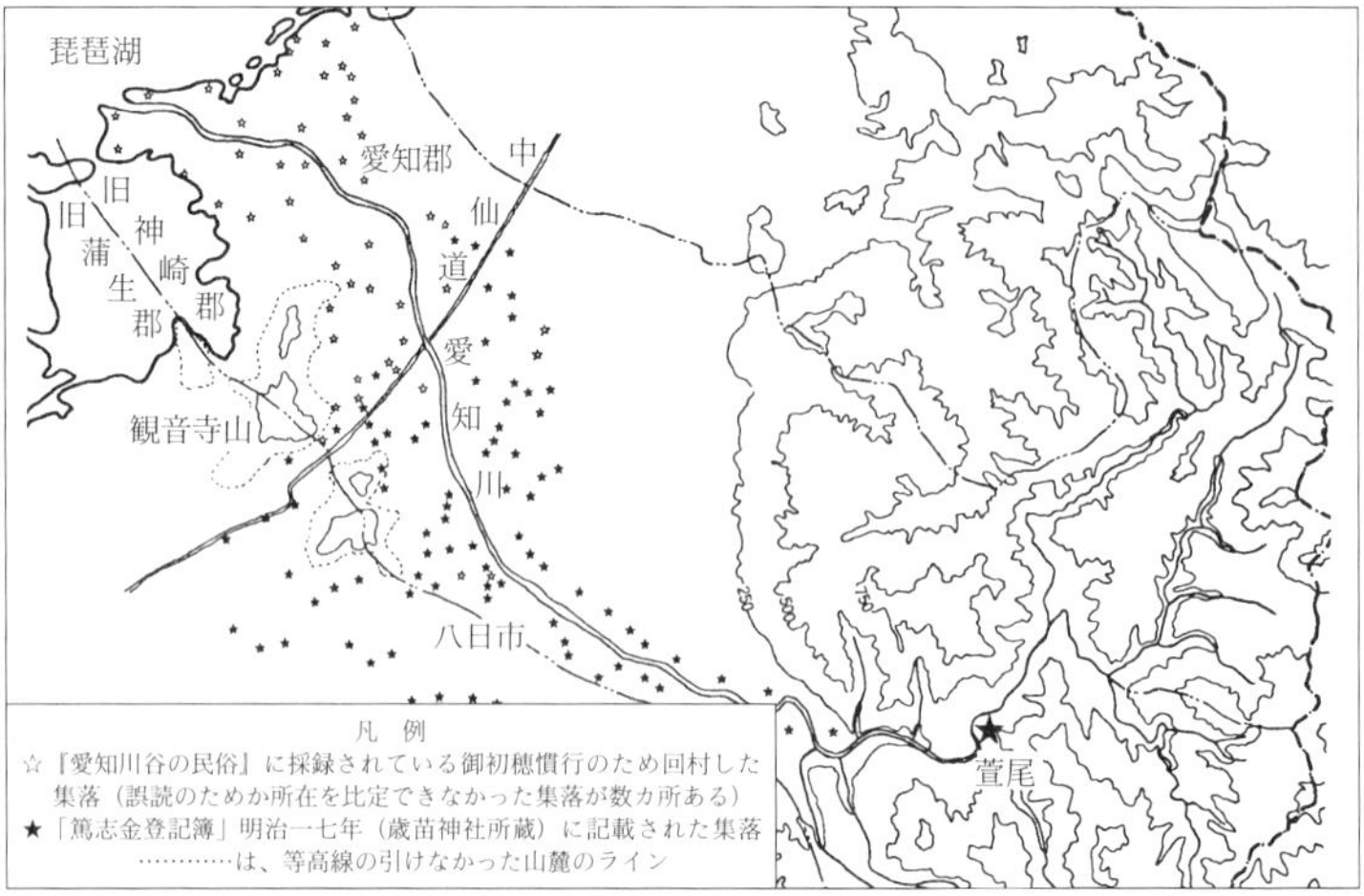

図1　瀧本内喜が回った村々

ていたから、瀧本は、半年ほどこの初穂集めに回っていたことになる。

こうした慣行を支えていたのは、大滝のカミが水をもたらし、水田が潤してくれるという信仰が広く認識されていたからだといえる。これらの村々はカワスジの村と認識されており、大滝神社は、カワスジの神と考えられていた。つまり上流の聖地が、水を司るという信仰が深く浸透していたからこそ、こうした行事がおこなわれていたといえるだろう。

農村における上流

水は上からもたらされる。当たり前のことだが、すこし天候が不順になれば、たちまち旱魃の危機に直面する村々にとっては、水をもたらしてくれる聖地の霊験は絶対だったといえる。灌漑システムが確立している農村において、自分の水田の上、村の上、井組（水利組合）の上、上流の井堰、というように、上流は自分たちの水田を守る生命線であった。

こうした認識の延長線上に聖地をふくむ水源の山が存在したのである。そして、こうした上流の聖地の祭りが、七月前後であることも注意される。もちろん、春祭りに聖地に参拝する儀礼がみられる場合もある。たとえば、日野祭りに先立ち綿向山々上へ参拝する岳参りや、日吉大社山王祭では、神体山である牛尾山へ男女二柱の神輿を上げる「御輿上げ」から行事が始まるように、春祭りにも上流の山にかかわる儀礼がおこなわれる行事をいくつか数えることができる。ただ、夏場はとくに水に苦しむ時期となるだけに、集中して聖地への儀礼が存在したのだろう。年中行事的なものから雨乞いなど不定期な行事もふくめると、こうした聖地での儀礼は膨大な数になる。

こうした農民の感覚から、正月のカミが山から下りてくるという事例を見直すと、至極自然な認識だったといえる。水をもたらす聖地への祈りは、幸いをもたらすカミのくる方向だったのである。また近江の稲作農村は、灌漑システムが発達しているとはいえ、過剰に開発され、慢性的な水不足に苦しめられていた地域であるだけに自然に委ねざるをえない部分も大きかった。こうした感覚が、幸いをもたらすといわれるアキの方と、さまざまな民俗行事を結び付けたのだろう。

近江の稲作村落における方位観は、上を聖とする認識を深めながら、幸いをもたらすといわれたアキの方という知識をも吸収する土壌だったといえるのではないか。

（和田光生）

民　家——方位を意識したすまいの諸相

民家の位置と方位

よりよい生活環境を求めて

近年どの地方へ行っても同じような家が建ち並び、高層のマンションも多くみられる。家を手に入れる場合も、新興住宅地やマンションでは、方位を云々するより、場所や費用が優先されがちである。そのうえ、たんに通勤圏や都市圏といった距離的・時間的なものに加えて、文化度・経済度など〝生活環境〟という要素がウエイトを占めるようになってきている。〝民家と方位〟〝住まいと方位〟の根源も〝よりよい生活環境〟への希求ではなかろうか。人間が地上に生活するようになってから現在まで営々として生活してきたあいだに、どんなところに、どっちを向いて、どこに何を使って等々、そこに生活する人にとってどうあれば一番適した生活が得られるか、陰陽道などとからみ「地相」「家相」なども生まれてきたのであろう。そんな立場から数項目取りあげてみることにしよう。

まず、家はどんなところにあればよいのだろうか。それは「住まいの自然環境」、なかでも地形的・気候的な位置環境とのかかわりが深いであろう。

地形的位置

古来、後背に山地をひかえ、前面に平地が開けている土地が、住居の位置として求められ、それが〝北高南低〟であれば理想的であり、吉相といわれた。

これは、わが国のように北半球中緯度に居住する農耕民族にとって、不可欠の要素であったであろう。ほかにも北西高・南東低、西高東低、北・西二方向高、平地などがあげられ、山の尾根先や谷口は避けるよう「地相」の諺[★1]ともなった。近年の集中豪雨による崖崩れや、出水の被災地の多くからも理解できることである。

気候的環境

地形的な北高南低は気候的方位でもある。南低は当然日当たりが良いという自然発生的な南面指向にもとづくといえよう。この太陽を求める南低に対し、北高は冬の季節風を遮る風対策にあたる。わが国の生活環境として一番大きく作用する風は、なんといっても冬の北西または北の風である。前出の北西高、西高、北高などが吉といわれる所以もここにある。

季節風とともに、もう一つ地方的な卓越風がある。これは山脈や谷筋、海の方向などにより各地で相違があり、その地方特有の風である。したがって、防風林でもある屋敷林[★2]を植える方位はかならずしも一定しない。「家は風土がつくる」という。各地固有の気候風土を無視しては家の向きや形、間取も考えられないことになる。

★1 **「地相」の諺**　住居を定めるとき「沢ふさぎに家を建てるな」などという。

★2 **屋敷林**　家屋を風や火災から守るため、周囲に植えた樹林。

屋敷の形状

屋敷は住居を構える一区画の土地、いわゆる宅地である。その形状は出張りや凹みのない方形が一般的であるが、正方形よりやや縦長――間口より奥行の深いほうが吉とされる。「縦形の備」というらしい。それは家屋の南に前庭を広く、また後ろにも空地が取れ、十分な通風・採光などが得られることによる。

宅地や家屋でも「地相」「家相」★3的にもっとも嫌われるのは北東・南西の出張りである。北東は「艮《うしとら》」、南西は「坤《ひつじさる》」で鬼門・裏鬼門にあたるからであり、北東隅を人為的に欠かすことさえおこなわれる。

また三角敷地は凶相とされるが、大井川扇状地三角州での〝三角屋敷〟〝舟形屋敷〟のように氾濫に備えた地方的屋敷型ともいえる特例もある。

屋敷構え

屋敷の位置・形状・大きさが決まれば、そこでどのように屋敷取りをするかである。主屋をはじめ納屋・蔵、井戸、便所・厩といった家屋配置から、庭や屋敷林の樹木配置、垣根・塀等屋敷周りいっさいが含まれる。

すでに取りあげたように、北高南低のやや長方形の敷地に、東西棟の主屋を南向きに、前を広く後ろにも余地を残して配し、左右隣家とのあいだを取りながら道にやや寄せ、裏には樹木を植えると良いという。納屋は南に面する主屋の東側に多いが、西側や後方の場合もある。奈良盆地の条里集落に顕著な「囲い造り」では、主屋の南側に干庭を広く取って門屋や納屋で囲んでいる。外便所は南東（巽）方向に設けられ、蔵は北西（乾）が多い（写真1）。しかし、巽は屋敷井戸の位置に良く、

★3 **家相**　家の位置・向き・間取などのあり方。「便所の位置」の項も参照。

写真1　輪中地域の乾蔵（岐阜県海津町）盛り土の上にさらに高くして蔵を建て水害に備える。

便所は〝乾便所〟といわれて主屋の北西に設けるところもある。

家屋を防御する屋敷林や石垣の位置も方位と深く関係し、各地の風向と関連する。多くの研究報告をまとめてみると、「北・西」が一番多く、ついで「北・西・南」「北・西・東」などそれぞれの土地で対処している。

屋敷構えに関連して「屋敷神」についても触れておくと、北東隅に小祠を設けていることが多いが、地方によっては北西隅や南西隅に祀っている。

建築儀礼

かつては家を建てるには親戚や村人の相互扶助的な協力が必要であり、さまざまな建築儀礼が重視された。現今はほとんど業者任せのため、行事らしきものを目にすることも少なくなった。そんななかから二、三ひろってみよう。

地鎮祭・建前

家を建てようとする土地の四隅に葉竹を立て注連縄を張り、中央に砂盛りをして祈誓された厄除・方除のお札を榊につけて立てる地鎮祭[★4]と呼ばれる儀礼が、現在も各地で目にされる。

従来であると、柱を建てる位置を搗き固める「地搗き」、「石場搗き」がある(建前[★5])。この搗き方にも順序があり、搗き始め、搗き納めを重視する。地方によって異なるが、大黒柱から搗き始めて右回りに搗き、乾の隅で納めるところが多い。たいていは多勢で唄を歌いながらおこなわれた。石場搗き唄は労働歌であるとともも

★4 **地鎮祭**　建築に先がけ、土地の神を祀り、工事の無事を祈る儀式。

★5 **建前**　建築に取りかかるさいにおこなわれる地ならしや地固めのこと。

に祝い歌でもあり、土地の祝い事に歌い継がれている。しかし、現在ではセメントの基礎地業に取ってかわられてみることもまれになっている。

棟上げ・家移り

地搗きがおわり、基礎ができると、柱立てである。まず戸口周りから始め、その周辺と隅柱が同時進行的に立てられ、つぎつぎと桁や梁など主な構造材が組まれ、束（桁や梁を支える小柱）や母屋が取り組まれて最後に棟となり、棟木を槌で搗き納めて建前がおわる。これがもっとも一般的な手順である。

棟が上がると白木の角材に日の丸扇子・御幣・オカメの面をつけ、棟の上に立て、酒や餅を供えて「棟上祭」★6がおこなわれる。また弓矢を鬼門の方向に向けて棟に飾る習俗も広く分布している。

棟上げが済むと、供えた餅を見物人に向かって投げる餅撒きがあった。大工が四隅に向かって祝い餅を投げた後、銭の入ったものなど小さい餅を四方に撒くのが一般的であった。

屋根普請、左官仕事もおわり、家移りには小豆粥を炊き、四隅の柱や大黒柱に供え、注ぎまわった後、食する風習も広く各地でみられた。

★6 **棟上祭**　棟木を上げ、骨組みの完成を祝う儀式。

住生活と方位

一般的に民家は土間部分と床張り部分からなるが、大戸のある入口を入ると三和土《たたき》★7の土間があり、奥にカマドやナガシなどがある。この土間が主屋に向かって右側にある場合は「右勝手」、左側が「左勝手」である。右か左かは宅地の位置や家の向き、あるいは道路などに関連するが、概して「右勝手」が多い。

右勝手と左勝手

大和の条里集落では、同一集落であっても北向き玄関の場合はほとんど左勝手である。「大和棟」の落棟《おちむね》（主屋根より一段低くなった瓦葺の部分）は釜屋部分であり（写真2）、下はクド★8のある土間である。母屋は東西棟であるため卓越する西風に対する防火対策との説がある。

東北地方で「沢ふさぎに家を建てるな」「棟割に建てるな」というのは、谷筋という地形と風向きに対してであろう。丹後大江山北麓の小谷筋の集落では、上流側に土間を、また、宮城県の奥羽山脈東麓のすこし広い段丘面では、西から北に屋敷林をもって東側に土間がある。いずれも右勝手であるが、前者は冬に日本海から吹き上げる谷風を、後者は奥羽山脈からの山風や颪《おろし》を意識してのようである。

★7 **三和土**　土に石灰や水を練って塗り固めたもの。

写真2　大和棟（重文・中家住宅）落棟の下は土間である。

★8 **クド**　かまどのことを地元を含め関西ではクドあるいはヘッツイという。

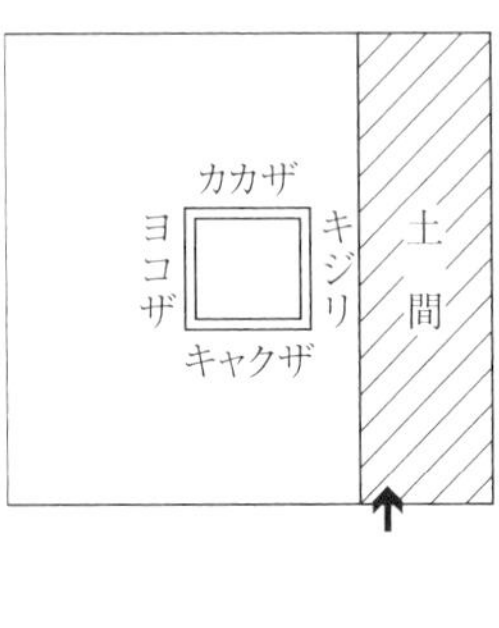

図1　イロリの座（右勝手）

イロリの座と床の位置

右勝手であれ左勝手であれ、家の守り神と主人夫婦の寝室であるナンド（納戸）を背に、土間に真向かう座は「ヨコザ」（横座）と呼ばれる絶対的な主人の座である。その右または左の入口に近い方が「キャクザ」（客座）あるいは「アニザ」（兄座）、これに向き合うのが「カカザ」「オンナザ」（女座）、主人の向かいすなわち土間側は「シモザ」「キジリ」などと呼ぶ。

右勝手の場合、カカザはヨコザの左側となり、つねに主人の刀を見守れるが、左勝手では右側となりキャクザが左になることから、左勝手の家や地方は武士と無縁で平和なことを意味するという。

床は「ザシキ」（座敷）の取り方によって大きく「平床」と「妻床」に分けられる（図2）。一般的な四間取では上手表側が「前座敷」となり、裏側のナンドとの境に設ける〝平床〟と、上手妻側の〝妻床〟の二通りである。三間取や四間取で上手二部屋の奥が「ザシキ」、表側が「ツギノマ」（次の間）となる「鍵座敷」では〝平床〟が普通である。

家相上も床の間は乾（北西）が吉で、西と北がこれに次ぐという。歴史的には〝平床〟のほうが古いと考える。

神棚・仏壇の位置

神棚は家の中央を避けた長押《なげし》に南を向けたり、ヨコザの背後に東向きに祀られ、二階がある場合は「雲」の字を貼ったりもする。

またカマドの上には火の神様、井戸には水神さんが祀られる。

仏壇を置く場所は宗旨によって異なる。真宗や日蓮宗は床の間に、禅宗などは

図2　前座敷の床の位置

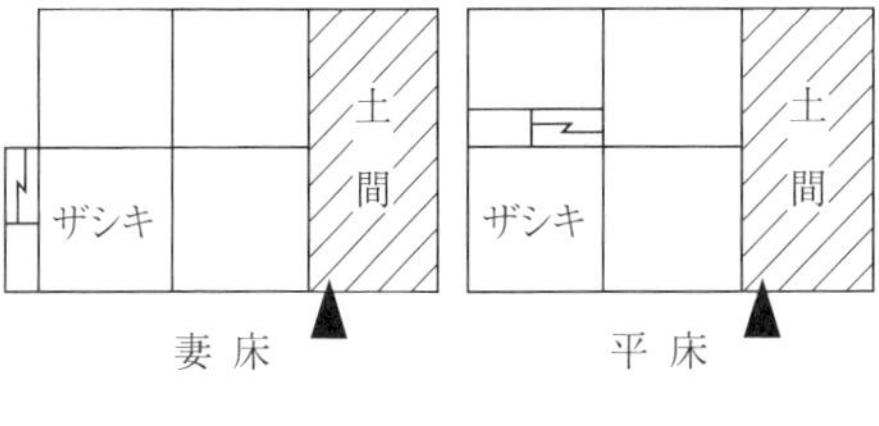

「チャノマ」（茶の間）に、東や南向きに据えるのがよいとのことである。概してチャノマとザシキであり、ナンドに置く例もある。

便所・台所・浴室

井戸や蔵および外便所は家屋配置の項でふれたが、昨今はほとんど水道となり井戸は使われず、外便所も田舎で残存はしているがおおかたは内便所を使い、水洗化さえ進んでいる。蔵も新造しているのを見ることは少ない。

台所・浴室なども新住宅では地方色もなく、どの図を見ても似たりよったりである。ただ現在も北東〈艮〉と南西〈坤〉は鬼門・裏鬼門として、ついで東西南北の各正方位が避けられがちであるのは、家相や方位信仰などの慣習が今も生きている証ともいえる。

町家について

おわりにかえて町家にも触れておこう。町家では地形や気候など自然環境との関係より、むしろ地割や街路形態で、間口・奥行きといった宅地の形状や広さ、さらには家の向きや平入か妻入かといった形態まで決まってくるといえよう（図3）。同じ短冊型地割であっても、宅地いっぱいに隣接した平入もあれば、妻入で有名な町もある。町家造りとしては通り庭や坪庭・中庭など通風性、採光性が共通するであろう。あとは、家相や地域的慣習にしたがって間取や水回り、神仏の位置等々が決まってくるように思われる。

（早瀬哲恒）

図3　平入（右）と妻入（左）

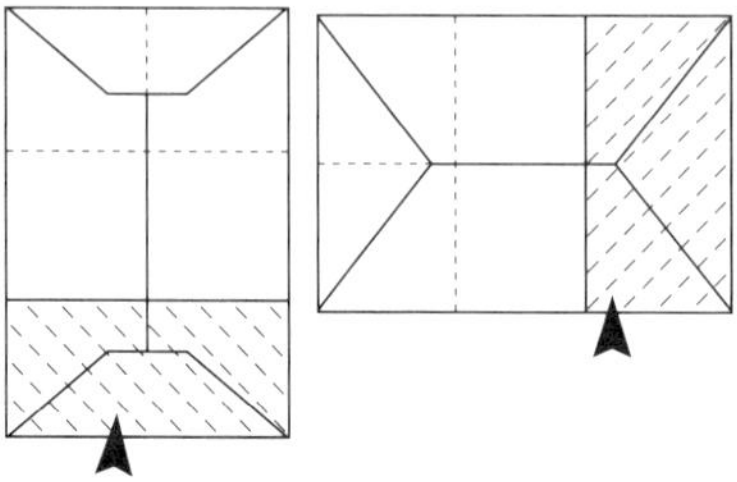

【参考文献】早瀬哲恒「民家と方位」、山田安彦編著『方位と風土』古今書院（一九九四）／山片三郎『家相』学芸出版（一九九六）

便所の位置

便所と家相

現代においても、住宅を建てる場合、家相としてもっとも気にされるのが便所の方位であろう。住宅を建てるときに、家相を占ってもらったという話をよく聞くことがある。家相とは、陰陽五行思想を根本として、家の地勢や方位、間取りなどによって吉凶を占うものである。

家相（および地相）と方位との関係は、儒教の基本経典『五経』の一つ、『易経』が基礎となっている。家相や地相は、地勢条件、気候環境などと密接な関係があり、その環境の好ましくない方位を忌み嫌うようになったものである。

家相書によると、便所をどこに造るかはきわめて重要である。よく知られるのは、家の東北にあたる丑寅（艮）の方向を鬼門（表鬼門）と呼び、諸鬼が出入りする方角とされ、この方角に便所を築くと災いがふりかかり、不幸になるとして忌み嫌われていることであろう。その逆の南西の方位にあたる未申（坤）の方向も、裏鬼門と呼ばれ、同様に避けるべき方位とされる。諺にも「鬼門に便所や蔵を造るな」などといわれる。

また、「四正中線」（真北・真東・真南・真西）や西北、東南、北東北も良くないという。その理由としては、南や西の場合は、直射日光によって細菌を繁殖し、臭気をまきちらす結果となるからだという。北の方位は、陰湿となることから避けたほうがよいなどとされる。

便所をどの方位に建てると災いが起こるかを解説したものの一例をあげると、明治三五年に星文館から発行された『家相極秘伝』の「雪隠之伝」には、

巽（東南）の方位に有は、主人の威勢衰る事を主り、遠方の利薄し

艮（東北）の方位に有は、小児に祟る、家内病人絶えず腰より下の病多しとす

震（東）の方位に有は、男子に祟る、又百事不祥を司る相とせり

離（南）の方位に有は、家内不和合にして病人有り、特に眼疾を患い願望に障るなり

坤（西南）の方位に有は、家内病難多く老婦に祟る、

特に耳目鼻口の病有り
兌（西）の方位に有は、金銭次第に乏しく、病難口舌絶ざる相なり
乾（西北）の方位に有は、男子に祟る、又貨財消滅し家次第に衰ふべし
坎（北）の方位に有は、家内不和合にして、婦人に祟り、災難を主るなり

としている。

一般に便所は、東北東、北北西、西北西などに位置するのが無難なようである。

各地の慣習

鬼門に便所を造ることを戒める慣習は広くみられ、たとえば『和光市史民俗編』（一九八三）では「便所も鬼門はいけない」とし、『聞き書き伊丹のくらし』（一九八九）では「北東は鬼門、南西は裏鬼門といわれ、便所のように不浄なものはつくらないとされていました」とする。

また、具体的に方位をあげて解説するものとして、『小山市史民俗編』（一九七八）では「建物を建てるとき、よく方位が問題にされるが、便所ほど気にかけられるものはなく、鬼門に設けるのを極端にきらい、巽（南東）を最もよいとする」とし、『奈良市史民俗編』（一九六八）では「便所は、（中略）くみとりにべんりなように、また日光の助けで腐熟を早めるために日表におかれることが多く」とある。南東や南、西が好まれる場合もみられる。

南東・南西に設置された便所

現在の便所は、禅宗から発生したといわれ、「西浄」（せいじょ・せいちん）、「東浄」（とうじょ・とうず・とうちん）と呼び、東と西に分けて建てられたようである。のちに「東司」（とうす）と呼び七堂伽藍の一定型となり、山門の斜め前方に浴室と相対して建てられ、便所が西にあっても東司と呼び慣わすようになった。ちなみに、便所を指す「雪隠」は、「西浄」（せいちん）の音が転じたとされる。

東福寺では山門の西にあるが「東司」とされ、建長寺では「西浄」と方角どおりに呼ばれ、さらに「後架」（小便所）も西に設置されている（図1）。妙心寺では、「法堂」（はっとう）の東の位置に新しく「東司」が建てられていることも興味深い。禅宗では、便所を南西ないし南東に建てるのが一般的であった。

また、天皇が即位後に大嘗祭のおこなわれる大嘗宮では、便所（「厠屋」）は、南門より入った南東・南西の二か所に設置されていることが確認できる（図2）。こうしたことから、当初の便所は門を入った東西に設置されていたのが一般的であったとみなされる。

家相が一般庶民の間でやかましくいわれ始めたのは、元禄期（一六八八〜一七〇四）以降のようである。寛政・文化期（一七八九〜一八一八）になると多くの家相書が刊行され、鬼門に便所を建てるのを忌み嫌うことが定着したものと考えられる。

（礒永和貴）

【参考文献】谷直樹・遠州敦子『便所のはなし』鹿島出版会（一九八六）

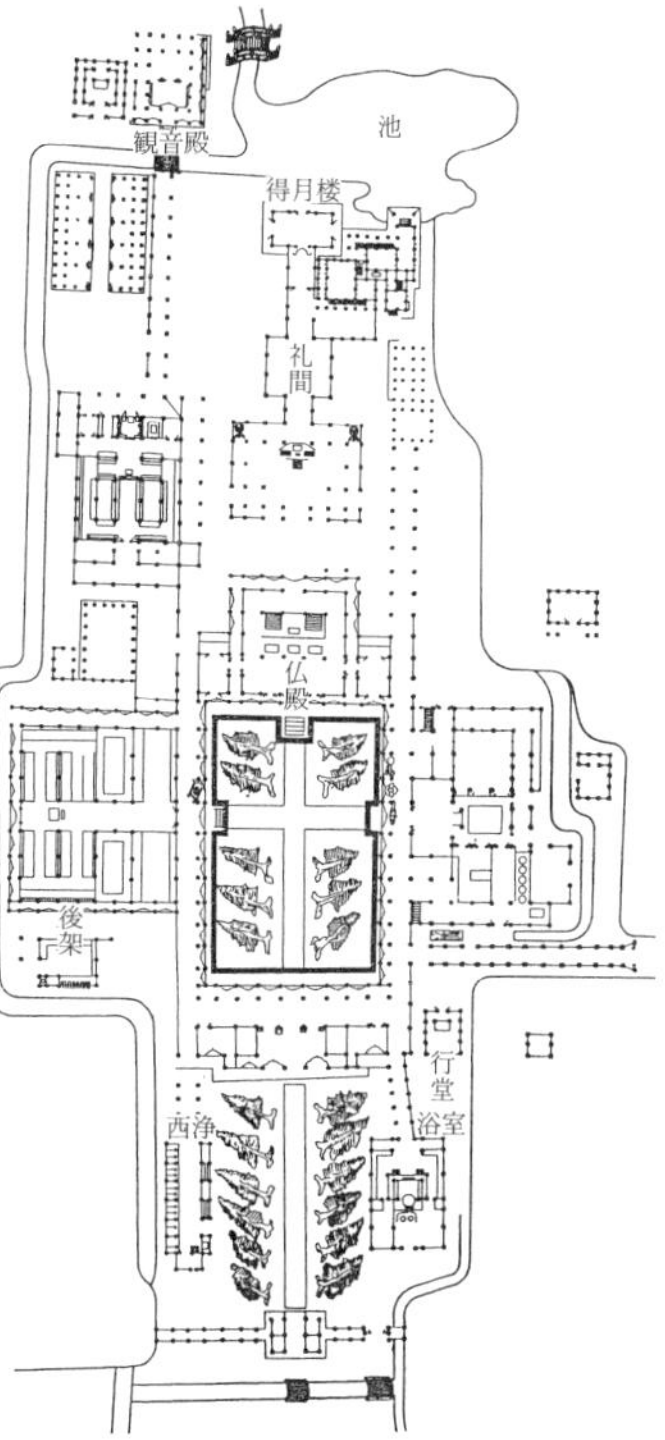

図1　建長寺伽藍配置にみる西浄・後架の位置（伊藤延男『古建築のみかた』第一法規、1967）

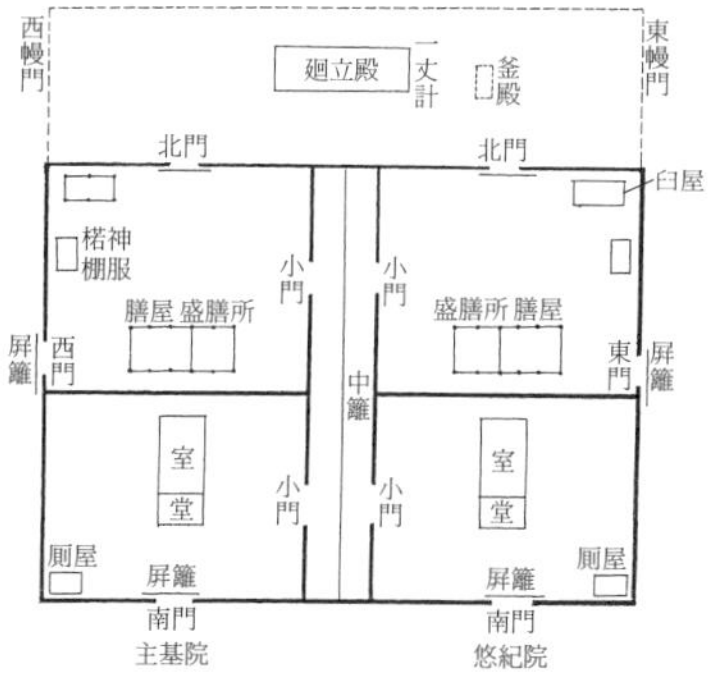

図2　貞観儀式大嘗宮図（裏松光世『大内裏図考証』第一、明治図書、1951）

第4部

考古・歴史と方位

弥生の建造物——大陸の影響と建造物の大型化

弥生の住居と方位

弥生時代の住居や建物については、一定の規則的方位を示すものもみられるが、いかなる影響によるものかは判断しがたい面も多い。したがってここでは、近年の発掘調査によって得られた事例を中心に、一棟の個体としての住居とともに、集落内の住居群としての方位も考えていきたい。

弥生の考古遺物

弥生時代は、大陸から稲作をはじめとして青銅や鉄の金属器とその製作技術が伝えられるなど、東南アジアの国々との物質的、人的交流がさかんにおこなわれた。縄文時代は狩猟採集生活を主体としたのに対して、弥生時代は、農耕生産の飛躍的な発展がみられたのである。こうしたことから方位に対する考え方も大きく変化したに違いない。

しかし、弥生時代の方位観を直接知る考古遺物は、きわめて限られている。その少ないなかの一例をあげるならば、福岡県の平原《ひらばる》遺跡や佐賀県桜馬場《さくらのばば》遺跡などから出土した中国（漢）製の方格規矩四神鏡《ほうかくきくししんきょう》には、方位神である玄武《げんぶ》（北）、青龍《せいりゅう》（東）、白虎《びゃっこ》（西）、朱雀《すざく》（南）が十字方向に配されている。

弥生以前の住居

旧石器時代には、洞窟や岩陰を利用した住居が主と思われてきたが、近年ではテント状の平地式住居や竪穴住居の跡も発見されている。縄文時代には、東日本を中心に、竪穴住居のほかに多くの掘立柱建物★1がすでにみられる。

また、縄文集落には、広場や墓を中心として住居や掘立柱建物がその周りに円形に配置された環状集落も発生している。岩手県西田遺跡や神奈川県神隠丸山遺跡では、墓を中心に掘立柱建物とそのほかに竪穴住居が規則正しく配置されている（図1）。さらに一定の方位を示す建物群も現れる。たとえば、群馬県中野谷松原遺跡では、大型の建物群が東西方向に同一の方位で繰り返し建て直されている（図2）。

また、環状集落以外の集落でも青森県三《さん》内丸山《ないまるやま》遺跡のように掘立柱建物群が一定の方位で配置される例がある（図3）。

弥生の住居の変化

弥生時代になると、竪穴住居の平面形は、一般的に円形から方形へと変化する。竪穴住

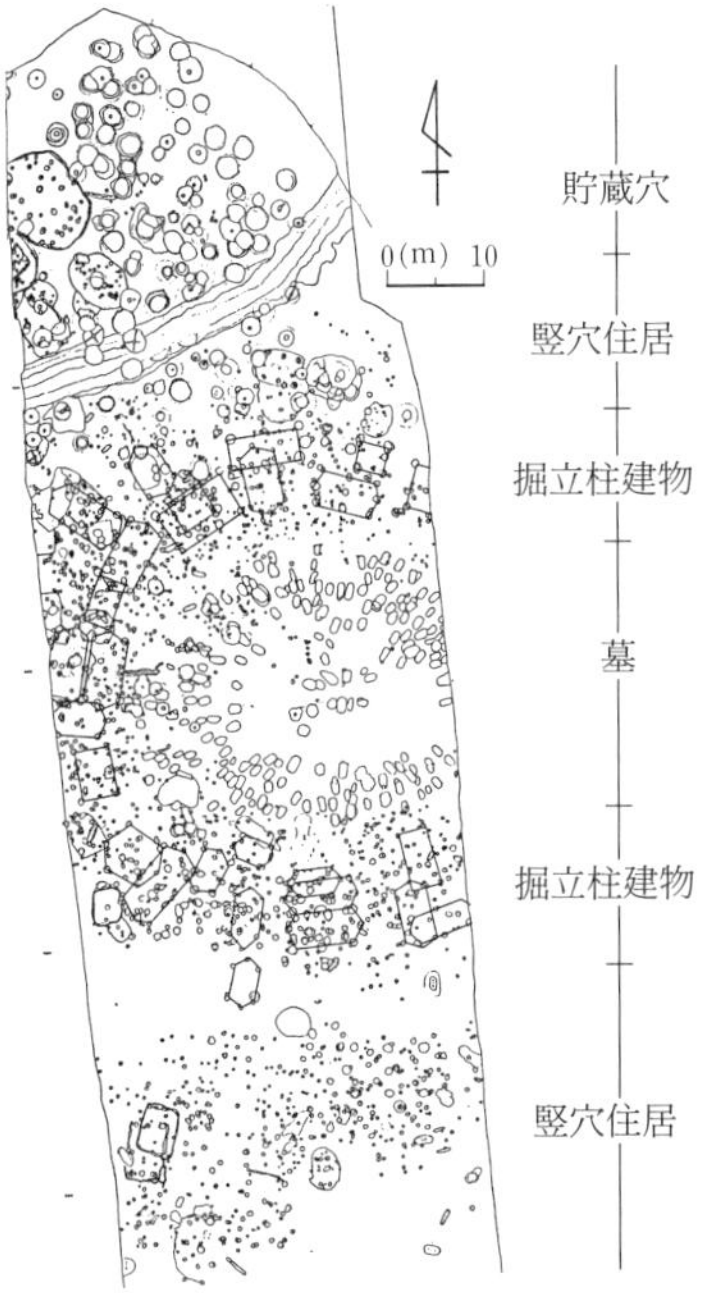

図1　環状集落（縄文時代中期・岩手県西田遺跡）。（『岩手県の遺跡』㈶岩手県埋蔵文化財センター、1985）

★1 **掘立柱建物**　半地下式の建物を竪穴住居と呼ぶのに対し、柱のみを地面に掘り込む構造。

★2 **大型建物**　弥生時代では大型竪穴住居以外の大規模な掘立柱建物をいう。その基準は、柱の直径が三〇センチ、面積四〇平方メートル以上。なかには一〇〇平方メートルを超えるものもある。

居は入口を特定できない場合がほとんどなので、円形の住居では方位をうかがうことは困難である。しかし、方形の住居群では、一定の方向を向く場合がみられる。これは日当たりのよい南から東に入口を設けるといったように、ごく自然の成り行きによるものが多いように思われる。

掘立柱建物では、岡山県百間川今谷《ひゃっけんがわいまだに》遺跡のように一定の方向をとる場合がみられる。さらに、鳥取県茶畑山道遺跡のように建物群のほとんどが正方位をとる計画性の高い集落も現れている。

弥生時代には、クニの形成などにともない地域的な争いが頻発したと考えられ、縄文時代にはみられない戦いに備えた環濠集落が出現する。

環濠集落の中心には兵庫県加茂遺跡、滋賀県伊勢遺跡のように柵により首長の住居や祭殿を一定の方位で囲む方形の別区画がつくられる。

大型建物と方位

大型建物の発見★2

近年の大規模開発にともない、弥生時代の遺跡も広範囲に発掘調査され、さまざまな新事実が明らかとなりつつある。なかでも大型建物の発見は重要で、静岡県登呂遺跡に代表される竪穴住居と高床倉庫という従来の弥生農村のイメージを一新させることとなった。

大型建物には、方位軸を東西南北に合わせるものがみられる。その代表的なもの

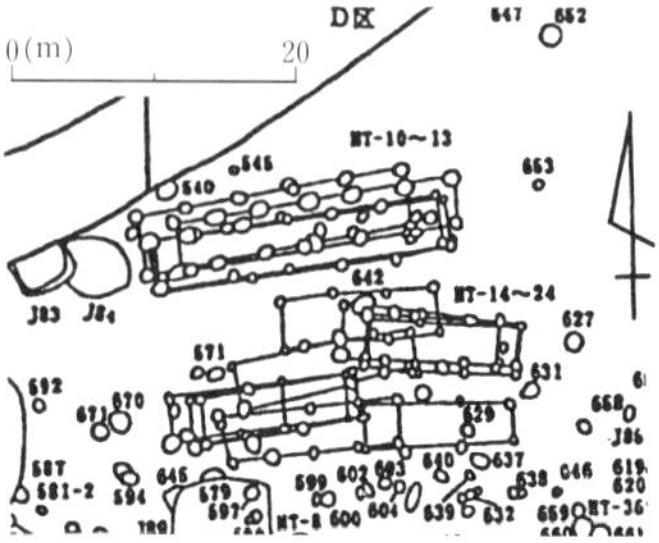

図2　中野谷松原遺跡（大工原豊『中野谷松原遺跡　縄文時代遺構編』安中市教育委員会、一九九六）

★3 **独立棟持柱建物**　壁から外側に大きく張り出した屋根の棟木先端を支える柱が独立棟持柱。この建物は大規模なうえに出土数が少なく、弥生時代では土器や銅鐸に描かれるなど特別な建物である。縄文時代からみられ、その建築形式は神社建築へ継承されている。

は、奈良県唐古・鍵遺跡、大阪府池上曽根遺跡、鳥取県茶畑山道遺跡・妻木晩田《むきばんだ》遺跡、伊勢遺跡などの大型建物で、前三者の大型建物は集落内において他の建物に比して極端に大きい（図4）。その構造は独立棟持柱建物である[★3]（図5）。その具体的な形式は、神明造という、伊勢神宮に代表される後の神社建築形式につながると考えられている。

また、伊勢遺跡はこれまでに一一棟の大型建物が発見されていて、全国的にみても注目される遺跡である。それらの建物群の中心にある一棟のみが正方位となっている。この建物は、平面形が正方形で、その柱の配置から二階建て以上の建物に復元されている。伊勢遺跡のなかでも中心的存在であったと考えられている。

また、時代は下るが、初期大和政権の都と推定される奈良県纏向《まきむく》遺跡では、やや小規模だが柵に囲まれ、正方位をとる祭殿がある。

方位観の成熟化

付属建物も並列して配置されている。

一方、北部九州の福岡県から佐賀県にかけても大型建物が分布する。近畿地方のそれが独立棟持柱建物が多く、集落の中心に造られる祭殿と推定されるのに対し、九州の大型建物には独立棟持柱はなく、墳丘墓の近くに位置するため墓前祭祀の性格が強い建物であった可能性がある。

方位観を示すものとしては佐賀県吉野ヶ里遺跡の北内郭の大型建物が、王墓とその墓道、南の祭壇とを結ぶほぼ南北線上に築かれている。この王墓と大型建物、祭壇を結ぶラインが集落整備の基軸で、古代中国の都城の影響とする指摘もある。弥

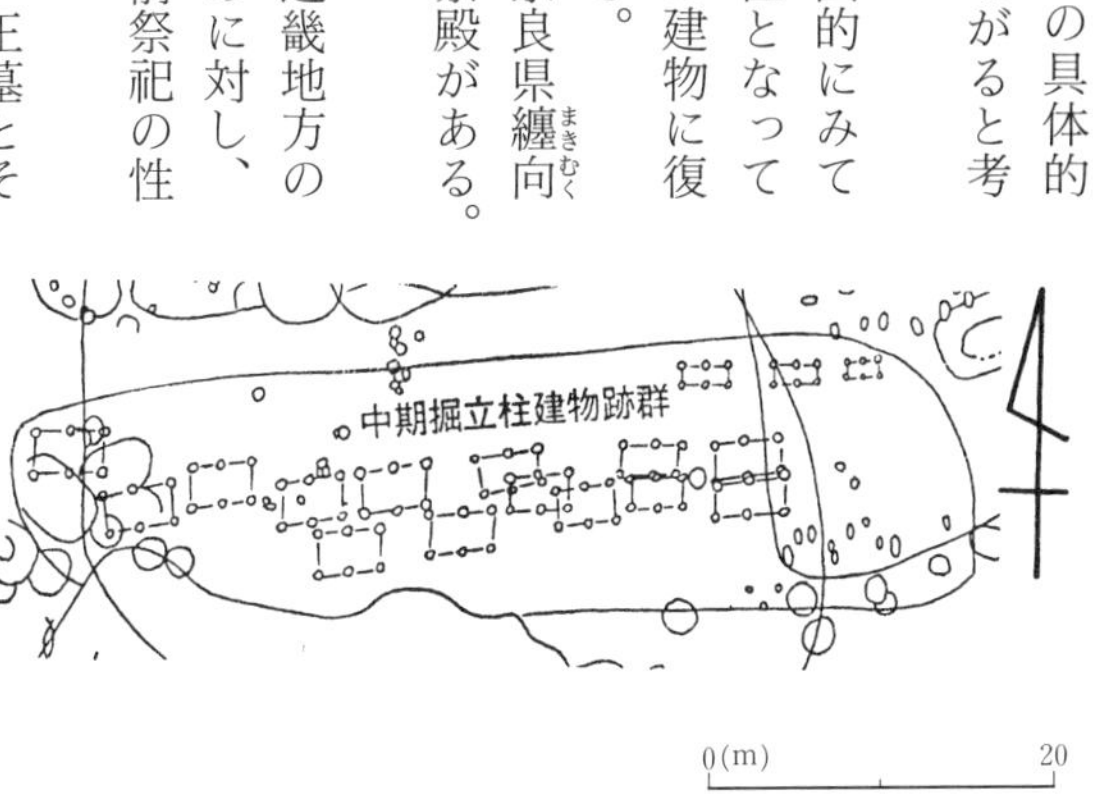

図3　三内丸山遺跡（「縄文時代の新展開」『季刊　考古学』第五〇号、一九九五）

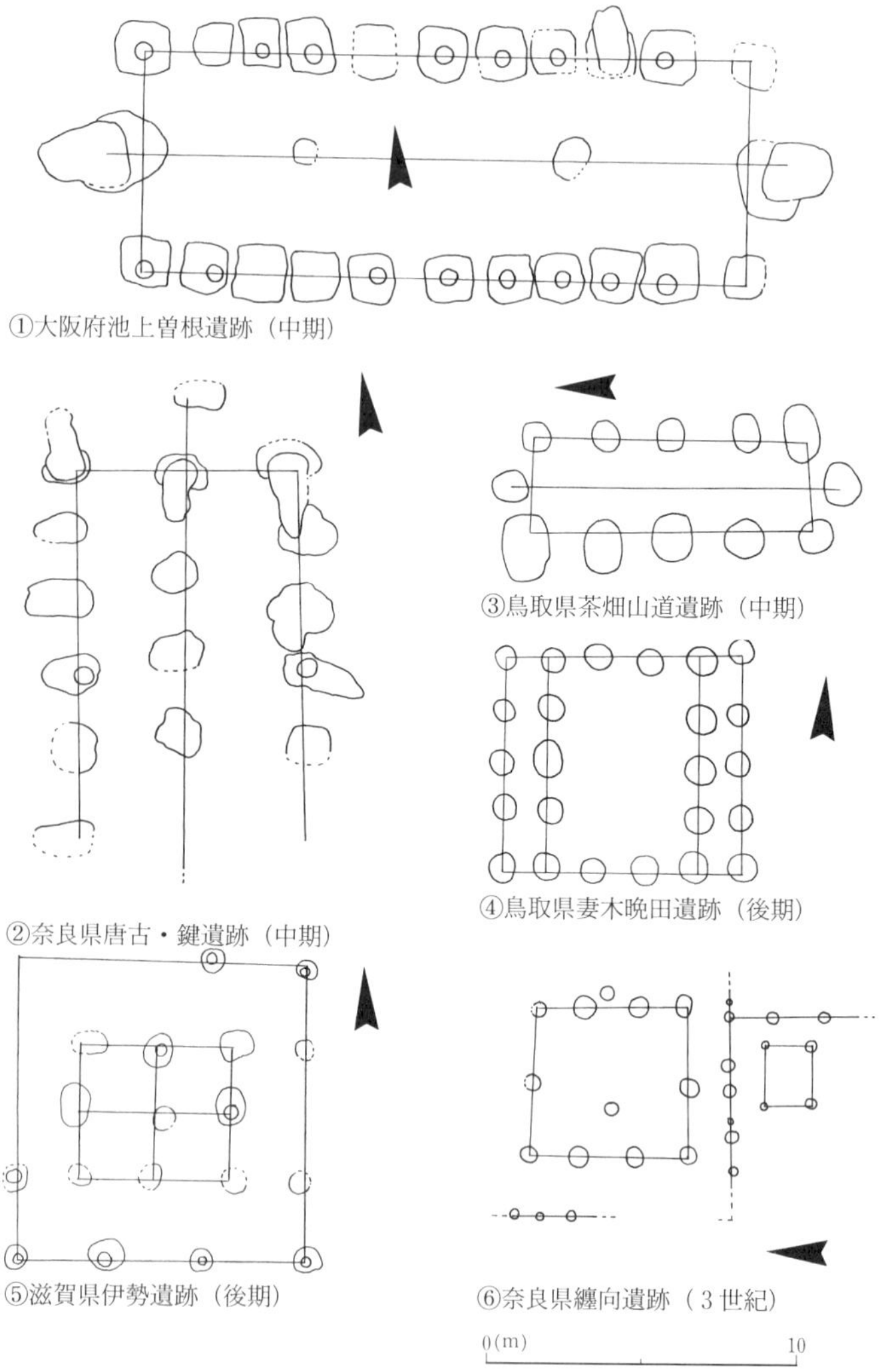

図4　正方位の大型建物

[出典] ①広瀬和雄編著『都市と神殿の誕生』新人物往来社、1998／②豆谷和之「唐古・鍵遺跡第74次発掘調査概要報告」『みずほ』第23号、大和弥生文化の会、2000／③辻信広『名和町埋蔵文化財発掘調査報告書』名和町教育委員会、1999／④海と山のシンポジウム「妻木晩田遺跡群をどう活かすか」、1998／⑤『乙貞』第106号、守山市埋蔵文化財センター、1999／⑥寺沢薫「纏向遺跡と初期ヤマト政権」『橿原考古学研究所論集』第6号、吉川弘文館、1984

生時代の集落は、このように一定の方位にもとづいて計画されたものが近年続々と発掘されている。なかでも大型建物は方位に合わせて建てられたことが明らかになりつつある。

これら弥生時代の建物にみる方位観は、中国大陸との活発な交流がおこなわれた弥生時代の大きな特徴といえるのではないであろうか。

（佐伯英樹）

図5　独立棟持柱建物復元図（滋賀県下鈎遺跡・栗東市教育委員会提供）

【参考文献】　宮本長二郎「五住居」『岩波講座日本考古学四集落と祭祀』岩波書店（一九八六）／浅川滋男編『先史日本の住居とその周辺』同成社（一九九八）／高島忠平「佐賀県吉野ヶ里遺跡」・伴野幸一「滋賀県伊勢・下之郷遺跡」『季刊考古学別冊九　邪馬台国時代の国々』雄山閣（一九九九）

古墳 ―― 中国思想を取り入れた古代の支配者

一言で古墳といっても、地域や時代によりその形や大きさ、埋葬施設の種類も多種多様である。ここでは、主に近畿地方を中心として、各時期においてもっとも特徴的な古墳を取りあげ、その方位について述べることにする。

古墳の方位研究

古墳の方位についての研究は、早くに斎藤忠が全国三八九基の前方後円墳を検討した。その結果は、前方部の向きが南または西に向くものが六四パーセントで、丘陵尾根などでなく地形の制約を受けにくい平地や台地のそれでは七二パーセントになることを示した。そしてその向きは、遺体の頭位に支配されると分析し、現在の研究の基礎をきずいた。その後、都出比呂志《つでひろし》や白石太一郎はより詳細な検討をおこない、研究の深化がおこなわれつつある。

古墳の発生

弥生時代の墓でもっとも一般的にみられるのが、方形周溝墓である。滋賀県服部遺跡では三六〇基以上が群をなして分布している。一辺一〇メートル前後のものが多いが、大きいものでは二〇メートルのものがあり、そこにはある程度の格差がみられる（図1）。

図1　服部遺跡方形周溝墓群（大橋・山崎、一九八五）

最近では、このような大規模のものを弥生墳丘墓と呼ぶようになってきた。その一例に、大阪府加美《かみ》遺跡の長方形の墳丘墓がある。長辺二五メートル、高さ三メートルで、複数発見された木棺墓のなかには銅製の腕輪やガラス玉などの装身具を納めたものもみられた。また、墳丘および中央の木棺が南北方向に配されているのも注目される（図2）。

弥生墳丘墓の形態は、山陰地方の四隅突出墓のように、概して地域色豊かなものであるが（図3）、三世紀の後半ごろに巨大な前方後円墳が出現し、形態の統一化が図られた。その代表的な例が、長さ二七五メートルの奈良県箸墓《はしはか》古墳である。このように古墳は数十メートルの弥生墳丘墓とは比較にならない大きさで、しかも前方後円の墳形は日本列島の広い範囲に築造されていく。この前方後円墳の出現を古墳時代の始まりとするのが一般的な見解である。

大阪府堺市百舌鳥《もず》古墳群の大仙《だいせん》古墳（仁徳天皇陵）は、濠を除いた墳丘の長さが実に四八六メートルを誇る日本最大の古墳である（写真1）。その長さは、東に沿って走るJR阪和線の百舌駅から三国ヶ丘駅の一駅間にほぼ等しいことからも、この古墳がいかに大きいかが分かる。また、大仙古墳から一〇キロメートル西の羽曳野市古市古墳群には、墳丘長四二五メートルで全国第二位の規模をもつ誉田御廟《こんだごびょう》山《やま》古墳（応神天皇陵）が所在する。この二つの巨大な前方後円墳は、計画的に東西一直線上に並べて築造されたともいわれる。

図3　四隅突出墓は方形の墳丘の四隅に突出部をもつ。墳丘斜面には古墳の葺石に先駆けて貼石が施されている。（『西谷墳墓群』出雲市教育委員会、一九九九）

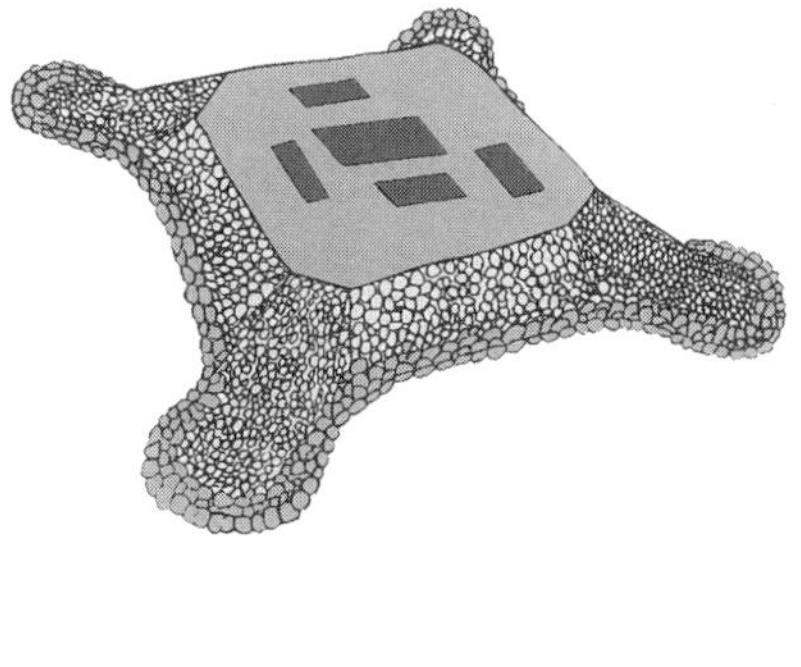

★1 **古墳の時期区分**　三世紀後半から四世紀を前期古墳、五世紀を中期古墳、六世紀を後期古墳、七世紀から八世紀を終末期古墳と区分する。

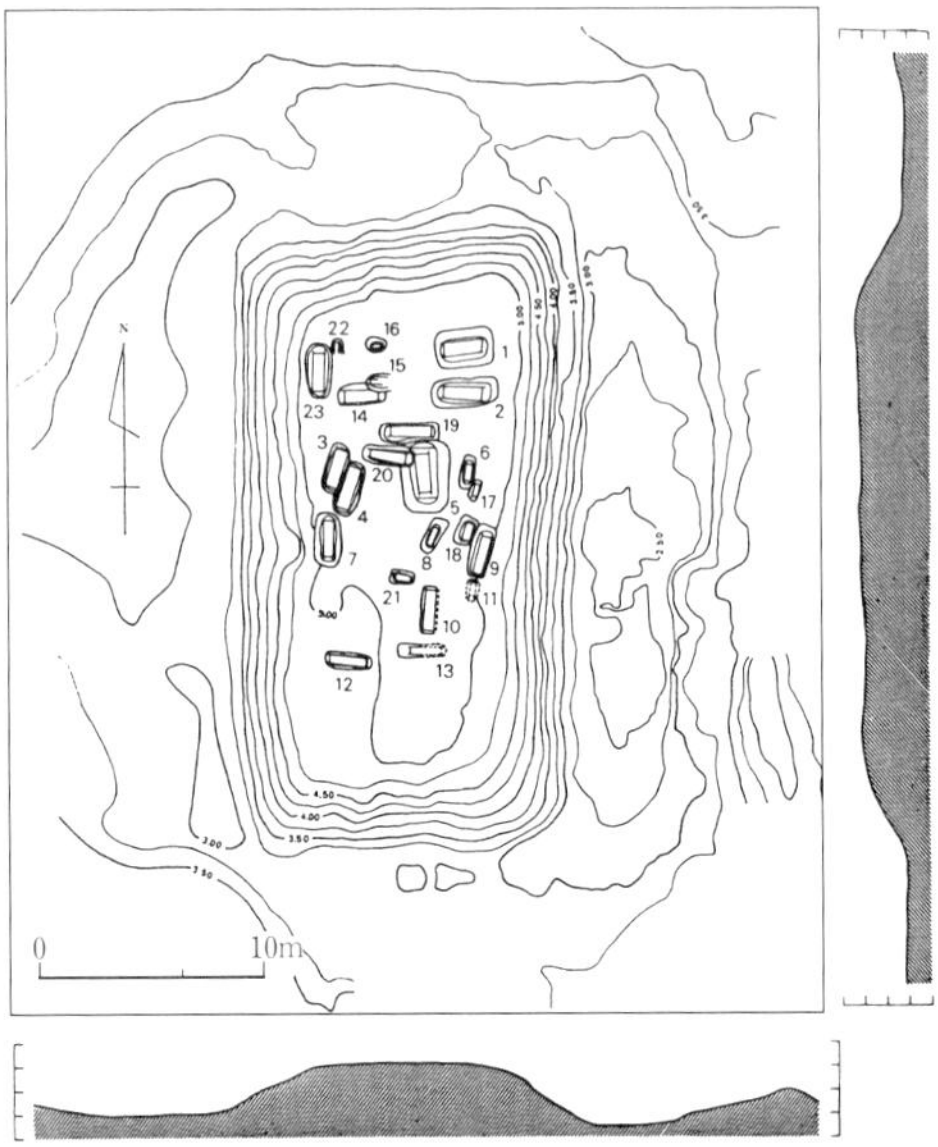

図2　加美遺跡墳丘墓（田中清美・桜井久之「大阪府加美遺跡Y1号墳丘墓出土の銅釧」『考古学雑誌』73—2、1987）

図4　メスリ山古墳は前方部を西向きに取り、石室を南北に配していて、遺体が北枕であったと考えられる。（伊達宗泰・小島俊次『メスリ山古墳』奈良県史跡名勝天然記念物調査報告第35冊、奈良県、1977）

前・中・後期古墳

古墳が造られ始めた前期[★1]には、その権力を誇示するため広範囲から眺められる丘陵の尾根上や台地の突端など、比較的高い場所を選び一〇〇メートルを超える大規模な前方後円墳が築造された。墳丘の方向は前方部を南か西に向けるものが多い。支配者層の埋葬施設は長大な竪穴式石室で、後円部の中央に南北方向に配置された。これは古代中国思想の影響で遺体の頭位が北枕に置かれたためである。よって前方部が南向きの場合は、墳丘と石室は平行に、西向きの場合は奈良県メスリ山古墳のように墳丘と石室は直交して造られた（図4）。なお、近畿、吉備、出雲地方では北頭位が多く、四国、九州では東西方位が多い。

中期は、大仙古墳に代表されるように古墳時代を通じてもっとも大規模な古墳が台地や平地に築造された。この時期は、さかんに新田開発がおこなわれたと考えられているが、巨大古墳の周濠は、水田用の溜池としての機能をも果たしたのである。

この時期、墳丘の向きは多様化の傾向を示すようになる。その理由は、墳丘の巨大化にともなう土木工事の労力を節減するため、地形を効果的に利用したためと考えられよう。こうしたことから埋葬頭位は北枕の原則が弱まる傾向をみせている。

後期には古墳の数は爆発的に増加する。限られた支配者層のみでなく、有力農民層も古墳を造りだしたのである。小規模な円墳が丘陵上や山裾に密集して造られていて、それらを群集墳と呼んでいる。和歌山市の岩橋千塚古墳群は、五〇〇基を超える大規模なものである。

写真1　大仙古墳（仁徳天皇陵）。（『堺の遺跡と出土品』堺市博物館、一九八五）

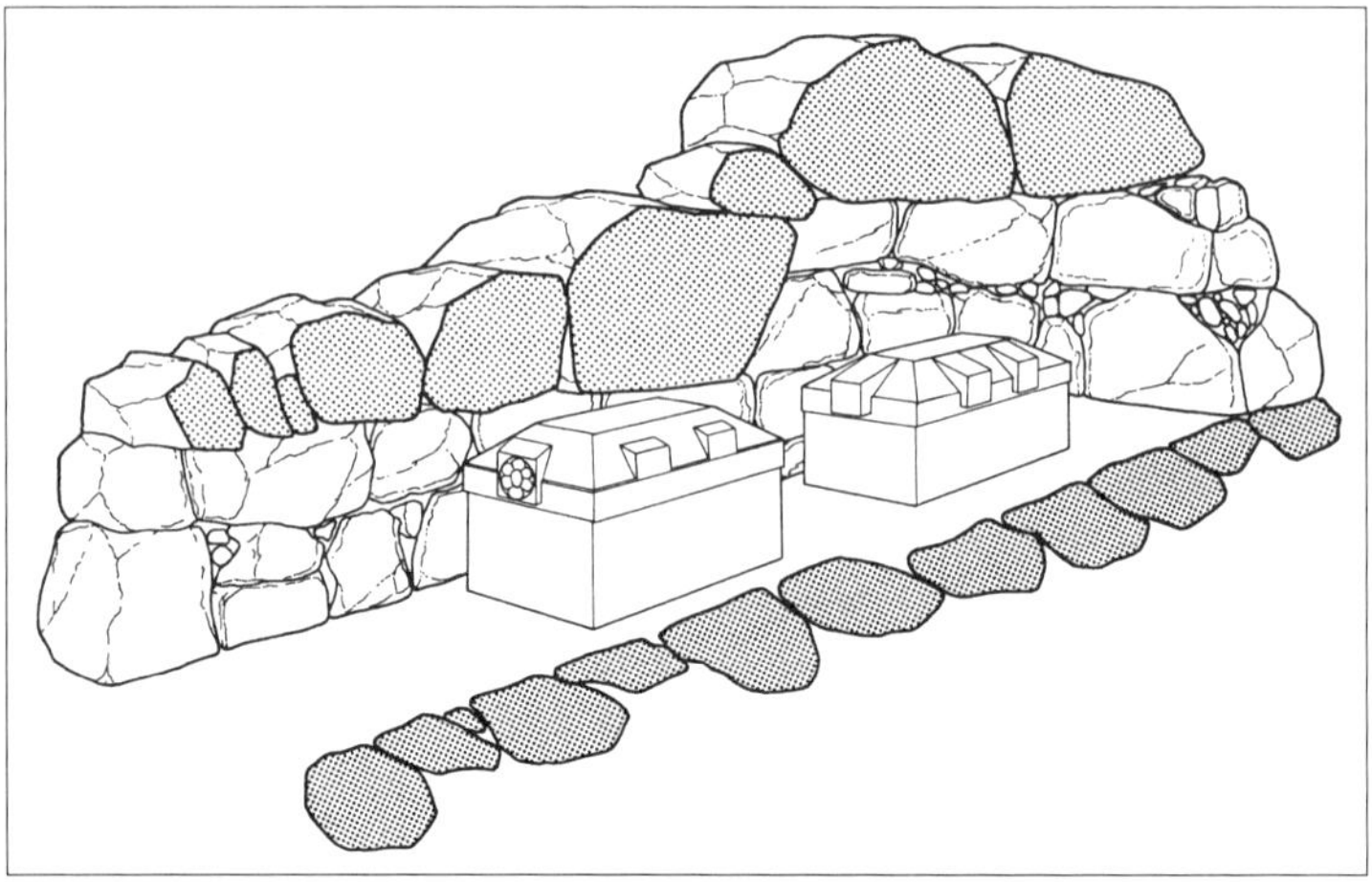

図5　横穴式石室（奈良県水泥古墳）（猪熊兼勝『飛鳥時代の古墳』奈良国立文化財研究所飛鳥資料館、1981）

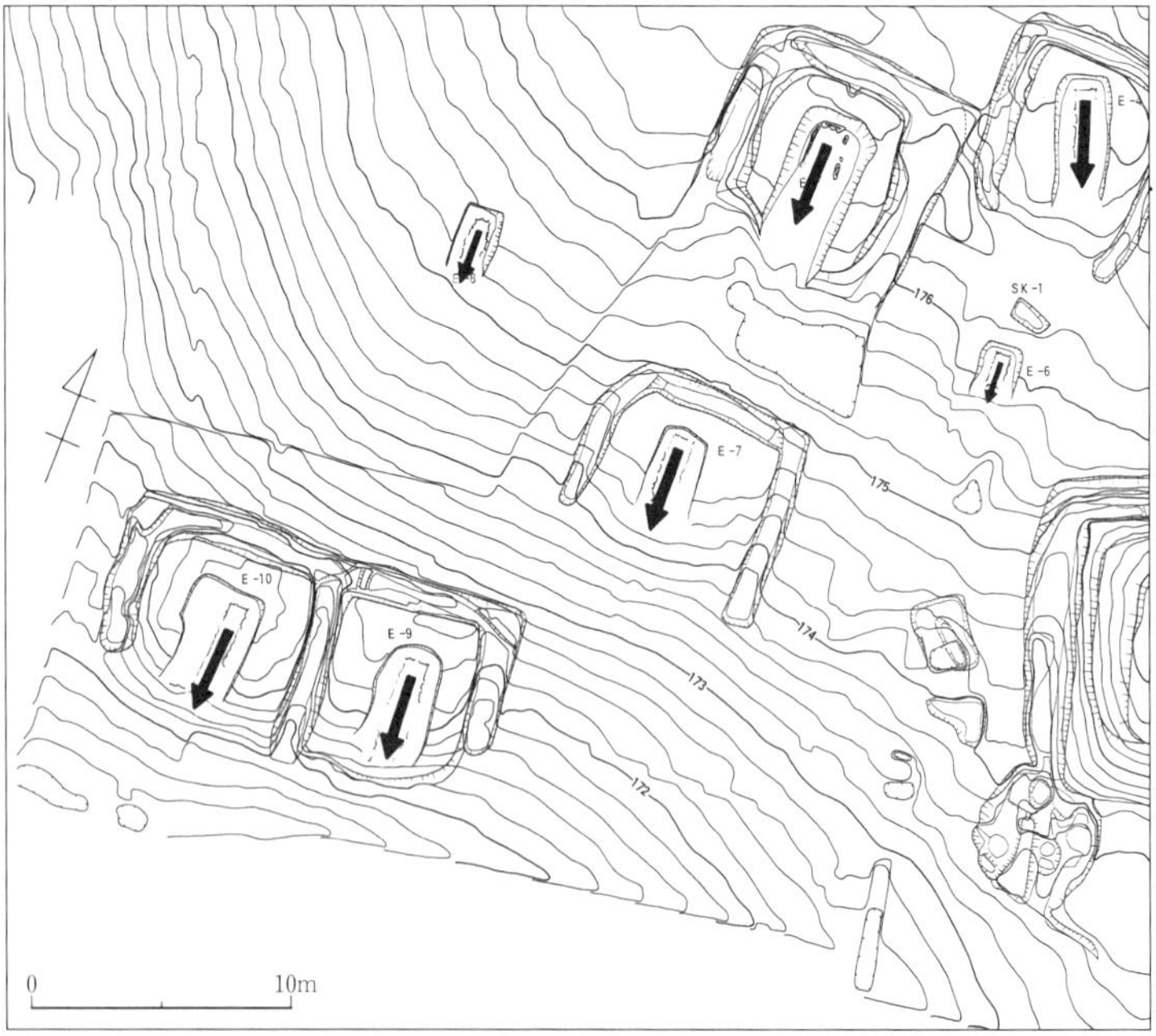

図6　旭山古墳群。墳形は方墳で、石室は南開口。（『旭山古墳群発掘調査報告書』京都市埋蔵文化財研究所調査報告第5冊）

この時期に定着した新しい埋葬施設は横穴式石室で（図5）、支配者層の前方後円墳にも、群集墳の円墳にも採用された。その方位は南側に入口を設けて、奥壁側に北頭位で埋葬されるものが多い。規模の大きな石室では、石室内に複数の石棺を納めるものもある。その場合は、石棺を奥壁寄りに置き東頭位に安置したようだ。

終末期古墳

前方後円墳を造り続けていた支配者層は、飛鳥時代になると大形の方墳や円墳を営むようになる。この七世紀ごろに造られた古墳を終末期古墳と呼ぶ。大形方墳には大阪府春日向山古墳（用明天皇陵）、山田高塚古墳（推古天皇陵）のように墳丘主軸をほぼ正方位に合わせるものもあるが、奈良県石舞台古墳など、方位に合わないものも存在する。

群集墳の多くは、京都市旭山古墳群のように造営場所に山腹の南斜面が選ばれる。このことからもわかるように、横穴式石室の南開口が定着している（図6）。

横口式石槨

七世紀の終わりごろから八世紀の初めごろになると、畿内の支配者層は埋葬施設に横口式石槨★2を採用する。この時期は藤原京が南北軸の都市計画で造営されるなど、方位がかなり意識され、厳密に守られている。奈良県マルコ山古墳、束明神古墳、壁画古墳として有名な高松塚古墳の横口式石槨などは、真南北に築造されている。

しかし、この時期の埋葬頭位をみると北頭位のものもあるが、大阪府阿武山古墳は南頭位であり、高松塚古墳も壁画の蓋《きぬがさ》★3の位置から南頭位と推定される。後期古墳の奥壁側に向いた北頭位とは、異なる埋葬法もあったようだ。

★2 **横口式石槨**　入口が密閉される小形の単葬墓。

★3 **蓋**　貴人にさしかける笠

図7　キトラ古墳の朱雀

また、キトラ古墳の横口式石槨の彩色壁画には、方位の守護神である四神の玄武、朱雀、青龍、白虎がそれぞれ北（奥）壁、南壁、東壁、西壁に正確に描かれている（図7）。さらにキトラ古墳の天体図には星の運行線が描かれている。

このように、七世紀末の支配者層の古墳には、中国思想を積極的に取り入れた方位観をみることができる。

（佐伯英樹）

【参考文献】　斎藤忠「古墳方位考」『考古学雑誌』三九―二（一九五三）／白石太一郎「古墳と方位」、山田安彦編著『方位と風土』古今書院（一九九四）／都出比呂志編『古代史復元六　古墳時代の王と民衆』講談社（一九八九）／森浩一『日本人はどのように建物をつくってきたか六　巨大古墳　前方後円墳の謎を解く』草思社（一九八五）／大橋信弥・山崎秀二『服部遺跡発掘調査報告書II』滋賀県教育委員会・守山市教育委員会・㈶滋賀県文化財保護協会（一九八五）

古道
——直線的デザイン思考の道路計画

古代律令国家の幹線道路が直線的路線をとり、計画的に敷設された大道であったことは、近年、各地の発掘調査によっても明らかになってきている。その路線も、現在に残る直線の道路や行政界、条里地割[★1]との関係、また空中写真などに認められる道路痕跡などによって、ある程度は知ることができる。これらの古代道と方位の関係はどのようなものだろうか。

斜方位と正方位

畿内の古代直線道路には斜方位《しゃほうい》の道と正方位《せいほうい》の道とがあり、一般に前者が後者より古いと考えられている。たとえば、奈良盆地では東西南北正方位の条里地割が一般的であり、これを斜めに切って北北西方向に通る筋違《すじかい》道がある。この道は聖徳太子が飛鳥《あすか》と斑鳩《いかるが》の間を往来したということから太子道とも呼ばれるが、その南部は消滅している。しかし、詳細に地割を検討すると、正方位の条里地割のなかに、断片的に斜向《しゃこう》道の痕跡を残していることがわかる（図1）。

ほかにも秋山日出雄が指摘するように、飛鳥を中心にして、葛上郡を西南に直線的に通って御所《ごせ》市長柄《ながら》に向かう道路や、葛下郡を西北に大坂峠方面に向かう直線的道路の痕跡も認められる。すなわち、初期の計画道路は目的地に向かって最短距離

★1
条里地割　条里地割は阡陌（せんぱく）ともいうが、阡は縦の道すなわち南北道、陌（はく）は横の道すなわち東西道のことである。条里地割は一町（約一〇九メートル）間隔に通る、これらの直交道路網によって区画される。
阡陌は直線道路を基準に施行されることが多い。基本的には阡陌の方向は東西南北であるが、実際には道路の走向や地形に応じて、かならずしも正方位をとるとは限らない。

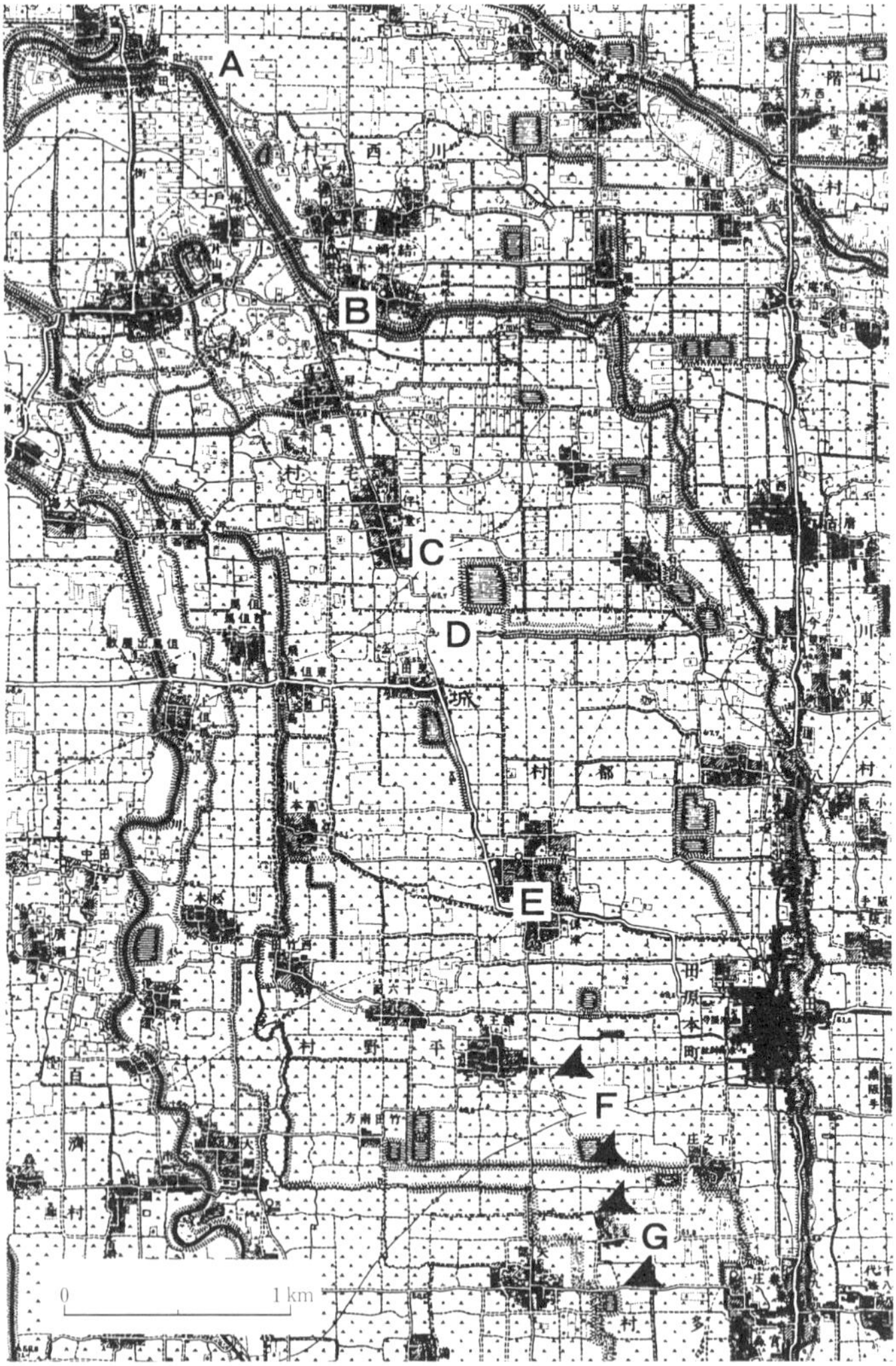

図1　奈良盆地の筋違道（太子道）の痕跡（明治43年発行、2万分の1地形図「田原本」の一部を使用）。A－B－C、D－E間は直線道が残っているが、その延長線上にあるF・Gなどは部分的な痕跡となっている。（中村太一『日本の古代道路を探す』平凡社、2000）

で到達する路線をとったのである。おそらく、六一三年（推古二一）に難波と京（飛鳥）とのあいだに開かれた大道も、最短コースをとって、まず大和川沿いに通り、大坂峠を越えて葛下斜向道路に続いたものであろう（図2）。

畿内の四至

六四六年（大化二）正月の改新詔には、「東は名墾《なばり》の横河」「南は紀伊の兄山《せのやま》」「西は赤石《あかし》の櫛淵」「北は近江の狭狭波《さざなみ》の合坂山」と畿内国の四至《しいし》★2を示しているが、これらの地点に向かう道路はいずれも斜向道路と考えられるので、正方位の道路はその後に敷設されたことになる。畿内でもっとも典型的な正方位の道路は、大和の上ツ道・中ツ道・下ツ道の南北道路と、これらに直交して東西に通る横大路、摂津から河内にかけて南北に通る難波大道と、これに直交する八尾街道（推定磯歯津《しはつ》路）・長尾街道（推定大津道）・竹ノ内街道（推定丹比《たじひ》道）などである。

六七二年（天武元）に起こった壬申《じんしん》の乱では、両軍の軍勢がこれらの道路のいくつかを通っているから、正方位道路は改新後、おそらくは斉明朝期から天智朝期にかけて開設されたのではなかろうか。これらの道路は都城の設置★3や条里施行の基準線となっているから、方格地割にもとづく広範な地域計画を考えてのことであろう。畿内とその周辺の正方位地割は、和泉と摂津西部を除く畿内と近江南部におよんでいるが、畿外の近江南部がふくまれていることは、天智朝の大津遷都と無縁のものとは思われない。

図2　大和と河内の古代道路（秋山日出雄「日本古代の道路と一歩の制」『橿原考古学研究所論集』吉川弘文館、一九七五掲載図に加筆）

★2 **畿内国の四至**　難波宮を中心にする四地点の実際の方角は、「名墾の横河」はやや南よりの東、「紀伊の兄山」はやや西よりの南、「赤石の櫛淵」はやや北よりの西、「近江の狭狭波の合坂山」は北東にある。

★3 **都城の設置や**　具体的な都城の方位関係に関しては「都城」の項を参照。

全国的にみれば、目的地間を直線的につなぐ古代道路は斜方位をとることが多いが、各国の中心地の国府周辺では小地域ながら正方位に通ることがある。

『出雲国風土記』の記述

たとえば、『出雲国風土記』★4によれば、国庁と意宇郡家《おうぐうげ》の北にある「十字街《ちまた》」から「正東道」と「正西道」の山陰道本道が通り、隠岐に向かう支路が「北に枉《まが》れる道」となっているが、発掘によって確認された出雲国庁が位置する、意宇平野にみられるほぼ正方位（北四度東）の条里地割は、これらの道路を基準に施行されたと考えられる。

中村太一の研究によって、出雲国意宇郡における道路と方位記述との関係を紹介してみよう（図3・図4）。

『出雲国風土記』には各郡の郷・余戸里《あまりべ》・神戸《かんべ》・寺院・山などの地理的位置を、郡家からの方位と里程によって記しているが、その方位は現実の方位とは若干のずれがある。「十字街」付近にあった意宇郡家から、現在の安来《やすぎ》市に比定される安来郷の実方向はほぼ真東であるが、風土記では東北とし、その南の安来市西松井町に比定される野城駅家《のぎのうまや》の実方向は東南東にあたるが、風土記では東としている。同様に、松江市山代町に比定される山代郷の実方向はほぼ西方にあたるが、風土記では西北とし、宍道《しんじ》町佐々布《さそう》に比定される宍道《しじ》駅家の実方向は西南西にあたるが、風土記では西としている。

そこで上記の駅路を基準に考えると、正東道はしばらくほぼ真東に向かうが、余

★4 『出雲国風土記』　元明天皇の命により、当時の風俗・習慣を書きとめた、わが国最古の地誌『風土記』の一つ。出雲風土記は完本として残る唯一のものであり、古代の方位観を知る資料としても貴重である。「神道」の項も参照。

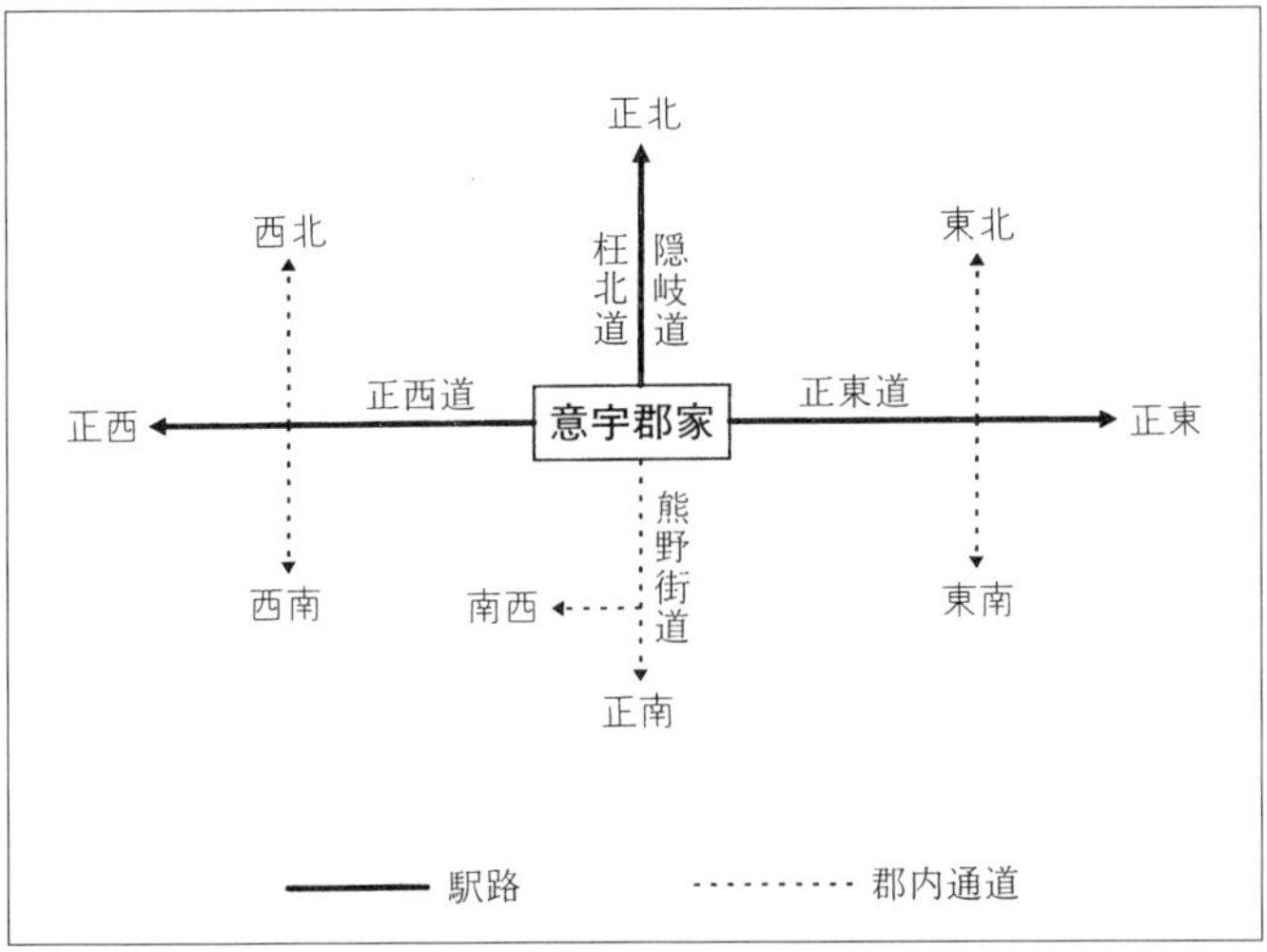

図 3　『出雲国風土記』意宇郡条の方位記載模式図

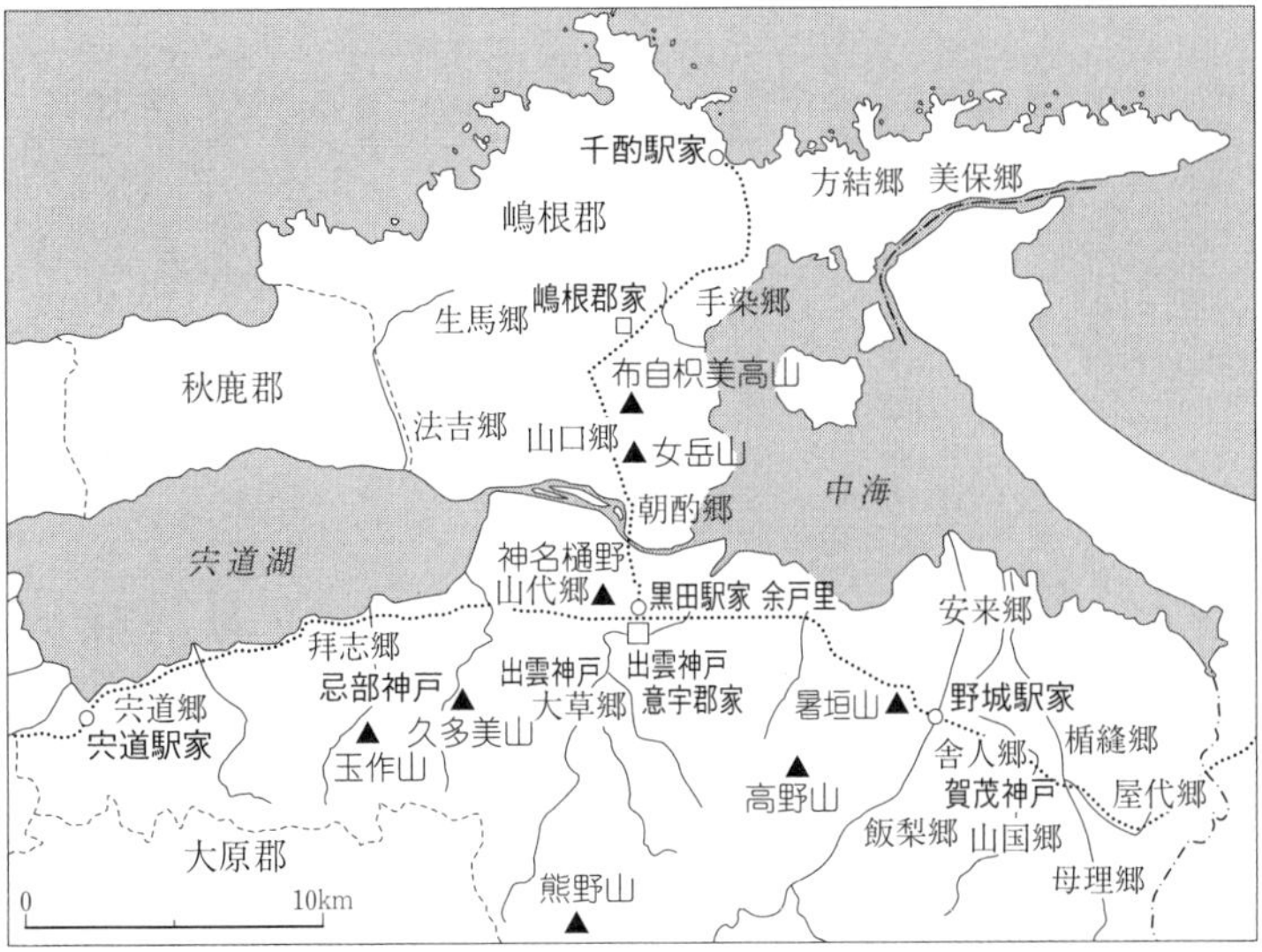

図 4　『出雲国風土記』に記載される意宇郡家周辺の地名とその位置
(図 3・図 4 とも中村太一、1996)

戸里付近でやや南に折れ、その後は東南東方向に通って野城駅家にいたる。その野城駅家が風土記では東になっているので、駅路の方向を東と考えていたことがわかる。その北にあたる安来郷を風土記は東北とした。同様に、正西道もしばらくはほぼ真西に向かうが、その後はやや南にそれるので宍道駅家の実方向は西南西に位置するが、風土記ではこれを西とし、駅路のすぐ北側に位置する山代郷の実方向は西であるが、これを西北としている。十字街から南には駅路などの官道は通っていないが、現実には地方的な道路があったはずである。

熊野山は出雲国二大社として出雲郡の杵築大社（出雲大社）と並ぶ熊野大社の旧鎮座地であるが、それは現在の八束《やつか》郡八雲《やくも》村と能義郡広瀬町との境の天狗《てんぐ》山（六一〇メートル）に比定されている。その実方向は南南西であるが、風土記には南としているので、南への道路は熊野大社を目指すものであったと考えられる

それらのことから考えると、『出雲国風土記』意宇郡の方位記載は実方位ではなくて、道路体系を基準にした一定の原則による表現であるとみることができる。すなわち、東西南北に通る道路を基準に、これらの道路に沿う位置は正東西南北にあたり、正東道から北に位置する場所は東北に、南に位置する場所は東南として認識されることになる。また、正北道にあたる「北に抂れる道」から東に位置する場所は北東で、西に位置する場所は北西ということになる。この原則は意宇郡にかぎらず、ほぼどの地域でも適用できるようである。

七道

ところで、古代の幹線道路には東海・東山・北陸・山陰・山陽・南海・西海の七道があり、七道はまたそれぞれの道路に沿う地方名でもあったが、そのなかで東海・東山・北陸・南海・西海はそれぞれ四方位名が付されているので、七道は四方に分かれると考えられていたことがわかる。

そうなってくると、残る山陰道は北、山陽道は西であったと考えられる。『養老公式令《くしきりょう》』の「朝集使条」には、諸道の朝集使が駅馬の乗用を許される範囲が示されているが、山陰道は「出雲以北」となっている。山陰道の出雲以遠は隠岐《おき》と石見《いわみ》の二国で、隠岐は出雲の北に位置しているが石見は西である。これは、山陰道は北に向かうものと考えられていたことを示すものであろう。

おそらく、これらが令で最初に規定された当時の藤原京から出る諸道は、東海道と東山道は横大路を東に向かい、北陸道と山陰道は中ツ道または下ツ道を北に、山陽道と西海道は横大路を西に、南海道は下ツ道を南に向かったものと思われ、その最初の方向から山陰道は北方と意識されたのであろう。

以上のことは、古代における方位認識を考えるさいに留意する必要があり、おそらくは、『魏志倭人伝《ぎしわじんでん》』に記される諸国への方位も同様なものではなかったかと考えられるのである。

（木下良）

【参考文献】 木下良「『大化改心詔』における畿内の四至について」『史朋』二七（一九九九）／中村太一「『出雲国風土記』の空間認識と道路」『日本古代国家と計画道路』（一九九六）

日本古典文学――方位禁忌と古代・中世人の生活

方位を表す古代の言葉

方位呼称の体系

方位を表す言葉は、万葉の昔から現代にいたるまで、基本的に東西南北――ひむがし・にし・みなみ・きた――である（表1）。ただ、上代の仮名表記が乏しいために、確実ではない面もある。語源も不明な点が多く、わずかに「ひむがし」は「日・向か・し」、日に向かう方角の意味とされる。「し」は「にし」の「し」と同じで風を表す語とされるが、それでは「に」は何かと問われると、不明である。同様に「みなみ」「きた」も語源不明である。

それとは別の体系として、「ひのたたし（ひのたて）・ひのよこし（ひのよこ）・かげとも・そとも」がある。これは用例が少ないうえに、その間に齟齬《そご》がある。用例の一つは、『万葉集』五二番の藤原宮御井《みい》歌で、

やすみしし　わご大王　高照らす　日の皇子　あらたへの　藤井が原に　大御門始めたまひて　埴安の　堤の上に　ありたたし　めしたまへば　やまとの

表1　さまざまな方位呼称

	基本形	『万葉集』52番	琉球方言
東	ひむがし	ひのたて	あがり
西	にし	ひのよこ	いり
南	みなみ	かげとも	はい
北	きた	そとも	にし

青香具山は　日経乃　大御門に　春山と　しみさびたてり　畝火の　このみづ山は　日緯乃　大御門に　みづ山と　山さびいます　耳為の　青菅山は　背友乃　大御門に　宜しなへ　神さびたてり　なぐはし　吉野乃山は　影友乃　大御門ゆ　雲居にぞ　遠くありける　たかしるや　天のみかげ　天知るや　日のみかげの　水こそば　常にあらめ　御井の清水

藤原宮の日経（ひのたて）の門に香久山が、日緯（ひのよこ）の門に畝傍山が、背友（そとも）の門に耳成山、影友（かげとも）の門はるかに吉野山が見えると解釈されている。神聖な山々に四方を守られた絶好の地と、藤原宮を褒めたたえる長歌である。この歌の場合、地名からおおまかにではあるが、「ひのたて」は東、「ひのよこ」は西、「そとも」は北、「かげとも」は南の意味とみられる。なぜ「経」が東で「緯」が西なのかは不明である。『本朝月令《ほんちょうがつりょう》』に引く『高橋氏文』の逸文に、「日竪日横陰面背面乃諸国人乎……」とあるのは、東西南北の諸国の人という意味であろうから、これと一致する。ところが、『日本書紀』巻七成務天皇五年の条は、微妙に意味が異なりそうである。

　因りて東西を日縦（ひのたたし）とし、南北を日横（ひのよこし）とす。山の陽（みなみ）を影面（かげとも）と曰ふ。山の陰（きた）を背面（そとも）と曰ふ。

地方制度の整備をいう一連の記事のなかに存在するくだりなのだが、意味が取りにくい。東西の道を日縦、南北の道を日横という意味であろうか。中国では東西を横

(緯)、南北を縦(経)とするので逆になる。また、「かげとも・そとも」との関係はどうなるのだろうか。

ほかにも『万葉集』巻二の一九九番、柿本朝臣人麿の長歌のなかに、「やすみし　わご大君の　聞こしめす　背友乃国之　真木たつ　不破山越えて」という部分がある。伴信友は不破山は美濃国であるから、都より北を背友乃国というのだと説く。しかし、『加茂保憲女集』の「かげともに見えたる月をうきくものかくせどふくる身にぞありける」は、南ではなく西であろう。この名称の体系は、あまり定着しなかったのではないだろうか。

そのほかにも、普通東国と訳される「あづま」も、元来は東の方位を意味する言葉だったとする説もある。

風位と方位

方言についても、奄美沖縄地方を除いては有力なものはないようである。琉球文化圏では、あがり・いり・はい・にしで(表1)、本土とまったく異なっている。「あがり」「いり」は、端的に太陽の「あがるへ(辺)」「いるへ(辺)」、昇り沈む所を意味する。「ひむがし」も語源は日の向かう所とされるので、同じ発想である。また、「はい」は夏に吹く南からの季節風、「にし」は冬の季節風の名が語源と考えられている。★1 本土でも南風を「はえ」と呼ぶ地方は多い。これは生活に密着した命名法であるが、この地方でも、古くはやはり「ひがし・にし・みなみ・きた」であったようで、琉球最古の歌謡集『おもろさうし』には、両方の体系が混在している。

★1 **風の名が語源**　日本のさまざまな風と方位との関係は「風名」の項を参照。

方位を表す語は、本来風位を表す語から起こったという説がある。「ひむがし・にし」に共通して含まれる「し」という音節は、「あらし」などと同じく、風を表す語というのである。

『古事記』仁徳天皇のくだりの「大和へに爾斯吹き上げて雲離れ退き居りとも我忘れめや」は西風、『万葉集』四一〇六番歌の「南吹き雪消まさりて……」は南風であり、『土佐日記』の楫取《かじとり》の言葉「朝北の出でこぬ先に、綱手はや曳け」も朝吹く北風であろう。また、『更級日記』の竹芝伝説で深窓の皇女を魅惑した歌、「……南風ふけばきたになびき　北風ふけば南になびき　にしふけば東になびき　東ふけば西になびくを……」も、風位語と方位語が同じになっている。

風のみの名としては、『万葉集』に「あゆのかぜ・こち」、平安時代の『俊頼髄脳』に「あなし・ひかた」などが出てくる。現代に引き継がれている言葉だが、地方により風の向きは異なり、かならずしも絶対的な方角を表すわけではない。

方位には、東西南北のあいだをさらに細分する数種の方法がある。しかし、陰陽道などの専門家はともかく、日常的には中間に位置する四隅が意識され、「丑寅・艮」「辰巳・巽」「未申・坤」「戌亥・乾」といった十二支の名がつけられている。古典文学では、たとえば、北を子の方角などと、東西南北を十二支で表すことはあまりないが、四隅は中国の体系★2をそのまま使っており、本来の和語らしいものはない。古代の日本人は、あまり精密に方位を意識してはいなかったのではないだろうか。

★2　**中国の体系**　「風水」「中国古典文学」の項なども参照。

和歌に詠まれた方位

方角を詠み込んだ和歌としては、『万葉集』四八番にみえる柿本人麿の、

東《ひむがしの》野《のに》かぎろひの立つ見えて　かへり見すれば月西渡《かたぶきぬ》

が、冬の早朝を詠んだ和歌として知られ、春の夕暮れを詠んだ与謝蕪村の発句、

菜の花や月は東に日は西に

と対照されて有名である。『万葉集』には方角を詠んだ和歌は少ないのだが、そのなかでは東が多いといえる。ところが、平安以降の勅撰集では圧倒的に西が多くなる。

東から西への移行

ぬばたまの夜渡る月をとどめむに　西の山辺に関もあらぬかも

（『万葉集』一〇七七）

月かげの入るををしむも苦しきに　西には山のなからましかば

（『後拾遺和歌集』八三三）

月が西の山に沈むのを惜しむという風雅の伝統には古いものがあるが、次第に、

もろともに同じうき世にすむ月の　うらやましくも西へゆくかな

（『後拾遺和歌集』八六八）

など、月が西へいくのを、西方極楽浄土へ往生することになぞらえることが多くな

る。空に澄む月を仏の教えや菩提心にたとえる、仏教思想からの展開[★3]である。

　住み慣れし宿をば出でて西へゆく　月をしたひて山にこそ入れ

（『千載和歌集』一〇一〇）

これから西山で出家遁世して念仏修行するという決意を詠んだ和歌である。

　闇はれて心のそらにすむ月は　西の山べや近くなるらん

（『新古今和歌集』一九七八）

煩悩の闇が晴れ、心には澄んだ月のような菩提心、西方極楽浄土に往生できるのもまもなくだろうか、という『新古今和歌集』の西行法師の和歌。また、

　弥陀たのむ人は雨夜の月なれや　雲はれねども西にこそゆけ

（『玉葉和歌集』巻一九釈教）

は、煩悩の雲が晴れないままでも、阿弥陀仏を信じれば極楽往生できるという、阿弥陀信仰を宣伝する和歌として有名である。

　単純に日や月の入る方角としての西や、秋のくる方角としての西を詠む場合もないわけではないが、大部分は極楽浄土のある方角としての西を詠んでいる。月の入る方角＝西＝極楽浄土という組み合わせである。むろん、西は落日の方角でもある。また、観無量寿経の極楽の観想の一つに、日想観[★4]がある。西に沈む太陽の輝きに阿弥陀仏の姿を想像するものである。しかし和歌の世界では、落日よりも月との組み合わせのほうがはるかに多い。

★3 **仏教思想からの展開**　詳しくは「仏教」の項参照。

★4 **日想観**　七七頁の脚注参照。

西方極楽浄土

ところで、日想観の場所としては天王寺が有名である。天王寺の西門の外、西の鳥居には「釈迦如来転法輪所　当極楽土東門中心」という額が掛かり、極楽の東門にあたるという信仰があり、彼岸の中日には大勢の人が集まり、そこから西の海に入る日を拝む習慣があった。それは早く、『新勅撰和歌集』に天王寺の西門で詠んだという詞書をもつ。

障りなく入る日を見ても思ふかな　これこそ西の門出なりけれ

という和歌からもみてとれる。室町時代の観世元雅《もとまさ》の謡曲『弱法師』は天王寺のそのような日を舞台にしている。また、『遊行上人縁起絵』には、天王寺の西門から目隠しをして落日の浪速の海へ入水する念仏行者の姿が描かれている。

入水往生としては、熊野から南方観音の浄土をめざす、補陀落渡海《ふだらくとかい》も有名である。東は薬師仏の、南は観音の、北は釈迦の浄土といった具合に、あらゆる方向にいろいろな仏の浄土が存在するのだが、日本人がもっとも信仰したのは、やはり阿弥陀仏の治める西方の極楽浄土である。慶滋保胤《よししげのやすたね》の願文、

十方仏土の中には、西方をこそは望むなれ。九品蓮台《くほんれんだい》の間には、下品なりとも足んぬべし

は、それを表しているが、この句は朗詠や今様といった平安時代の歌謡曲になっており、人々に親しまれていたと思われる。平安以降の和歌に詠まれる方角に、西が圧倒的に多いのにはこのような背景があったのである。

方塞がりと方違え

平安貴族の行動規範

方塞《ふさ》がり・方違《たが》えの方角は、固定した方角ではない。陰陽道の考えで、天一・太白・大将軍・金神・王相の神は、きまった周期で四角四隅を巡り、その神のいる方角が「方塞がり」という禁忌になるのである。その原理や具体的な禁忌については、陰陽道の研究書に任せるとして、その禁忌を避ける方法が「方違え」である。

この習俗が、平安時代の貴族の日常生活を縛っていたことは、当時の公家日記によく表れているが、物語や女流日記でもかなり重要な役割を果たしている。この神は、物語では「なか神」、和歌では「一夜めぐりの神」と称されることが多い。『源氏物語』の帚木の巻に、内裏に泊まり込んでいた源氏が、久しぶりに正妻葵上を訪れると、あいにくこの日は内裏からは方塞がりだったという話がある。

暗くなるほどに、「こよひ、中神、内よりはふたがりて侍りけり」と聞こゆ。「さかし、例は忌み給ふ方なりけり。二条院にも同じ筋にて、いづくにかたがへん。いとなやましきに」とて、大殿籠れり。「いとあしき事なり」とこれか れ聞こゆ。

女房に注意されて、若い源氏はめんどうくさいとばかりに寝てしまおうとしたが、そういうことに厳格な舅なので、けっきょく泊まらずに紀伊守の家に方違えにいく。

そこで紀伊守の継母空蟬《うつせみ》を知るという展開になる。

普通、古語辞典などでは「塞がり」は「行く方角が方塞になって、その方角へ行けない」（『岩波古語辞典』）というような説明がされている。ところが、それではこの場面はうまく説明できない。源氏の出発点の内裏から葵上の屋敷（左大臣邸）の方角が、中神のいる方角、つまり方塞がりなわけだが、源氏はすでにこの屋敷に到着しているのである。夕暮れになって忌みだと追い出されても手遅れである。どうやら一晩そこで過ごすことが禁忌のようである。

都合のいい隠れ蓑

『枕草子』に、「すさまじき物」、つまり不愉快千万なことの例として、「方違へに行きたるにあるじせぬ所。まいて節分などはいとすさまじ」とある。他人の家に泊めてもらって恐縮するのではなく、ご馳走するのが当然という態度である。源氏が急遽方違えの場所とした紀伊守は、舅の左大臣家と主従関係にあったらしく、迷惑がる紀伊守やその家族を無視して押しかけている。さらに、本気かどうか定かではないが、女をよこせとまで戯れている。紀伊守は金持ちの受領で、方違えを名目に、有力政治家の左大臣やその女婿の源氏を饗応して、目を掛けてもらおうという魂胆のようである。

また、源氏には「忍び忍びの御方たがへ所」、方違えと称してこっそり泊まり歩く女性の家が多くあったともある。男性にとって方違えは都合のいい隠れ蓑《かくみの》だったようだ。

女性はひたすら夫の訪れを待たねばならないが、夫は訪れない、あるいはたまさか訪れても慌ただしく帰るいい訳として「方塞がり」が使われる。

『蜻蛉日記』には、「方ふたがる」「方あきぬと思ふを、音なし」といった短い記事が続くことがある。作者の家が、夫兼家の邸から今日は「方ふたがる」のでこないのだろうな、今日は「方あきぬと思」って期待したのにやっぱりこなかった、という恨みの一文である。

かと思うと『大和物語』八段には、方塞がりだからいけないと知らせてきた男に、

　逢ふことの方はさのみぞふたがらむ　一夜めぐりの君となれれば

どうせ私の家の方角はいつも方塞がりでしょうよ、あなたは一晩ずつあちこち女性の家を泊まり歩く天一神のようなのですから、と皮肉をいってやったら、男は禁忌を犯して女の家にやってきて泊まったという説話がある。男に愛情があれば、方塞がりも何のそのということもあるのだろう。勅撰集のなかには、類似した状況下の和歌がいくつか見える。

戦陣の方位作法

方塞がりは、平時だけではなく、戦乱時にもかかわる。『平家物語』巻九には、一谷《いちのたに》まで進出してきた平家軍を、東から攻める源氏軍が、二月四日は清盛の命日だから仏事を営ませようと攻めず、五日は西が方塞がり、六日は道虚日という旅行には不適な日、結局七日まで戦闘開始を延期するというくだりがある。金刀比羅本『保元物語』では（図1）、後白河院側の源義朝は、崇徳院側の陣の白河北殿とは鴨川の対岸、ほぼ真西の二条河原に陣取っていたのだが、「抑今日十一日、寅剋也。東はさしあたりたる塞がりの方也。其上朝日に

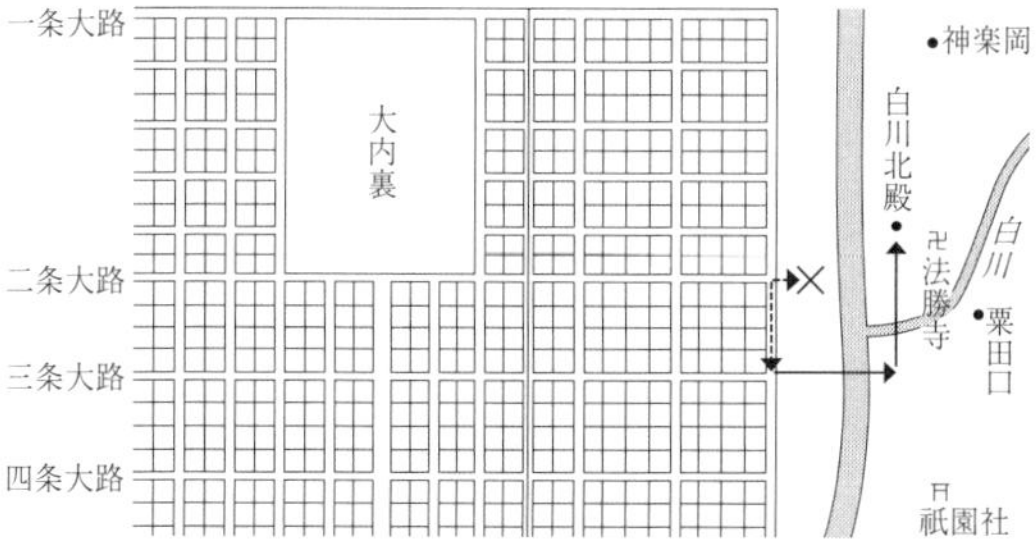

図1　『保元物語』にみる方塞がり

向て弓引かんこと便なかるべし。いささか方を違へべし」と、直接鴨川を東へ渡らずに、いったん南へさがってから鴨川を渡り、北へ攻めるという遠回りをしている。ずいぶん呑気だが、最終的に勝利している。

また、室町時代の御伽草子の『鴉鷺記《あろき》』は、鴉と鷺の合戦記であるが、「九月六日ハ壬午、天一神、戌亥ニアリ」六日は道虚日、壬午は鴉にとって悪日、戌亥の方角は方塞という三重に不都合な日に、戌亥の方角にある鷺の根拠地を鴉は襲撃する。「天一神ノ方ニ向テ、是非弓引ヌ事也」という忠告を無視しての出撃で、案の定大敗する。敵が攻めてきているのに、方角も日もかまっていられないと思われるのだが、実戦においても方角や悪日の禁忌は重要問題だったようで、中世末期から近世に多く著された軍配書や兵書は記述の大部分をそれに割いている。

時代と生活を彩る方位

四方四季の庭

館の四方にそれぞれ四季の風物を配置する、というのが四方四季の庭である。東は春、南は夏、西は秋、北は冬という配置は、中国渡来の陰陽五行説によっている。五行説では★5木火土金水を基本要素として、方位、季節、色、音声、味などいろいろなものを組み合わせている。平安時代の造園術の本『作庭記《さくていき》』も、現代流行の風水も、陰陽五行説にもとづいたものである。

四方四季の庭の表現として古いものは、『宇津保物語』吹上の上巻に、紀伊国牟《む》

★5 **五行説では**　五行説については「風水」「中国古典文学」の項など参照。

婁《ろ》郡の種松という長者が、天皇の血を引く孫のために造った館が出てくる。「大殿造り重ねて、四面巡りて、東の陣の外には春の山、南の陣の外には夏の陰、西の陣の外には秋の林、北には松の林、面を巡りて植えたる草木、ただの姿せず」と簡単であるが、四方に四季を置くということで、贅を尽くした庭園の象徴としている。

『源氏物語』の六条院は、四町を占める広大な屋敷であるが、未申は秋好中宮で秋、辰巳は源氏と紫上が住み春、丑寅は花散里で夏、戌亥は明石上で冬、という取り合わせになっている（図2）。春と夏の位置が五行説とは異なるが、類型的な四方四季の庭の表現よりも、人物の占める役割や性格を重視したためであろう。また、四町を東南西北の四方ではなく、未申・辰巳など四隅で表現するのも型破りだが、こちらのほうが合理的かもしれない。

『栄花物語』駒競の行幸の巻では、高陽院のすばらしさを、「この世のことと見えず。海龍王の家などこそ、四季は四方に見ゆれ。この殿はそれに劣らぬ様なり」と、龍宮城に譬えている。龍宮城の特徴は、四方に四季を同時に見ることができるというのである。それは、時間の流れがない永遠の場所ということになり、中世の説話や物語のなかに引き継がれていく。

典型的なのは、渋川版の御伽草子『浦島太郎』の龍宮城で、三年と思っていたのが、帰ってみれば七〇〇年たっていたという有名な話である。龍宮城の様子は、「四方に四季の草木をあらは」し、「まづ東の戸を開けて見れば、春の景色とおぼえて、梅や桜の咲き乱れ、柳の糸も春風に、なびく霞のうちよりも、鶯の音も軒近く、

図2　『源氏物語』にみる四方四季の庭

明石上 冬 （戌亥）	花散里 夏 （丑寅）
秋好中宮 秋 （未申）	源氏・紫上 春 （辰巳）

いづれの梢も花なれや。南面を見てあれば……」と和歌の伝統的な四季の風物揃えの美文で綴られている。四季揃えは、御伽草子にはよく使われ、龍宮や鬼の城など、この世と異なる世界――異境――の象徴であることが多い。また、近世になると、浄瑠璃の『十二段草子』などでは豪奢な庭園の描写として、また庭褒《ほ》めの歌謡として、四季揃えは発展していった。

四神相応の地

青龍・白虎・朱雀・玄武の図は、本来は天の四方の星宿で、その方角を守る神でもある。四神が守護するのに叶った地相を、四神相応★6の地、四神具足の地といい、古くからの中国の風水思想で、日本の陰陽道でも重視された。

すべてのお手本が中国にあった時代、都の地を選定するときには、まず四神相応の地に適っているかどうかが占われた。平城遷都時の元明天皇七〇八年（和銅元）二月一五日の詔勅で、「方に今、平城の地、四禽図に叶ひ、三山鎮を作し、亀筮並に従ふ」（『続日本紀』巻四）の「四禽図に叶」うというのは、四神相応と同義である。すべての都が四神相応の地であったはずであるが、『平家物語』巻二では、平安京のみが四神相応の地であり、それゆえに永遠の都であると主張している。

『平家物語』巻五は、一一八〇年（治承四）六月二日の、平清盛による福原遷都の記事で始まる。その記事の後に、遷都の前例を神武天皇から列挙し、最後に桓武天皇による長岡京と平安京遷都を述べる。桓武天皇が山城国賀殿郡宇多の村を占わせると、「此地の体を見るに、左青竜・右白虎・前朱雀・後玄武、四神相応の地也。

★6 **四神相応**　具体的な事例については「都城」「鎌倉」「江戸」の項参照。

尤も帝都を定むるにたれり」という結果がでたので、遷都がおこなわれ、以来三八〇余年都が栄えたとする。それだけでなく桓武天皇は、土で造った将軍像を東山に埋めて都の守りとし、艮の方角にある比叡山に延暦寺を造って鬼門の守りとしたともある。平家物語の異本延慶本や『保元物語』では、さらに都の四方八方を多くの神社でかためている。延暦寺が王城の鬼門を守る寺という考えは、天台座主慈鎮の和歌にもみえ、鎮護国家の寺という比叡山のプライドとなっていた。

「四神相応の地」は、後の軍記物語のなかでも平安京を讃える常套句であったが、江戸時代も後期になると、江戸こそ将軍のお膝元[★7]としての都であるという意識がでてきたのだろうか、『四神相応奇観』は別名『江戸勝景花暦道之栞』という江戸の地誌である。

★7 江戸こそ将軍のお膝元　詳しくは「江戸」の項を参照。

戌亥の隅

日本古典文学のなかには「戌亥の隅」という場所がよく登場する。『源氏物語』少女巻の六条院の記事のなかで、戌亥の町は明石上が占めている。ここの特徴は御蔵町が存在することである。播磨守であった明石入道の莫大な遺産が納められたのであろうが、屋敷の戌亥の方角に蔵を造るのがよいという習俗は最近まで残っていた。『田植草紙』の朝歌に、「時鳥は何持て来り　斗の升に斗かきに俵もち来り　俵持ち来て戌亥の隅に納めた　とれど減らぬは戌亥の隅の俵よ　稲がよいけに俵を編めやせんとく」とあり、戌亥の隅は富をもたらす方角と考えられていたのである。

『看聞御記《かんもんぎょき》』一四一六年（応永二三）七月二六日の条に、宇治の今伊勢に参詣した下京の男が、社頭でみつけた白蛇を宇《う》伽神《かがみ》と思い、家の乾の角に安置したとある。この白蛇は実は宇伽神、福神ではなかったのだが、福神を戌亥の隅に祀るという習俗がうかがえる記事である。御伽草子『梅津の長者』では、夷《えびす》神を乾に納めている。西鶴の『日本永代蔵』巻一の三で、蓄財のきっかけとなった筒《つつ》落掃《おほうき》蘂箒子《しべぼうき》渋《しぶ》団扇《うちわ》を「この家の宝物とて乾の隅に納め置」くのも、福神の扱いであろう。

ところが、御伽草子『羅生門』では、渡辺綱が羅生門で切った鬼の手を、戌亥の隅に新しく蔵を建てて納め、鬼に取り返されないよう厳重に守るとする。『宇津保物語』「蔵開の上」では、荒れ果てた屋敷の「西北の隅に大きにいかめしき蔵あり」て、その正当な相続人である仲忠は無事に蔵を開けて宝を得たのであるが、周囲は盗賊たちの死屍累々というありさまであった。戌亥の蔵は、先祖の霊が財宝を守っていたのである。

『今昔物語集』巻二七の四話は、僧都殿と称される殿舎の戌亥の榎に化け物がでるという話である。また、一寸法師に退治された鬼は「極楽浄土の戌亥の、いかにも暗き所へ」逃げていく。屋代本『平家物語』剣巻では、一条戻橋にでた鬼が、渡辺綱の髻を掴んで戌亥を指して愛宕山へ飛んでいく。都の戌亥にあたる愛宕山は天狗の栖でもあり、艮の鬼門と同じく悪しきところである。

戌亥の隅は、祖霊を祀る神聖な場所であり、富をもたらす場所であると同時に、異界から魔物が侵入してくる恐ろしい場所でもあったのである。

（黒木祥子）

【参考文献】『新日本古典文学大系』岩波書店（一九八九―）／『時代別国語辞典上代語編』三省堂／ベルナール・フランク『方忌みと方違え』岩波書店（一九九六）／徳田和夫「四方四季の風流」『お伽草子研究』（一九八八）／三谷栄一「日本文学に於ける戌亥の隅の信仰」『日本文学の民俗学的研究』（一九六〇）

都城──四神相応の都市計画

三山と四神

第一次産業以外の産業に生活の基礎を置く人々の集住形態を都市とするならば、その発祥は古代にまで遡ることができる。自然環境が日々の暮らしに圧倒的な影響力を及ぼしていた古代人にとって、都市（都）の建設は、自然環境を母体とする彼らの世界観を象徴するものであった。

古代における都市空間の計画的創造は、六世紀末に完成した飛鳥寺に端を発し、藤原京から平安京に至る都城《とじょう》★1建設によって完成される。祭政一致の時代背景を反映し、都城の構造には呪術的色彩が強く現れており、祭事は都城のもつ最大の機能であった。

わが国の都城の原型となったのは中国の長安城と考えられ、東西・南北の通りによって区切られた街区で都市空間を構成する条坊制★2が採用された。しかし、両者にはいくつかの相違点もみられる。たとえば、長安城は東西に横長な外形を示し、街区も横長に区画されていたのに対し、わが国の都城はいずれも南北に縦長な外形を示し、街区はほぼ正方形に区画されていた。

元明天皇による平城京遷都の詔★3によれば、都城の建設には、四神（四禽）に相応

★1 **都城** 内裏と朝堂によって構成される「宮」とそれに市街地が含まれる「京」とを区別して、前者を「都宮」、後者を「都京」と呼ぶ場合もあるが、ここでは、条坊制の都市プランを有する都の汎称として用いる。

★2 **条坊制** 古代都市の区画およびその管理制度。東西の大路で区切られた区画を「条」、それをさらに南北の大路で区切った区画を「坊」と呼んだ。

★3 **平城京遷都の詔** 一八四頁参照。

した地相[★4]であることと、三山による地鎮が必要とされていた。これらの選地条件は、呪術的色彩の濃いものであったが、太陽観測によって知りうる東西南北の方位は、場所に限定されない普遍的、絶対的なものであった。また、三山は『列子』にある渤海三神山などから想起したといわれているが、古代の人々にとって、巨大な自然物である山岳はどこからでも確認できる重要な目標物であり、場所を特定できる最大の基準であった。そのため、基準となった山岳は、山頂が目視できないような遠方の大山ではなく、平野部に突出する比較的標高の低い霊岳であったと考えられる。古代人は、周囲の自然物によって都城の場所を選定し、その向きを普遍的な東西南北の方位によって決定していたといえよう。

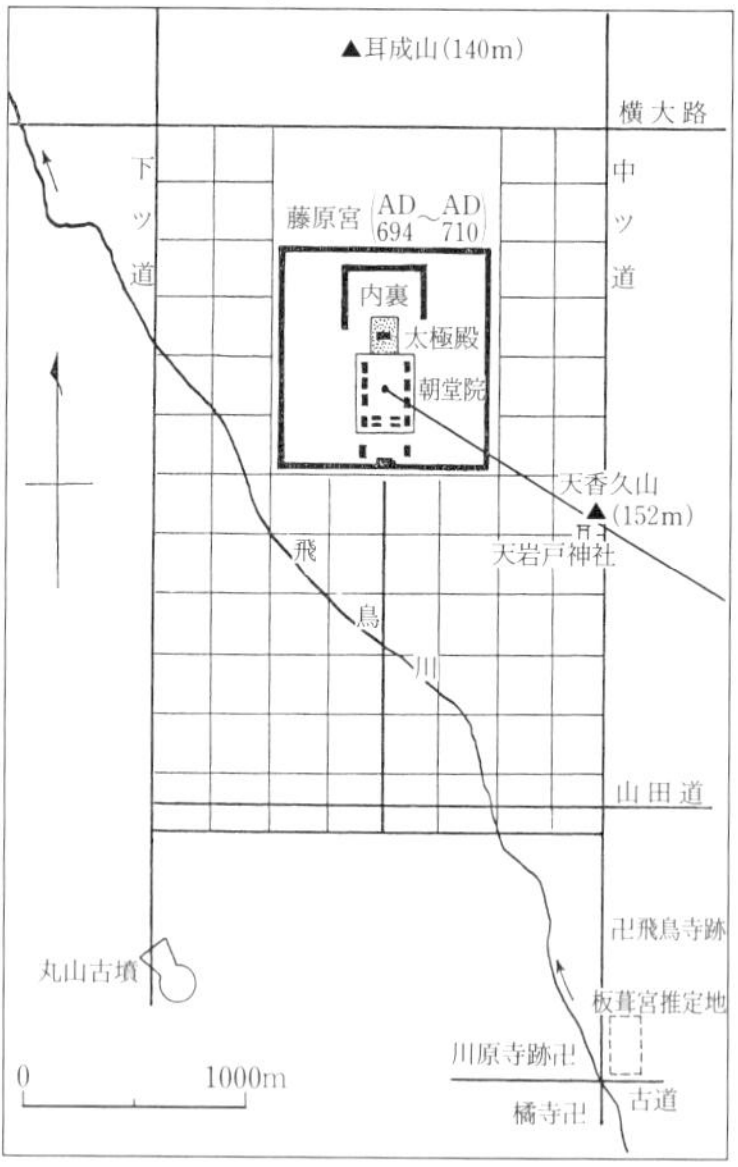

図1　藤原京における冬至の旭旦方位。太陽観測からつくられる暦は、収穫を左右する重要な判断材料であり、太陽をもっとも観測しやすい場所に国土を治める天皇が居住するというのは、非常に合理的な考えであった。（山田安彦、1986）

方位観の相違

平城京の三山についてはまだ統一的な見解が示されていないものの、藤原京の三山[★5]は都城を取り囲む大和三山（耳成山、畝傍山、香久山）であったことがほぼ通説となっている。山田安彦は、藤原京の場合を例にとり、太陽信仰と山岳信仰および中国の冬至昇天伝説にわが国の神話が組み合わされることによって、藤原京にかかわる諸施設の正確な位置が決定されたと述べている（図

★4 **四神に相応した地相**　四神相応については「風水」「日本古典文学」「鎌倉」「江戸」などの項も参照。

★5 **藤原京の三山は**　大和三山の方位関係については「神道」の項も参照。

[1]。

この指摘は、太陽の軌跡を含めた都城周辺の自然環境と都城の機能とをうまく融合させるような形で当時の方位観が形成されていたことを示すものである。そして、このような方位観のもとに選定された土地に伝説や神話が密接に関連しているのは、支配者である天皇が神（自然、宇宙）と一体化するためであり、当時の方位観には天皇制の永続的な確立に対する強い願望が込められていたと考えられる。

ただし、京に居住する一般の住民が同様な方位観をもっていたとするのには多少疑問が残る。右に述べた方位観は天皇の統治といった観点から説明されるものである。また、陰陽師がきわめて高い専門性を有していたことからも明らかなように、方位の解釈とその実践は一部の人間に限定されていた。都城は統治のための方位観

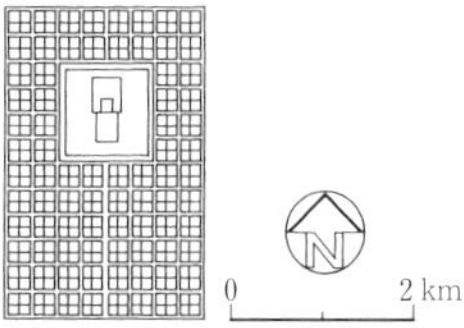

①藤原京計画図

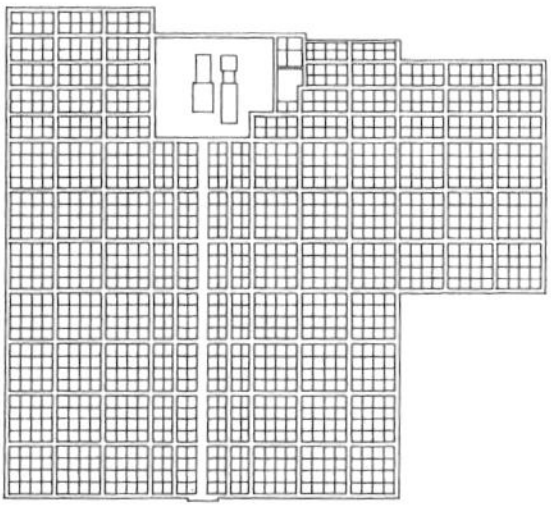

②平城京計画図

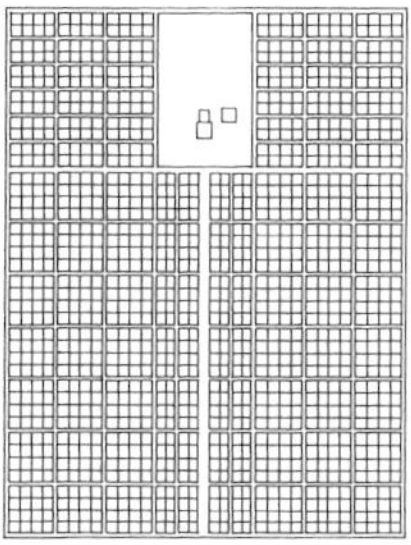

③長岡京計画図

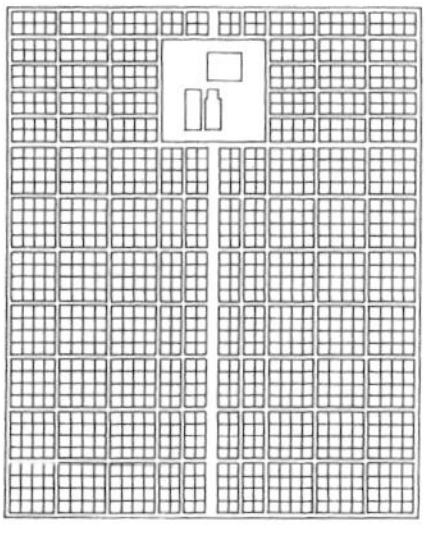

④平安京計画図

図2　代表的な都城の平面図
（高橋・富島、1993）

によって形成されており、住民は支配層によって一方的に建設された街路、街区によって自らの位置を認識し、その方位観は京の内部で完結していたと考えられる。

　これらのことは都城の空間的な構造からもみてとれる。わが国の都城は、いずれも天皇の居住する内裏は京の北端に位置しており、そこから市街地に向かって右京、左京が設定されている（図2）。内裏は管理の中枢ではあったが、空間的な中心ではなく、内裏から市街地をみる方向と市街地から内裏をみる方向は相反している。もし、支配層がその方位観を住民と共有するつもりであれば、京の空間構造は、内裏を中心とする同心円的構造を示していたであろう。

定都の意義

　都城は、政変や天変地異をきっかけに建設され、その度に古い都城は棄都されてきた。律令体制が堅固なものになるにつれ、その中核となる都もまた多様化し、人口も増加していったと考えられるが、それに対応して都城の内部構造や面積が変化することはなかった。それは、都城がその時の状況を刷新するために建築されたものであり、その後、またなんらかの異変があった場合には、ふたたび別の場所に都城が建築され、遷都されることを前提にしていたからにほかならない。都城は、いわばヤドカリが古い殻を捨てて新しい殻を探すように、棄都と遷都を繰り返しながら内部構造を変化させ、都市機能を充実させていった。つまり都城の設計には、「発達」という概念★6が盛り込まれていなかったと考えられる。

　しかし、薬子《くすこ》の変★7以後、遷都の慣行が否定されるようになると、都城は固定された空間のなかで、多様化する都市機能や増加する人口に対応していかなければなら

★6
「発達」という概念　人口増加に代表される都市成長に対し、都市がフレキシブルに対応するためには、都市設計の時点で構造的な変容が考慮されていなけ

なくなった。換言すると、都城の機能や住民は、それぞれの成長に応じて活動しやすいように空間を変化させることになった。このような変化はつねに不均一なものであり、人々は変化の著しい場所に着目し、そこを中心に活動するようになった。その結果、左右対称に均一に整備された都城本来の空間構造は、徐々にそれほど大きな意味をもたなくなっていった。

つまり、空間が固定的、静態的なものから流動的、動態的なものへ変わっていくことによって、周囲の自然環境や所与の空間構造による空間認識は薄れ、成長の中心からみる主観的な方位観が生まれたと考えられる。また、この変化は、施政者側から一方的に定められてきた都市計画に、「住みこなし」★8による内的圧力を加えることになり、都市計画は空間の維持から空間の開発と規制といった管理方法に移行していった。

「町」の成長

しかしながら、都城は、本来、「発達」に対応できるような空間的構造を有してはいなかった。そのため、都市機能や人口の成長が著しい箇所を中心に都城の空間的構造が面的に急変するということはなかった。固定的、静態的な都城の内部構造に生じた変化は、街路沿いに展開した市場の成長であり、それは線的なものであった。

当初、都城内の市場は「市」と呼ばれ、官衙工房で生産される余剰物が売られる官設市場であった。このような商業機能は、藤原京においてすでに存在していたとされるが、その位置や規模などについては不明である。平城京では、左京と右京の

ればならない。しかし、都城の場合は、構造的な変容を遷都によって解消することが前提となっていた。

★7 **薬子の変**　大同四年（八〇九）に起こった朝廷内の紛争。藤原薬子とその兄仲成は、平城上皇の復位とそれにともなう遷都を唱えたが、弾圧され失敗に終わった。

★8 **住みこなし**　人為的に計画された空間であっても、住民は自らが生活しやすいように、徐々に空間を変化させていく。ここでいう「住みこなし」とは、住民に自由な発想にもとづくインフォーマルな空間変容を指す。

二か所に「市」が設置され（東市、西市）、それらは塀で囲まれた閉鎖的な空間であったことが分かっている。同様に、平安京においても左京と右京の二か所に「市」が設置されたが、その後、右京の衰退にともない西市は縮小し、東市のみが成長した。

平安京における左右不均衡の成長は律令体制が崩壊する一〇世紀ころから顕在化した。さらに、一二世紀ごろになると「町」と呼ばれる私設市場が「市」に隣接して発生した。「町」は、空間的な連続性を保ちながら、南北の大路に沿って街区単位で北方へ拡大した。「町」の発生および成長は、京内の不均一な構造変容を示していることはもちろん、それが街路に沿って進行したということは、構造変容に線的な動きが加えられたことを意味している。ただし、変化は街区単位で進行し、その動きに明確な基準点があったわけではない。

重要な点は、「町」の成長が街路という人工物に沿って進行したことである。住民は、商業機能に対する街路の利便性を認識し、「町」をつくり成長させた。彼らは街を「住みこなす」ことによって、自らの方位観を変化させていったと考えられる。また、これらの商業地区でもっとも繁栄していたのは、三条や四条および七条といった東西の街路と交差する「辻」であった。商業活動における、このような「辻」の利便性や重要性は、その後、「町」の成長をより線的なものにし、城下町へと引き継がれていくことになる。

（山田浩久）

【参考文献】高橋康夫・冨島義幸「都城の理念と計画」『図集日本都市史』東京大学出版会（一九九三）／山田安彦『古代の方位信仰と地域計画』古今書院（一九八六）／山田安彦編著『方位と風土』古今書院（一九九四）

鎌倉——武士に広まった方位信仰

若宮大路は朱雀大路か

源頼朝が入府する以前の鎌倉がひらけていたかどうかは議論があろう。八～一〇世紀の鎌倉郡衙跡[★1]は、自然地形の山裾を整形したところに造られ、最初（八世紀前半）の政庁の建物長軸は北から23度東へ振れている。平安時代の河道跡も市内の発掘調査で検出されているが、頼朝の都市計画の下敷きとなったような遺構は、現在までのところみつかっていない。

頼朝は鎌倉入りの後、由比の若宮を「小林郷の北山」に遷して鶴岡八幡宮とし、その東方に自らの館を置いた（大倉幕府）。以後、御所南方に勝長寿院《しょうちょうじゅいん》を、より東方には二階堂永福《ようふく》寺を建立し、実朝はさらに東方に大慈《だいじ》寺を建てた（図1）。これらは「大倉」と呼ばれる東西に長い谷にあり、鎌倉時代初期の居住遺構は多くこの谷内で検出されている。源氏三代のあいだの都市の基準軸は東西方向を主としていたといえようか。

その一方で、妻政子の安産を祈願して頼朝は置道《おきみち》を造った（若宮大路[★2]）。鶴岡社頭から浜へ直線で延びる道は、北から27度東へ偏った方位を示す（図2）。八幡宮を内裏に、若宮大路を朱雀大路[★3]に見立てる考えもあるが、先の古代郡衙の方位を考

★1 **鎌倉郡衙**　相模国八郡の一つ、鎌倉郡の役所。鎌倉市御成町の御成小学校内で政庁跡がみつかっている。

★2 **若宮大路**　一一八二年（寿永二）築造開始。道の中央に一段高い置道があり、今日段葛（だんかずら）と呼ばれる。浜までのあいだに三か所の鳥居が建てられていたようだ。

慮すると、それ以前からの自然地形に沿った道筋を利用したものとみなせよう。

政子没後に幕府移転の議が起き、執権北条泰時はこれを「宇津宮辻子《うつのみやずし》」に移転させた。若宮大路は幅員に変化はあるものの、方向は維持され、その側溝は重厚な木組みとなり、溝の改修は御家人に賦課された。大路の両側には北条氏はじめ武士の邸宅が並び、若宮大路が北条氏の都市の中心軸となったことは疑いない。ただ、大路自体が正南北ではないので、史料にみえる「南門」「東行」という表現は便宜的なものであったろう。また鎌倉の街の東西で、それぞれ南北に走る今大路・小町大路の遺構は、現在の道筋とほぼ一致しており、若宮大路を軸とした条坊的な方眼の町割りはなされなかったといえる。とくに市街地西半では、若宮大路とは異なる方

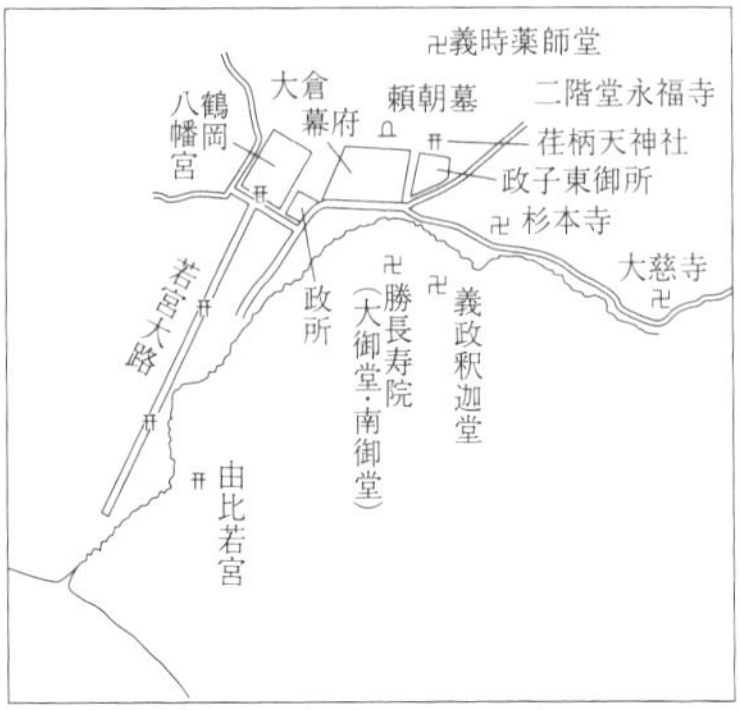

図1　大倉周辺

図2　若宮大路周辺

★3 **朱雀大路**　平城・平安両都域の中核をなす道路で、大内裏（宮）から都城の南門にあたる羅城門まで正南北につらぬかれた。京の町は朱雀大路を中心として東の左京と西の右京とに分けられた。

位を取る道や溝の検出例が多い。

陰陽道の波及

一二二五年（嘉禄元）の御所移転にさいしては、陰陽道の「地理風水」[★4]的議論がなされた。地相人金浄法師は「頼朝の墓の下の地は四神相応[★5]の最上地」といい、珍譽法眼は「西に山があり、親の墓の下の地は子孫が絶えるので良くない」という。そして移転予定地は「西は大道南行し、東は河あり、北は鶴岳あり、南は海水を湛える」まさに四神相応の地と主張した。『吾妻鏡』[★6]に登場する陰陽道関係の記事としては早いほうで、すでに依拠する「本文」（陰陽師が保持していたであろう秘伝書）の判定内容に差があったと思われる。さらに宇津宮辻子の御所予定地が、当時の御所からみて避けるべき「正方《しょうぼう》」にあたらないかと、「丈尺を正す（または打つ）」こと、すなわち実側をおこなっている。その成果は、東西（西へ）二五六丈五尺、南北（南へ）六一丈で、今日の地図上でみても矛盾はなく、間竿《けんざお》か間縄《けんなわ》[★7]で正確に実測したらしい。

「丈尺を打つ」ためには正方位を見定める必要があるが、陰陽師らは「夜になって御所と法華堂《ほっけどう》で火を燃やし、往復して方位を調べ」（貞永元年）たり、「夜明け前に山に登って二点間を見通し」（正嘉元年）たりした。「式盤」の中心から対象地を見通す「側角測量」的なことはなされなかったようだ。また方角をみることは「方違《かたたが》え[★8]」などと関連しておこなわれており、北条泰時が建てた東勝寺が東の山にあるので、四神相応の思想に倣《なら》って「青龍山」と号したものの、都市計画のうえに陰陽道が果たした役割は、総体としてはそう大きなものとは思えない。

★4 **「地理風水」的**　「風水」の項も参照。

★5 **四神相応**　「日本古典文学」「都城」の項も参照。

★6 **『吾妻鏡』**　一一八〇年（治承四）から一二六六年（文永三）までの鎌倉幕府の歴史書。

★7 **間竿・間縄**　検地に用いられた目盛り付きの竿や縄。ここではそれに類するものを想定。

★8 **方違え**　「日本古典文学」（一七九～一八一頁）の項も参照。

四代将軍頼経のときより「四角四境（堺の鬼気）祭」★9が鎌倉でもおこなわれた。四角祭は御所（宮）の艮巽乾坤の角でおこなわれるが、宇津宮辻子幕府の南東隅近くで鬼面形土器の出土例がある。一二四五年（寛元三）、北条経時は、将軍でもないのに（したがってその邸は御所でなく「第」と記される）自邸で四角四方祭をおこなっている。鎌倉では陰陽道の祭祀が水増し的に広められたのであろう。四境祭は「都」の四境でおこなわれるが、鎌倉の場合、東は六浦《むつら》、北は山内《やまのうち》または小袋坂《こぶくろざか》、西は稲村《いなむら》または片瀬《かたせ》、南は小壺《こつぼ》で都市の東西南北の出入口に対応している。

仏教的方位

鎌倉の寺院の伽藍《がらん》配置は、古代寺院のようには東西南北の方位を重視していない。浄土式庭園をもつ二階堂永福寺こそ、南北に三堂が並びほぼ東正方位をとるが（池からみれば★10西方浄土を拝む形となる）、建長《けんちょう》・円覚《えんがく》両禅寺は谷内での直線的伽藍配置を示すものの、その軸線は正南北より大きくずれている。石造塔では極楽寺忍性《にんしょう》塔、多宝寺覚賢《かつけん》塔（ともに巨大な五輪塔）はほぼ南面するが、覚園寺開山塔・大燈塔（宝篋印塔《ほうきょういんとう》）はその限りではない。鎌倉の山腹に多く残る横穴式の墓堂「やぐら」は、自然地形の崖を利用するため、開口方向に規則性はなく、窟内の五輪塔に刻まれた梵字の四方五大★11も東西南北の方位に沿ってはいない。

また、鶴岡八幡宮内には「北斗堂」が祀られていたことが史料にみえるが、北斗曼荼羅を置いたものかどうか明らかでない。三代将軍実朝暗殺事件に先立って、北条義時に危険を告げた戌の方位神信仰が、覚園寺に十二神将造像を生むなど、方位に関する課題はまだ多くあろう。

（河野眞知郎）

★9 **四角四境祭**　京都の四隅と国（山城国）の四境で、悪疫を駆逐する祭祀。平安中期には陰陽師がつかさどる。

★10 **池からみれば**　浄土教における西方信仰については「仏教」の項を参照。

★11 **四方五大**　五輪塔が表現する空風火水地の五大元素を表す。𑖏（キャ）、𑖮（カ）、𑖨（ラ）、𑖪（バ）、𑖀（ア）の梵字は、東方発心門、南方修行門、西方菩提門、北方涅槃門の四方で、付点が異なる。

【参考文献】　村山修一他編『陰陽道叢書②中世』名著出版（一九九三）／河野眞知郎『中世都市鎌倉』講談社（一九九五）

江戸——京都の都市計画は模倣の対象

江戸は、徳川幕府の開設によって政治の中心地となった。幕府は江戸を中央政権の拠点としてふさわしい地とするために、平安京すなわち京都を模した寺社を造営した。また、天下を治める将軍の居所である江戸城を中心におき、京都の方位概念を取り込んでいったのである。

四神相応

一五九〇年（天正一八）、徳川家康は、関東に移封されると江戸を居城とした。『徳川実紀』[★1]によると、江戸は「四神相応最上の城地」であったとしている。

四神相応については前にも各所でふれられているので詳説はしないが、四神（青龍、白虎、朱雀、玄武）に応じた最良の土地柄のことであり、東の青龍は清流の流れ、西の白虎は大道、南の朱雀はくぼんだ湿地、北の玄武は丘陵を有する土地のことを指している。

たとえば、平安京の場合でみると、西の山陰道、東の鴨川、南の巨椋池《おぐらいけ》、北の船岡山がそれに対応すると考えられている。

江戸の四神相応については諸説があるが、一般に江戸城の東を流れていた平川が青龍、江戸湾が朱雀、東海道が白虎、麴町台地が玄武といわれているようである。

★1 『徳川実紀』 徳川幕府が編纂した家康から一〇代家治に至る編年体正史。

菊池弥門の『柳営秘鑑』★2（一七四三）は、「前は地面打開き、商売の便り能き下町の賑ひは朱雀に習ひ人の群がり集る常盤橋、又龍の口の落口潔よきは、左青龍の流れを表わし、往還の通路は品川まで打ち続き、右白虎を表わして虎門あり、うしろは山の手に続き、玄武の勢ひ有」とする。また、大道寺友山の『落穂集』★3（一七二八）は、「江戸は四神相応の地と世間にいうが本当か」との問いに「確かに昔からいうように北が高く南が低く、東南西に流れがあるのでその通りではあるが、将軍の居所であるから自然と人々や物資が集まるのだ」と答えている。いずれも後世の史料による考証であり、江戸選定の当初、どれほど四神相応を意識されたのかは定かではない。おそらくは、江戸に京都を模倣した寺社が造営され、江戸城を中心とする方位概念が取り込まれるなかで、江戸を四神相応の地であることが後世に付加されていったのではなかろうか。

京都の模倣

幕府は、江戸城を皇居に見立てて京都と同じような寺社をつぎつぎと造営していった。京都の都としての条件を江戸にも想定しようとしたのである。

徳川家康は、一五九〇年（天正一八）に江戸に入府すると、増上寺を徳川家の菩提所とした（図1）。一五九八年（慶長三）には、現在の芝公園の地に移され、京都の浄土宗総本山知恩院を模して一六〇五年（慶長一〇）に大造営がなされて大本山となった。また、同年に家康は、京都の愛宕山になぞらえ増上寺の北にある愛宕山（標高二六・二四メートル）に防火神の愛宕権現を創始したとされる。

★2 『柳営秘鑑』　江戸城内の秘すべき内容を集めた書物。

★3 『落穂集』　江戸のことについて、問答式に編んだ書物。

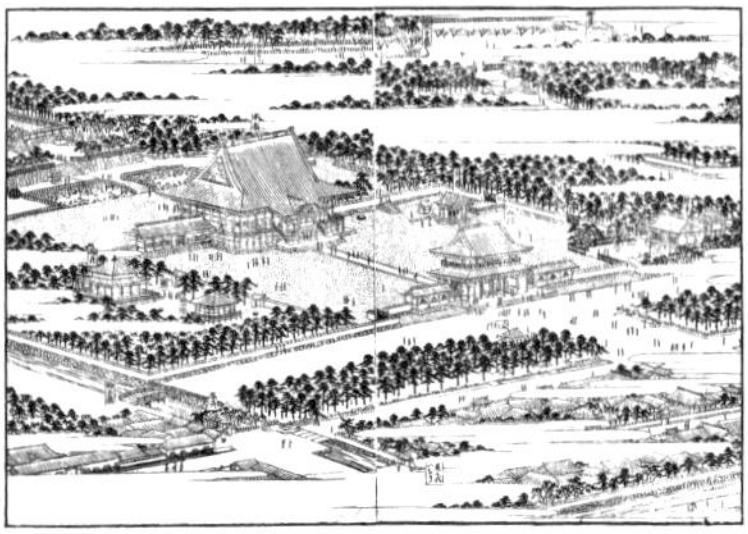

図1　増上寺（『江戸名所図会』）

このほか、一六八一年（天和元）の建立された小石川の護国寺は、京都の清水寺から門前の音羽通りまでを模倣したとされる。また、谷中の天王寺に京都の鞍馬寺になぞらえて毘沙門天をつくっている。

ところで、増上寺と愛宕山は、江戸城からみて裏鬼門（坤＝西南）にあたることから、その地が選定されたとする説がある。しかし、管見の限りでは当時の文献史料で確認することができない。つぎに述べる東叡山寛永寺が鬼門（艮＝北東）に造営され、その反対に増上寺や愛宕山が位置したことから、裏鬼門の説が唱えられるようになったのであろうか。

僧天海と東叡山寛永寺

徳川家康は、一六一六年（元和二）に遺言で、自身が「八州の鎮守」になるといったという。翌年に、徳川家康の遺骸は、家康の帰依を受けた僧天海の主張によって、天皇家の祖神天照大神に対応する東照大権現として歴代将軍の霊廟のある日光東照宮に祀られ、神格化された。一六一八年（元和四）には、東照宮を江戸城紅葉山にも勧進し、江戸城と江戸の町の守護神として位置づけ、武家の都としたのである。

ついで、天海は幕府の庇護のもと、一六二五年（寛永二）に、江戸城の鬼門の方角にあたる上野忍岡に東叡山寛永寺を建立することを三代将軍家光に進言し、徳川家の廟所とした。これは、比叡山延暦寺が京都の鬼門の方向にあることをなぞらえたもので、東の叡山の意味で東叡山と号し、延暦寺と同じく建立の年号をもって寛永寺とした（『徳川実紀』図2）。同時に天海は、現在上野公園にある不忍池を琵琶

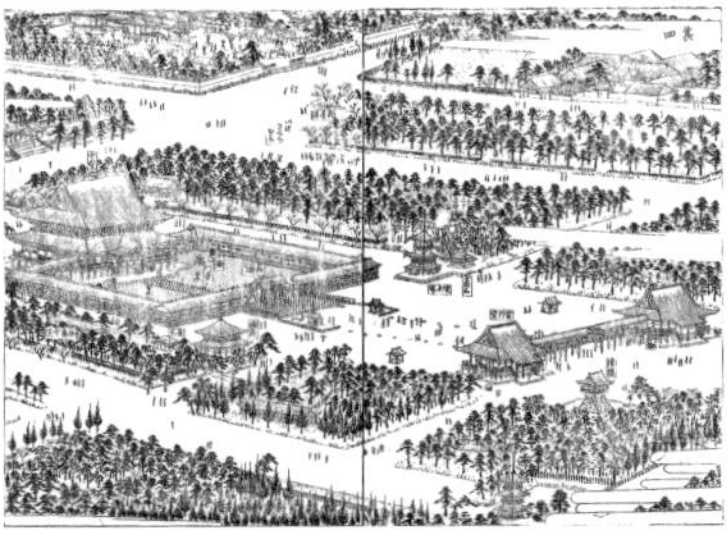

図2　寛永寺（『江戸名所図会』）

湖に見立て、中島を築いて弁天様を安置した。中島と弁天様は、琵琶湖の竹生島を模倣したものである（『寛明日記』）。また、境内には京都東山の清水寺を模した清水堂が建てられ、いわゆる「清水の舞台」が再現されている。さらに、寛永寺を建立したさいに、その地に藩邸があった藤堂高虎は、願って東照宮を勧進し、一六二七年（寛永四）に完成している。また、多くの大名があらそって諸堂を建立し、またたく間に堂舎が軒を並べることとなった。ここに京都を模した武家の都である「お江戸」が誕生したのである。

天海は、家康の命により、織田信長の焼き討ちで荒廃した比叡山延暦寺を復興している。こうした経緯からみて、天海は江戸城に東照宮を造営し、京都の鬼門にある比叡山延暦寺を模して江戸城の鬼門に東叡山寛永寺を造営することを発想したと考えられる。また、幕府は江戸を武家の都として権威づけるまたとない機会としてとらえ、天海の考えを利用したとみられるのである。

（儀永和貴）

【参考文献】矢守一彦『城下町』学生社（一九七二）／豊田武『日本の封建都市』岩波書店（一九五二）／玉井哲雄『江戸　失なわれた都市空間を読む』平凡社（一九八六）／西山松之助ほか編『江戸学事典』弘文堂（一九九四）

城下町——武家と町人がせめぎ合う都市形成

わが国における都市の多くは、近世の城下町に起源をもつ。中世から近世にかけて建設された城下町は、当初、城郭としての機能が卓越していたが、戦乱が収まるにつれて機能が多様化していった。また社会、文化も、徐々に武士主体から町人主体に移行し、それとともに、街づくりや景観に関わる方位もまた変化した。城下町の方位には地域的な個性が反映されており、現在の都市計画にも応用されるべき点が多い。

城下町のプラン

城下町は、藩主が居住し、藩政治の中心となる城と商人が居住し、商業の中心となる町人地によって構成されている。城は、寺社境内[★1]や豪族屋敷を原初形態とし、周囲に家臣団を配する。一方、町人地は平安京に形成された「町」に端を発し、商業施設が集積する。いずれも室町期から南北朝期にかけて自律的に発達し、城下町の出現によって融合された。城の周囲に配された家臣団の居住地区（武家地）には、城を中心とする階層別の同心円的構造がみられる。しかし、多くの場合、町人地は城に対して片側に線的に形成され、同心円的構造に完全に組み込まれることはなかった。町人地は、物資を運搬する必要上、街道あるいは街道に直結する通りに沿った。

★1 **寺社境内**　寺社を中心にして周囲に関連諸施設を配し、領域や住民を管理しようとする空間形態。

て展開していたためである。

城下町のもっとも大きな空間的特徴は城を囲繞《いじょう》する堀の存在である。階層別の同心円構造が未完成であった戦国初期の城下町は別として、堀は当初、防衛上の目的から城下町全体を囲繞していた。ところが、戦乱が沈静化してくると、堀は武家地のみを囲繞し、町人地は開放的な空間で成長を促される（図1）。この時期に計画された城下町の堀には、もはや防衛上の意味はなく、武士と町人との居住区分あるいは城下の段階的拡張過程を示す「境界」として機能していた。さらに、江戸期中期以降には、武家地すら囲繞しない城下町も計画された。城下町から

図1　堀の外側に発達した町人地・山形県米沢。（宮本雅明、1993）

堀が消えたことは、商人社会の隆盛による階層的拘束の緩みが居住地の境界に現れた一例として解釈することができよう。

同心円構造の中核として機能し続けた城、時代を追うごとに拡大、発達していった町人地、両者の間に「境界」としての堀[★2]があったにしても、なかったにしても城下町のプランにみられる両者の関係が、各城下町の個性を創りだしていた。さらに、開放的な空間のもとで、積極的に市街地の整備、拡大を図った商人たちの行動が、都市域の自発的拡大の基礎を築いたということと、その過程で内から外への意識変化が生じたことは、その後の空間形成に多大な影響を及ぼしたと考えられる。

「町通り」と「筋」

城下町の区画は、城の周囲に配される藩営施設や上級家臣団の区画を除いて、間口が狭く、奥行の長い短冊状の形状を示していた。そのため、間口の面する通りは人通りが多く、区画の側面を通過する通りは人々の往来が少ない閑散とした状況を呈していた。このような区画の形状と通りのもつ表情から、前者は「町通り（町）」、後者は「筋」と呼ばれた。

町通りは東西方向、筋は南北方向の通りを指す場合が多いが、それは便宜的に市街地の座標系を示すためのものではない。町通りが東西方向の通りとなるのは、夏期の高温多湿というわが国の気候風土[★3]の問題から、南面する建築物が多いことに起因すると考えられる。町通りと筋との明確な解説をおこなった足利健亮が指摘するように、二つの通りには意味があり、相対する概念であることに注意する必要がある。

★2
「境界」としての堀　武家地と商人地、あるいは旧市街地と新市街地との間に「境界」として堀が設置された場合、堀にかかる橋が両者の結節点となり、重要なランドマークになった。

★3
気候風土　湿度、降雨・降雪量、風向といった気候風土は、都市内部における個々の都市施設に多大な影響を及ぼす。たとえば、産業革命期のロンドンにおいて、偏西風による煤煙を避けて、工場の西側に住宅地が発達した。

足利健亮は、豊臣秀吉がつくった、あるいは関与した今浜（長浜）、近江八幡、大坂、伏見の城にみられる「町通り」と「筋」との関係に着目し、伏見だけが大手門（追手門）から延びる通りに「筋」としての意味合いをもつことを指摘した。そして、大手門から延びる通りが「町通り」として栄えた「タテ町ヨコ筋型城下町」から、それが「筋」として「町通り」に直交する「タテ筋ヨコ町型城下町」への移行が、中世城下町から近世城下町への変貌であると述べた（図2）。

階層別棲み分けによって政治中心と商業中心が分化していた城下町において、城と町人地は明確な方位基準として認識されていたことは確かであり、両者は通りによって結ばれていた。ただし、前述したように、町人地はそれ自体が通りに沿って線的に展開していた。そのため、「タテ町ヨコ筋型城下町」から、「タテ筋ヨコ町型城下町」への移行は、町人地が城に直接連結しない分だけ空間的に複雑になったことを示す。また、城下町は城に近づくほど居住者の階層が高くなるという同心円状の構造をもっており、「タテ筋ヨコ町型城下町」への移行は、町人地における階層格差が縮小したことを意味する。

堀の囲繞や消失にも関連するが、「タテ筋ヨコ町型城下町」への移行に示される空間構造の変容は、城下町の機能的変質と住民の意識変化の表れととらえることができる。時代を追うごとに町人社会の自由度は高まり、城下町の発祥当初にみられる、守る者と守られる者との関係は薄れていった。

図2　タテ町ヨコ筋型城下町からタテ筋ヨコ町型城下町への移行。（足利健亮、一九八四より筆者作成）

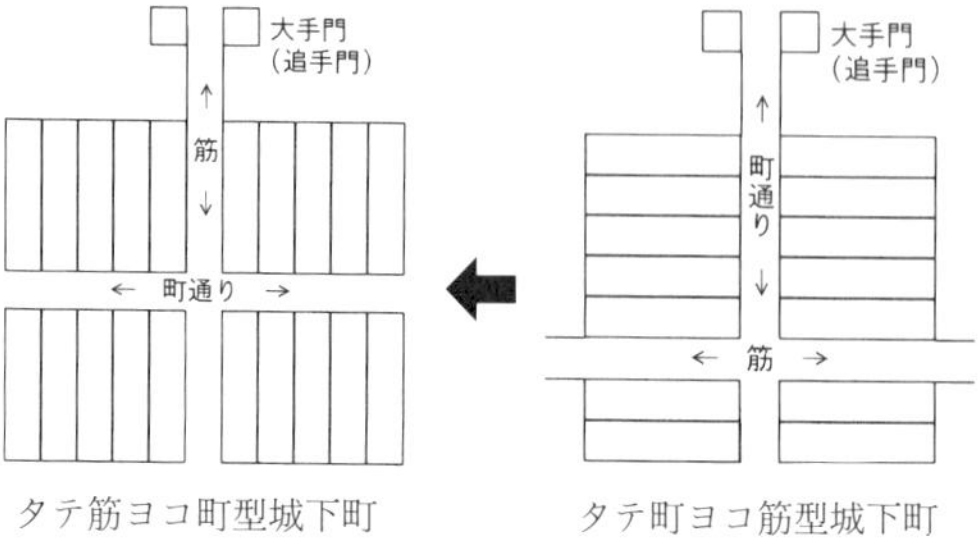

方位と結びついた景観

住民の意識変化とともに、施政者（藩主）の城下町に対する意識も変化したと考えれられる。軍事都市としての色彩が濃く、領地支配と力の誇示を目的としていた初期の城下町とは異なり、近世の城下町には景観上の美しさが多く指摘できる。

その景観演出の基本となったのは、城（天守閣）と通りである。通りは、町人地が展開する町通りはもちろん、外部から城下に入る街道や「タテ筋ヨコ町型城下町」移行後の大手筋などが使用された。着目すべきは、藩主の目線、住民の目線、来訪者の目線がそれぞれ考慮され、河川や山岳といった周囲の自然物がそれに取り込まれている点である。それらは信仰と結びついた古代人の方位観とは異なり、風景のなかに存在する象徴的なランドマーク★4として、通りの延長線上に望むことができるよう通りが建設された。

そのため、たとえば、「タテ筋ヨコ町型城下町」においては、大手門から延びる大手筋と町人地を形成する町通りとが「辻」を形成していたが、そこからは、城や周囲の山岳といった複数のランドマークが眺望でき、「辻」のもつ特異性を景観的にもきわだたせていた。また、仙台のように★5、「辻」に特徴的な建築物を設置し、通り沿いの町屋の軒高を統一して、主要街路の街並み景観を整備した城下町も現れた。バロック式の都市デザイン★6にも通じると評価されるこのような城下町の景観は、一七世紀半ば以降強化された奢侈禁令や防災上の問題から、その後進展することはなかったが、通りからの眺望は残存した。

★4 **ランドマーク**　地域を特徴づける景観要素。人はランドマークによって空間を認識し、自らの位置を把握すると考えられる。

★5 **仙台のように**　仙台城下町で形成された「辻」は「芭蕉の辻」と呼ばれ、戦前まで仙台の中心地として栄えた。

★6 **バロック式の都市デザイン**　直線的な街路を引き、その交差点に特徴的な都市施設を配置することによって、透視画法的な見通しを強調しようとする都市デザイン。

現在の都市計画においてヴィスタ[★7]（vista）と呼ばれるこの景観演出の手法は、城下町の形成時期や周囲の自然物さらには地域の風土と結びつき、それぞれの城下町における個性を形成した。「タテ筋ヨコ町型城下町」において、天守閣から見る藩主のヴィスタと町通りから見る町人のヴィスタが異なるのも、城と町人地という二つの方位基準がそれぞれ別の意味合いをもって認識されていた当時の時代背景を示すものとして興味深い。

（山田浩久）

★7 **ヴィスタ**　通景、見通し線。ある地点からみることができる直線的な眺望を意図的に創りだす景観演出の手法

【参考文献】　足利健亮『中近世都市の歴史地理　町・筋・辻子をめぐって』地人書房（一九八四）／宮本雅明「城下町の類型　総郭型から町郭外型へ」『図集日本都市史』東京大学出版会（一九九三）／山岡義典・中津原努・常満孝彦「都市計画」『万有百科大事典一七　科学技術』小学館（一九七三）／三船康道・まちづくりコラボレーション『まちづくりキーワード事典』学芸出版社（一九九七）

近代都市——方位観の変容と方向性の誕生

わが国における都市の近代化は、明治維新から第二次世界大戦までの「戦前期」と、戦災復興による都市再生から高度経済成長を経て現在にいたる「戦後期」に大別される。戦前期は、城下町を中心とする藩単位での地域的都市システムが、東京を中心とする全国的都市システムに組み込まれていく過程であり、戦後期は、都市人口の急増と機能集積による多機能、高密度化への過程である。

鉄道の敷設

幕府による全国的な管理体制が確立していたとはいえ、城下町に代表される近世の都市は独立採算制[★1]をとる藩のなかで形成され、藩主や町人によって自律的な成長をみせていた。

ところが、幕藩体制が崩壊すると、各都市は首都東京の管理下に置かれ、城下町がもっていた自律性は失われた。都市は、独立して機能する空間から相互に補完し合いながら成長する空間に変化し、他都市（とくに東京）との結合関係を強めることが都市成長の必須条件となった。

都市間の相互依存関係を促進させた最大の要因は鉄道の敷設である。各都市は鉄

★1 **独立採算制** 金の流出による財政の悪化を防ぐため、基本的に藩の経済は藩内で完結するよう管理されていた。

道網というネットワークによって連結され、必要に応じて人や物資が行き交うようになった。人や物資の移動量は都市間結合の程度を反映し、鉄道輸送量は全国的都市システムの形成に対応して増加した。

しかし、当初、鉄道駅は、その重要性に対する認識の低さや火の粉による火災の危険性等から、市街地郊外に設置されることが多かった。そのため、藩政時代における町人地を基礎とする既成商業地区と鉄道駅前の新興商業地区との位置関係が、その後の空間構造の変容にかかわる重要な要因となった。

田辺健一は、城からみて既成商業地区と同方向に鉄道駅が設置された場合には、二つの商業地区は空間的に連続し、商業規模を拡大することが多く、城を挟んで既成商業地区とは逆側に鉄道駅が設置された場合には、二つの商業地区は競合し、その結果、既成商業地区の衰退を招くことが多い、と述べている（図1）。

方位基準としての駅

城下町は、藩主が居住し政治中心として機能する城と商業中心である町人地が明確に区分され、それぞれが方位基準となっていた。しかし、近代に入ると、城の機能は失われ、かわりに各種行政機関が町人地に隣接して設置された。また、士農工商の身分制度が撤廃され、階層別の棲み分けもみられなくなった。

これらの変革は、近代都市の成立には不可欠なものであるが、近世の城下町においては、武家地、町人地の空間的形状や両者の位置関係が各城下町の個性を創りだしていたことは明らかである。

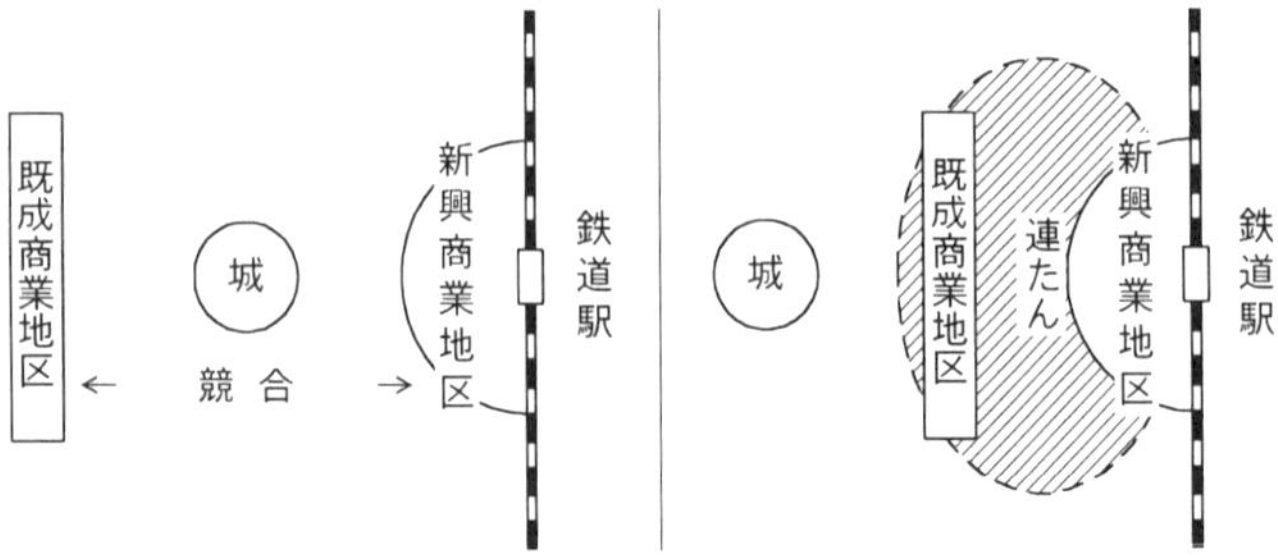

図1　鉄道駅設置による商業地区の連たんと競合。（田辺健一、一九七一より筆者作成）

一方、近代都市への脱却にもっとも効果的に作用した鉄道駅は、ほとんどの都市に新たに設置された都市施設であった。城と町人地との関係が、制度的にも実質的にも失われていくなかで、駅はきわめて明確なランドマーク[★2]として認識された。

鉄道駅を新たな方位基準としたのは住民だけではなかった。駅は、来訪者にとっても重要な方位基準となり、行動の始点として一般化された。また、商業施設も人と物の往来がもっとも著しい始点として鉄道駅をとらえ、新たな都市化中心としての立地選定に際する基準とするようになった。交通利便性が土地評価の重要な指標とされだしたのもこの時期からである。

再開発事業

鉄道駅のもつ高い集客能力は、商業施設の集積を促進した。それは主要幹線道路沿いに線的に展開した藩政時代の商業集積とは異なり、きわめて集中的なものであり、高層化[★3]による立体的な集積であった。駅という地点に対する近接性が集積要因となる以上、このような現象は必然的なものであったが、結果的に、都市施設の偏在傾向を強め、集積の不利益による都市問題を発生するにいたった。また、鉄道駅は重要な集積地点であったが、鉄道路線は市街地を分断し、「駅前」と「駅裏」といった空間的な二面性を創りだした。

これらの問題は市街地発達の大きな阻害要因としてとらえられ、再開発事業によって人為的な空間整理がおこなわれるようになった。都市によって計画される再開発事業はさまざまであるが、都市住民の「住みこなし[★4]」や都市施設の自由な集積によって発生した弊害を人為的に解消し、都市空間の均一な成長を目指そうとするス

★2 **ランドマーク**　二〇五頁脚注参照。

★3 **高層化**　一般に高層化は方位と無関係であるが、景観的に突出した高層建築物は、それをみる側の方位観に多大な影響を与える。

★4 **住みこなし**　一九一頁脚注参照。

タンスは各都市に共通している。

もちろん、このようなスタンスは、現在の都市計画における基本であり、それによって都市全体の生産性は増すであろう。ただし、駅を中心とする全方位の開発[★5]は、城と町人地を中心に形成されてきた都市の空間構造をつくりかえることにほかならない。二つの中心よりも一つの中心のほうが効率的であることは間違いないが、構造が単純になる分だけ、町の個性を創造することは難しくなり、住民の方位観も形成されにくくなる。

駅を中心とする都市計画を地図上でみると美しい。しかし、実際の景観[★6]は現場にいかなければ分からない。地図上（平面上）で確認される整然とした美しさが、かならずしも現場で感じられる空間の立体感や面白さを創りだすことにはならないのである。効率性と個性とは、つねに二律背反的なものなのかもしれない。

都市成長

一九六〇年代に始まる高度経済成長期において、わが国では大都市圏という行政域を越えた経済圏が形成された。大都市圏に含まれる各都市の成長は大都市圏の成長の一部であり、内部に設置された鉄道駅は大都市圏の空間的拡大にかかわる地点でしかない。

たとえば、東京大都市圏に居住する人々の方位観は、自らが居住する都市の鉄道駅を基準にしているというより、漠然とした「東京」を基準にしている。大都市圏の成長は、周辺都市が東京通勤者のベッドタウン[★7]として開発されてきた過程であり、街の個性よりも機能や効率を重視した宅地開発が外方に向かって急速に進められた。

★5 **駅を中心とする全方位の開発**　駅の片側を整理して（駅前再開発）、機能の一部をもう一方の側に移す（駅裏再開発）は、セットで計画されることが多い。これによって、鉄道駅を中心にした全方位の空間整備が可能になるからである。

★6 **景観**　地理学において、景観は「目に入る」生活空間全般を指すが、工学や造園学においては、人為的に創出される視覚空間を指す。

★7 **ベッドタウン**　一九八〇年代ごろから産業の郊外化が進行し、

戦災復興による都市の再生から、高度経済成長による大都市圏の形成、拡大まで、わが国の都市は半世紀あまりのあいだに大きく変化した。各都市は、人口や機能の集積に迅速に対応していかなければならず、農地から住宅地へ、さらには住宅地から商業地へといった土地利用転換が急速に進行した。このような状況下においては、汎用性をもった土地利用計画が必要とされ、画一的、均一的な空間を大量に創出することが最大の目標となっていった。

一方、方位や景観は位置の確定や場所の個性といったものに由来する。全方位、均一といった都市計画が、最終的には歴史的背景に裏づけされたその都市本来の方位を曖昧なものにしているのではないだろうか。さらに方位は、元来、固定的な概念であり、数世代にわたって受け継がれ、空間的、精神的な位置を人々に知らしめてきた。戦後の都市は、方位による空間認識を部分的に継承したが、空間構造の急速な変化のために、住民の方位観が固定されることはなかったと考えられる。成長という軸線に沿った空間構造の変容は、ある意味、ここでいう方位とは別に「方向性」として規定されるものなのかもしれない。

（山田浩久）

住居機能の特化を強調した「ベッドタウン」という言葉は使われなくなっていった。

【参考文献】田辺健一『都市の地域構造』大明堂（一九七一）／富田和暁『大都市圏の構造的変容』古今書院（一九九五）／山岡義典・中津原努・常満孝彦「都市計画」『万有百科大事典一七　科学技術』小学館（一九七三）／山田学・川瀬光一・梶秀樹・星野芳久『現代都市計画事典』彰国社（一九九二）／三船康道・まちづくりコラボレーション『まちづくりキーワード事典』学芸出版社（一九九七）

沖縄——固有の発達をとげた方位認識体系

沖縄では、民俗方位[★1]や独特の方位観が民家や儀礼などさまざまな局面に表れることが知られている。また一方で、東アジア全体に広まった風水思想にもとづく方位判断もみることができる。

方位の呼称

沖縄の方言では東をアガリ、西をイリー、南をフェー、北をニシと呼ぶ。アガリ、イリーはそれぞれ太陽の「上がる」方位、「入る」方位であることが語源であると考えられ、フェーは南風《はえ》の風位語との関連が指摘されている。また北をニシと呼ぶのは日本本土の呼称と九〇度ずれているが、一五世紀ごろまでは北を「キタ」と呼んでおり、その後、西が「イリー」系の呼称になるにつれて、北をニシと呼ぶようになったとされる。これらの方位名称は西表《いりおもて》島、南風原《はえばる》町などの地名などにもみることができる。

十二支方位はニーヌファー（子《ね》の方・北の方角）、トラヌファー（寅の方・東のやや北寄りの方角）などのように用いられ、また、二十四方位も後に述べる風水と関連した局面でみることができる。

★1　**民俗方位**　ある特定の地域や社会でみられる、通常用いられる東西南北の自然方位とは異なる方位。普遍性や一般性はないが、その地域、社会の空間認識や世界観の形成に役立つことが多い。

民俗方位

沖縄では、ふだん使われる自然方位とは異なる、民俗方位が用いられることがある。たとえば、宮古諸島の来間《くりま》島では、地名や住民の認識から民俗方位が示されることが報告されている。図1のように、島の北西端と南東端の岬の方向がそれぞれアガル（東）、イリ・イル（西）と認識され、それに沿って北東方向がニシ・ニス（北）でありクシ（後ろ）、南東方向がパイ（南）でメー（前）であるとされている。全体として絶対方位から四五度ほどずれた民俗方位がみられ、それがさまざまな民俗事象にも表れる。

沖縄の民家には、このような民俗方位もふくめ、方位観が表れることが多い。図2は沖縄の民家のモデルであるが、これは北を背後とし、南に入口をもつ南向きの家で、四つの部屋をもつ、沖縄において典型的な民家の形式である。この南側（前方）の二つの部屋のうち、東側は一番座と呼ばれる男性戸主の客間であり、神壇のある相対的に格式ばった部屋である。それに対し、その西側の部屋は二番座と呼ばれ、日常生活での来客応対など主婦の客間としての性格をもっており、仏壇が置かれる。さらにその西側に台所

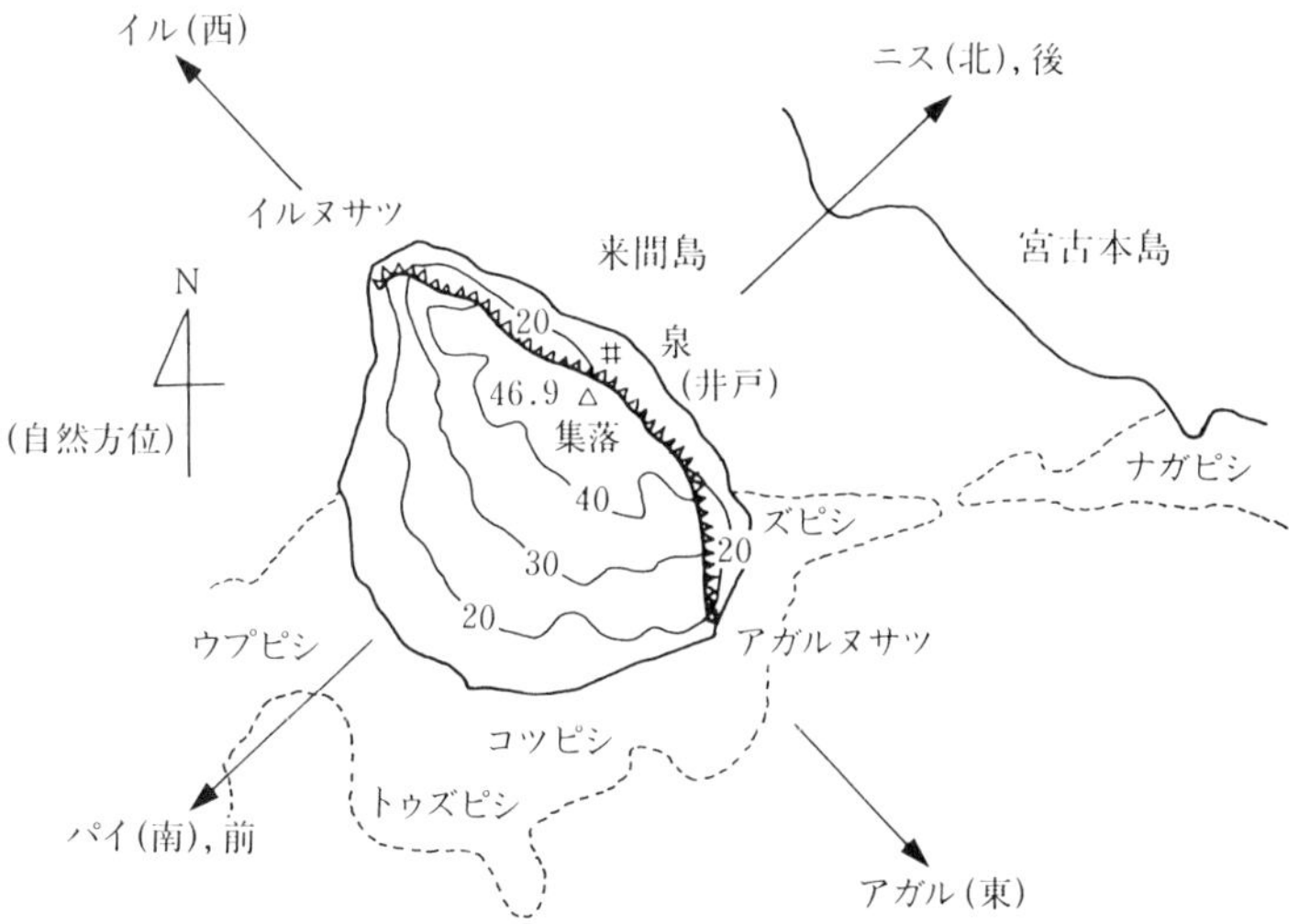

図1　宮古諸島来間島の民俗方位（松井建『琉球のエスノグラフィー』人文書院、1988）

があり、敷地の北西隅に便所と豚小屋がある。一方、敷地の東側に屋敷神があることなどから、東南側が男性・優位を示し、北西側が女性・劣位を示すものと考えられる。ただし、沖縄では男性の社会的優位に対し、女性の宗教的優位がみられ、この優位劣位の関係が反転することがあることも付記すべきであるだろう。

このような方位観は豊年祭などの祭事における綱引き（東西方向でおこなわれることも多い）や、沖縄の御嶽《うたき》のなかでの儀礼などにも表れることが多い。

風水と方位判断

風水という語が沖縄の文献に登場するのは、一七世紀後半の島津氏の侵入後のことであり、その風水の知識は、主に当時の中継貿易などに携わった唐栄士族によって福州（福建）より伝えられたものであるという。

風水書などの内容を検討すると、琉球で風水が本格的に認知され、用いられ始めたのは、一七世紀後半であった。とりわけ一六〇〇年代以降、琉球王国で重要な位置を占めていた唐栄士族の子弟が、中国南部の福州にわたり、「地理（風水）」を学んで帰国したとの例が久米村家譜などの文献に記されている。

風水書の内容は多岐にわたるが、方位判断を主とする理法がより強く受け入れられたものと思われる。そして沖縄では建築物、墓、植樹などに風水はよく用いられた。また沖縄では、風水によって村や墓を判断する「見分記」が多く記され、現在まで保存されているものも多い。

一八世紀に編纂された『球陽』に記された首里城の地理見分（風水見分[★2]）記録をみると、首里城の国殿や道の向きなどについてふれているが、これをみるかぎり方

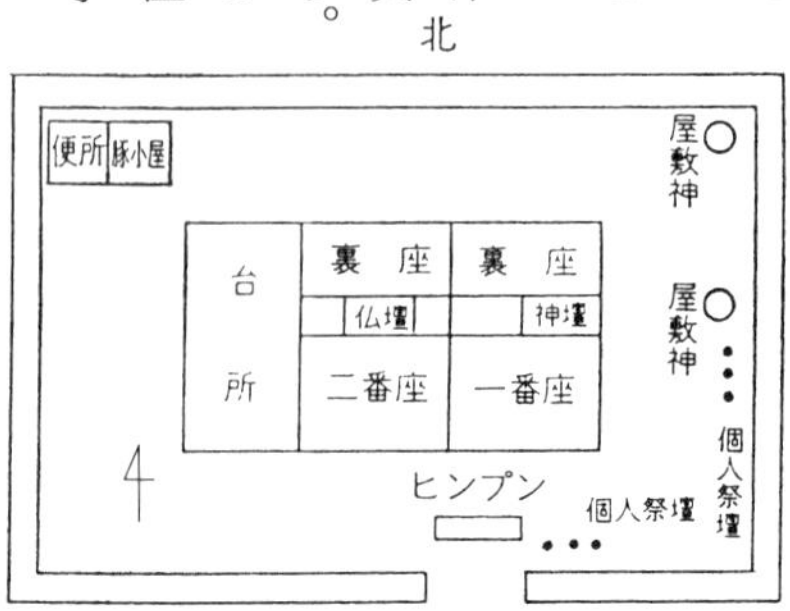

図2　沖縄の民家モデル（『馬淵東一著作集　補巻』社会思想社、一九八八）

★2　**風水見分**　近世の沖縄において、個人の家や墓、村落などの判断

位についてはきわめて簡単な記述しかない。これに対し、首里城を取り囲む山々や、樹林の重要性については詳細に言及していることが分かる。これは、「気を逃がさない」ための指摘とも考えられ、琉球の風水が、方位よりは地形判断をおこなう一面をもっていたことが推測できる。

　これに対し、一八五七年の羽地間切真喜屋・稲嶺両村の風水判断をみると、記載内容の多くに方位に関する記述がみられる。たとえば「上之御嶽子後て二而午に向庚午」（上之御嶽は子（北）の方角を背後にして午の方角に向き、ただし若干西よりに向いている）などのように、さまざまな事物についての判断をするさいにかなり詳細に方位を計測している。そのほかに植樹、水路・道路の開閉などについて指示されているが、形法的側面よりも、方位が前面にでてきている印象が強い。

　速断にすぎるかもしれないが、朝鮮や中国に比べると、沖縄（琉球）では風水のうち、相対的に理法の方位判断がより発達したものと考えることができるかもしれない。あるいは、形法・理法★3とも受容しながら、形法は琉球王府の植林政策とも関連する、「気」を逃さないためにおこなう植林と、水路や道路の造営に関する部分のみが発達し、相対的に理法の方位判断が目立つようになったとも考えられる。いずれにしろ方位判断は沖縄の風水の重要な部分を占めている。

『北木山風水記』

　『北木山風水記』（以後「風水記」）は一八六四年に久米村与儀通事親雲上・鄭良佐が波照間《はてるま》・与那国《よなぐに》を除いた八重山諸島の、当時存在した全村落の風水を観察調査し、その風水判断を述べたものである（資料1）。

を風水師に依頼し、風水師が現地調査を通してさまざまな風水的な判断と風水的環境の改善指示をおこなうこと。これをおこなう風水師は中国で風水を学んだ久米村の唐栄士族が多かった。

★3 **形法・理法**　九九頁の脚注参照。

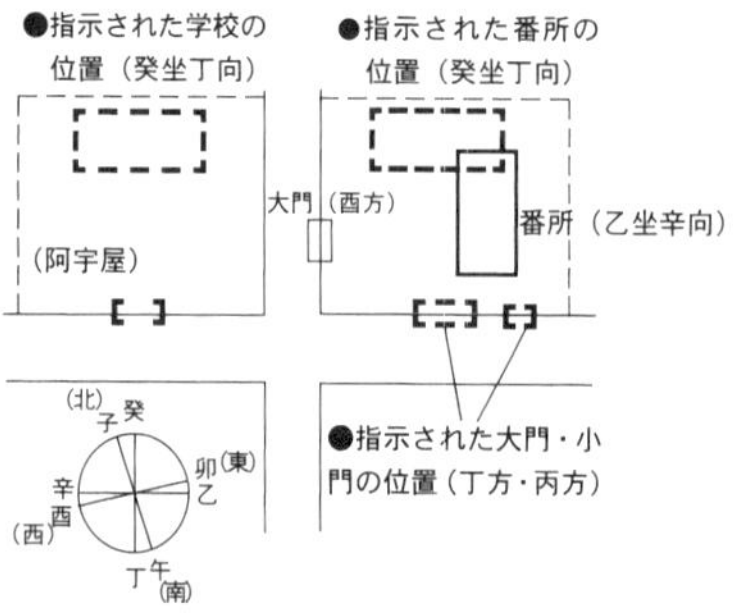

図3　『北木山風水記』の方位判断と指示
（西表島祖納村）

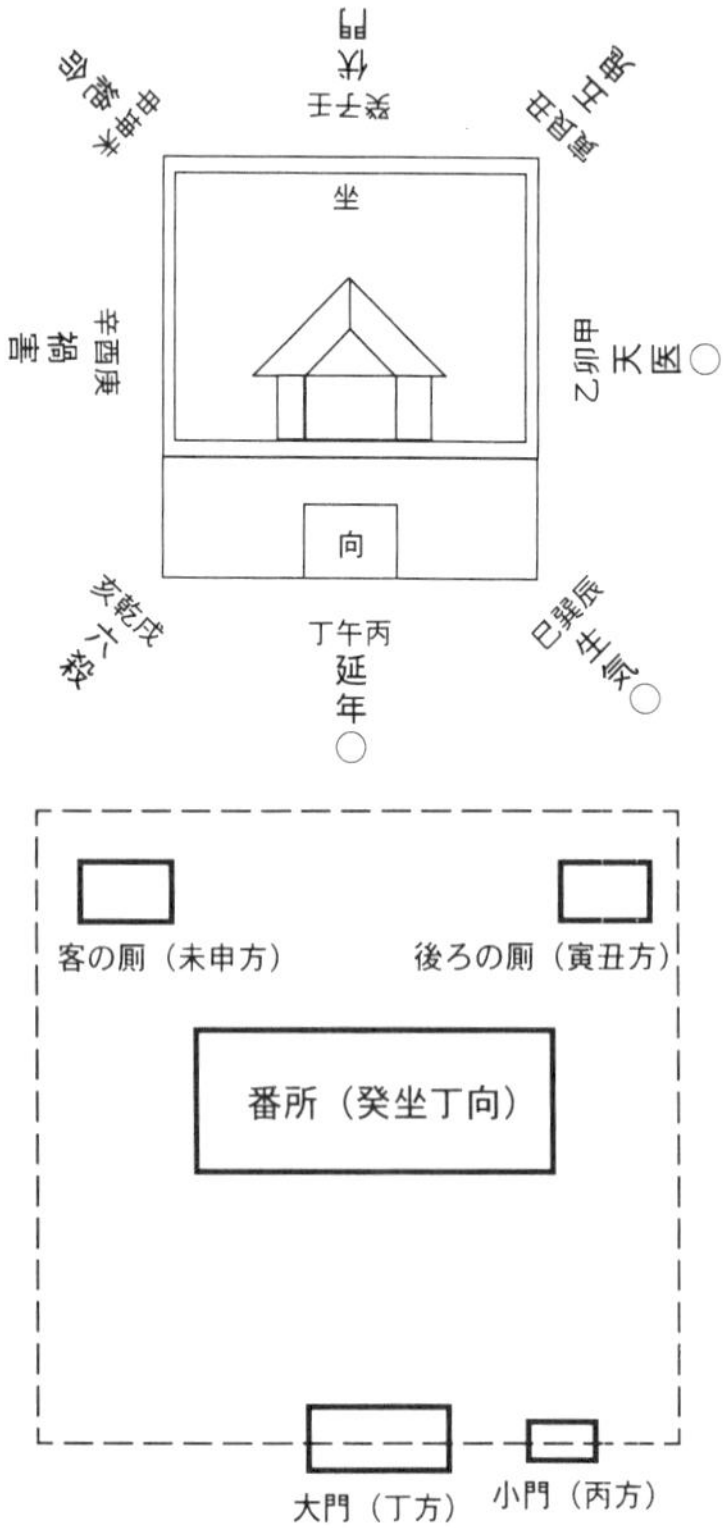

図4　八宅法（上）と番所に関する指示（下）

風水記は、八重山の中心部である石垣島の蔵元と四か村の風水に最初に触れ、つぎに石垣島の各村、その後に竹富島、黒島、西表島などの周辺の島々の村についての風水について述べられてゆく。その主な内容としては、村々の番所（役所）から始まり、その他の家々の宅地の形状や門の方向、道路、樹木の状況、排水など、多岐にわたる事項についての詳細な風水判断と、改善の指示が示されている。風水判断には、方位に関しては八宅法★4・九宮などの中国でもみられる方位判断が用いられ、樹木の植林・伐採については「気」を逃さないために樹木で村や家を囲む「抱護」の考え方が影響している。

ここでは風水記に記載された村々のなかから、西表島《いりおもてじま》の祖納《そない》村という具体的な

★4　**八宅法**　家を門のある方向を基準に、八卦方位を用いて八つに分類したうえで、さらに家の内部を九等分し、中心を除いた八つの区域の吉凶を判断する方法

事例をもとに、方位を主とする風水判断の実態を検討してみよう。鄭良佐による祖納村の風水見分は、資料1に示したような内容である。まず、村の中心となる番所(役所)の方位、門・厠の位置、および周辺の道路、樹木などに関する風水的判断と風水的環境を改善する方法を述べている。

この方位判断を主として具体的に検討すると、図3、図4に示した風水的判断と改善の指示がおこなわれている。すなわち、番所の坐向(乙坐辛向)を八宅法で判断すると、大門のある西方は「絶命方」であり不吉であるが、他の吉方は樹木が生い茂っているために門をつくれず、番所自体を現在とは九〇度ずらした「癸坐丁向」に建て直すことを指示している。これは八宅法では北方を背にした「坎宅」であるとされ、吉方は東方の天医、南方の延年、東南方の生気である(図3)。風水記ではこのうち延年にあたる丁方、丙方にそれぞれ大門、小門を開き、厠を凶方である西南方(絶命)、東北方(五鬼)につくることを指示している(図4)。

その後、植樹・伐採、排水、「悪石」の存在と対応策などについても教示しているが、全体の半分は番所など重要な建築物の方位判断である。その判断基準としては方位論の八宅法を用いており、ここでも風水の理法による方位判断が表れている。

(澁谷鎮明)

(「風水」の項参照)。なお『北木山風水記』の例では、門とは反対の方向を基準としており、本来の八宅法とは逆の用い方をしている。

【参考文献】 中本正智『図説琉球語辞典』金鶏社(一九八一)/渡邊欣雄『世界の中の沖縄文化』沖縄タイムス社(一九九三)/渡邊欣雄『沖縄の社会組織と世界観』新泉社(一九八五)/窪徳忠編『沖縄の風水』平河出版社(一九九〇)/町田宗博・都築晶子「『風水の村』序説　『北木山風水記』について」『琉球大学文学部紀要　史学地理学編』三六号(一九九三)

資料1　『北木山風水記』祖納村部分（読み下しは筆者）

一　番所は乙に坐し辛に向かう。大門は酉方に在りて是れ絶命の門と為し、吉ならず。又戌方に改めて開かんと欲す。乃ち其の前の樹木甚だ茂盛にて鬼怪の内に入るの妨げ有り。宜しく癸に坐し丁に向かい、大門は丁の方に開き小門は丙の方に開くべし。乃ち延年の門と為し尤も吉。客の厠は未申二方に作るべし。此の方は八宅に在りては絶命の方と為す。後の厠は寅丑二方に作るべし。此の方は五鬼の方と為し尤も吉。

一　改向の時は其の前の道は広げるべし。尤も吉。

一　番所後頭一帯は樹木甚だ少にして遮蔽の方無し。宜しく図に照らし多く樹木を栽し、以て北風を遮るべし。然らずして生気吹散すれば吉ならず。

一　村中樹木甚だ高にして茂り盛る。恐らくは居人、湿気の為に痛む所となりて、発生すること能わざらん。其の半ばを伐去すれば則ち吉。

一　村中悪石有りて人家に直に向かう。吉ならず。宜しく旧に因りて道を塞ぎ、樹を栽し、又各当たる所の家は獅子を坐し、以て其の凶を避くるべし。乃ち妨げず。

一　学校は番所の前阿宇屋に移すべし。尤も吉。又宅は癸に坐し丁に向かい、門は丁方に開けば、則ち吉。

一　番所の後、右辺の道路は図を照らし少しく改め、又樹木を栽すは則ち吉。

一　各家門より水を出すは貧窮の妨げ有り。宜しく側より曲折して出すべし。乃ち吉。

アイヌ——自然と共存した方位のあり方

幅のある方位観

アイヌの人々は、近世の日本社会において蝦夷《えぞ》と記された先住民族であり、主に北海道、樺太の南半分、千島列島の川や海の近くに小さな集落を形成していた。また、アイヌは食料の多くをサケ科魚類に依存する狩猟採集経済であり、また文字をもたなかった。

このようなアイヌの生活が、方位あるいは方角、方向とどのようなかかわりをもっていたのだろうか。アイヌの方位とのかかわりについては、地域差や経年変化を示すまでにはかならずしも研究が進んでいない。ここでは、おおよそ一九世紀後半から二〇世紀前半の北海道の状況として紹介しよう。

東西南北という方位に相当するアイヌ語は、多くの地域で伝えられている。風についても、東風、西風、南風、北風に相当するアイヌ語は多くの地域で伝えられており、今日の方位ほど正確ではないにしろ、アイヌは東西南北という方位を認識していたと考えられる。実際には、東に相当するものは東から南にかけてを、西に相当するものは西から北にかけてを指すことがあり、服部四郎によると、南北に相当するアイヌ語は伝えられていないという地域もあった。東と西の方位については、

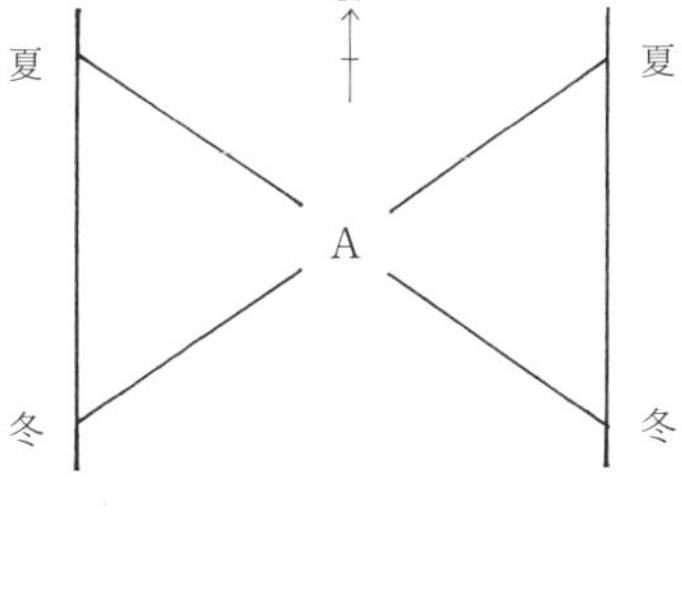

図1　日の出と日の入の方角の変化（北半球の場合）　A地点からみた日の出、日の入の方角は、夏に北上し、冬に南下する。

アイヌが主に居住した北海道およびその周辺のように、北半球では、日の出、日の入の方角が夏に北上し、冬に南下することから（図1）、ある程度の幅をもって認識されたことは、十分にありうることと考えられる。

アイヌの世界観

人が死ぬと、浅い穴を掘り、仰臥のままで頭を東にして山中に葬った。これは起きて霊魂の行き先となる、日の落ちる西方へ行くためであるという。老人は山中ではなく、家屋の東方にある先祖を祀る場所の付近に葬られた。死者を葬ると、身近な者は着物を反対に着るだけでなく、家財の位置を反対にしたり、家屋を焼いたりした。アイヌ集落の形態は、かならずしも明確ではないが、疎塊村的なものと推測されている。集落を構成する個々の家屋は、その長軸が東西方向（白老《しらおい》、平取《びらとり》）あるいは川の流れる方向（帯広《おびひろ》）とほぼ平行になるように建てられた。これはアイヌの集落形態とは異なるものの、北米のシャイアン族が儀式のときに[★1]円錐形のテントの入口を東に向けて円周上に配列するのと類似している（図2）。アイヌの家屋の東側（白老、平取）もしくは川の上流側（帯広）に設けられた神窓[★2]（カムイプヤㇽ、ロルンプヤㇽ）は、その方向に認められる神々が出入りする所としてとくに神聖視された（図3・図4）。神窓の外には祭壇（ヌサ）が設けられた。屋内には炉があり、主人夫婦、子供、客人の座る位置がそれぞれ決まっており、寝るときは神窓へ足を向けないようにしていた。家屋の東西の隅に矢を射る儀礼もあった。

アイヌは地上において自らが生活を営む現実の世界をアイヌモシㇼ[★3]と呼び、その

★1 **シャイアン族が儀式のときに**　北米のシャイアン族は儀式のときに円村形態（家屋が円周上に配列）をとるが、各家屋の出入口は東向きである。後には出入口が中心を向くように変化した。ドイツからポーランドにかけてみられる円村では、各家屋の出入口は広場の中心に向いている。

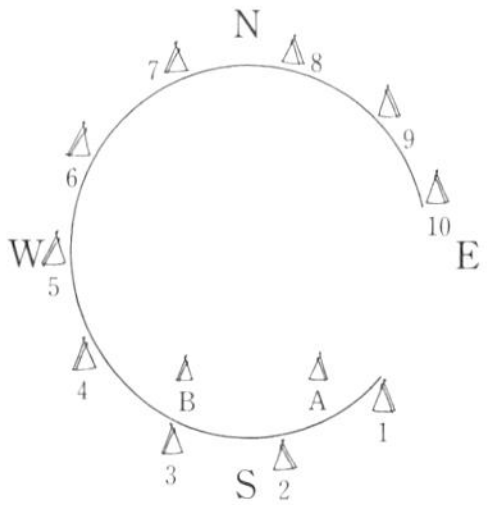

図2　シャイアン族のキャンプ平面図（ダグラス・フレイザー『未開社会の集落』井上書院、一九八四）

★2 **神窓**　白老では、アイヌは川の上流に神々を認めながらも、神窓はかならずしも家屋の上流側ではなかった。

上方にカムイモシリ[★4]、下方にポクナモシリ[★5]が存在すると考えていた。死者の霊魂は、上方のカムイモシリや下方のポクナモシリ、あるいは西方にある死者の世界へ行くものと理解されている。死後の世界は、昼と夜が逆であるなど、この世と逆転した世界であることは、シベリアのアルタイ系諸民族と共通する考え方であるという。

アイヌ語地名

アイヌ語には東西を意味する言葉が三種類あったという。東—西の対はそれぞれ、①チュプカ (chup-ka) —チュプポク (chup-pok)、②メナシ (menash) —シュム (shum)、③コイカ (koika) —コイポク (koipok) である。このうち①は地名にはほとんどでてくることはなく、②と③は地名にでてく

★3 アイヌモシリ ainu-mosir ＝人間の世界。

★4 カムイモシリ kamui-mosir ＝神の世界。

★5 ポクナモシリ pokna-mosir ＝下方の世界。

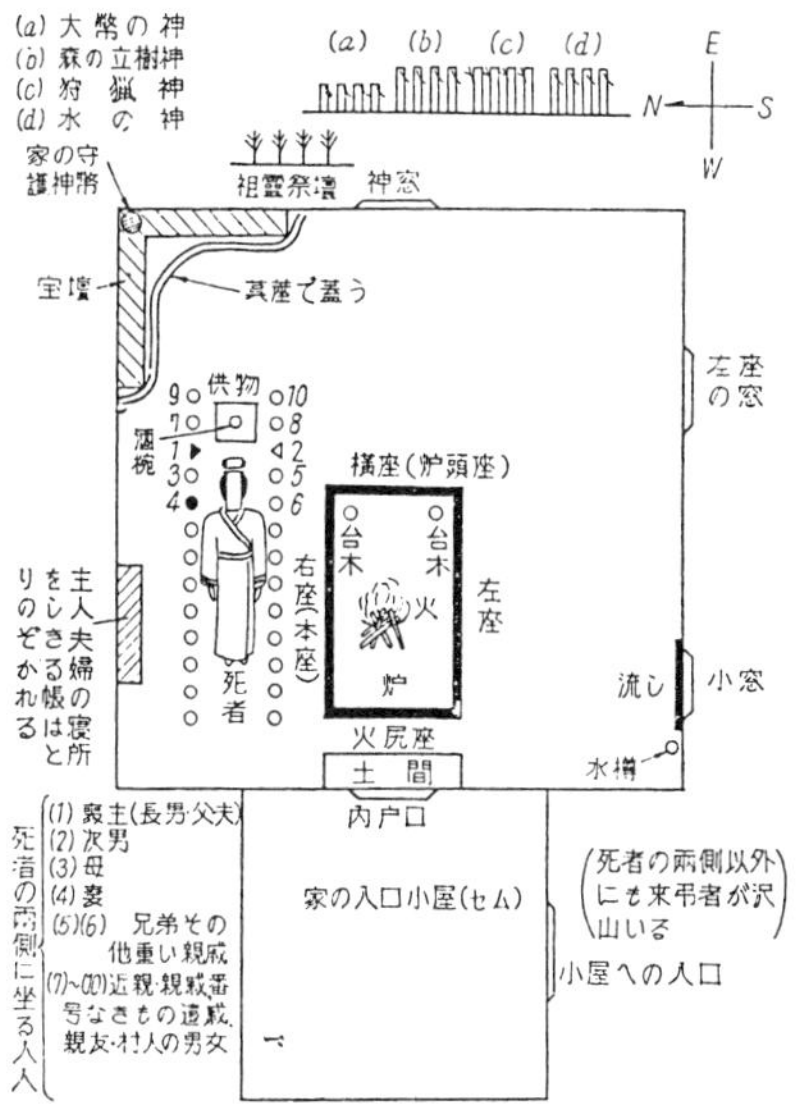

図3　アイヌの家屋内部と神窓の位置
(久保寺逸彦「北海道アイヌの葬制」『民族学研究』第20巻、1956)

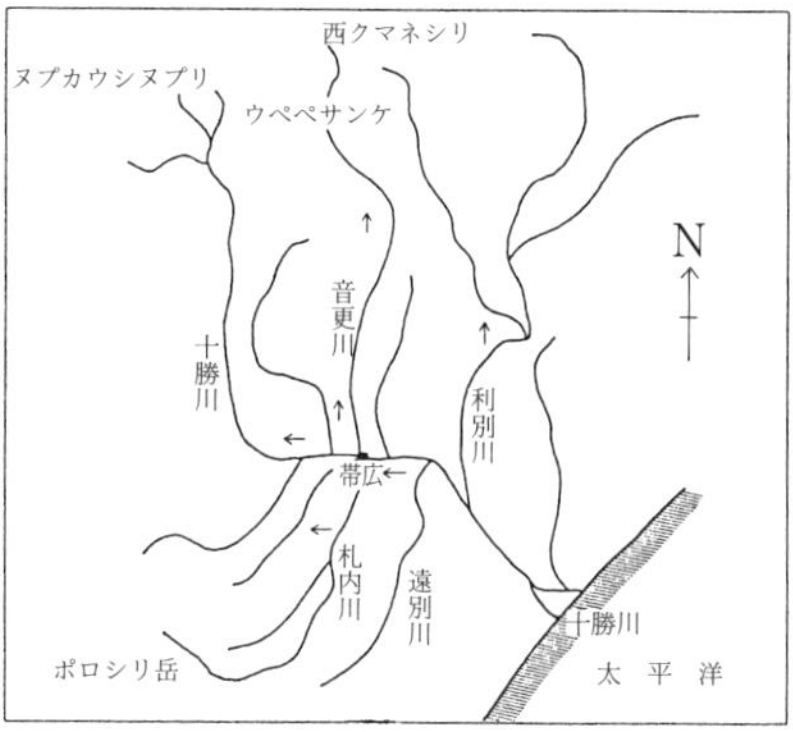

図4　十勝におけるアイヌの家屋と方位。矢印は神窓の向きを示す。
(内田祐一「帯広・伏古におけるチセと附属施設について」『アイヌ民族博物館研究報告』二、1989)

るものの、海岸地方に限られ、内陸にはまったくみられないことから、造語あるいは外来語として比較的新しくでてきた言葉と考えられている。南北の方位名はまったく地名にはでてこないという。山田秀三によれば、東西という方位名が川上・川下と混同されるように、アイヌの人々のなかでは東西南北の概念はかならずしも明確ではなく、とくに南北の概念はなかったとされる。

しかし、東西南北などの方位は、相対的な位置関係によって変化し得るものであり（図5）、地表の特定地点に命名される地名とは本来は相容れないものである。地名に方位名がみられないことをもって、アイヌに方位の概念がなかったとすることはかならずしも妥当とはいえない。ただし、東西を意味するアイヌ語のうち、②メナㇱ－シュムの対については、知床岬の東側をメナㇱ、西側をシュムというアイヌ語地名が永田方正によって報告されている。斜里郡のシュムタモイ（shum-ta-moi）は、知床岬の西側にある湾という意味という。これは日の出、日の入の方角にもとづく東西方位とは異なり、知床岬を基準とする東西方位が認識されていた可能性を示唆する。

集落の「かみ」のはずれをコタンパ（kotan-pa）、「しも」のはずれをコタンケシ（kotan-kes）というが、「かみ」「しも」の方向は地域によって異なり、「しも」の方向を樺太では北、胆振《いぶり》では南、日高では西、北見や旭川では川下を意味している。

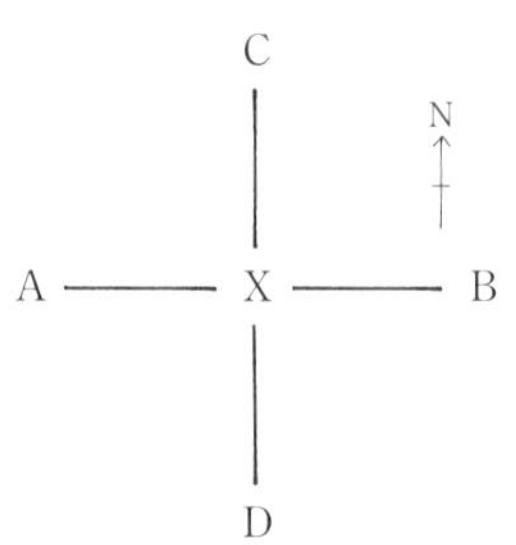

図5　方位の相対的な位置関係。XはAの東方、Bの西方、Cの南方、Dの北方に位置することになる。

川はどっちに流れるのか

毎年のように川を遡上するサケ科魚類は、アイヌ、イヌイットなどの北太平洋沿岸地域の先住民にとって、確実な食料資源となってきた。アイヌ語で川を意味するペッ（pet）、ナィ（nay）を含めて、川に関する地名がアイヌ語地名の半分近くを占めるといわれる。知里真志保によると、アイヌは川を人体になぞらえ、川は海から山へ向かうものと認識していたという。川の合流点をアイヌ語ではペテウコピ（pet-e-u-ko-hopi-i）というが、これは、「川が」―「そこで」―「互い」―「に」―「捨て去る」―「所」という意味になる（図6）。反対に、川の分岐点はペどトモㇱマウシ（pet-utomosma-us-i）というが、「川が」―「出あう」―「習いである」―「所」という意味である。

『百人一首』にも、崇徳院により「瀬をはやみ岩にせかるる滝河の　われても末にあはむとぞ思ふ」と詠まれたように、通常、日本人は川の水が流れる方向と同じように山から海へ、上流から下流へという方向で川を認識してきたと考えられる。アイヌは、通常の日本人とはまったく逆の方向感覚で川を認識していたことになる。川の合流点と分岐点を、アイヌはそれぞれ分岐点、合流点とまったく逆に名づけ、川の出発点となる水源を、アイヌは帰着点あるいは川の行き先と命名した。これには、アイヌが川や海の近くに集落を形成し、毎年のように川を遡上するサケ科魚類に食料の多くを依存する漁撈民として生活していたことが、大きくかかわっていると考えられる。

しかし、かならずしもアイヌが、水の流れる方向とは逆に海から山へ、下流から上流へという方向でのみ川を認識していたというわけではなく、日本人と共通する認識をもち合わせていたものと考えられる。アイヌ語で川上、川下をそれぞれぺ

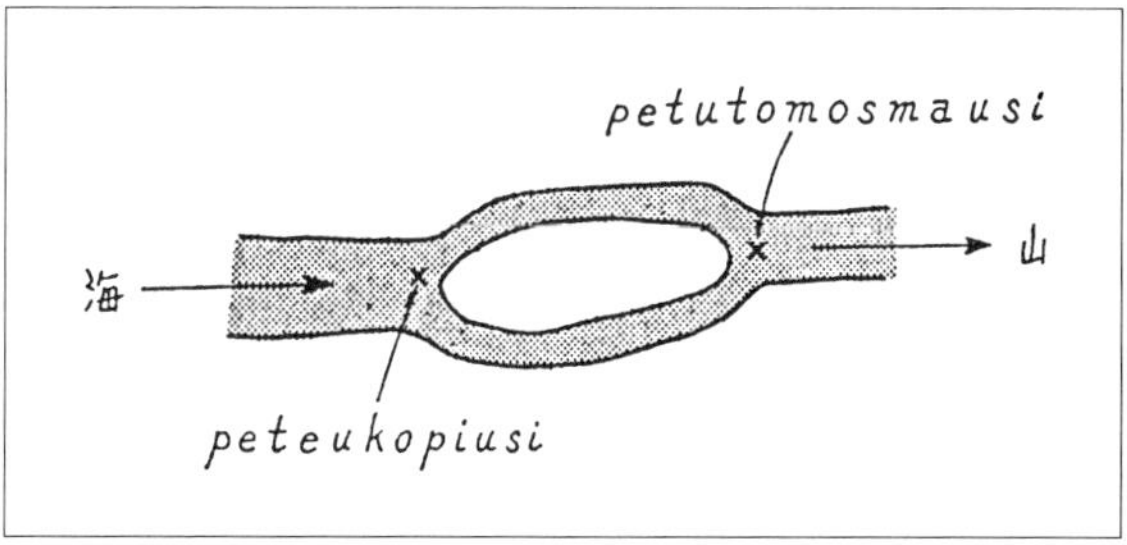

図6　川の分岐点と合流点（知里真志保、一九五六）

ンケ、パンケといい、石狩川流域において、現在の旭川市街地の近くにある神威古《カムイコ》潭《タン》付近よりも上流のアイヌをペニウングル、下流のアイヌをパニウングルといったが、それぞれ上流の人、下流の人という意味である。また一八五八年（安政五）の沙流川流域において、洪水のために家屋を流されたアイヌが別の場所へ建て直しているのを松浦武四郎が聞き取りしている。洪水をも惹起する川の水が、山の方から海の方へと流れていたことを、もちろんアイヌの人々は認識していたと考えられる。

（遠藤匡俊）

【参考文献】服部四郎編『アイヌ語方言辞典』岩波書店（一九六四）／永田方正『北海道蝦夷語地名解　附アイヌ地名考』北海道庁（一八九一）／知里真志保『地名アイヌ語小辞典』楡書房（一九五六）／知里真志保『アイヌ語入門　とくに地名研究者のために』楡書房（一九五六）／山田秀三「アイヌ語地名の話」『角川日本地名大辞典１北海道　下巻』角川書店（一九八七）／山田孝子『アイヌの世界観』講談社（一九九四）／大林太良「アイヌの方位観」『自然』二八－五（一九七三）

第5部

世界各地の方位

中国古典文学――方位を彩る知的源泉

方位の語義

「方位」という言葉は、もともと中国製漢語だが、日本語としてもそのまま通用する。そして、おおかたの辞書は、「方位」という二字の漢語について、「方角と位置」と定義する。

たとえば、諸橋轍次『大漢和辞典』（一九五七）は、

方角と位置。東・西・南・北の四方の位置。古来方位を示すに四主点・四隅点を以てする外に、子・丑・寅・卯・辰・巳・午・未・申・酉・戌・亥の十二支、及び易の坎・震・離・兌・乾・坤・巽・艮が用ひられたが、今は三十二方位法が多く用ひられ、又、測地学・天文学上精密を要するものは方位角（磁針の指す方向が子午線となす角）を用ひる。

と説明する。そして後漢時代（二五〜二二〇）の張衡《ちょうこう》が、東の都洛陽のことをうたった長編の叙事詩「東京《とうけい》の賦《ふ》」（『文選《もんぜん》』★1所収）には、

弁方位而正。――方位を弁《べん》じて正す。

『晋書《しんじょ》』律歴志《りつれきし》★2に、

従其方位加律其上。――其の方位に従いて、律を其の上に加う。

★1
『文選』 六朝、梁の昭明太子・蕭統（五〇一〜五三一）が編集した中国最古の詩文集全六〇巻。後世、知識人必読の書となる。

★2
『晋書』律暦志 唐の太宗勅撰の晋（二六五〜四二〇）の歴史全一三〇巻のうち、晋代の暦法について記した部分。

と、方位という語の早い使用例を示す。

また中国の『漢語大詞典』（一九九〇）はいう。

　方向位置。東、南、西、北為基本方位、東北、東南等為中間方位。

　——方向位置。東・南・西・北を基本方位とし、東北・東南等を中間方位とする。

そしてもっとも古い用例として、『漢書《かんじょ》』郊祀志《こうしし》下★3の一文、

　今甘泉、河東天地郊祀、咸失方位、違陰陽之宜。

　——今、甘泉・河東の天地の郊祀は、咸《みな》方位を失《しっ》し、陰陽の宜《よろ》しきに違《たが》う。

を引く。

さらに日本の国語辞典『広辞苑（第五版）』（一九九八）は、「方位」の第一義的意味のほかに、「方位が良い」とか「方位が悪い」という場合の「方位」について説明を加え、

　方位は陰陽・五行・十干十二支などを配し、その吉凶によって人事の禍福が支配されるとする俗信。恵方《えほう》・金神《こんじん》・鬼門《きもん》など。

という。

儒家の古典である五経の一つ『礼記《らいき》』の月令篇★4には、つぎのような記述がある。簡略化して示せば、

　立春の時、天子は青衣をまとい、青玉を佩《お》び、百官を従えて東の郊外におもむき、春を迎えた。

　同様に、夏になると赤衣をまとって南の郊外で夏を迎え、秋には白をまとっ

★3 **『漢書』郊祀志**　後漢の班固（三二～九二）が書いた前漢の歴史一二〇巻のうち、各代の天子が郊外で天地を祀った行事の記録。

★4 **『礼記』の月令篇**　周末から漢にかけての礼（社会秩序のための生活規範）の理論と実践の記録全四九篇のうち、年中行事を記した篇。

て西の郊外へ、そして冬になると黒衣をまとって北の郊外で冬を迎えた。

（傍点は筆者）

このようにして、五行配当表★5にみるような方位・色彩・四季の組み合わせが完成する。

ちなみに、日本では「東西南北《トウザイナンボク》」というが、中国で普通、「東南西北《トンナンシーペイ》」というのは、五行の順序による。また「青春」とか「白秋」といった言葉が生まれたのも、五行の組み合わせによる。さらに「春風」のことを「東風」と呼ぶのも、このためである。

そして、これらの言葉は、中国古典文学、とりわけその詩歌作品のなかで、詩的言語としてしばしば使われるようになる。

以下、東南西北の順に、その具体例をみてみよう。

東風は春風

菅原道真《すがわらのみちざね》★6が九州の大宰府《だざいふ》に左遷されたときに詠んだ、よく知られた和歌をつぎにあげよう。

東風《こち》吹かば匂ひおこせよ梅の花　あるじなしとて春な忘れそ

これは平安時代中期の歌人、藤原公任の私選和歌集『拾遺抄』★7に収められたものである。ここにいう「こち」は和語、すなわち日本語だが、これを「東風」と書き、「トウフウ」と読めば漢語、すなわち元の中国語である。

したがって「東風」という語は、「春風」の代名詞として中国古典詩にしばしば登場する。たとえば、唐代（六一八～九〇七）の詩人劉威《りゅうい》の「早春」に、

★5 **五行配当表**　「風水」の項の表2（一〇三頁）参照。

★6 **菅原道真**　八四五～九〇三。平安前期の貴族。学者で歌人、漢詩人としても知られる。学問の神として北野天満宮に祀られる。詩文は『菅家文草』『菅家後集』所収。

★7 **『拾遺抄』**　一〇巻。『拾遺和歌集』（二〇巻。一〇〇五～〇七年ごろ成立。千三百余首を収める）から抄出したものと考えら

一夜東風起　　一夜　東風起こり
万山春色帰　　万山　春色帰る

とうたうのは、その一例である。

同じく唐の李商隠《りしょういん》★8の「無題」詩は、

相見時難別亦難　　相見る時は難《かた》く　別るるも亦《ま》た難し
東風無力百花残　　東風力なく　百花残《くず》る

と、祝福されぬ恋の道具立ての一つとして、「東風」をうたう。

また宋代末期の詩人真山民《しんざんみん》の「新春」では、春風は依怙贔屓《えこひいき》なく、金持ちの家にも貧乏長屋にも平等に訪れる、という。

東風無厚薄　　東風　厚薄《こうはく》なく
随例到衡門　　例に随って　衡門《こうもん》に到る

衡門とは柱に横木をわたしただけの粗末な門のことで、転じて貧乏屋敷、隠者の家の意で用いられる。

なお、中国には「馬耳東風《ばじとうふう》」という成語があり、われわれ日本人も使っているが、この「東風」も春風である。やわらかな春風をいう。唐の詩人李白★9の「王十二の〈寒夜独酌懐《おも》う有り〉に答う」に、

吟詩作賦北窓裏　　詩を吟じ賦《ふ》を作る　北窓の裏《うち》
万言不直一杯水　　万言　直《あた》いせず　一杯の水に
世人聞此皆掉頭　　世人　此《こ》れを聞き　皆　頭《こうべ》を掉《ふ》り

れてきたが、今では本書を増補したものが『拾遺和歌集』だとされる。

★8 **李商隠**　八一二？〜八五八。杜牧（八〇二〜八五三）とともに晩唐を代表する詩人。詩は唯美主義的傾向をもって知られる。

★9 **李白**　七〇一〜七六二。杜甫とともに中国を代表する詩人。自由奔放で闊達な詩風から、詩仙と呼ばれる。

有如東風射馬耳　　東風の馬耳を射るが如きあり

とある。

皇太子は東宮に

皇太子のことを東宮殿下と呼ぶのは、東の方位が四季の春にあたり、春は万物の成長の季節であることが、その理由の一つにあげられる。さらに東方は『易《えき》』★10の卦《け》★11では「震《しん》」にあたり、「震」は長男の象徴だから、天子の長男である皇太子は東宮を住居とする、ともいう。

一方、「東皇」という語は、東帝あるいは青帝ともいわれ、春の神を指す。唐の詩人杜甫《とほ》★12の「幽人」に、

風帆倚翠蓋　風帆《ふうはん》　翠《みどり》の蓋《かさ》に倚《よ》り
暮把東皇衣　暮に東皇の衣《ころも》を把《と》る

などとうたわれるのが、それである。

また「東郊」という語は東の郊外を指すが、前述のごとく、古代、立春の日に東方の野で春の祭事をおこなったので、東郊は春の野辺、あるいは春の祭をも意味する。魏《ぎ》時代（二二〇〜二六五）の曹植《そうしょく》という人の「名都篇」に、

闘鶏東郊道　鶏を闘わす　東郊の道
走馬長楸間　馬を走らす　長楸《ちょうしゅう》の間

とある。前句は春の、後句は秋の行事をいうのであろう。長楸の間とは、高く伸びた楸《ひさぎ》の並木道のことである。

さらに、古くは儒家の古典『書経《しょきょう》』★13などにみえる「東作」という語も、東は春

★10 **『易』**　『易経』。全二巻。儒家の古典で五経の一つ。占いの方法によって人間の倫理道徳を説いた。

★11 **卦**　易で吉凶を判断するもととなるもの。陰（⚋）と陽（⚊）を三個ずつ重ねて八卦、更にこれを二つずつ重ねて六四卦とし、人事・自然の吉凶の象徴とする。「風水」の項の表1参照。

★12 **杜甫**　七一二〜七七〇。李白とともに中国を代表する詩人。そのすぐれた才能によって詩聖と呼ばれる。

★13 **『書経』**　五経の一つ。古代の

を意味し、東作は春の農作業のことをいう。

このように、東という方角は春を意味し、右にみたような熟語を多く生み、それらは文学作品のなかに散りばめられている。

しかし、方位がつねに五行説と結びついているわけではない。つぎの諸例が示すように、「東」が単純に東の方角を指して使われるのは当然である。

海東君子国は日本

唐の詩人王維《おうい》が、日本からの留学生阿倍仲麻呂《あべのなかまろ》★14の帰国を見送った詩「秘書晁監《ひしょちょうかん》★15の日本国に還《かえ》るを送る」の序文に、

海東国、日本為大。服聖人之訓、有君子之風。

――海東の国、日本を大と為《な》す。聖人の訓《おしえ》に服し、君子の風《ふう》有り。

といい、海の東のかなたにある日本は、海東国、あるいは日東などと呼ばれた。

唐末の詩人項斯《こうし》は、「日東の病僧」と題する詩をつくり、日本の留学僧が病気に苦しみながら、なお修行にはげんでいるさまをうたっている。

また清朝の学者兪樾《ゆえつ》は、江戸時代の日本漢詩を集め、これに『東瀛《とうえい》詩選』と名づけ、一八八三年（明治一六）に完成した。「瀛」は、大海の意である。さらにこの詩集に収めた日本漢詩人約一五〇人の小伝を、各人の詩の巧拙を論じた短文とともに別に編集し、『東瀛詩紀』と題して出版した。

なお、現代の中国人は、ある時期、日本人のことを東洋人《ドンヤンレン》と称していたことがある。

帝王たちの政治活動を記録。全五八篇のうちには後代の偽作もまざる。

★14 **阿部仲麻呂**　六九八～七七〇。遣唐使について唐に留学し、科挙に合格して役人となる。日本への帰国がかなわず唐で客死。

★15 **秘書晁監**　秘書監（帝室図書館長）は官職名。晁は仲麻呂の中国名。

中国の大地は、全体として西高東低の地形である。したがって川はおおむね東に向かって流れる。

百川東流す

「百川東流す」というのは、古くから中国にある成語であり、李白は「夢に老姥《ろうぼ》に遊ぶの吟《ぎん》」のなかで、

古来万事東流水　古来万事　東流の水

といい、杜甫も「賛上人《さんしようにん》に別る」のなかで、

百川日東流　百川　日びに東流し
客去亦不息　客の去るも亦《ま》た息《や》まず

とうたっている。

したがって、「百川東流」という言葉は、世間の事の自然ななりゆき、大勢《たいせい》とか、世の常識といった意味で、詩歌のなかで使われる。たとえば、先年亡くなった現代の歌手テレサ・テン（中国名鄧麗君《トウレイクン》）は、自ら作詞した「星の願い」と題する作品のなかでつぎのようにうたっている。

愛情苦海任浮沈　愛情の苦海　浮沈に任《まか》す
無可奈何花落去　奈何《いかん》ともすべきなし　花の落《ち》り去《ゆ》くを
唯有長江水　唯《た》だ長江の水の
黙黙向東流　黙黙として東に向かって流るる有るのみ

末二句は、波乱に富んだおのれの人生とは無縁な、自然の悠久で変わらぬ営みをいう。

初めにふれたように、中国の方位（東南西北）は五行説によって説明されるとともに、十二支とも関係づけられる（図1）。

卯酒《ぼうしゅ》は朝酒

十二支はまた、一日二四時間の時刻にも割り振られる。夜中の十二時は「子《ね》の刻《こく》」であり、午前二時は「丑《うし》三つ刻《どき》」である。したがって「東」の方角にあたる「卯《う》」は、午前六時を指す。そのため中国では、「朝酒」のことを「卯《ぼう》酒」といってきた。

卯《う》の刻《こく》の酒をよくうたった詩人は、唐の白居易《はくきょい》である。たとえば、その「府西の池の北に新たに水斎《すいさい》を葺《ふ》く★16云々」と題する詩に、

午茶能散睡　卯酒善消愁
午茶　能《よ》く睡《ねむ》りを散じ
卯酒　善《よ》く愁《うれ》いを消す

という。

白居易にはまた「卯飲」と題する詩もある。

卯飲一杯眠一覚　世間何事不悠悠
卯飲一杯　眠り一《たちま》ち覚《さ》む
世間　何事ぞ　悠悠たらざる

夏風・午の刻

「南」の方角は、五行説では「夏」にあたる。したがって、南風は夏風である。白居易の詩「春末夏初江郭《こうかく》に閑遊《かんゆう》す」に、

西日韶光尽　南風暑気微
西日　韶光《しょうこう》尽《つ》き
南風　暑気微《かす》かなり

といい、「早夏草原に遊び廻《めぐ》る」に、

図1　十二支と方位の配当表

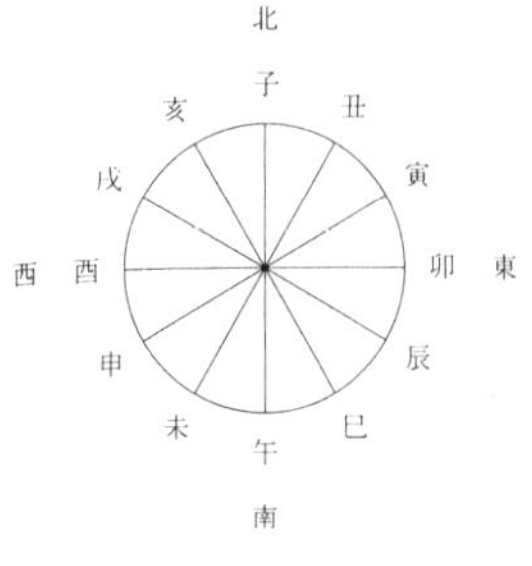

★16 **水斎を葺く**　水際に書斎を建てる。

夏早日初長　　夏早くして　日初めて長く
南風草木香　　南風　草木香《かお》る

という「南風」は、いずれも初夏の風である。


図1によれば、「南」は「午」にあたる。一日の時刻でいえば、午前一二時、すなわち「正午」である。それ以前を「午前」、以後を「午後」という。

「正午」は「亭午」、あるいは「当午」ともいう。唐の詩人李紳《りしん》の「農を憫《あわれ》む」に、

鋤禾日当午　　禾《いね》を鋤《す》けば　日は午《ご》に当り
汗滴禾下土　　汗は滴《したた》る　禾下《かか》の土

とある。

南山の寿

中国古典詩にみえる「南山」は、ただ「南の山」という普通名詞であるとともに、特定の山を指す固有名詞としても用いられる。固有名詞の場合のフルネームは、「終南山」である。

王維★17の「終南の別業《べつぎょう》」に、

中歳頗好道　中歳　頗《すこぶ》る道を好み
晩家南山陲　晩に家《いえ》す　南山の陲《ほとり》

という「南山」、白居易の「炭を売る翁《おきな》★18」に、

伐薪焼炭南山中　薪《たきぎ》を伐《き》り炭を焼く　南山の中

という「南山」は、いずれも都の長安の南にあった終南山のことである。ちなみに、別業とは別荘のこと。

★17 **王維**　六九九〜七六一。唐代の詩人。自然を詠じた詩人（山水詩人）の代表。仏教信者で画家としても知られる。

★18 **「炭を売る翁」**　白居易が社会批判を目的につくった『新楽府（しんがふ）』五〇篇のなかの一首。

そして終南山のたたずまいは、悠然として永遠に変わらぬところから、人間の長寿の象徴として「南山之寿」という言葉が生まれ、詩文のなかでも使われている。

なお中国では古典、とりわけ四書五経のような古典中の古典に出てくる語は、本来、普通名詞でありながら、のちの詩文で固有名詞的に用いられることがよくある。たとえば『詩経』★19の豳風《ひんぷう》★20・七月の詩に見える「南畝《なんぽ》」という語は、本来「南の畑」という意味にすぎないが、のちに「南畝」といえばイコール「畑」を指すことになり、そうした語の例は少なくない。

西風は秋風

方位の「西」は、四季の「秋」にあたる。そして色彩は「白」である。

松尾芭蕉《ばしょう》の句に、

石山の石より白し秋の風

というのは、そのことをふまえている。しかし、先例はやはり中国にある。唐の詩人李賀《りが》の「将《まさ》に発《た》たんとす」に、

秋白遥遥空　秋は白し　遥遥《ようよう》たる空
日満門前道　日は満《み》つ　門前の道

また「南山の田中の行《うた》」に、

秋野明　秋野　明るく
秋風白　秋風　白し

とうたうのなどが、それである。

なお革命後の中国で、毛沢東《もうたくとう》が「東風は西風を圧倒する」といったとき（『人民

★19 **『詩経』** 中国最古の詩集。五経の一つ。約三〇〇篇の詩を収め、六世紀ごろに編纂されたといわれる。

★20 **豳風** 陝西省邠州地方の民謡。

日報』一九五七年二月一九日付)、東風はアジア（あるいは社会主義）を、西風はヨーロッパ（あるいは資本主義）を指していたのだろうが、東風は新興の春風、西風は没落の秋風の暗喩だったのかもしれない。

古来、中国では、女性の居室は屋敷の西、あるいは北と決められていた。日あたりの悪いところへ押しこめられていたのであろうが、

西は女の部屋

詩文のなかでは、そうした差別感なしに用いられる。

たとえば、白居易の「長恨歌《ちょうごんか》」★21のなかで、玄宗《げんそう》皇帝の使者である道教の修験者が、死後仙界で暮らしている楊貴妃《ようきひ》を訪ねたときの描写、

金闕西廂叩玉扃　　金闕《きんけつ》の西廂《せいしょう》　玉扃《ぎょくけい》を叩く

金闕は黄金《こがね》造りの宮殿、西廂は西の棟《むね》、玉扃は玉《ぎょく》で造った扉のことである。また元代の戯曲「西廂記《せいしょうき》」は、才子佳人の情事を作品化したものだが、西廂はやはり女性の居室を指す。

さらに、唐の詩人李商隠が南方の巴山《はざん》（四川省東部）に左遷されていたとき、北方にいる妻にあてて送ったとされている詩「夜雨、北に寄す」はつぎのようにうたわれる。

君問帰期未有期　　君は帰期を問うも　未《いま》だ期あらず
巴山夜雨漲秋池　　巴山の夜雨　秋池《しゅうち》に漲《みなぎ》る
何当共翦西窓燭　　何《いつ》か当《まさ》に西窓《せいそう》の燭《しょく》を翦《き》りて
却話巴山夜雨時　　却《かえ》って巴山夜雨の時を話《かた》るべき

★21「長恨歌」　玄宗皇帝と楊貴妃の悲劇をうたった長編叙事詩。

「燭を翦りて…」とは、焦げた灯心を切って火を明るくする動作から、夜ふけまで起きていることを示したもの。ここにいう「西窓」も、妻の部屋の窓ぎわを指す。宋人趙令時《ちょうれいじ》の詩「妻」も、

晩雲帯雨帰飛急　　晩雲　雨を帯びて　帰り飛ぶこと急に
去作西窓一夜愁　　去《ゆ》きて西窓一夜の愁《うれ》いと作《な》らん

と、妻の部屋のことを西窓という。

北風・北堂

「北」は四季の「冬」にあたる。北風は冬の風である。また「冬」は色彩の「黒」にあたるが「黒冬」とはいわず、「玄冬《げんとう》」という。ただし、玄風は冬の風ではなく「老荘《ろうそう》の深遠な思想」を指す。

北風を詠んだ詩は、中国最古の詩集『詩経』にすでにみえる。すなわち諸国の民謡を集めた国風《こくふう》の一章豳風《ひんぷう》に、「北風」と題する詩があり、

北風其涼　　北風　其れ涼《つめた》く
雨雪其雱　　雪を雨《ふ》らせて　其れ雱《すさま》じ

とうたう。

先に北もまた女性の居室のあるところだったと書いたが、唐の韓愈《かんゆ》★22の「児に示す」に、

主婦治北堂　　主婦　北堂を治む

といい、李白の「夜坐吟《やざぎん》」も、

沈吟久坐坐北堂　　沈吟《ちんぎん》　久しく坐して　北堂に坐す

★22 **韓愈**　七六八～八二四。白居易（七七二～八四六）とともに中唐を代表する詩人。散文家としても唐宋八大家の一人として知られる。

と、女性が自室で悲しみにくれている様子をうたう。

また、他人の母のことを敬意をこめて「北堂」というが、わが国には「北政所《きたのまんどころ》」、あるいは「北《きた》の方《かた》」という言葉もある。

北邙《ほくぼう》は墓地

六朝時代（二二〇～五八九）の詩人陶淵明《とうえんめい》の★23、漢や魏の時代の古詩をまねた「擬古《ぎこ》」詩に、

一旦百歳後　一旦《いったん》　百歳の後
相与還北邙　相与《あいとも》に北邙《ほくぼう》に還《かえ》らん

とある。百歳は人間の一生を指し、北邙は墓地のことをいう。もともとは洛陽《らくよう》の北にある邙山という山の名前だが、漢《かん》魏《ぎ》時代の君臣の墓が多くここにあり、墓地の代名詞として使われるようになった。

「北邙行」というのは、人の葬送のことをうたう楽府《がふ》★24（民間歌謡）である。

なお、わが国には、不吉なこととして忌《い》まれている「北枕」という言葉★25があるが、その出典も実は中国にある。儒家の古典『礼記《らいき》』の礼運《れいうん》篇に、

死者北首、生者南郷。——死者は首《こうべ》を北にし、生者は南に郷《む》く。

というのが、それである。

北辰と北窓

「北邙」「北首」のように、「北」を冠した言葉には不吉なもの、マイナス価値のものが少なくないが、「北辰《ほくしん》」と「北窓《ほくそう》」は、そうではない。

北辰は北極星のことをいい、『論語』★26為政篇に、

★23 **陶淵明**　三六五～四二七。六朝・晋代の詩人。隠遁詩人、田園詩人、酒の詩人として知られる。

★24 **楽府**　元漢王朝の音楽の役所の名。そこが採集した民間歌謡も楽府と呼んだ。

★25 **「北枕」という言葉**　現代の北枕事情については「葬送空間と方位」の項を参照。

★26 **『論語』**　二〇巻。孔子の言行を

子曰、為政以徳、譬如北辰居其所、而衆星共之。

——子曰く、政《まつりごと》を為すに徳を以てせば、譬《たと》えば北辰その所に居りて、衆星これに共《むか》うが如し。

という。北極星はおのれの場所にいてじっと動かぬが、他の多くの星たちは、それを中心として旋回する、というのである。

北辰という星は、たとえば白居易が『新楽府《しんがふ》』★27「司天台《してんだい》」で、

北辰微暗少光色　北辰　微暗《びあん》にして　光色少なく
四星煌煌如火赤　四星　煌煌《こうこう》として　火の如く赤し

とうたうように、しばしば詩歌のなかでうたわれてきた。右の白詩では、北辰は天子の、四星は后妃の象徴としてうたわれている。

「北窓」は日あたりの悪い窓のはずだが、陶淵明が息子たちにあたえた文章「子の儼《げん》らに与うる疏《そ》」で、この言葉を使って以来、理想的な隠遁生活の場の象徴として用いられるようになった。陶淵明はいう。

五六月中、北窓下臥、遇涼風暫至、自謂是羲皇上人。

——五六月中、北窓の下《もと》に臥《が》し、涼風の暫く至るに遇《あ》えば、自ら謂《おも》えらく、是《こ》れ羲皇上《ぎこうじょう》の人かと。

「五六月」は、陽暦でいえば夏の後半。「羲皇上の人」は、伝説時代の帝王伏羲《ふっき》のころの人。

「北窓」という語は、後世の文人たちによってしばしば使われただけでなく、白居

記録した書。四書の一つ。儒家の古典として、二千五百年読みつがれて来た。

★27 **『新楽府』** 白居易が若いころ、社会批判を目的とし、民間歌謡の形式をまねて作った五〇篇の作品。

易は「北窓三友」と題する詩をつくり、琴と詩と酒の三つが、隠退生活のなかで、北窓の下でのこよなく愛する友だと、うたっている。

日本には、「西も東も分からぬ」という言葉があるが、中国の詩にもそれに似た表現がみえる。

東西南北の人

白居易の詩「重《かさ》ねて小女子を傷《いた》む」に、

纔知恩愛迎三歳　　纔《わず》かに恩愛を知りて　三歳を迎え
未弁東西過一生　　未《いま》だ東西を弁《べん》ぜずして　一生過《す》ぐ

という。年端《としは》もゆかぬ娘の死を悼んだ作品である。

また中国には、四つの方位、東西南北の四文字をすべて用いた詩もある。唐の高《こう》適《せき》が杜甫にあたえた「人日《じんじつ》★28、杜二拾遺《とじしゅうい》に寄す」がそれである。

龍鐘還忝二千石　　龍鐘《りょうしょう》　還《ま》た二千石《せき》を忝《かたじけの》うし
愧爾東西南北人　　愧《は》ず　爾《なんじ》　東西南北の人

この二句の大意は、「私はよぼよぼになって、また二〇〇〇石の年俸をいただく刺史《しし》（地方長官）の席をけがしており、今なお流浪の旅を続けているあなたに対して、申しわけなく思っている」といった意味になろう。「東西南北の人」とは、諸方を放浪して定着すべき場所のない者をいう。

ただし、「東西南北一般の春」といえば、「天下すべて春一色」ということになる。

（一海知義）

★28 **人日**　正月七日。六日までは毎日別々の家畜についてその年の運勢を占い、七日には人の運勢を占う。

【参考文献】 黒川洋一・入谷仙介他『中国文学歳時記（全七巻）』同朋社（一九八八）／前野直彬監修『中国古典詩聚花　第六巻（歳時と風俗）』小学館（一九八五）／植木久行『唐詩歳時記――四季と風俗』明治書院（一九八〇）

モンゴルのゲル

遊牧民の生活様式

モンゴルの遊牧社会は、モンゴルの自然環境に、モンゴルの人々が長い年月にわたって働きかけた結果として創りだした社会環境であり、この環境のなかで遊牧という生活様式を確立した。遊牧の基本は人が生命を保ち、生活するための手段として、食料や生活資材を動物に依存することから始まったものである。

内陸アジア、殊にモンゴルの植相は北から山地タイガ、山地ステップ、森林ステップ、乾燥ステップ、ゴビ（砂漠＋ステップ）になる。これらの草原は広域に広がる平原と緩やかな起伏の山地からなる。

遊牧生活の重要な点は、動物の食糧確保と厳しい気候環境に耐えられるかどうかにかかわってくる。必然的に、基本となる居所として冬営地の選定が重要になり、ここを拠点に、春夏秋冬の草地の状況に応じて、動物とともに移動と一時的滞在の生活が繰り返される。ダンビーン・バザルグル（一九九六）によれば、冬営地は、多くの場合、日あたりがよく、風障の地で、平地より少し高い位置で、雪の吹き溜まりにならない斜面が選ばれる（図1）。そうした場所は大多数が谷間地である。平地より少し高い位置は冬の放射冷却の少ない、いわば斜面の温暖帯に相当する。

こうした背景のもとに、移動にあたって、どこにどのようにいき、どのような経路で、ふたたび冬営地に帰ってくるか、その方向感覚、また、識別しにくいなだらかな起伏のなかでの位置の確認認識が要求される。このような感覚は遊牧生活のなかで長年を要して培った方向感覚であろう。この具現化された例として、起伏に乏しい草原のなかでゲル（移動式住居）の出入口を真南に設定して組み立て、居住する技術を紹介してみよう。

時計がわりの住居

ゲルは中国領ではパオと呼ばれ、天幕を意味するが、モンゴルでは住居を意味する。元来、ゲルは狩猟民が使っていたユルタが改良発展され成立したものであろう。ゲルを構成する建築資材はトーノ、オニー、バガン、ハン、ハルガ、トーラク、ブレス、ホシュルンなど十指に数えあげられる程度である。トーノは、円形の天窓で棟または天井の一部に相当し、天窓の枠は丸枠のなかに十文字・放射状などに横棒が配されている。オニーは屋根を支える梁にあたり、八〇本以上必要である。バガンはトーノを支える柱である。ハンは折りたたみ可能なジャバラ式の壁になる。ハルガはゲルの出入口の扉である。トーラクは壁や屋根をおおうフェルトで、屋根に載せるフェルトはデーブルと呼び、さらにベルチュヒンブレスと呼ぶ防水性の布を被せる。ブレスはでき上がったゲルの骨組の上をおおう白い布である。

　これらの材料によってゲルは建てられ、まず、折り畳まれたハンが広げられ、円形に巡らし、壁面が設置される。ついで、中央にトーノがバガンによって支えられ、建てられ、張り巡らされたハン（壁）に、このトーノの側面に開けられた穴に差し込まれたオニーを、放射状に差しわたし、屋根の骨格をつくる。ハンを巡らし、ハルガを括りつける

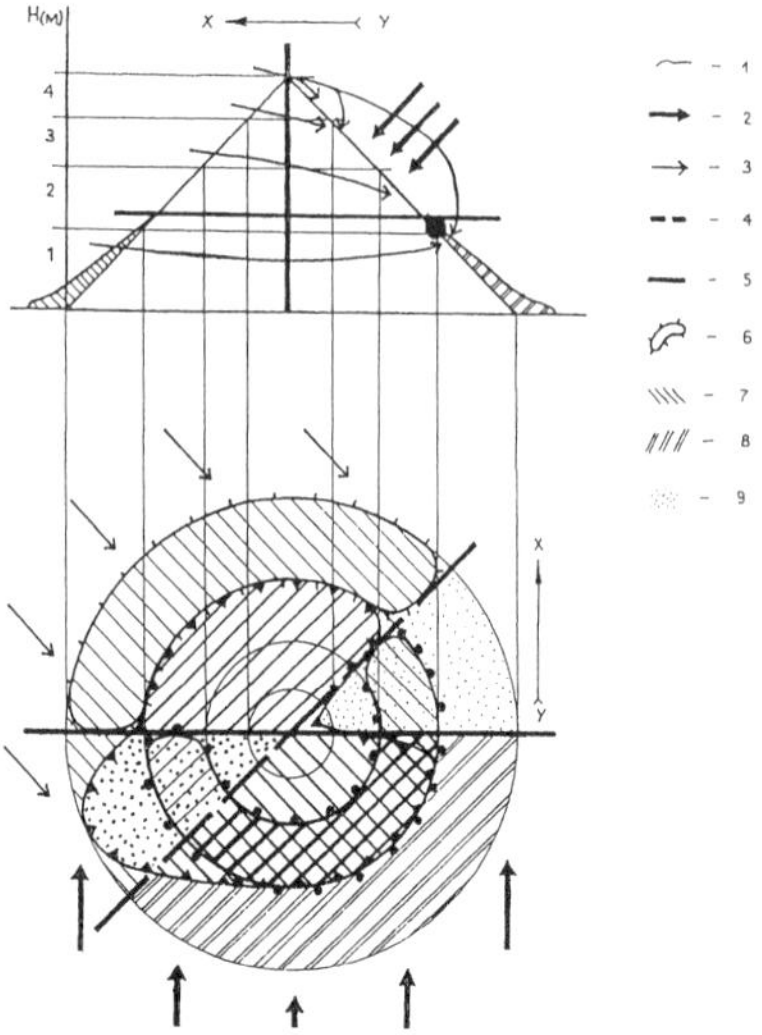

1　丘陵の等高度の水平線／2　太陽光の入射方向／3　卓越風向／4　風障の境／5　日あたりの境／6　最寒、最積雪の地域／7　締まった雪の吹きだまり／8　雪の吹きだまり／9　融解した軟弱な雪

図1　生態学的に整合な土地と家畜収納施設 (Dambyn Bazargur, *Geography of Pastoral Animal Husbandry,* Mongolian Academy of Science, Institute of Geography, Social-Economic Geography : 01.07.02.00, A Summary of Dissertation for Doctoral Degree of Geography Sciences, Ulaanbaatar, 1996 より一部省略)

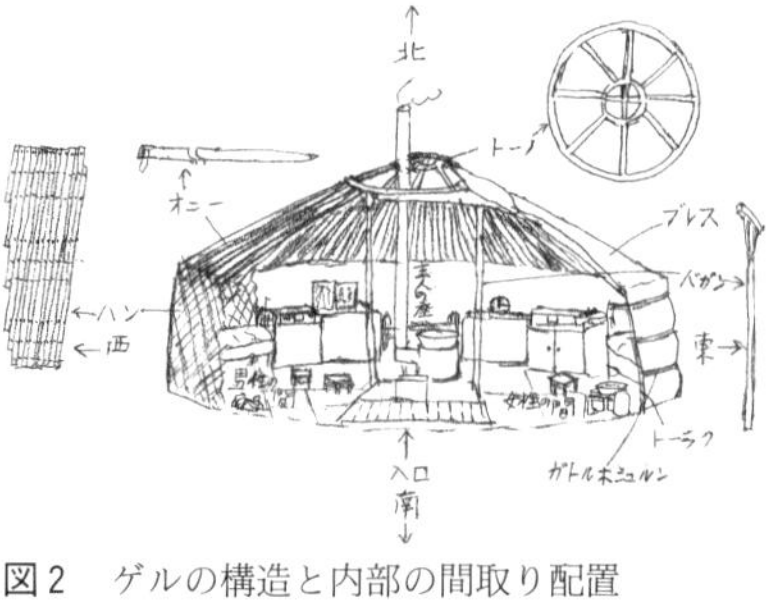

図2　ゲルの構造と内部の間取り配置

とき、ハルガは真南に向ける。地面や周囲の状況で、どうしても南に向けることができない場合は、真東に向けるようにする。また、ハルガは1平方メートル程度であるから、ゲルの内部に入れる大きなアブダル（長持タイプの箪笥）のような家財道具はあらかじめ張り巡らされたハンの内部に入れておく（図2）。

こうしてできたゲルの骨格に、トーラクで壁面や屋根の部分をおおい、防水性の布をかけ、さらにブレスでおおう。各部材の結合部は紐で固定し、トーラクやブレスは風に飛ばされないように紐で結《ゆ》わえ、固定し、ゲルは完成する。ゲルの内部は中央にゴロムト（五徳）が設置される。中央は火の神の座であり、家系の象徴でもある。現在はゴロムトでなく、ストーブで、中国の影響を受けて炉になっていることもある。

ゲルの内部は大きく三つに分けられる。扉を開けて内部に入り、すぐ右手に台所があり、女性の間にあたる。左手は馬具や馬乳酒などが置かれる男性の間になる。最奥の部分、すなわち、正面奥の北側にあたる部分には神や仏が祭られる祭壇が配される。この脇に主要な家財を入れた長持や貴重品が置かれる。この間が主人の座になる。それぞれの間には、通常、ベッドも配される。客人が訪れたさいには、男性の間に座が設えられるのが普通で、賓客の場合には、主人の間が明け渡され、客人の座が設定される。「君子は南面する」を彷彿とさせる間の取り方になっている。

ゲル内のもう一つの特徴はトーノ（天窓）にある。トーノの窓枠は十文字ないし放射状にできていて、この窓枠からゲルの内部に入射する太陽光は、太陽の動きとともにゲル内を移動する。ゲル内に入射された日が最奥の北側の主人の座にあるとき、太陽が天頂角に達した正午にあたる。すなわち、ゲル内に入射された太陽光によって時間設定が工夫されており、日時計の役割を果たしている。おそらく、ゲル内の太陽光の壁面を通過する位置高度によって、季節の推移のおおよそを把握できるようになっているものと考えられる。しかし、今日では時計やラジオなどの普及によって、時刻や季節の推移は日時計に頼らずにすみ、この方位感覚は薄れつつある。

このように、モンゴルの遊牧民社会では、草原という自然環境を有効に利用し、自然とともにあって、方位感覚はそのような自然環境のなかで生きるための基本的な生活感覚といえよう。

（古谷尊彦）

朝鮮——地形判断にみる独自の風水思想

朝鮮半島において方位を表記したり、方位に意味づけをおこなう際には、中国を起源とする陰陽五行説や、それとも深くかかわる風水思想などが用いられることがある。ここでは、その具体的な例を示しながら紹介していきたい。

墓の坐向と朝鮮風水

まず写真1をみていただきたい。これは韓国の墓地にある墓石である。韓国の墓は日本のものとは異なり、共同墓地よりは独立した墓が多い。墓は遺体を埋葬した地点に土饅頭をつくり、その前方に供物などを置くための墓石が置かれるが、その前面に埋葬者の情報が記載される。写真はその墓石を示したものである。

墓石の前の部分には埋葬者の本貫《ほんがん》（祖先・一族の出身地）と姓名に混じって、「乙坐」と中央下の部分に記されていることに気がつく。これは「坐向」★1と呼ばれ、墓の向いている方位を示している。背後の方位が「坐」であり、前面の方位が「向」である。写真の墓の場合、「乙」の方位（二十四方位で東のやや南寄り）を背後としているため「乙坐」と記されており、前面の方位は「辛」（二十四方位で西のやや北寄り）であることが理解できる。これは「族譜」と呼ばれる家系図にも記されるこ

写真1　韓国の墓石（韓国慶尚南道宣寧部）

★1 **坐向**　墓や建物が向いている方向で、中国、沖縄などでも用いられる。風水説と関連して用いられることが多く、二十四方位で示される。背後の方向を

とが多い。

このような表記は、韓国（朝鮮）の墓の立地選定には現在も風水思想が深くかかわっていることと無関係ではない。ただし朝鮮の風水は、地形をみる「形法」★2が強く、主として立地選定に影響を及ぼすため、方位は微調整程度に用いられるのが普通である。墓であれば、立地のための地形上のベスト・ポイントが選定され、その後に墓が向くべき方位を選定するのである。その方位は陰陽五行で方位判断をするというよりは、山の山頂がある方向などの相対的な方位を考慮したものが多い。それを二十四方位で表示しておくものと思われる。

向向発徴と水根木幹

朝鮮の風水では、上記のように地形判断が重視されるものの、地形判断に方位が用いられる場合がある。とくに地形のなかでも河川の流れる方向を重視することが多い。その基本原理は、水（河川）は吉方から流れ込み、凶方へ流出することが良いとされている。その一例として「向向発徴」と呼ばれる方法をあげておきたい。

これは山の連なりと河川の流入・流出方向との関係をみるものである。図1は北から南の方向に山が連なっている例であるが、この場合、南を向いて右水（右側から流入する河川）があれば大きくカーブして甲方（二十四方位で東のやや北より）に流れ去り、左水があれば辛戌方（西のやや北より）に流れ去るものが良いとされる。また乙辰方（東の南より）へ河川がでていくのは凶であり、また巽巳方（東南）に水口（山が切れて水が流れ去る場所）があっても凶とされる。この根拠もおそらくは

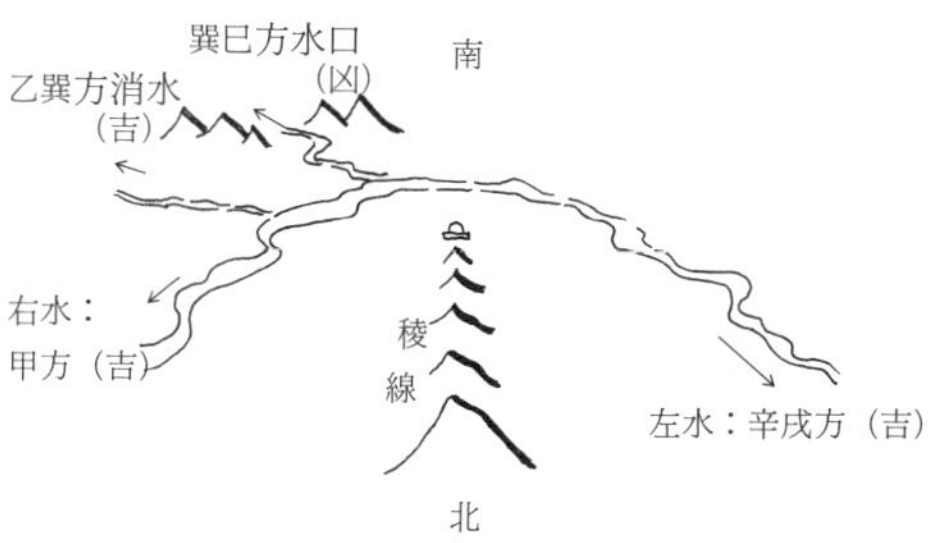

「坐」、前面の方向を「向」とし、たとえば「子坐午向」（北を背後として南を向く）のように示される。

★2 **形法**　九九頁の脚注参照。

図1　向向発徴の例（崔昌作、一九九七より筆者作成）

陰陽五行と易による判断であると思われる。

もう少しスケールの大きな例をあげてみよう。朝鮮半島全体の地勢が「水根（水母）木幹」と表現されることがあり、高麗時代末期、あるいは朝鮮時代初頭からあった考え方であるとされる。これは、朝鮮半島の山々は半島北部にある名山・白頭山から源を発し、半島の東部に幹となる山脈（太白山脈など）を形成しつつ、各地の山々につながっているという認識にもとづいている。そして五行説では北方は「水」の属性をもち、東方は「木」の属性をもつとされる。

これを用いて、半島全体の地勢を五行で表したものが「水根木幹」の認識である。すなわち、北方の白頭山を根源とするので「水根」、東方に半島全体の地勢の幹となる山脈があるために「木幹」であるということである（図２）。

ここから、高麗時代末、あるいは朝鮮時代初めには、北方に白頭山があり、東部に脊梁となるような山脈があることが、すでに認識されていたことがうかがえる。

このように朝鮮半島では、陰陽五行説などの中国起源の思想に基礎を置きつつ、風水思想や自然観と絡み合いながら、地形や地勢の解釈にも方位が用いられてきた一面がある。

（澁谷鎮明）

図２　「水根木幹」の朝鮮半島（崔昌作、1997）

【参考文献】崔昌祚（三浦國雄監訳）『韓国の風水思想』人文書院（一九九七）／崔昌祚（熊谷治訳）『風水地理入門』雄山閣（一九九九）／野崎充彦『韓国の風水師たち』人文書院（一九九四）

インド——経典は方位構成の理論的支柱

インド世界の方位観

方位名・宇宙原理

インドにおける方位（方向・方角・方隅・方処）は、ディシュ（diś）と呼ばれ、四方・六方（四方と上・下）・八方（四方と四《し》維《い》）などがあるが、基本は十方（ダシャ・ディシュ）であり、その順序は、プールヴァー（東方・原意は前方）★1、ダクシナー（南方・原意は右方）、パシュチマ（西方・原意は後方）、ウッタラ（北方・原意は左方）、プールヴァ・ダクシナ（東南）、ダクシナ・パシュチマー（西南）、パシュチモッタラー（西北）、ウッタラプールヴァー（東北）、ウールドヴァー（上方）、アダハ（下方）となり、ちょうど人が東に面し、右を南に、左を北として、時計回りに二回転する順序である。ディシュは複合語の語頭では、ディク（dik）、ディグ（dig）、ディン（din）等と変化する。四維は中間の方位として、コナ・ディシュ（koṇa-diś・角、隅の意味）と呼ばれる。

『リグ・ヴェーダ』（一〇巻九〇）の世界創造説の一種として「巨人解体神話」（原

★1 **東方・原意は前方**　インド・アーリア文化は、象徴的に「普遍の火」とも呼ばれ、西から東へとガンジス流域に沿って前進することが、東方＝前方の考えを生みだしたといえる。

人の歌）があり、天地を覆う千頭千眼のプルシャ（原人）を祭供として祭祀をおこなったとき、天地万物ができた。すなわち、原人の意《い》★2（マナス）から月が、眼より太陽が、口よりインドラ神と火神が、息より風が、臍より空界が、「耳より方位」が生じたという。

この考えは、古ウパニシャッド哲学にも受け継がれ、心身と世界に関して、統一する原理を「アートマン」（個我）と考えた。独一であるアートマンは創造主（宇宙原理としてはブラフマン〈梵〉）であるとともに、神格化されて、心身の諸機能となって被造物である人体（諸器官）に入っている。その対応関係としてアートマンは、みるときには眼となり、聴くときは耳となる。「諸方位」（ディシャハ）という神格は、両耳という器官において聴覚（シュロウトラ）の機能を司っていることになる。それゆえにアートマンとして「いっさいの方位に広がっている」のである。火・風・太陽・方位は宇宙原理としてのブラフマンの「四足」ともいわれる。

空間・色彩・守護神

方位を表す「ディシュ」は空間をも意味する。しかし、インドでの空間は、カントの空間のように「直観の形式」ではなく、世界のいっさいの物事がそこで成り立つ場所である。そこに方向・方角や距離が成立し、座標が展開する。ディシュから位置・場所・地域・地方・領域・国土・世界を意味する名詞「デーシャ」（方処）を派生する。また同義語として「虚空」と漢訳される語に、アーカーシャ、カハ、ヴィヨーマン、アンタリクシャ、ガガナがあり、地・水・火・風と並ぶ単一・極大である元素と認められ、その空間が事物

★2　**意（マナス）**　心理的機能を指し、その座は心臓（フリダヤ）にあり、神格（自然界の要素）としては月神に属する。

の占有で、多様化された様相をもつものと考えられた。ジャイナ教の修行者のなかで、一糸も身にまとわない裸形の行者の一派を「空衣派」（ディガンバラ・虚空〈ディグ〉を衣とする〈アンバラ〉もの）と呼ぶ場合の「ディグ」も空間を意味する（図1）。

ヒンドゥー教のプラーナ文献では、人の住むジャンブー洲の中央には黄金の須弥《しゅみ》（メール・スメール）山が聳えていて、その山の四面は、『ヴァーユ・プラーナ』によると、それぞれ東は白色、南は黄色、西は黒色、北は赤色である。『リンガ・プラーナ』では、東はルビー、南は蓮、西は黄金、北は珊瑚《さんご》の色彩をもつといわれる。メール山の北と南にそれぞれ東西方向に走る三つの山脈をもっている。その南端がヒマラヤ山脈であり、その南にバーラタ国（インド）が位置する。

方位を守護（ディクパーラ）することと、その守護神（ディクパティ）が設定され、東はインドラ神、南東はアグニ神（火神）、南はヤマ神、南西はスーリヤ（太陽）神であり、西はヴァルナ神、北西はパヴァナまたはヴァーユー（風神）、北方はクベラ神、北東はソーマ（酒）神か、チャンドラ（月）神らがそれぞれの地域を護っている。各神は世界の守護者

図1　ジャイナ教の須弥山（メール・スメール山）

（ローカパーラ）とも呼ばれる。

自然哲学・インド数学

多元的な世界観を説くヴァイシェーシカ（勝論）では、実体・性質・運動・普遍・特殊・内属のカテゴリー（範疇）を立てて、現象世界の事物の構成を明らかにする。そのうち、実体としては、地・水・火・風の四元素と虚空と時間と「方位」と我（アートマン）と意（マナス）の九つである。その方位とは具体的には、四方四維《しい》であり、認識主観のなかに前後・遠近の観念を起こさせるものである。この自然哲学のテキスト『句義法綱要』によると、方位は東、西などの観念の根拠（証相）であり、形あるものを目標（目印）として、他の形ある実体について、（その位置を）これよりも、東、南、西、北、東南、南西、西北、北東、上、下にあるという、十方の観念[★3]が、そこから生ずるもの（起生因）である。方位の属性は、数、量、別体、合、離があって、その属性は「時間」と同じである。「方」（本来）は特殊な様相の区別をもたぬから直接には（虚空と理解された場合のように）「唯一」である。しかし、天啓書や聖伝書の伝承や業務のために、至上の偉大なる聖仙（マハリシ）によって、各世界の守護神によって守られた方位と、——メール山を右回りする、尊きスーリヤ（太陽神）との密接不離の内属（本質的に方位を限定するもの）関係と意義の一致した——東、南などと区別される十方位の名称がつくられた。十方の成立は、その意味で第二義的である。神の守護に属する十方の別名とは、マーヘンドリー（東）、ヴァイシュヴァーナリー（東南）、ヤームヤー（南）、ナイルリティー（南西）、ヴァールニー（西）、ヴァーヤ

★3 **十方の観念**　「仏教」の項の図1（七四頁）を参照。

ヴィヤー（西北）、カウヴェリー（北）、アイシャーニー（北東）、ブラーフミー（上方）、ナーギー（下方）である。この別名が方位を表す場合は、その語の具格を用いる。

方位はインド数学では一〇を意味し、円周率にかかわる計算などで、たとえば一〇世紀初めごろの天文書『ヴァーテーシュヴァラ・シッダーンタ』などでは、「地球の直径は、クリタ（四）・矢（五）・方位（一〇）＝一〇五四ヨージャナである。それに三九二七を掛け、一二五〇で割ると、（地球の）円周となり、一〇の根を用いて計算するより正確になるだろう」とある。またシュリーダラ（八世紀ごろ）の円の弓形の面積の算出には、弦と矢の和の半分に矢を掛け、その平方と方位（一〇）の積を九で割ったものの根は、その弓矢の果（面積）であると伝えられる（図2）。

インドの笑話

『百喩経』（三・四六）その他には、方位にまつわるつぎのような話が取り上げられている。ある村人たちが、ひとりの男の所有する水牛を、村はずれの池の畔の榕樹《ガジュマル》の下へ連れだし、皆で食べてしまった。水牛の持ち主は王の前に村人たちを引っぱりだして訴えた。村人たちのなかから頓馬《とんま》な老人が進みでて、「わしらの村には樹も池もありません。こいつは嘘を言っているのです」と否定する。水牛の持ち主は怒って、「村の東側に榕樹や池があるではないか。お前たちはこの月の八日（百喩経では日中時）に盗んで食べたではないか」と。すると老人は、「わしの村には、東側も、八日（日中）もありません」と言ったので王たちは笑って、老人をおだてて、「お前は正直だ。嘘を言っていない。そこで一

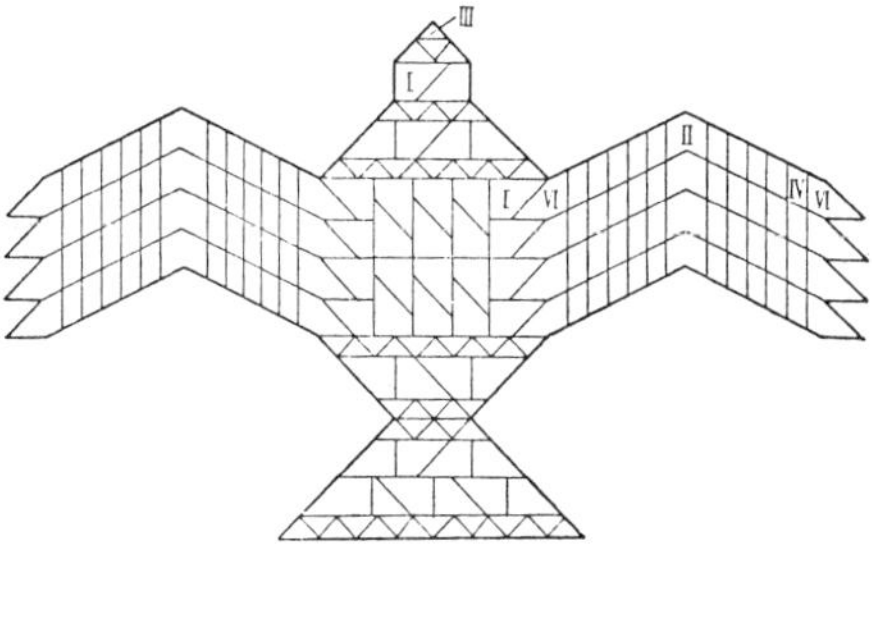

図2　「鷹の姿のアグニ祭壇」の煉瓦配置図（シュルバスートラより）。方位は計算を通じて祭壇形式や建築様式と深くかかわっている。建築様式については小倉泰『インド世界の空間構造』（一九九九）があり、ヒンドゥー寺院の本殿中心の聖域（ガルバ・グリハ）が東西の軸線に沿って意図的なずれがあるなど興味深い報告がある。

体、お前は水牛を食べたのか、食べなかったのか」と聞いた。とぼけた老人は、「わしは、父親が死んでから三年あとに生まれたが、親父から上手に話すことを教わった。だから嘘偽りは申しません。わしらが水牛を食べたのは、本当です。そのほかの申し立てはみな嘘です」と。これを聞いて王や家来は笑いが止まらず、王は村人たちに罰金を取り立て、水牛の持ち主にはその代価を返してやった。

インド仏教

仏教的宇宙観と仏国土

インド仏教の方位観も、基本的に四方・六方・八方・十方であり、それにかかわる諸概念もインド一般の見方に通じる。

釈尊の誕生のとき、地上のブッダは、東西南北の四方に七歩ずつ歩んだことは、この娑婆世界こそ、ブッダの遊化（自在な教化）の領域であることの宣言を示していると思われる。今日もインド各地にブッダ釈尊の聖跡が残っているが、基本的にその聖座は東に向いている。たとえば、早朝、パトナ市を出て、一日のバス旅行で王舎城に着けば、東面する仏座に向かって、西に向かって赤く輝く岡辺にかかる落日を背景とした仏に礼拝する位置になる。

仏陀とは、もともと固有名詞ではなく、釈尊が得た真実は、「いかなる時、どのような場所においても、生きとし生けるものによって真理として自覚される」べきものであり、それに目覚めた者こそ「仏陀」と称することが可能である。そこから後代、「多仏の思想」が展開し、三世（過去・現在・未来）にも仏陀は出現し、どこにでも（後代、十方地域に広がる）、仏陀は住しておられるという信仰が広がった。その仏陀の住所が「仏国土」である。当然、東西南北、四方に仏国はあり、それに従う菩薩もおられることになる。もともと四世紀の『金光明経』などでは、東には妙喜国という仏国があり阿閦如来がおられ、南の歓喜国では宝生如来が、西の極楽国では阿弥陀如来が、北の蓮華荘厳国では、微妙声如来が配置されている。七世紀の初めに漢訳された『一字仏頂輪王経』になると、この四仏の中央に釈迦が現れ、東が宝星、南に開敷蓮華王、西に無量光（阿弥陀）、北に阿閦の各如来となる。同時代の『不空羂索経』では、中央に釈迦、東に阿閦、南に宝生、西に阿弥陀、北に世間王の四仏となる。

菩薩道

菩薩とは、修行中の釈尊に習って、自覚への道を歩む人を指す。そのような人物のなかでも、方位にかかわるものとして、東求《とうぐ》★4する常啼《じょうたい》菩薩、南詢《なんじゅん》★5する善財《ぜんざい》童子という二人の求道物語が有名である。

常啼菩薩は、常悲、常歓喜とも漢訳され、『道行般若経』（第九）などに登場する人物で、心優しく、悪世に人々が貧窮・老病に苦しむのに堪えず、いつも悲泣していた。般若の智恵の達成を一心に求めて、その真理は「東方」で説かれているとの夢をみて、その切実な心境から師を探し、ただ言われるままに、ひとえに東へ東へと尋ね歩き、ついに法上菩薩から教えを受けた。師への供養のため自身まで売ったことで有名な求道物語である。

★4 **東求**　東方に真理を求めること。

★5 **南詢**　南方によき指導者を問い尋ねること。

善財童子は豪商の息子で、『華厳経入法界品』では、福生城中で文殊師利の説法集会に出会って、悟りへの道を歩むことを決心する。文殊菩薩の指示により南へ南へと五三人の善知識（善き師・良き友）を尋ねて遍歴し、最後は弥勒や普賢菩薩の教示で菩薩と同等の世界に達する求道物語である。このストーリーは「文殊指南」とか「善財南詢」と呼ばれる。東大寺の『華厳五十五所絵巻』やインドネシアの「ボロブドールの浮彫り」でも有名で、東海道五十三次（宿駅）もこれにあてて考られたという。

ちなみに「文殊指南」について、漢語でいう「指南」は、このような仏教直輸入の語義から一般に「指導」の意味に転化したものかと思っていたが、籔内清氏の『中国の科学文明』によると、磁石の指極性の発見は中国人に帰せられ、後漢の王充の『論衡』には「司南」という磁石占いがある。「指南車」（図3）は伝説的に古く、航行にも「指南魚」というものまで用いられている。「指南」の語は「指南針・南鍼」に落ちつく。しかしあえて「指北針」といわぬのは「陽に向かうは人君の位」とする「南面思想」にもとづくのであろう。

一方、「南詢」の語は、北半球の人間にとって魅力的な意味をもち、南は、何かいきがたいがいってみたい、計り知れぬ、不思議な世界にみえる。中国には「南冥」★6の語があり、大鵬はその南海を目指して飛び立つ（図南）。インドではヤマ王（閻魔大王）の国は南にある。またイラン人は、善き魂は香気ある南風と美女に迎えられて、南の冥界にわたると信じられた。『日本霊異記』には、膳の広国が黄

図3　指南車（『和漢三才図会』。なお指南車の全体の形は「科学史」の図6を参照。

★6 **南冥**　天池と呼ばれる南方の大海。

泉に入って妻に会ったり、父と巡り会ったりする話があり、そこは「度南の国」である。南詢、求法南行、渡海、入海、入楞伽《にゅうりょうが》、入法界（真理の世界）などの一連の語は『華厳経』や『楞伽経』などに関連してあるのだが、経典形成のモチーフに、インドの二大叙事詩の一つ『ラーマーヤナ（ラーマ王行伝）』（図4）の原型の影響が指摘される。この詩の背景は古いが、二世紀末に成立したとされる。その筋はコーサラ国アヨーディアのラーマ王子が十頭をもつ魔王ラーヴァナに愛妻シーターを奪われ、その奪還のために南の楞伽国（ランカー島）にわたる物語である（図5）。また政治・経済的にはアーリアの「南下・南進」政策にかかわっていくのであろう。

『華厳経菩薩住処品』（第三二）には、十方の諸仏国をあげるが、その場所は「東方」の仙人山には金剛勝と呼ばれる菩薩を代表とする三〇〇人の菩薩たちが説法している。「南方」の勝峰山には法慧と呼ばれる菩薩を代表とする五〇〇人が住む。「西方」の金剛焔山の代表は精進無畏行で、三〇〇人が常在。「北方」の香積山では、香象菩薩がその眷属・菩薩など三〇〇〇人の代表である。「東北方」の清涼山では、文殊菩薩に従う一万人が説

図4　インドの絵本『ラーマーヤナ』（ラーマとシーター）

図5　ラーマ王と十頭のラーヴァナとの対決

法している。その（東北）海中には金剛山があり、法起と呼ぶ菩薩が一二〇〇人の代表である。「東南方」には支提山があり、天冠菩薩が一〇〇〇人の代表である。「西南方」の光明山では、三〇〇〇人の代表菩薩として、賢勝がいる。「西北方」の香風山では五〇〇〇人の代表として香光菩薩がいる。その大海中では、荘厳窟があり、多くの菩薩が住んでいる。さらに毘舎離の南から、震旦国・疏勒・迦葉弥羅国など乾陀羅国まで、一二の国が列挙されている。

人倫関係　ブッダ釈尊が在家の社会生活における倫理を「方位」にあてて説いた教えが『六方礼経』（シンガーラへの教え）にある。

釈尊が王舎城の竹林園に住んでおられたとき、シンガーラという資産家の息子が早朝に起床し、城市をでて郊外で沐浴し、衣髪を清め合掌して、順次、東・南・西・北・上・下の六方角を礼拝するのをみて、釈尊がなぜかと質問した。「愛する息子よ、お前はもろもろの方角を拝すべし」という父の遺言を守っているのだとシンガーラは答える。それを聴いて、釈尊は、正しくは東方は父母、南方は師たち、西方は妻子、北方は友人・同僚、下方は雇い人、上方は修行者・バラモンだと解して礼拝するのが、立派な正しい規律だと説明する。そして、

一　「子」は両親の養護となすべき務め、家系の存続、財産の相続、祖霊への供養の五つの方法で、「東方に相当する父母」に奉仕すべきである。

二　これに対し父母は、子を悪から遠ざけ、善道に入れ、技能を習熟させ、ふさわしい妻を迎え、適当な時期に相続させる。実にこのように、子は父母に奉仕

し、このような仕方で父母も子を愛せば、東方は護られ、安全で心配がない。

三「弟子」は座席から立って師を礼し、近侍し、熱心に聴き、給仕し、敬いをもって学芸を受ける。この仕方で弟子は「南方に相当する師」に対して奉仕すべきである。

四　師匠は弟子を訓育・指導し、修得した知識を保持・伝承させ、学芸の全域を説明する。師の友人や同輩に弟子の善処を吹聴し、諸面から援護してやる。この仕方で弟子は師に奉仕し、師は弟子を愛するので彼らの「南方」は護られる。

五「夫」は、「西方に相当する妻」に対して、尊敬し軽蔑しないこと、道徳を踏み外さず、妻に権威をあたえ、装飾品を提供する。

六　一方、妻は仕事を処理し、親族を待遇し、道を踏み外さず、財産を保護し、勤勉で、なすべきことに巧妙をもって夫を愛す。両者はこの仕方で、「西方」を護る。

七「良き人」は、「北方に相当する友人・同輩」に対して、布施と優しい言葉、他に尽くし、協力してあざむかないという仕方で奉仕する。

八　一方、彼に対する友人・同僚も無気力な場合、彼とその財産を守り、恐れと不安には庇護者となり、逆境でも彼を捨てず、その子孫まで尊重し、このように彼を愛する。両者はこの仕方で、「北方」を護る。

九「主人」は「下方に相当する雇い人」に対して、能力に応じた仕事と、食物と給料をあたえ、病時には看病し、珍味のものを分配し、適宜に休息させる仕

《東の理由》通俗解釈では、子にとって父母は以前（プッバ＝東）に恵みをもらったから。

《南の理由》師には布施が必要（ダッキネーヤ）だから右（ダッキ＝南）である（語呂合わせ）。

《西の理由》妻などは「後」（＝西）に従う人であるから。

方で奉仕する。

一〇　雇い人は主人より早く起床、のちに就寝し、所与のみを受け、仕事に精出し、主人の名誉をあげ、称賛する仕方で主人を愛する。両者は立派な主人と雇い人として「下方」を護る。

一一　良き人は「上方に相当する修行者やバラモン」に、親切な行動・言葉・配慮をもって奉仕し、門戸を閉ざさず、財物を布施する仕方で奉仕すべきである。

一二　これに対し修行者・バラモンは、良き人を悪から遠ざけ、善道に入らしめ、未聞の情報を伝え、聞いたことを純正にし、昇天への道を説き示す仕方で、良き人々を愛する。このような仕方で両者は「下方」を護る。

以上、有能な家長は、このような意義をもって、礼拝すべきである。釈尊の六方礼拝の教えを聞いたシンガーラは、命ある限り、信徒として帰依することを誓願したという。

密教マンダラ

マンダラは、諸仏・諸菩薩の集合図であり、いくつかの枠で区分され、円輪形を基本としている。この円輪は城郭のように、内（聖）と外（俗）とを分かち（結界）、四方の門には四天王が護衛する。すなわち上方の帝釈天に仕え、仏法と帰依する人たちを守護する、持国天（東）、増長天（南）、広目天（西）、多聞天（毘沙門天・北）の護法神である。

前にも述べたように、四仏や四門守以外にも、七世紀ごろになると多くの諸仏、菩薩、明王などの諸尊格が加えられ、組織体系化していく。『一字仏頂輪王経』系

《北の理由》友人により困難を乗り越える（ウッタラティ）から北（ウッタラ）に配当する。

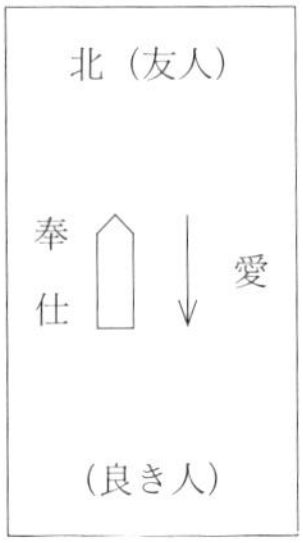

《下の理由》雇い人は足もとに座るから。

《上の理由》修行者・バラモンなどは上方に座るから。

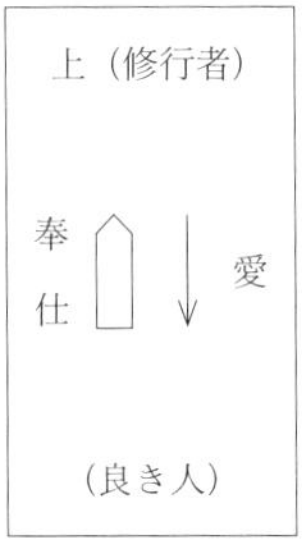

の四仏はのちに胎蔵界曼荼羅に、『不空羂索経』の系統はのちに金剛界曼荼羅に展開する。二つの四仏の系統は元は一つで、西方の阿弥陀仏を固定して、一尊ずつ右回りにずらすことによって、二系統になったとされる。

「胎蔵界曼荼羅」は、母が胎児を慈育するように、仏が生ける物を救済しようとす

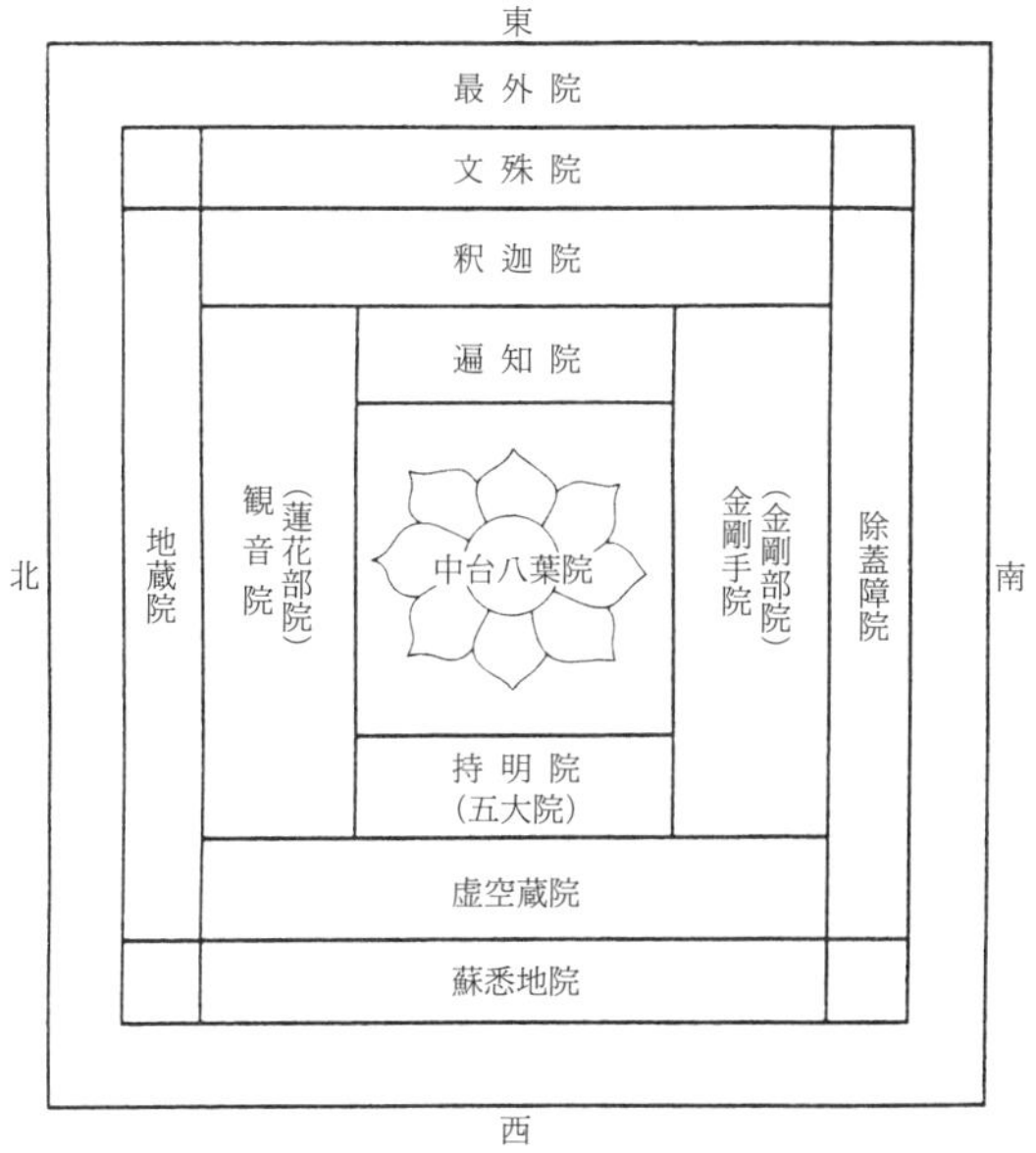

図6　胎蔵界曼荼羅（松長有慶、1985）

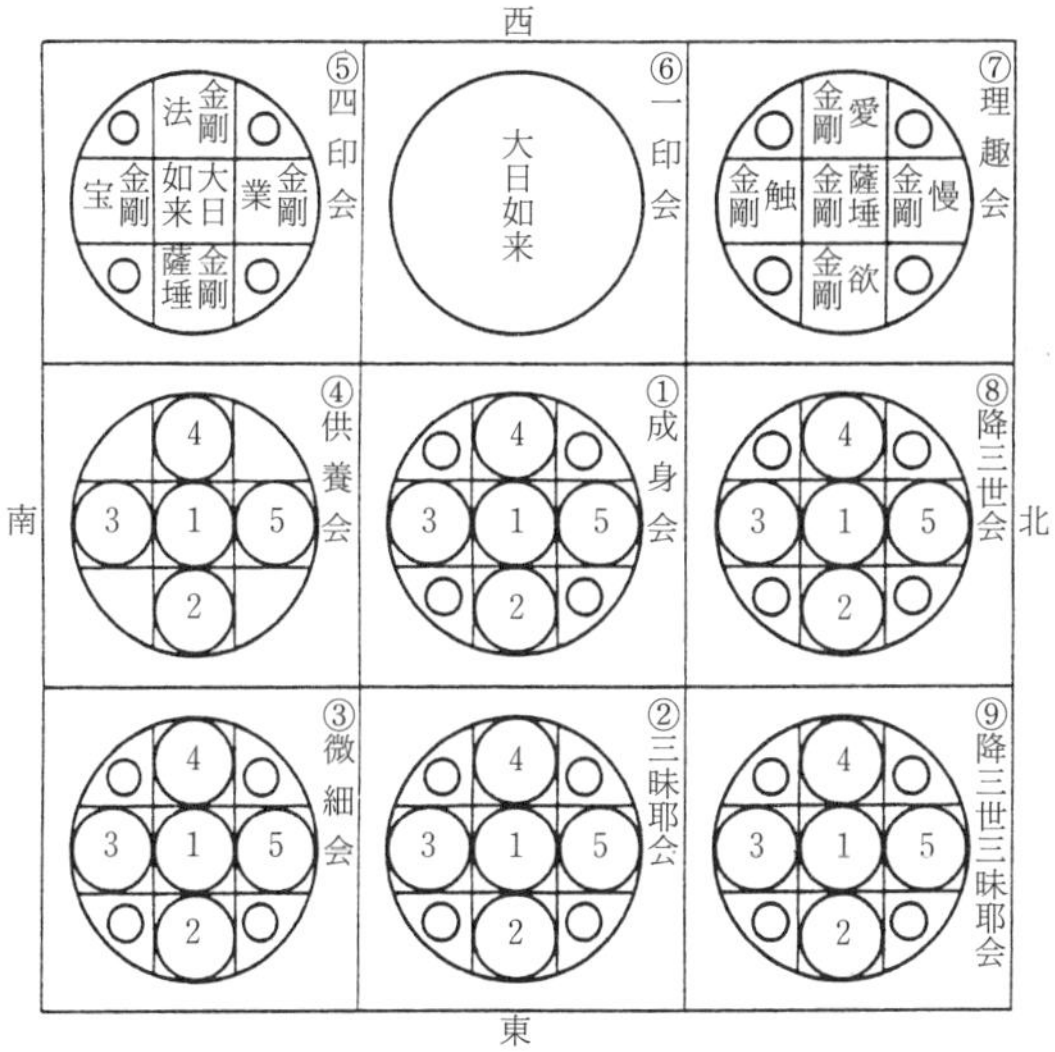

1 大日如来／ 2 阿閦如来／ 3 宝生如来／ 4 阿弥陀如来／ 5 不空成就如来

図7　金剛界曼荼羅（松長有慶、1985）

る慈悲心を図像化したもので、大日如来を中尊として、四仏、四菩薩が取り囲む中台八葉院が中核となる。これに仏部（上下）、蓮華部（左）、金剛部（右）の三部に整理され、四百九尊からなる。図は上下が東西に位置し、右左が南北となる。中央は大日、東は宝幢、西は無量寿、北は天鼓雷音の四如来が配される。四隅（維）には、東南に普賢、南西に文殊、西北に観音、北東に弥勒の四菩薩が並ぶ。最外院は、古代インドの方角崇拝にもとづく四方・四隅の東から右回りで八方天（帝釈、火、閻魔、羅刹、水、風、毘沙門、伊舎那の諸天）、上方の梵天、下方の地天を加えて十方天となり、更に日天（東）と月天とを加えて十二天となる（図6）。

「金剛界曼荼羅」は、金剛石のように堅固な菩提心（悟りの心）を本体とし、正方形の縦横、三枠ずつに区切られた、総計、九会（諸尊の集会）から構成される。方位は、上が西、下が東、右が北、左が南となり、胎蔵界と逆である。金剛界の五仏は、中尊として大日（色は白）、東は阿閦（緑・黒）、南は宝生（黄）、西は無量寿（赤）、北は不空成就（緑・青）の各如来である。曼荼羅は中央の大日如来と各部・各会・各院の存在とはフラクタルな構造になっている（図7）。

（小林圓照）

【参考文献】　辻直四郎『インド文明の曙』岩波書店（一九六七）／金倉圓照『インドの自然哲学』平楽寺書店（一九七一）／矢野道雄編『インド天文学・数学集（科学の名著1）』朝日出版社（一九八〇）／楠葉隆徳・林隆夫・矢野道雄共著『インド数学研究』恒星社更生閣（一九九七）／田中於菟彌・坂田貞二共著『インドの笑話』春秋社（一九八三）／中村元訳「シンガーラへの教え」『仏典一（世界古典文学全集六）』筑摩書房（一九六六）／松長有慶『密教・コスモスとマンダラ（NHKブックス486）』（一九八五）／中村元『図説仏教語大辞典』東京書籍（一九八八）／立川武蔵『マンダラ宇宙論』法蔵館（一九九六）／仏教聖典は『大正大蔵経』各巻参照

方位の神話学――イデア的存在と身体的方位とのかかわり

シンボルとしての幾何学的図形

「神話学」とは文字通り「神」、「話」、「学（問）」の合成語である。すなわち「神についての話」を学問的に取り扱うのが「神話学（mythology）」というわけである。『広辞宛』によれば、神話学は「神話の起源・成立・発展・分布・機能などを研究する学問」である。この規定のもとで、われわれがここで取り扱う「方位の神話学」とは、大雑把にいえば、神話における「方位」の起源・成立などを学問的に研究することである、となるかもしれない。しかし、ここではそうした大それたことを話題にしようとするのではない。このたび取り上げる課題は、神話における「シンボル」と「方位」の関係である。

人間はほかの、たとえば馬や牛といった哺乳動物と比較して、その誕生にあって「未成熟」である。もし親などの保護がなければ、ただちに自然の脅威にさらされ、死を招くことになる。また人間は精神的にも裸状態では生きられず、精神的防御服を着なければならない。その服とは広義の世界観である。それは世界に対する対処法である。世界知をもって人間は世界に一定の距離を置きながら、世界とかかわるのである。

人間は、自らの不完全性・有限性などを意識し、それと対比した完全性・無限性を創造する生き物である。「神話」を語る人間は、死に対する自らの存在の脆さや不完全性を知り、その呼称はさまざまであるとしても、人間を超えた存在である神の完全性をシンボル化し[★1]、そこから世界観を形成し、さらにはそれを他の者に伝達する。

その伝達手段として言葉――ここでいう言葉とは、記号としての言葉や身ぶり言語などを内包している――や合図などがあるが、これらは現実を指示する働きをもつ。それに対してシンボリズム（象徴表現）は人間の知覚を超え、記号や合図では表現できないもの――それはまた人間の心の奥底に潜《ひそ》むものでもあるが――を直観的に暗示する。

神話のなかで神の完全性などのシンボルとして表されてきた基本的にして根本的な図形としては円、四角形、三角形などがあげられる。

円ないし球は、基本的に「完全性」や「永遠性」、あるいは「天国」としてシンボル化されてきた。

四角形は「堅固」や「安定」、それもこの現世の物質的にゆるぎなく完成したことを示す。そのことから「避難所」とか「安全」といった意味をも象徴することになった。

それらに比べると三角形は、その位相によってさまざまなものを象徴している。たとえば正立三角形は、火、山、垂直性、神、無限、ピラミッドなど男性的なもの

★1　**シンボル化**　人間の本性を「シンボル」と見なすのはE・カッシーラー（一八七四～一九四五）である。

を示し、正三角形の場合は潜在力を表す。これが逆三角形になると、水、月、冥界の力など女性的なものを表すことになるのである。

神聖幾何学的図形の発生

以上の神、神性、それらと関連するイメージ、シンボルによって図形化されたもの、つまり神聖幾何学図形が表す意味は非常に集約的なものである。われわれは、こうした幾何学的図形の根源的発生とその発展に関心をもつ。それは歴史以前に生きた、まさに太古の人間の精神を想像することになる。

図形およびそれを構成する線は、現実の自然界には存在しないものである。円らしきもの、三角形らしきものなどは存在するにしても、円そのものや三角形そのもの、つまり幾何学図形自体は存在しない。それらはイデア的存在であって、そのなかでのみ図形としての存在が可能なのである。

人間は先天的にイデア[★2]を知っているのか、もしくは経験的にその「らしき」ものから「自体」を帰納的に推測したのか、といった哲学的問題は不問にするとしても、人間の素朴な事実から、とくに前にあげた幾何学的図形の発生とその発展とを想像、類推してみよう。

「人間の素朴な事実」とは、知的な反省以前の「今、ここ」に生きていることと表現できる。存在の形式は時間と空間である、というのがかの有名な哲学者カントの命題であるが、空間を時間より根源的であるという考えで「方位」を理解したい。

空間が時間より根源的であるという考えに立つのは、「今」は過ぎ去ってしまっ

★2 **イデア**　とくにプラトンによって唱えられた言葉である。それは感覚的・経験的世界に対する、その世界を成立させている本質(世界)である。たとえば、視覚的に捉えられる机を机たらしめている机の本質、机自体を示す語である。

た時間と未だきていない時間、つまり「無」を知らなければ現れにくいからである。「無」は抽象であり、それに対して「有」は具体である。時間は抽象であり、空間は具体である。精神は抽象であり、身体は具体である。われわれが自らの存在に気づくためには、身体を媒介とすることが必要なのである。

人間は「カオス（混沌）」の世界で生きることはできない。この世界の秩序づけの始まりは、まず身体的分節である。つまり、自らの身体を中心とする前後左右の方向区分である。身体を基軸とする縦軸と横軸の区分である。それは「十字」である。「十字」の方向はそれぞれ「東西南北」となる。「十字」の交差が「私の身体」であり、「私」である。世界の中心（オムパロス）である（図1）。図形的にはその交差は交点であり、運動としてはその起点・帰還点である。だから、それは生きることの「中心」および「中心点」となる。生命との関連でその「中心点」の一つは「水」である。

『創世記』に「一つの川が、この園を潤すため、エデンから出ており、四つの源となっていた」（二・一〇参照）というくだりがある。そこから連想されて、初期キリスト教時代の石棺に、地上の楽園の真ん中に生命の木の根元に井戸が湧き、そこから四本の川に分かれ、四つの方向へ流れる様子が描かれている（図2）。このように、水は世界の中心であるエデンの園の、そのまた中央に位置しているのである。

中心点は平面の場合と三次元空間の場合が考えられるが、この例は前者である。後者の例としてインドの信仰[★3]があげられる、つまり四つの川は天上の山メール（ス

図1　オムパロス（omphalos）は「へそ・聖石」を意味した語で、世界の「中心」のシンボルである。世界の起源はこの「中心」から四方向に広がる。（デルフォイ博物館蔵）

図2　エデンの園　アダムとイブを神はエデンの園に導く。命の泉と、そこから4本の川が流れている。（J・プレスト、一九九九）

メール）から流れでるという信仰である。「方位」による四つの空間領域★4によって世界は分けられ、このように秩序づけられる。これにもとづいて「四」という数が神聖視されることになる。四つの空間は、その縦軸と横軸の長さがそれぞれ違えば不安定である。それが一番安定しているのは正四角形である。それは不等の距離運動が等しい距離運動として停止するときの状態と解することができる。だから前述のように、その状態は静止・静寂にして平安・安穏の世界を象徴することにもなったのである。

また、「四」は二の二乗であることからすれば、根源的な空間は二空間である。つまり、人間は視覚的には横軸としての「一」、すなわち地平線を中心として「空」と「地面」そして「天」と「地」を区別している。この天と地を象徴するのが「三角形」である。その底辺は地であり、その頂点は天と地の接点である。山に神が住むという信仰は、山の頂に神が降臨した、またはしているという思いに由来する。その代表的な例として、日本の三輪山★5をあげることができる。三角形の三つの頂点から、また「三」も聖なる数とされる。さらに、天と地を分ける横軸とそれらを結びつける縦軸から「十字」が形成されたともいえる。

ところで、四角形にしても、三角形にしても、「十字」にしても静的なものである。それでは、円という形★6はどこから生じたかといえば、それは四角形、三角形、「十字」をそれぞれ回転運動させたときである。直接的、経験的には「太陽」のイメージに由来するということはきわめて自然的であり、納得のいくものである。

★3
インドの信仰　「方位とは」「インド」の項を参照。

★4
四つの空間領域　この典型はマンダラである。マンダラの一つの意味はシャカが悟りを得た場である。その場を中心にして西方の門がある。なお、「インド」の項も参照。

★5
日本の三輪山　三輪山をめぐる方位関係については「神道」の項を参照。

★6
円という形　円はまた車輪でシンボル化される。

この由来は一義的であるかもしれないが、十字の四方位をさらに八方位、十六方位と分割していけば、それぞれの長さが等しければそれは円になる。運動として円は始めも終わりもない永遠を意味することとなる。

以上のように、聖なる幾何学図形は方位を基本として成立した、と想像できるのである。

（植村卍）

【参考文献】D・フォンタナ『シンボルの世界』河出書房新社（一九九七）／アト・ド・フリース『イメージ・シンボル事典』大修館（一九八四）／G・ハインツ＝モーア『西洋シンボル事典』八坂書房（一九九四）／M・ルルカ『象徴としての円』法政大学出版局（一九九一）／J・プレスト（加藤暁子訳）『エデンの園』八坂書房（一九九九）／M・ルルカ『聖書象徴事典』人文書院（一九八八）

イスラエル ―― 古代メソポタミアにまで遡る方位語

イスラエル★1にも東西南北という四方位が存在する。ユダヤ人が四方位をどのようにとらえているかを、彼らの祖先がもともと住んでいたといわれる（『旧約聖書』創世記一一章）、古代メソポタミア★2にまで遡って考えてみよう。

古代メソポタミアの四方位

古代メソポタミアでは粘土の板に葦の棒を押しつけて文字を刻んだ。これがいわゆる楔形《くさびがた》文字である。乾いた粘土（とくに焼いたもの）には驚くほどの耐久性があり、そのおかげで、楔形文字は今からおよそ五〇〇〇年前から二〇〇〇年前にかけて中近東の人々が何を考え、どんな生活をしていたかを私たちに伝えてくれる。

それによると、古代メソポタミアにも四方位が存在した。古代メソポタミアでは方向を「風《シャール》」（読みはアッカド語）で表す。したがって、東風《シャドウー》、西風《アムル》、南風《シュートゥ》、北風《イシュターヌ》という四つの風《シャールー・エルベッティ》が四方位となる。おもしろいのは、風に番号がついている点だ。南風が一の風、北風が二の風、東風が三の風、西風が四の風である。南風が一の風なのは、シュメール人に敬意を表してのことであろう。

メソポタミア地方はシュメール、アッカド、バビロニア、アッシリア等の地域に

★1 **イスラエル**　東地中海沿岸の国。旧約聖書の時代に同名の国家が存在したが、興亡を繰り返し、紀元一世紀に滅亡。近代になってユダヤ人国家再建運動（シオニズム）が起こり、一九四八年に独立。首都エルサレムはユダヤ教徒、キリスト教徒、イスラム教徒の聖地。

★2 **メソポタミア**　メソポタミアとはギリシア語で「二つの川の間」を意味し、現在のイラクを中心とする地域を指す。アナトリア高原からペルシア湾に流れ込むチグリス川とユーフラテス川がもたらす水と肥沃な泥と交易路を基盤に世界最古の文明が栄えた。

分かれるが、そのなかでもっとも南に位置するのがシュメール地方である。アッカド人、バビロニア人、アッシリア人（いずれもセム系）はシュメール人（系統不明）から楔形文字を学び、その高度な文明を受容した。ヨーロッパでは「光は東方から」というが、メソポタミアでは文明の風は南から吹くのである。

　ちなみに、「シャドゥー」の原義は「山」である。メソポタミアにおいて山は文明の及ばない未開の領域であり、都市と対立する概念である。また、「アムル」は旧約聖書で「アモリ人」と呼ばれる人々を指す。メソポタミアの人々がアムル人に関して抱くイメージはけっしてよいものではない。アムル人は穀物を知らず、生の肉を食し、家をもたず、都市を知らない、狼のような人々だと思われていた。これらが三の風、四の風とされている点から考えても、風の順序は文明度を反映しているものと思われる。

　方位を表すほかの用語として、「シュメール」、「メルハ」、「エラム」、「スバルトゥ」がある（図1）。メルハはインドを指す。インドからの物資はペルシア湾を上ってくるため、メソポタミアの人々にとってメルハは南であった。エラムとスバルトゥはそれぞれ現在のイラン南西部、シリア北東部にあった国なので、メソポタミアからみるとそれぞれ東と北にあたる。これに前述のアム

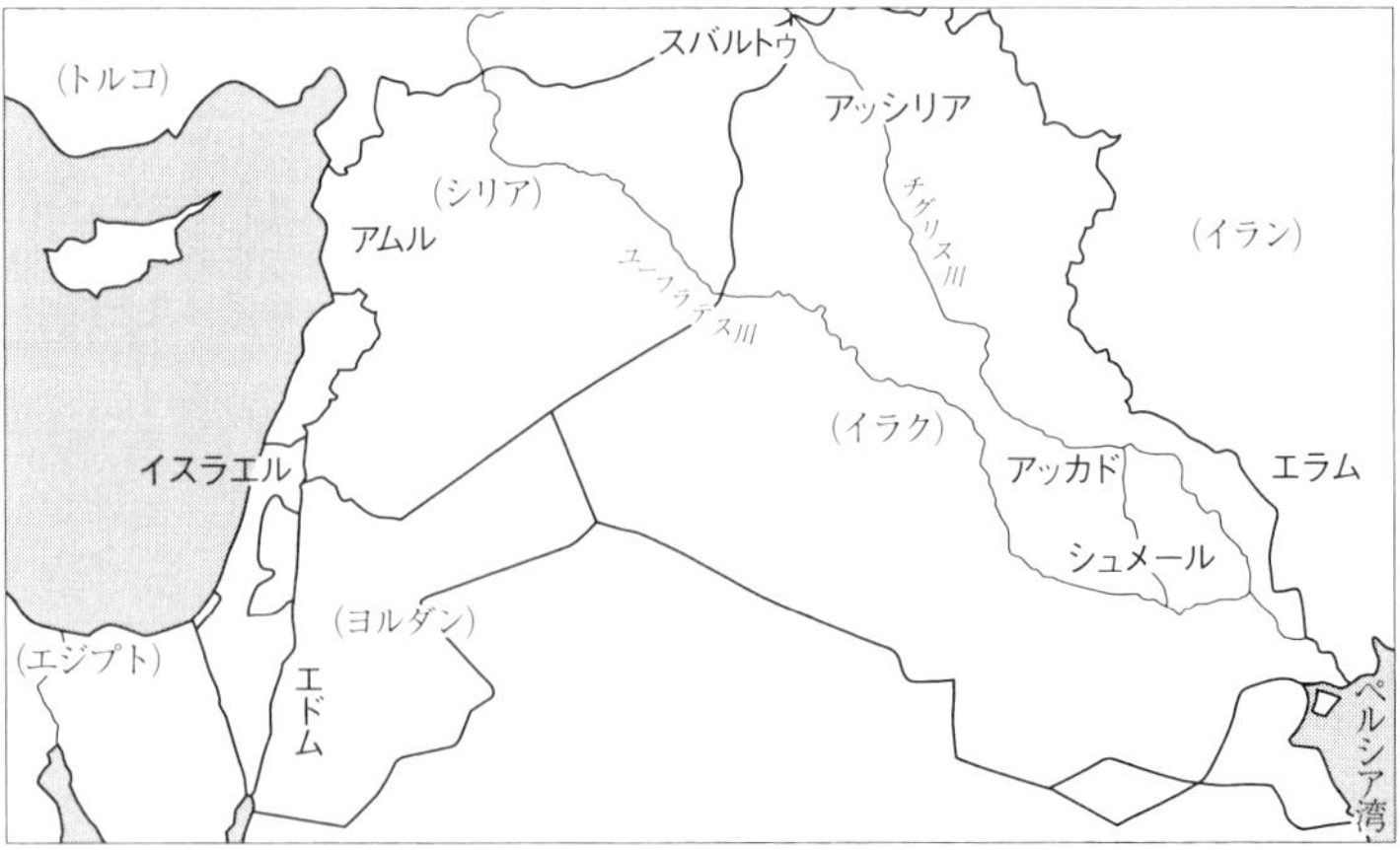

(　) 内は現代の地名

図1　古代オリエント世界

ル（西）を加えると、シュメールを中心とする東西南北がそろうことになる。メルハは遙か彼方にあるが、それ以外はシュメール文化圏を取り囲む敵である。そのため、これらはシュメール人の防衛意識を反映した方位用語ともいえるだろう。

太陽を基準とした方位も存在する。すなわち、「日の出《ツイト・シャムシ》」と「日の入《エレヴ・シャムシ》」がそれぞれ「東」と「西」を表す。ちなみに、これらはそれぞれ「出《アッー》る」と「入《エレーブ》る」という動詞を用いた熟語である。楔形文字★3ではbとpを明確に書き分けないこともあり、これらの動詞が「アジア」（中近東からみて日の出る地域）と「ヨーロッパ」（中近東からみて日の沈む地域）の語源ではないかと考える学者もいる。

旧約聖書とメソポタミア世界

旧約聖書はメソポタミアをふくむ古代オリエント文化圏のなかで成立した書物である。そのため、旧約聖書の方位用語★4には古代メソポタミアの影響が見受けられる。「四つの風《アルバ・ルホート》」（読みはヘブライ語）という表現が旧約聖書のエレミヤ書（四九・三六）、ダニエル書（八・八）、ゼカリヤ書（二・一〇）などにでてくる（いずれもバビロン捕囚以後に書かれた箇所）が、これはアッカド語の「四つの風《シャールー・エルベッティ》」を髣髴《ほうふつ》させる。ただし、旧約聖書の風に番号はなく、個々の風を表す用語もイスラエルの地理に合わせてある。東風は「前《カディーム》」、西風は「海《ヤム》」（地中海）、北風は「ツァフォン」、南風は「ダロム」ないしは「テマン」と呼ばれる。

旧約聖書で方位を表す用語として、ほかに「荒野《ミドバル》」、「砂漠《ネゲヴ》」、（風ではなく）地名としての「テマン」、「ツァフォン」などがある。荒野は内陸部に広がっているため、

★3 **楔形文字**　紀元前四〇〇〇年紀末の絵文字にまで遡る世界最古の文字。約六〇〇文字から成り、日本語の漢字やかなに似た表記体系をもつ。紀元前二〇〇〇年紀には古代オリエント世界全域に普及し、シュメール語、アッカド語、ヒッタイト語をはじめとする多くの言語がこの文字で記された。

★4 **旧約聖書の方位**　「オリエント・ギリシア」の項（二七六〜二七七頁）も参照。

海の反対方向、すなわち東を表す。また、イスラエルの南半分は砂漠で、それに隣接してエドムという国があった（図1）。そのため、砂漠とテマン（エドムの町）は南を表す。さらに、旧約聖書には「北《ツァフォン》の果ての山」（詩篇四八・三、イザヤ書一四・一三）という表現があり、「北風《ルアハ・ツァフォン》は雨をもたらす」（箴言二五・二三）といわれる。

シリアのウガリト★5という町から発見された神話によると、北の果てには嵐神バアルが住むツァパンという山があるという。嵐神は雨をもたらす神であり、ツァフォンとツァパンは同語源である。ウガリトでもイスラエルでも、北の果てに神話上の山が存在すると信じられていて、それが方位の指標になったことがうかがえる。

太陽を基準とした方位用語としては、「日の出《ミズラハ・シェメシュ》」（東）と「日没《マアラヴ・シェメシュ》」ないしは「日の入り《マヴォー・シェメシュ》」（西）がある。さらに、日の出に向かって前《ケデム》、後《アホル》、右《ヤミン》、左《スモル》がそれぞれ東西南北を表す点がユニークである。似たような用語がアモリ系遊牧民の部族名に残っているが、アッカド語には本来このような用語法は存在しない。東を向いて、南北を「右」と「左」で表すという発想はメソポタミアからの借り物ではなく、西方の民が独自に編みだした方位用語なのである。

現代イスラエルの方位

現代ヘブライ語に定着した方位用語はミズラハ（東）、マアラヴ（西）、ダロム（南）、ツァフォン（北）である。東西に関して太陽を基準とした用語が選ばれのは順当だといえるが、南北がダロムとツァフォンになったのはなぜだろうか。それは、テマン（現代ヘブライ語ではイエメンを指

★5 **ウガリト**　一九二九年、シリアの東地中海沿岸にあるラス・シャムラという遺跡が発掘され、古代都市ウガリトが発見された。紀元前一四、一三世紀にアッカド語やウガリト語で書かれた文書が大量に出土し、聖書の舞台となったカナンの宗教や文化について多くの知識がもたらされた。

す）やネゲヴなどの地名や左右を方位用語として用いると日常会話で誤解を生む可能性があるからだと思われる。ダロムは語源がはっきりせず、ツァフォンという山の名前は民族の記憶から消えてしまった。特定の地名を連想させないところが客観的な方位用語として都合がよかったのであろうが、趣向に乏しい用語になってしまったのは残念な気もする。

最後に、宗教的方位についてふれておこう。ユダヤ教徒はエルサレムの方向を向いて祈る。それは、旧約聖書に「ダニエルは（中略）家に帰るといつものとおり二階の部屋に上がり、エルサレムに向かって開かれた窓際にひざまずき、日に三度の祈りと賛美を自分の神にささげた」（ダニエル書六・一一）と書いてあるためである。したがって、エルサレムの北にいれば南を向いて祈り、エルサレムの西にいたら東を向いて祈ることになる。そのため、ユダヤ教徒は飛行機のなかでも今どちらの方角へ飛んでいるかを聞いて、エルサレムに向かって祈る。その姿はどことなくコンパスの針を連想させる。

（池田潤）

【参考文献】　新共同訳『聖書』日本聖書協会（一九八七）／松本健『四大文明［メソポタミア］』ＮＨＫ出版（二〇〇〇）

オリエント・ギリシア——西洋的方位観の原初をみる

「オリエント」という言葉

オリエントとはラテン語のオリオール（日の出）に由来し、東方を意味する言葉である。これに対してオクシデントは、同じくオッキード（日没）に由来し、西方を意味する。元来は中心からみての東・西ということであったと思われるが、西からみての東、東からみての西という二項対立的な★1方位観にもとづく用例が多くなる。わが国では二〇世紀に入ってからの用例であるが、インド西アジアを指す言葉として中洋という言葉が使われたこともある。

これらの言葉は、単に方位や地理的な地域を示すばかりでなく、一種の文化概念として用いられ、東洋・西洋という言葉は東洋文明・西洋文明の意味をこめて使われている。「オリエントはピレネーに始まる」という有名な言葉はその好例である。近代におけるオリエントはオクシデントの側からの発想で、実質とはおよそかけ離れたオリエンタリズムを生ずるにいたった。一般にヨーロッパからみて、地中海沿岸のオリエントを近東、スエズからマラッカ海峡にいたる地域を中東、マラッカ以東を極東（遠東）といった。

★1 **二項対立的な**　もっとも単純な例としては、西洋に対する東洋、西方教会に対する東方教会などがあげられる。

中国では古来、華夷思想から中華・東夷・西戎・南蛮・北狄という言葉があったが、明代にヨーロッパ地理学を導入したマテオ・リッチ（利瑪竇）は、太平洋に対し大東洋と記している（カリフォルニア湾が小東洋）。また明代には浙江以南の海岸地方や諸外国を南洋と呼び、その東側（ルソン・スールー・モルッカ・ブルネイなど）を東洋、西側（アンナン・タイ・カンボジア・ジャワ・スマトラ・マラッカなど）を西洋としている。戦前、わが国では、委任統治領ミクロネシアを内南洋、それ以外の東南アジア島嶼部を外南洋と称したことがあった。

バビロニアの方位観

諸民族の方位観をうかがうのにもっとも有効な手段は、その世界観を図示した世界地図を読むことであるが、残念ながら古代ローマ以前の世界地図はほとんど残されていない。大英博物館所蔵の「バビロニアの世界図」は数少ない例である（図1）。この図は粘土板に刻まれ、アッカド王サルゴンの遠征記事をともなっているため紀元前三〇〇〇年紀のものとされてきたが、実は紀元前七〇〇年を遡《さかのぼ》らないものとされている。それにしても世界最古の世界地図といえよう。

古代バビロニアでは、地中海を「上の海」、ペルシア湾を「下の海」と称したが、この図ではギリシアのオーケアノス（大洋）にあたる「鹹海」が円形の大地を取り巻いている。大地のほぼ中央にバビロンが矩形で示され、これを貫流する川（ユーフラテス）が北方の山地から三日月形に描かれた湿地へと流下している。

方位観をうかがう好材料は、鹹海の外側に放射状に示された三角形の七つの島

図1　バビロニアの世界図（大英博物館蔵）

（一部欠）に記された文字で、「黎明」とある島は東方に、「何もみえない太陽もみえない」とある島は極夜のある北方を指すものと考えられている。

バビロニアのギルガメシュ伝説では、地の果てにある島に、世界でただ一人死を免れた人が住んでおり、ギルガメシュはこの老人から永遠の生命の秘密を教わるため日の出とともに遠い旅路につき、ついに一対の峰が天に届き、遙か地獄の奥底まで裾を引いている大きな山の前までくると、太陽の通り路の入口があって、その暗いトンネルを抜けると喜びの園があるとされていて、地の果てが西方、喜びの園が東方にあることを暗示している。

さらにギルガメシュは、喜びの園では永遠の生命を得ることができず、老人の住む遠い島にいくためには「死の海」をわたる必要があることを知らされる。これは大洋の彼方に陸地があるという前述の世界図の世界像と一致する点が注目される。また、西方に冥界への入口があるという考えは古代エジプトにもあり、単に「西方の」を意味する形容詞「アメンテ」は冥界の女神とされた。

旧約聖書の方位観

旧約聖書的世界像における東方のイメージは、エデンの園のありかと強く結びついている。創世記（二・七―一四）には、つぎのような一節がみられる。

主なる神は東のかた、エデンに一つの園を設けて、その造った人をそこに置かれた。また主なる神は、見て美しく、食べるに良いすべての木を土からはえさせ、更に園の中央に命の木と、善悪を知る木とをはえさせられた。また一つの川がエデンから流れでて園を潤し、そこから分かれて四つの川となった。その第一の名はピソンといい、金のあるハビラの全地をめぐるもので（中略）第二の川の名はギホンといい、クシの全地をめぐるもの。第三の川の名はヒデケルといい、アッスリアの東を流れるもの。第四の川はユフラテである。

中世キリスト教世界の世界地図（マッパ・ムンディ）が東を上にし（図2）、最上部にエデンの園を描く根拠はこれである（図3）。中世イスラーム世界のそれが、メソポタミアやレバント地方からみて、メッカが南方にあたるため、多くは南を上にして描くのと好対照である。

エゼキエル書（五・五）には、「主なる神はこう言われる。わたしはこのエルサ

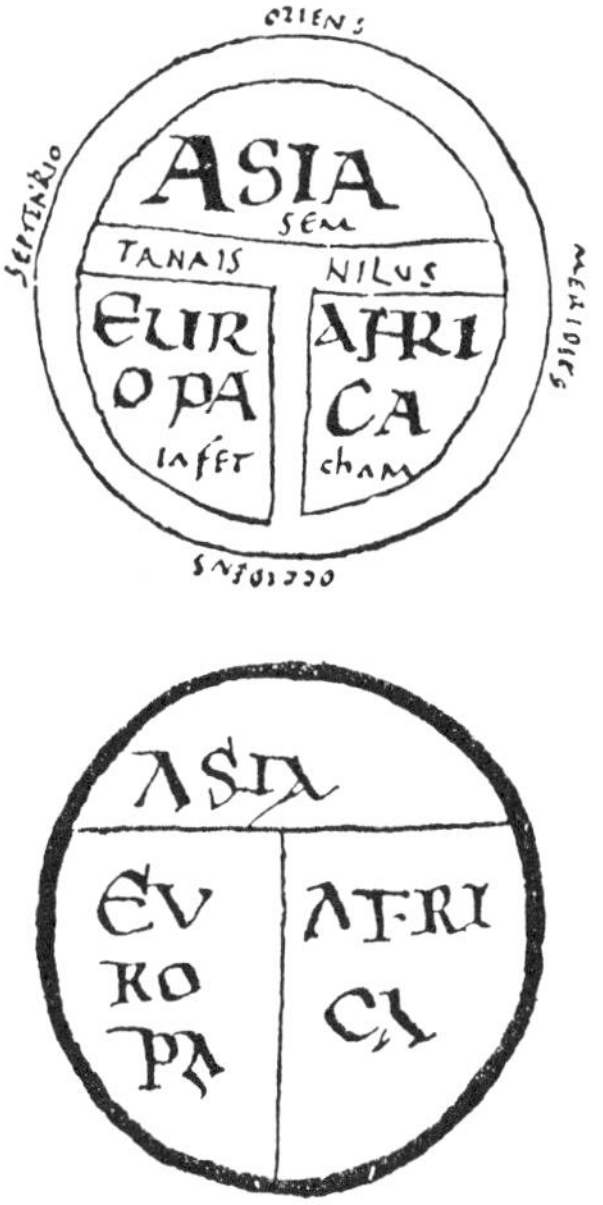

図2　中世キリスト教世界の世界像（TO 地図）　東であるアジアを上にしている。

図3　マッパ・ムンディの最上部に描かれたエデンの園（左上）（13 世紀のヘレフォード図より）

レムを万国の中に置き、国々をそのまわりに置いた」これこそマッパ・ムンディで円形に描いた世界の中心に聖都エルサレムを示した理由である（イスラーム世界図の中心は聖地メッカであるアラビアである）。

ちなみに、オリエンテーションという言葉はラテン語のオリエンタチオに由来し、教会において礼拝の方位を正しく東に向けることから方向づけ、指導の意味で用いられるようになったものである。

旧約聖書において、東はパレスチナからみて東を指す言葉で、「東の海」とは死海を意味し、地中海を「西の海」というのと対照的であった。一般に旧約聖書で東の国・東の人というときは、ユーフラテス以東、アッシリア・バビロニア・ペルシアの地方を指すことが多い（イザヤ書四三・五、ゼカリア書八・七、ダニエル書一一・四四など）。

旧約聖書の方位名称

ヘブライ語で南を意味する「ネゲヴ」は、また乾燥した土地をも意味し、山地・低地と対比して使われ（申命記一・七、同三四・三など）、地域的にはパレスチナ南部、ヘブロン以南をいう。ただし、ダニエル書では「南の王」はエジプト王を指している。

旧約聖書では、世界の北方に反ユダヤの王ゴグがマゴグの地を支配しており、大軍を率いてイスラエルに侵攻するが、ヤーウェ（エホバ）により敗北を予言されている（エゼキエル書三八章・三九章）。マゴグはまたノアの子のヤペテの子とされている（創世記一〇・二など）。中世ヨーロッパ世界では、ゴグ・マゴグはアレクサンドロス大王により世界の東北隅に押し込められた悪魔であるという民間伝承として伝えられ、マッパ・ムンディにも描かれている。中世イスラーム世界でヤジュージュ・マジュージュと記されたのがこれにあたる。

旧約聖書では、境域を示すためにしばしば方位名称を使うが、つぎにその一例を掲げてみよう。『エゼキエル書』（四七・一三）の一節である。

主なる神はこう言われる。あなたがたがイスラエルの十二の部族に、嗣業として土地を分け与えるには、その境を次のように定めねばならない。（中略）その地の境はこのとおりである。北は大海（地中海）からヘデロンの道を経て、ハマテの入口およびゼダデに至り、またベロテおよびダマスコとハマテの境にあるシブライムに至り、ハウランの境にあるハザル・ハテコンに及ぶ。その境は海からダマスコの北の境にあるハザル・エノンに及び、北の方はハマテがその境である。これが北の方である。

東の方は、ハウランとダマスコの間のハザル・エノンからギレアデとイスラエルの地との間の、ヨルダンに沿い、東の海（死海）に至り、タマルに及ぶ。これが東の方である。

南の方はタマルからメリボテ・カデシの川に及び、そこからエジプトの川に沿って大海（地中海）に至る。これが西の方である。

また「……に沿って東の方から西の方へのびた地方」といった記述もみられる（エゼキエル書四八・一～八など）。

風と方位

方位名称が★2特定の方位から吹く風の名前で呼ばれることは、先にあげたヘブライ語に限らず世界各地でみられる。たとえば、アッシリア語で北風を意味するイシュターヌはまた北を指す言葉でもある。アラビア語にも同様な例を多くみることができる。

古代ギリシアにおいても、日の出・日没の方位による識別のほかに、風名による方位の呼称があった。ホメロスなど古い時代には、ボレアス★3（北風）・エウロス（東風）・ノトス（南風）・ゼピュロス（西風）による四基本方位の呼称があったが、時代が下ると方位を示す風（方位風）の数は増加し、アリストテレスの『気象論（メテオロロジカ）』においては一二に近い風がある。北から右回りに示すとつぎのようになる。

北　ボレアス・メセス・カイキアス（夏至の日の出の方位）

東　アペリオテス（春分・秋分時の日の出の方位）・エウロス（冬至の日の出の方位）・フェニギアス

南　ノトス・（無記名）・リプス（冬至の日没の方位）

西　ゼピュロス（春分・秋分時の日没の方位）・アルゲステス★4（夏至の日没の方位）・トラスキアス

ただし、一般には八方位が多く用いられたと思われる。アテネに残るアンドロニコスの風塔（紀元前二〜一世紀）の外壁上部には（写真1）、擬人化された風神の浮彫りが八面に示されている（元来、塔内には水時計、塔上にはトリトンをかたどった風

★2 **方位名称が**　風名と方位の関係については「風名」の項のほか、「日本古典文学」「イスラエル」「英語圏」の項なども参照。

★3 **ボレアス**　アパルクティアスともいう。現在でもアドリア海沿岸一帯に吹く風のことをボラと呼んでいる。

写真1　アンドロニコスの風塔（筆者撮影）

図1　ギリシアの切手に描かれた風神たち

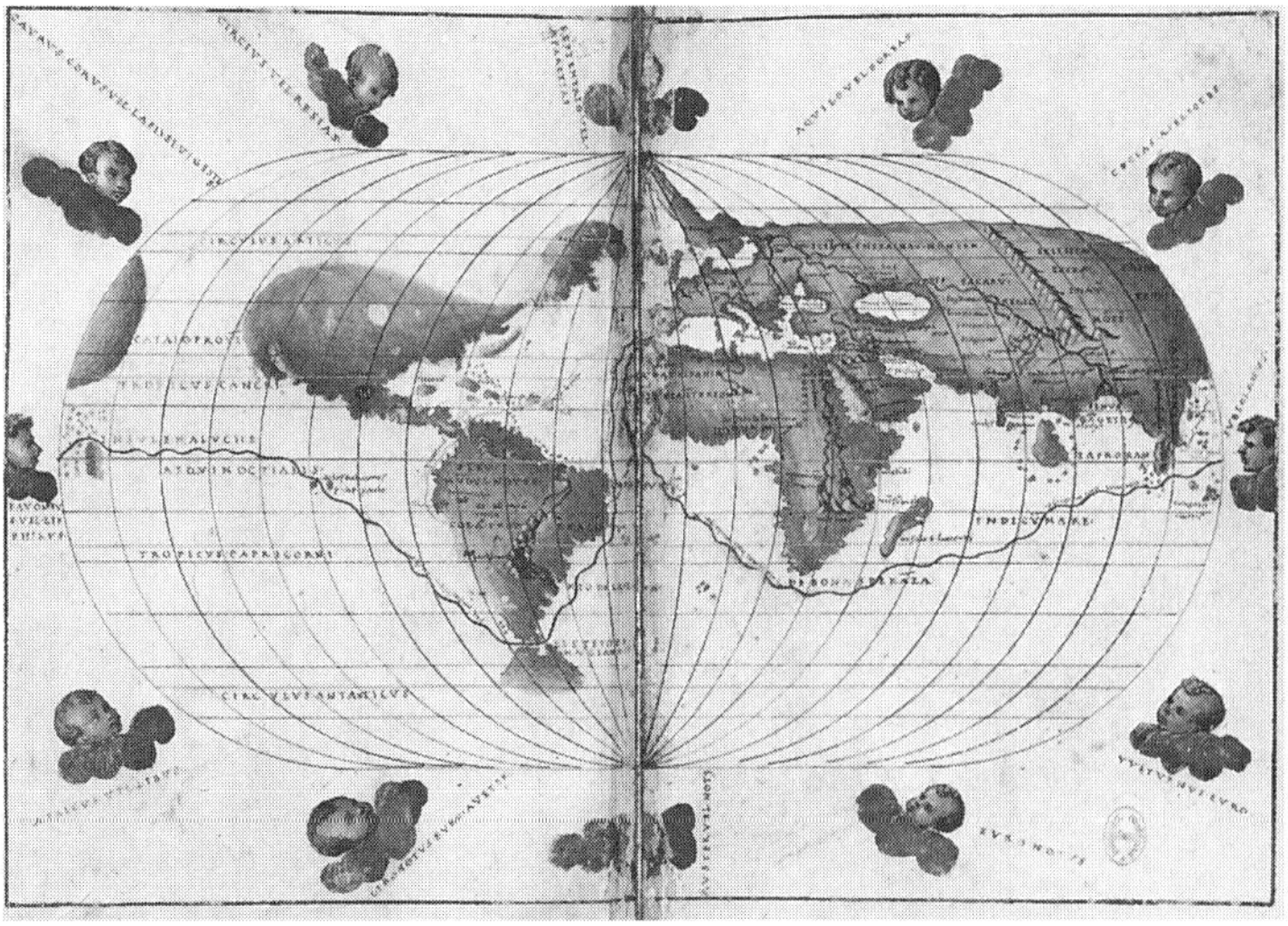

図2　バティスタ・アネーゼの海図アトラス（1543年　マゼランの航路入り）。海図の周囲に風神の姿が描かれている。

見があったとされるが失われた)。風神の浮彫りはいずれも背に翼をもち、それぞれの風の性質からつぎのように示されていてきわめて興味深い。ギリシアでは切手の図案としても使われている(図1)。それぞれについてみてみることにしよう。

1　ボレアス(北風)
ほら貝をもち、厚い服をまとった老人。秋から冬にかけて寒冷なうなりをともなって吹く風。

2　カイキアス(北東風)
雹《ひょう》のつまった盾を持ち、いかめしい顔をした老人。春分のころに吹き、荒天をともなうことの多い強風。

3　アペリオテス(東風)
果実や穀物の穂を包んだ薄衣をまとった青年。作物の収穫期に吹く温暖な風。

4　エウロス(南東風)
左手で外套をたぐり上げて顔をおおった渋面の老人。冬至のころにみられる地中海性の旋風の先がけをなし、陰鬱なのちに雨天となる天候をともなう。

5　ノトス(南風)
水がめを手にもってあけている青年。温暖で雨をもたらす風である。

6　リプス(南西風)
ギリシア船の船尾の装飾であるaplustreをもった中年の男。秋分のころから吹き、曇天と雨をともなうが、海上交通ではギリシア本国への帰港に利用しうるに好

★4　**アルゲステス**　オリンピアスあるいはスキロン、イアピックスともいう。

適な風である。

7　ゼピュロス（西風）

たくさんの花を包んだ軽い外套をかけた、裸身の美しい青年。夏至のころに吹き、快晴をもたらす暖風。

8　スキロン（北西風）

ノトスのもつ水がめとは異なった金属製の大きな壺（火壺？）をかかえた老人。春分か秋分のころに吹く冷たい乾燥した風で、突風をともなう。

ヨーロッパでは近世にいたるまで世界地図上に方位を示すため、図の周囲に風神の姿（多くは口から息を吹く頭部のみ）を描いている。また、近世ヨーロッパで描かれたポルトラーノ★5（水路図）に示されたコンパスの方位盤（羅盤）を「風のバラ」（ローズ・ドゥ・ヴァン）というのもこれに由来する。

後世に復元されたプトレマイオスの世界地図以外には、古代ギリシアの世界地図は残されていないが、アリストテレスが『気象論』において北極を上の極、南極を下の極と呼んでいることから、上を北にして描いたと考えるのがもっとも自然であろう。

（高橋正）

★5 **ポルトラーノ**　三三頁の脚注参照。

【参考文献】　T・H・ガスター（矢島文夫訳）『世界最古の物語』現代教養文庫（一九七三）／織田武雄『古代地理学史の研究　ギリシア時代』柳原書店（一九五九）

エトルリア・ローマ——政治をも左右した方位卜占の世界

エトルスキ民族

エトルリアは、ティレニア海に面したイタリア中央部に位置し、大雑把にいって、現在のトスカーナに相当する地方である。ここを本拠地として紀元前九世紀から前一世紀まで、ラスナ（rasna）と自称し、ラテン語でエトルスキ（Etrusci）と呼ばれた民族が活躍した。彼らは非インド・ヨーロッパ語を話す民族としてイタリアで形成され、ギリシア文化の影響を受けつつ特徴ある文化を育んだのである。

紀元前七〜六世紀に最盛期を迎えたエトルスキは、エトルリアで一二都市国家の連合を結成し、さらにカンパニア地方やポー川流域にも都市国家を建設し、他のイタリア諸民族を文明化した。ローマにもエトルスキはさまざまな面で大きな影響をあたえている。最後の三人のローマ王はエトルスキ系であり、ローマはこの王たちの治世に都市を形成し、ラティウム地方最大の都市国家に発展したのである。

エトルスキは、古典古代世界においてきわめて宗教的な民族として有名であった。彼らの宗教は多神教であり、啓示されたその宗教的教義は『エトルスキ経典』にまとめられていた。この書物は『雷電の書』『内臓占いの書』『儀式の書』の三部から成るが、エトルスキ語の原文は現存せず、そのラテン語訳ないしギリシア語訳の引用、または解説が紀元前一世紀以降の著作家たち、たとえばキケロ、リウィウス、プリニウス、プルタルコスなどによって部分的に伝えられているのみである。

エトルスキの宗教、したがってまた彼らの生活の諸相において、方位は重要な役割を演じた。だが、これに関する資料はかなり限られており、われわれの知見はあまり多くない。そしてその知見の大部分は、上記の文献資料からの情報に依拠している。というのは、エトルスキ語の銘文や碑文は現在一万点ほど出土しているけれども、その文字は完全に読めるものの、内容が十分に解明されておらず、しかも、その大半は短い墓碑銘や人名などであり、そのためエトルスキの方位について、このような碑銘文に詳しい情報を期待しても、多くは望めないからである。

ただし、北イタリアのピアチェンツァで発見された青銅製の羊の肝臓の模型「ピアチェンツァの肝臓」は（図1）、その表面が区分けされていて、エトルスキの神々の名前がそれぞれ特定の区域に記載されており、エトルスキの卜占における方位の研究にとって貴重な資料である。考古学的資料としては、エトルスキの都市遺跡や神殿の遺構がエトルスキの方位設定について若干の情報を提供する。

エトルスキ独自の方位設定

さて、エトルスキ独自の方位設定と認定されるのは、天空を一六に区画したことである。この民族の最高神ティニア★1（またはティン）は、北に鎮座すると考えられた。そこで、北を背にして南を向いて直線（ラテン語で「カルドー（cardo）」と呼ぶ）を引き、つぎに東から西にこの線と

図1　ピアチェンツァの肝臓 (M. Pallottino, *Etruscologia*, Milano 1984, Tav. LXII)

★1 ティニア（ティン）　エトルスキの最高神であるこの神は、ギリシアにおけるゼウス、ローマにおけるユピテルと対応する。

直角に交差する線（「デクマーヌス（decumanus）」）を引く。こうして四等分された天の区域をさらに四等分すると、一六区が生ずる。プリニウスによれば、これらの区域の南半分は「前の部分」、北半分は「後ろの部分」、そして東半分は「左の部分」、西半分は「右の部分」と呼ばれた（図2）。

天の一六区は雷電占いのために設定された区域で、稲妻は神々が発する徴《しるし》であった。エトルスキの雷神には、ティニア以外にウニ（ローマのユーノー）、メンルワ（ミネルワ）、マリシュ（マルス）など八柱おり、一六区のいずれかに座を占めていた。ティニアは雷電を三個、他の神々はそれぞれ一個をもち、各自の座からそれを投じた。これらの雷光は、その方角、すなわちそれを発した神の座に応じて吉凶が判定された。東北部からでた稲妻は大吉、西北部からのそれは大凶、南側の雷光は並の吉か凶であった。「左の部分」、すなわち東側は幸運の方位、「右の部分」すなわち西側は災いの方位とみなされた。

ティニアは三個の雷電のうち二個をその北の座から発し、これは好意的な教示をおこなう徴であったが、もう一個の雷電を一六区のどこからでも発射できた。雷光は発生した方向だけでなく、その行先も観察された。

雷鳴の方角も考慮されたと思われるが、この点は明らかではない。落雷の場合には、その場所や対象が重要な意味をもった。神殿に落雷した場合には、その雷電を投下した神は、天の区域、すなわち方角によってではなく、どの神殿に落雷したのかによって決められた。

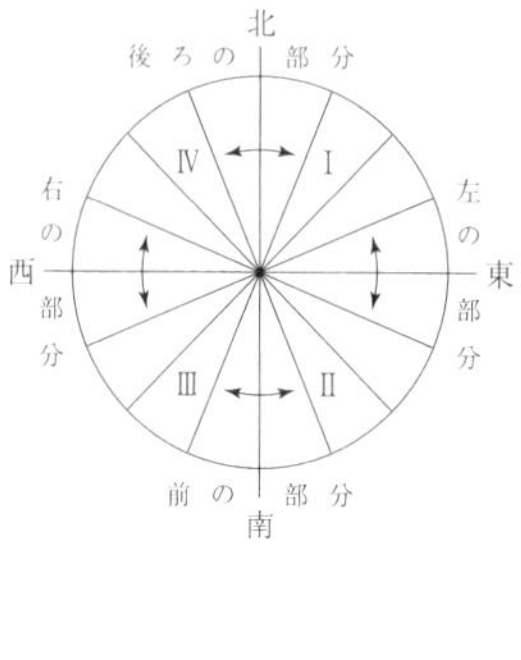

図2　プリニウスによる天空の区画（Pfiffig. A. J., Religio Etrusca, p. 113より筆者作成）

前述の「ピアチェンツァの肝臓」は、犠牲獣の肝臓の状態により、神々の意向を知るために各自の座を明記した模型、すなわちマニュアルだったと考定されている。この模型では神々の座が総数四〇に区分けされているが、その縁の部分は天空と同様に一六に区画されている。神々の座と方位との関係については解釈が分かれるが、一説によれば、主軸は北—南ではなく東—西であり、「前の部分」や「後ろの部分」等が天空の区画とは九〇度ずれている。つまり肝臓占い、一般的に内臓占いの場合、雷電占いとは異なる方位体系が採用されていたのである。エトルリアにはこれら各種の卜占をおこなう専門の占い師がいた。ローマ人はこの占い師を「ハルスペクス(haruspex)」と称し、その優れた卜占のゆえに彼らを重用した。

エトルリアでは鳥占いもさかんであったが、その詳細は不明である。鳥の種類や飛翔方向を観察して、神々の意向を読み取ったと思われ、たとえば、シロサギが南ないし北に向かって飛べば瑞祥《ずいしょう》であった。ヴルチの「フランソワの墓」の壁画に(図3)、片膝をついた一人の少年が紐で結ばれ左手にとまっている一羽の鳥を飛ばそうとし、これを一人の男が脇に立って見守っている情景が描かれている。その鳥の飛び方によって占おうとしていることはほぼ間違いないが、鳥の種類は不確かであり、それがどの方角に飛べば吉兆なのかも定かでない。

卜占のために区画された場所をラテン語で「テンプルム(templum)」といったが、エトルスキの神殿は吉祥を得たテンプルムに建立された。それは北—南を主軸に方位が設定された。すなわち正面は南向きだった、という主張が一般に受け入れ

図3 「フランソワの墓」の壁画(鳥を飛ばす子供)(M. Pallottino, *Etruscologia*, Milano 1984, Tav. LIV)

られてきた。ところが、実証された限りでは、南向きのエトルスキ神殿は少数であり、たいていは北西に二〇～六〇度ずれている。換言すれば、むしろ南東向きであった。なかには西南あるいは北西向きの神殿もあった。

エトルスキの測量

エトルスキはラテン語で「グローマ（groma）」（図4）と呼ばれる測量器具を用いて土地を計測し、その発達した測量技術はローマ人に継承された。したがって、ローマ人が書き残した関連資料の内容は、かなり多くの部分がエトルスキの土地測量方法にもかかわると考えられる。ある資料によれば、ハルスペクス（内臓占い師）は地面を東から西に向かう線で北側と南側に分け、北側を「左の部分」、南側を「右の部分」と呼び、また南から北に走る線によって地面を分け、向こうの半分を「前の部分」、手前の半分を「後ろの部分」と称した。このように画定された諸区域は、『ピアチェンツァの肝臓』と同様に、天空の区画とは九〇度ずれている。しかしハルスペクスが用いたこのような区画法は、エトルスキの土地測量における基本原理を成し、エトルスキの都市計画はこの原理にもとづいて施行されたのである。

都市計画のさい、土地測量士はまず東から西に一本の直線を引き、つぎにこれと直角に交差する直線を引いた。この東西線★2（デクマーヌス・マクシムス）と南北線（カルドー・マクシムス）の二本の線が都市の幹線道路となり、これと平行して多くの等間隔の道が敷かれた。こうして、正方形の区域が整然と碁盤目模様に並ぶ四角い都市が築かれることになる。その典型的な例として北イタリアに紀元前六世紀後

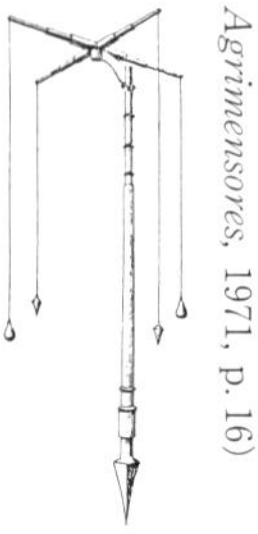

図4　グローマ。(O. A. W. Dilke, *The Roman Land Surveyors. An Introduction to the Agrimensores*, 1971, p. 16)

★2 **デクマーヌス**　たとえば、ポンペイに最初の都市を築いたのはエトルスキ人であったが、その後、町は拡大された。町のデクマーヌスとみなされるノーラ通りを年に一度、夏至の日に太陽が照らす。一説によれば、夏至の日にこの都市の方位が設定された。

半に建設されたマルツァボットがあげられ、このような都市計画はエトルスキ独自の方式であると考えられてきた（図5）。

しかし、エトルスキ都市の大部分、とくにエトルリア古来の都市では、道路は東西・南北の碁盤目を成さず、都市の形も卵形や円形や三角形であったり、あるいはまったく規則性が認められないのである。東西・南北に走る幹線道路を主軸とし、正方形の区画をもつ四角い都市は、実はギリシアですでに紀元前七世紀に、すなわちヒッポダーモスが紀元前五世紀前半にその理論化をおこなう前に、建設されていた。その後、ギリシアではこのような厳格な都市計画は廃れたが、エトルスキがこれを引き継いだのである。そのさい、エトルスキの土地測量士にとって肝要だったのは、測量すべき土地の方

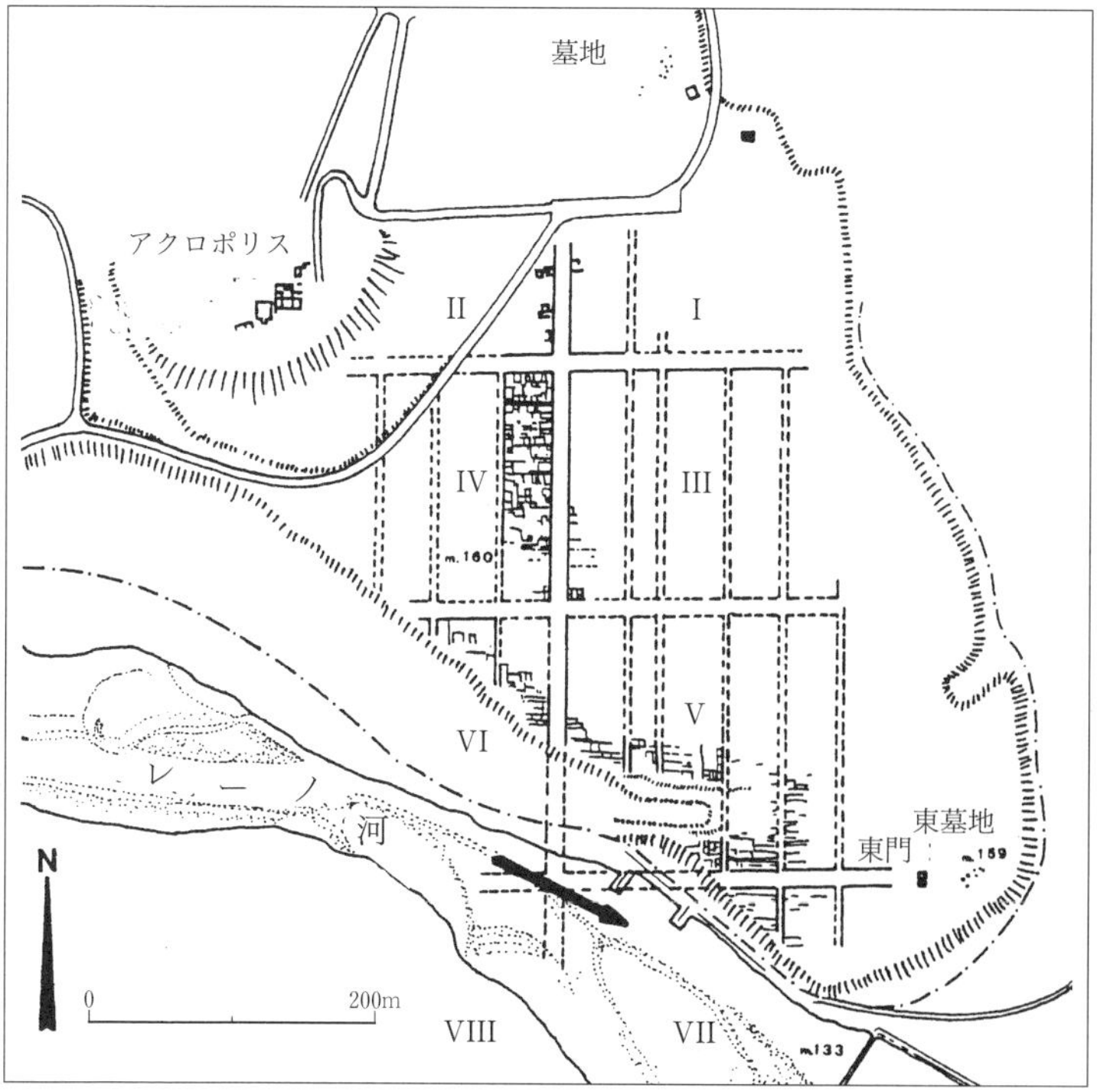

図5　マルツァボット（Pallottino, M., *Etruscologia,* p. 295 より筆者作成）

位ではなく、その土地の形態や地勢であった。

ローマの卜占

ローマ初代の王ロムルスは、神意によって王権を確立すべく、東を向いて神に承認の徴を求め、左から右に走る稲妻をみたと伝えられる。また、彼の死後、王に推戴されたヌマ・ポンピリウスの即位にあたって、卜占官が南を向き区域を定めて神意を伺い、承認の徴を得たといわれる。ロムルスは純然たる架空の人物であり、伝えられたその事績も信憑性を欠く。

一方、ヌマは実在の王であり、その伝承は少なくとも、王政時代からローマにおいて卜占および方位が重要な役割を演じたことを反映している。事実、共和政時代のローマでは、すべての主要な国務の遂行、たとえば民会の開催、軍隊の出動などにさいして、卜占による神の承認を必要とし、この卜占を公式に担当したのが卜占官「アウグル（augur）」であった。

もっとも一般的な卜占は鳥占いだった。先のほうが湾曲した杖をもった卜占官が、南を向いて北から南への線（カルドー）と東から西への線（デクマーヌス）を引き、天と地を四つに区分し、それからこれら二本の線にそれぞれ二本の平行線を引いて四角形を画定した。この場所の中点に四角い小屋（タベルナクルム）が建てられた。その入口は南側にあり、したがって「前の部分」が南に、「後ろの部分」が北になる。この小屋から鳥の飛ぶ方向を観察し、「左の鳥」すなわち東側の鳥は吉兆とされ、「右の鳥」すなわち西側の鳥は凶兆とみなされた。卜占官は通常は南を向いたが、高級官職の叙任のさいにおこなう鳥占いなどでは東を向いた。このように、ローマでは左（sinister）は本来吉を表したが、後にギリシアの影響で右（dexter）が吉祥を表すようになったため、しだいに左は不吉を意味するようになったのである。★3

ローマにおける雷電占いについては、左から右に走る雷光は瑞祥であり、左側の「後ろの部分」で雷が鳴れば大吉だったとか、北側の稲妻がより重要だったとか伝えられている。しかし、少なくとも共和政末期のローマでは、雷光も雷鳴もユピテルによる否認を表し、いったんそれが発生すれば、もしくはその発生が報じられただけでも、開催中の民会は中止された。ローマ人はエトルスキとは違って、天の区域によって雷光を区別せず、ユピテルが唯一の雷神であって「昼の雷」を発し、夜は彼の代理が「夜の雷」を放っていると考えた。落雷の場合、その場所や対象が重要な意味をもったが、ローマ人は雷電占いに通暁していなかったので、ハルスペクスにその異変の解釈を求め、その手当ての仕方を尋ねた。もっとも、落雷後に諮問させられても、天の区域や方向などを、直接自ら観察することはできなかった。

方位はまた土地測量、神殿や都市の建設などにおいても多かれ少なかれ顧慮された。

ローマの土地測量術

北イタリアのポー川流域、南フランス、チュニジア等で、ローマ時代の農地検分の遺構が発掘されている。土地は普通、東西・南北を軸線として正方形ないし四角形に区画され、網の目のように整然と区分されていた。このような農地検分のもっとも広大な遺跡がポー川流域にあり、ここは紀元前二世紀前半にローマ人が組織的に植民した地域である。

★3 **右が吉祥を表す**　ギリシア語dexiosには「右の」のほかに「吉祥の」という意味があり、scaiosには「左の」のほかに「不吉な」「西の」の意味がある。ギリシアでは占いは北を向いておこなったため、東が右側、西が左側にきて、鳥が右側で飛べば吉祥、左側では凶とされた。ラテン語dexterは本来「右の」、scaevusは「左の」を意味したが、dexiosとscaiosの第二の意味と混同されて、それぞれ吉と凶を表すようになった。ラテン語sinister「左の」もギリシアの影響で「不吉な」をも意味するようになった。

ローマにおける土地測量術は、エトルスキのそれに影響を受けたと考えられる。エトルスキの土地測量術について詳細は不明であるが、それがギリシアの影響を受けたことは明らかであり、ラテン語の「groma（土地測量器）」は、エトルスキ語を経てギリシア語「gnomon」に遡る。グローマは直線と直角を測定するための器具だったので、これを使って測量・区分されたローマの農地は、一般に正方形であり、ときには長方形のこともあった。その正方形は、しばしば各辺が二四〇〇ペース（七〇五・一メートル）、面積は二〇〇ユゲラ（五〇四ヘクタール）で、初期には理論的におのおの二ユゲラから成る一〇〇の小地区を含んでいた。したがって、それは「ケントゥリア（centuria）」と呼ばれ、またこのような仕方でおこなわれた農地検分は「ケントゥリアティオ（centuriatio）」と称された。

土地測量士は、検分のさい通常は東を向き、場合によっては南を向いた。したがって、測量の軸線は一般に正確にあるいは大体東西の線と南北の線であった。とはいえ、ケントゥリアティオがおこなわれたいくつかの隣接する土地が、互いに若干異なる方位をとることも稀ではなかった。また、既存の幹線道路や中心都市の方位、他の地理的特質、たとえば河流の方向や海岸線の形などのために、ケントゥリアの線形が基本方位からずれることもしばしばあった。

植民市と都市計画

ローマはイタリアの内外に多数の植民市を建設した。その都市遺跡のいくつかは[★4]、東西・南北に走る碁盤目のような道路網をもっており、ローマの都市計画の典型的な例を示しているようにみえる。しかし、そのような整然たる都市計画は初期にはみられず、のちにローマがギリシアとエトルスキから学んだものである。すなわち、紀元前七世紀末に形成されたローマ都市自体には、体系的プラニングが全然なく、また、紀元前五世紀にローマが建設した多くのラテン植民市においても、合理的な都市計画はほとんどなかった。紀元前四世紀に入ると、中央イタリアで碁盤目模様の道路網をもつ軍事植民市が建てられるようになり、それ以降、紀元後にいたるまで、東西のデクマーヌスと南北のカルドーを主要な道路とする正方形ないし長方形の都市が、イタリア内外に建設されたのである。なお、ローマ軍の夜営地も同様に設営された。

とはいえ、そのような都市計画が厳密に適用された例は少なく、ローマ人が建てた諸都市の方位は、たいていの場合、地勢や気候、既存の道路の方向、海岸線の向きなどによって決定された。土地測量士にとっては、宗教的な方位よりも現場の実際の状況のほうが優先したのである。

ローマ神殿の方位について、ウィトルウィウス★5はつぎのように記している。すなわち、妨げる理由が何もなく、何でも自由にできるのなら、神殿は西を向くように方位を設定すべきである。その目的は、供物を捧げるため祭壇に近づく人が、神室に安置された像を天の東の部分に眺めるためであり、そして神像自身も、祈願して犠牲を捧げる人々を東から眺められるためである、と。たしかに、この記述のように西向きの神殿は存在した。しかし、発掘されたローマ神殿の多くは、多少の偏りはあっても東向きであり、同じように南向きや北向きの神殿も知られている。ロー

★4 **ローマの都市計画**　伝承によれば、ロムルスはエトルスキの儀式に従ってローマの都市を建てた。のちに都市が建設されるさい、都市のポメリウム（境界線）がつぎのような手順で設定された。一頭の白い雄牛を右側（外側）に、一頭の白い雌牛を左側（内側）にして鋤につなぎ、鋤の刃を斜めにして間断なく（城門を建てる部分は鋤を持ち上げて）地面を掘り進む。掘られた土は全部内側に落ち、こうしてできた線の内側に都市が建てられた。

★5 **ウィトルウィウス**　Vitruvius. 前一世紀のローマの建築家・技術家。前二五年ころ、ローマの初代皇帝アウグストゥスに『建築書』全一〇巻を献呈した。この著書で彼は神殿・劇場・浴場・城壁・家屋など各種の建造物の建築術のみならず、土木・機械などさまざまな技術についても詳しく解説した。邦訳とし

マの神殿は、その長い歴史のなかで、最初はエトルスキやギリシア、のちにはエジプト等の影響を受けており、特定の方位を一般的に妥当する方位とみなすことはできない。同一都市内でも神殿の方位は一定していないのである。

なお、個人の住宅では、冬は日が入り夏は日差しを遮るために、リヴィングルームは南向きが普通であった。また浴場建造物では、熱湯浴室は西側に配置された。

（平田隆一）

て森田慶一訳注『ウィトルーウィウス建築書』（東海大学出版会、一九七九）などがある。

【参考文献】　山田安彦『ケントゥリア地割と条理』大明堂（一九九九）／平田隆一『エトルスキ国制の研究』南窓社（一九八二）／同「ローマ共和政国家とエトルスキ宗教」『教養部紀要（東北大学）』四一（一九八四）

英語圏——多民族の歴史が重なり合った方位表現の妙

英語では、方位についての語彙は豊富である。それは古い時代から受け継がれたもののほかに、多くの借用語があるからで、そのうえに文化的な伝統や周囲の文化からの影響が重なり合って、今日の姿があるのである。ここでは、言語学的な側面と文化的な側面に分けて紹介しよう。

語源からみた方位

英語は、古いケルト・ゲルマンの北方系文化と、ギリシア・ラテンの南方系文化のはざまで、不断の摩擦と摂取を繰り返しながら成長してきた。基本的な方位を表す語 north, south, east, west（これが英語では慣用的な順序である）はゲルマンの伝統を受け継いだもので、east は他のインド・ヨーロッパ語族★1の言語と共通の語源をもっている。east とつながる aust- はオーストリア Austria（東の国）に見出される。オーロラ Aurora はラテン語の曙の女神で、東に関係がある。キリスト教の春の祭りであるイースター Easter（復活祭）は、オーロラにあたる古い英語 Eastre からきている。

west の we- は「……から下へ、離れて」を意味し、ラテン語の vesper「夕方」と関係がある。大文字で Vesper というと「宵の明星」、すなわち金星であるが、

★1 **インド・ヨーロッパ語族**　東は中央アジアから西はアイルランドにいたる広範な地域で話される言語。英語はそのうちのゲルマン語族に属し、オランダ語、ドイツ語と近く、北欧諸語とは親戚にあたる。ラテン語はインド・ヨーロッパ語族内で別の系統に属しているが、一二世紀にフランスのノルマンディからや

これは神に背いて堕ちた天使、悪魔の別名でもある。

南を表すゲルマン語の語源はsuntha-「太陽の方へ」で、sunと関係がある。ラテン語の語源はauster-で、オーストラリアAustraliaは「南の国」、アフリカ南部から出土する化石のアウストラロピテクスaustralopithecusは「南のサル」である。ラテン語の東aust-と南auster-が似ているのは、イタリア半島をアルプス側から地中海側へいくのが、東へいくことでも南へいくことでもあるからといわれる。

輸出入された方位語

「南極の」を表すantarcticは「北極の反対の」を意味し、ギリシア語のarktikosからきている。南極大陸はAntarcticaである。北の夜空でほとんど動かない星とそれを含む七つの星・北斗七星は早くから人目を引いたとみえ、ラテン語の北は七と関係のあるseptenrionesだったが、これは英語に入らなかった。北極を表すギリシア語として使われているarktikosは「クマ」という意味で、これはギリシア神話にもとづいている。

ギリシア神話における全能の神ゼウスは、ニンフと契ってアルカスArcasという男の子を生ませたが、後に女をクマにしてしまった。アルカスが、出会ったクマを母と知らずに殺そうとしたとき、ゼウスは憐れんで二人を星にして天に上げた。母は大熊座となり、子はアークトゥルスArcturus「クマの番人」となったという。「北極の」arcticはこれに由来する。

美しいオーロラは英語でaurora borealisというが、ボレアスBoreas★2はギリシア語で北風の神であり、風の神々のなかでもっとも強く、苛酷な神であった。

ってきたウィリアム公が英国の王権を握り、公用語をフランス語とした。そのためにフランス語と同じ系統のラテン語と、さらにその基礎をなすギリシア語が英語の語彙に大きな影響を与えたのである。

★2　**ボレアスは**　ギリシア神話における風の神名については「オリエント・ギリシア」の項も参照。

北 north のゲルマン語の語源は northr で「下」を意味する。東を向くと北は左手にあり、左は劣ったもの、低いものと考えられたからである。ラテン語で左は sinister であるが、これが英語に入ると「不吉な」という意味になった。右を表す dexter は英語の dexterous になり、「巧みな」を意味した。復活して天に上げられたキリストも神の右に座るとされている。

英語は方位についての語彙を多数借用してきたが、他の言語へ輸出もしている。たとえばフランス語の方位は le nord, le sud, l'est, l'ouest で、これらは古代英語から中世英語の時代に借用されたものである。このような基本的な語が早い時期に、ヨーロッパ大陸の辺縁にある、英国からの外来語に取ってかわられたのは珍しいことである。

文化的伝承のなかの方位

英語では、方位は風と密接にかかわっている。四つの風は四方を表しており、聖書で「四方に散らされる」にあたる表現は "be scattered toward all winds"、「天の四方向」は "the four winds of the heaven" となっている（図1）。

ギリシア神話では、白髪にマントをなびかせ、頬をふくらませたひげの老人ボレアスばかりでなく、それぞれの方向の風に名前がつけられていたが、英文学に用いられた例は西風を除けばそう多くない。

西風はゼファー Zephyr といい、穏やかで優しい風として多く詩に登場する。チョーサーは『カンタベリ物語』のなかでその「甘い息」を歌い、一六世紀初めの作

図1　地球の四隅から吹く風。プトレマイオス『地理学』（一五四五）より。なお、プトレマイオスの世界図の全体像は「科学史」の図3を参照。

者不詳の詩は、西風に恋人を腕のなかに吹き戻してほしいと願っている。シェリーも「西風に寄す」(*Ode to the West Wind*) という詩のなかで、木々の葉を枯らして吹く西風に秘められた再生の力をみて、有名な「おお風よ、冬来りなば春遠からじ」の一節を世に送っている。風あるいは方位は、季節と関連づけてイメージされることも多い。東は春、南は夏、西は秋、北は冬である。

東が太陽に向かう重要な方角であることはすでに述べた。日の出る方向に建物の入口を置く、死者の足を東に向け、顔を太陽に正対《せいたい》させて葬る、キリストを信ずる者の集まり(元はそれをchurchと呼んだ)が建物をもつようになったとき、祭壇を東に置いたなど、東に対して定位する習慣は早くから生じた。そのうち、基準とする方位は東に限らなくなり、動詞のorientateは「周囲に対しどのような位置あるいは態度をとるか」を意味するようになった。したがって、新人に新しい環境への適応の仕方を指導することはオリエンテーション、磁石を片手に目的地を探すスポーツはオリエンテーリングとなったのである。

神は、アダムとイブが命令に背いて善悪を知る木の実を食べたので、二人を楽園から追放され、「エデンの園の東にケルビム(図2)ときらめく剣の炎を置かれた」。スタインベックは小説『エデンの東』(*East of Eden*)で、神に背いた人間でも、その得た判断の力でより良く生きることができると人間存在を肯定した。

東を知恵の源泉として憧れるのは太陽崇拝と関係があるのかもしれないが、キリスト降誕をいち早く祝った三人の占星術の学者は、星に導かれて東からやってきた。

図2　ケルビム Cherubim<Cherub. 翼の生えた天使で神の御座を守護する。後に太った赤子の姿に描かれるようになった。(ギュスターブ・ドレ『図説バイブル』一橋出版、一九八一)

さらに近代になると、西洋思想の閉塞感から、神秘主義・異国趣味のプリズムを通しつつも、東洋への興味が起こり、インドや中国の思想、日本の禅などが研究されるようになった。エズラ・パウンドが中国の詩を訳したのもその流れのなかにある。

遠い国への憧れはどの方位についてもいえることで、ブリテン島に移住してきたゲルマン人[★3]たちは北欧が故郷だったし、八世紀から三世紀近くにわたりスカンジナビアから襲来したバイキングも、英国の言葉と文化に大きな影響を残した。『指輪』三部作を書いたトールキンも北欧神話から着想を得ているし、南の海を舞台に小説を書いたコンラッドも、『七つ島のフレイア』(*Freya of the Seven Isles*)という短編の女主人公に北欧神話の愛と美の女神の名フレイアを冠している。野球で左利き投手をサウスポー south paw（ポーは動物などの手）と呼ぶのは、シカゴの球場で投手の左手が南側にくるからとも、南部出身の投手に左利きが多かったからともいう。今ではこの語は投手に限らず左利きの人一般を指すようになった。

記録の方法が先に北半球で発達したために、世界の歴史や地理が北半球中心に記述され、これを非難する声も聞かれる。オーストラリアの地図は南が上である。しかし、北半球では地図の方位は定着した感がある。日本で「北上」「南下」というように、アメリカでも up north, down south というが、そのほかに out west（西外?）、back east（東帰?）という表現がある。アメリカの地理的発展にともなってできた表現で、これも言葉が人々の生活や歴史を反映した例といえよう。

（中村雅子）

★3 **移住してきたゲルマン人**　ブリテン島にはピクト人という先住民がいたとされるが、紀元前八世紀ごろ、ヨーロッパ大陸からケルト人が移住してきて先住民を追い払った。一世紀半ばにローマ人がブリテン島を支配下に置くが、五世紀にこれを放棄した。その後、ユトランド半島あたりから、アングル人、サクソン人、ジュート人といったゲルマン人たちが上陸して、ケルト人を排除して今日の英国の基礎を築いた。

【参考文献】　チャールズ・ドゥウルフ（杉田洋編・注）『英語史』くろしお出版（一九八六）／『共同訳聖書』日本聖書協会（一九八八）／新井明ほか共編『ギリシア神話と英米文化』大修館書店（一九九一）

北アメリカ——先住民たちの多彩な方位観とその変容

天空方位

北アメリカは湿潤熱帯に近いメキシコ湾岸からカナダ北辺の北極圏に近いところまで、気候的にも、また地形的な構成という面でも多様である。乾燥―湿潤という指標をとっても多様な幅がある。そのために、先住民の環境に対する適応の様式や生計の手段、あるいは行動の様式やそれを支えている宗教的儀礼・コスモロジー★1といった点でも部族のあいだで大きく異なっている。

そして、先住民の方位観も磁石の四方位にみられるような太陽あるいは星座の運行を基準にした抽象的な方位から、地表の水系や山脈などの地形の起伏を基準に方位を設定していくものまで多様な幅がある。ドイツの民族学者フロベニウス（Leo Frobenius）は、太陽あるいは星座などの天体の周期的運動を基盤にした方位を「天空方位」と呼び、それに対して、地表の具体的な地物や事象の配置関係から方位を設定する方法を「非天空方位」（あるいは「地理的方位」）として区別しているが、北アメリカ先住民の場合、この「天空方位」（とくに四方位）をとる部族は、カリフォルニア南部から大平原の一部、そしてアメリカ南西部に限られているという。たしかに、大平原のポウニイ（Pawnee）族の「星座図」にみられるように、ス

★1
コスモロジー　通常「宇宙論」とも訳される。世界の構成に対する人々の考え方という一般的な意味で、「方位」が重要な意味をもつ場合が多い。

バル、琴座、大熊座、小熊座、北極星などの位置とその季節的変化をすでに一七世紀初期には詳細に記録しているし、さらに五大湖周辺の森林地帯から、カナダのプレーリー草原あるいはタイガの森林地帯に居住するオジブワ（Ojibwa）族、クリー（Cree）族、さらにまたモンタネー（Montagnais）族やチペワイヤン（Chipewyan）族など、北方の人々も天体のすぐれた観察者であった。クリー族の人々は「北極星」を「ケヴィティン・アチャック（北風の星）」と呼び、「大熊座」に対しては「オチェカタク（漁師）」と親しみをもって名づけ、さらに、オリオン星やスバル星も日常の生活や神話のなかに重要なものとして登場する。しかし、鬱蒼《うっそう》と繁った森林地帯のなかで、あるいは曇天の多い天候のもとでは、狩猟活動あるいは移動のさいには、こうした「天空方位」はあまり利用されず、地表の各所に点在する湖や沼沢地、クリークあるいは河川から構成される水系のネットワークとその水の流れの方向を重要な指標にするという。

　しかし、アルゴンキン（Algonquian）種（語）族の代表的な存在であるオジブワ族（アメリカ合衆国では一般にチペワ〔Chippewa〕族と呼ばれる）の場合、日常生活のなかでは、クリー族の人々と同じように、「水系」のネットワークとその「水流の方向」が重要な方位指標となるが、「ミディヴィヴィン」という通過儀礼の場合（図1）、「日の出」と「日没」を基盤とする東西方位は明確に意識され、生者のための「生命の道」（ミデイカナ）という儀式の重要な方位軸となる。と同時に、死者の葬送の儀礼（ドジバイイカナ〔死者の道〕）にさいしては、この東西軸と対立する

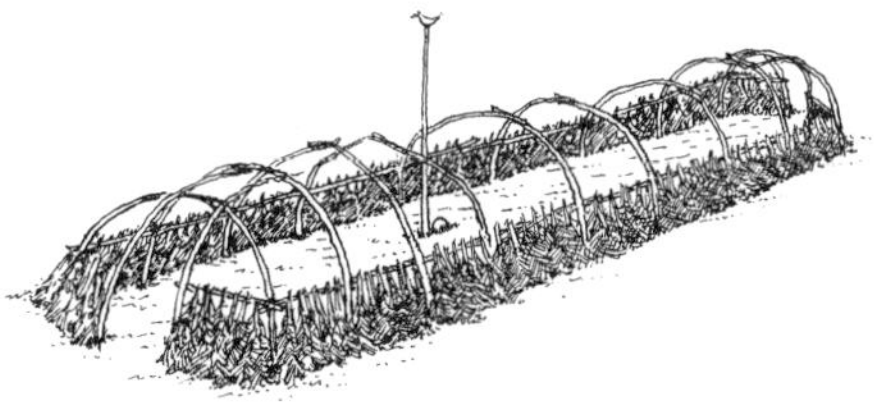

図1　オジブワ族の「ミデ」小屋。「ミディヴィヴィン」と呼ばれる通過儀礼のさいに用いられる施設。東と西が「日の出」と「日没」の方向に向けられる。東西の軸が「生命の道（ミデイカナ）」と呼ばれる。（S・デュードニィ『南部オジブワ族の聖なる巻物』トロント大学出版会、一九七五）

方向として死者の家が「南北」方向に向けて建てられる。しかし、この場合南と北の方位が特定の星座あるいは地表の特定の山や湖などと結びついているわけではない。いわば、「天空方位」としての東西軸が、儀礼のなかでは優位な位置と意味をもっているといえよう。しかし、オジブワ族の人々がさまざまな儀礼で用いる樹皮製の絵巻物には、東西南北を明示した「アキ」（世界）と呼ばれる図像が一種のシンボルとして描かれる（図2）。

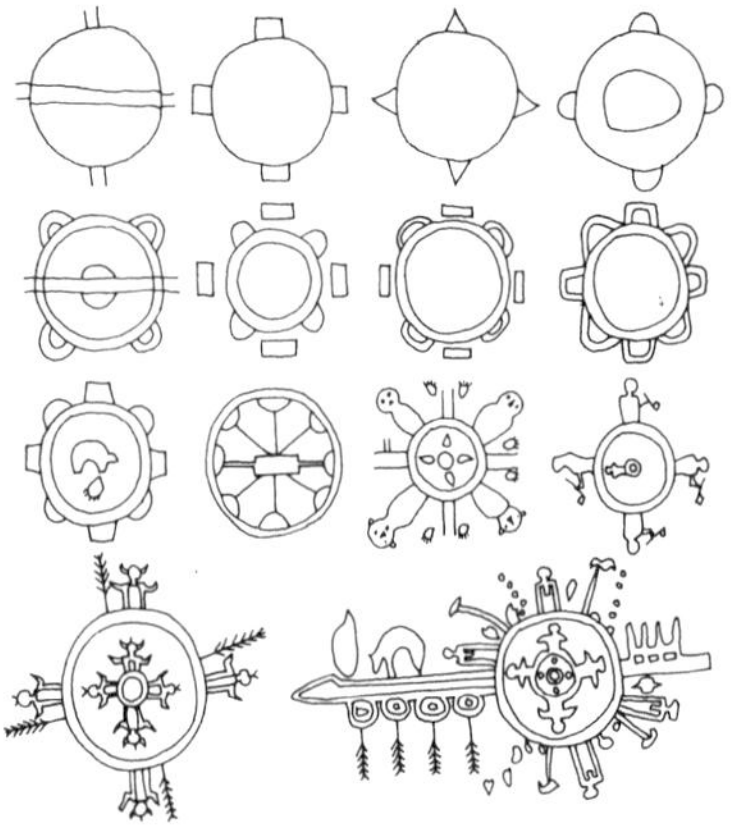

図2　オジブワ族の「アキ（世界）」の図像。自らの世界（アキ）を東西南北の方位を中心に図像化した一種のシンボルである。部族内部でもその表現が異なり、儀礼によっても異なった表現をとる。（T. Hisatake, "Indigenous Maps, Cosmology, and Spatial Recongnition of the North American Indian", H. Nozawa ed., *Cosmology, Epistemology and the History of Geography,* Kyushu University, 1986）

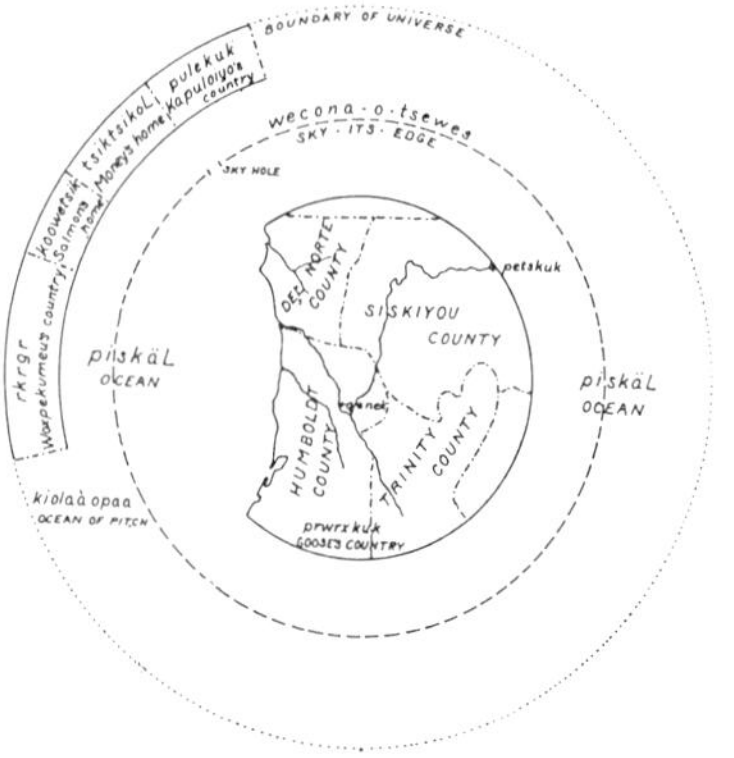

図3　ユロク族の世界像　カリフォルニア北部のクラマス川の中心（ケネク＝qenek）に住むシャーマンが語ったものをウォーターマンが描いたもの。（T. T. ウォーターマン「ユロク族の地理学」『カリフォルニア大学アメリカ考古学・民族学紀要』、1920）

地理的方位

こうした太陽の運行を基盤にする東西軸の「天空方位」に対して、南北方向は「地理的方位」、すなわち地表の特定の山頂や湖、河川などの水系を基礎とする混合型の四方位を取る事例も多い。五大湖から大西洋岸にかけてのイロコイ（Iroquois）諸族にこうした混合型の方位がみられるし、メキシコ湾岸のクリーク（Creek）族などもこうした混合型にふくまれるであろう。しかし、オジブワ族の西方に接するラコタ（Lakota）族（スー族ともいわれる）の場合は、四方位はすべて「天空方位」を取るし、また、それぞれの方位には「色」や「動物」あるいは好ましい「人間の態度」などの要素が結びつき、「聖なる輪」[★2]を形づくっている。それは儀礼的には「太陽踊り」と結びつき、四方位が重要な空間の分割方法と意味づけにかかわっている。

これに対して、アメリカ南西部のリオ・グランデ川の中・上流域に居住するプエブロ（Pueblo）諸族、コロラド高原のナバホ（Navajo）族の場合、四方位は色のシンボリズムと結びつくだけでなく、「天頂」、「中央」、「地底」という垂直的な方位軸とも合体して、いわば「七方位」をとる事例（ズーニ〔Zuñi〕族やホピ〔Hopi〕族などの西部プエブロ族）もみられるし、また「地理的方位」としての四方位が「聖なる山」として具体的に同定される場合も多い。

このように北アメリカ先住民の方位観は、「天空方位」としても、あるいは「非天空方位」（「地理的方位」）としても、四方位が欠落しているものから、四方位が明確に様式化されて、色のシンボリズムと結びついているものまで多様性をもつ。

二分法的方位

北アメリカの先住民のなかに四方位という考え方が欠けているという事例をもっとも早く、そして説得力をもって提示したのがウォーターマン（T. T. Waterman）の『ユロク族の地理学』（一九二〇）である（図3）。

★2
「聖なる輪」　大平原の部族の人々が「瞑想」（ヴィジョン・クエスト）のさいに用いるもので、四方位を基盤に構成され、「メディシン・ホイール」とも呼ばれる。

ユロク（Yurok）族は、現在のカリフォルニア州北部、クラマス川の河口付近に居住する部族である。以下、長くなるが引用してみよう。

ユロク族は、我々が磁石上で示される東西南北という四方位の考え方を全く持ち合わせていない。方位や位置を示すユロク語の用語は彼らの世界を取りまく河川、とくにクラマス川によって決定されている。ユロク族の方位に対する基本的概念は「川の上流」（pets）と「川の下流」（pul）の二つである。クラマス川は途中で曲ってはいるが、太平洋に流入する直前に、北西方向に流れていくために、この考え方を拡大して、「川の下流」（pul）はまた海岸線に沿う北方の方向も意味する。（中略）さらにこうした方位の中で、我々のいう左と右は「対岸へ」と「川から離れて」という意味であり、入口は家の西側にあるのではなく、家の「下流」側にあるのだし、また何かを取る場合、その物は彼の左にあるのではなく、彼の「上流」側にあるのである。

このユロク族の基本的方位概念としての川の「上流」と「下流」は水流の方向を基準とする二分法的方位観ともいうべきもので、北アメリカの先住民のあいだでは広くみられるものである。

ロッキー山脈の大盆地（グレート・ベイスン）地域に居住するパイユート（Paiute）族の場合（図４）、北方だけは「大きな雪の山」として特定されているが、四方位という考え方は欠けている。日常生活における方位分類は、「砂漠」の方向と「大きな川の流れる」方向とに二分されている。それは、彼らの生活空間の分類のなかで「動かないもの」（ナーディ）と「動くもの」（イシング・アディ）との二分法に対応した方位軸の選択であるという。

　こうした「水系」とその水流の方向を中心とする二分法的分類と方位の結びつきは、カナダのタイガ地帯から北極圏に近い地域に居住するクリー族やチペワイヤン族の描く土着的な地図（たとえば、チペワイヤン族の「モトナベ」の描いた

図4　パイユート族の世界像　大盆地（グレート・ベイスン）に住むパイユート族は、自分たちの世界を「大きな渓谷」と「砂漠」に二分し、自らはその中間に位置していることを示す。そして世界の周囲は「海」として描かれ、「大海に浮かぶ島」としての概念を表現している。（コヨーテ・マン『太陽と月と星　第1部新しい大陸の古い人々』ブラザー・ウイリアム出版社、1973）

地図）の表現などからも判断できるように、湖沼や河川などの水系のつながりは詳細に描かれるが、「天空方位」としての四方位は欠けている。また方位の指示も地図の上では、「水流」の方向に沿ってなされている。さらにその北方のイヌイット（Inuit）族の場合も、スピンク（J. Spink）とムーディ（D. W. Moodie）が『エスキモーの地図』（一九七二）のなかで分析したように、四方位は用語としても欠けているし、また日常生活のなかでもほとんど用いられてはいないという。重要なのは、夏と冬の季節の交代によって生じる「陸」側と「海（岸）」側の景観の変化と水系の流れや右岸、左岸といった二分法的な方向の指示であるという。

「聖なる輪」

こうした二分法的な方位の指示に対して、大平原に居住するカイオワ（Kiowa）族、ラコタ族、シャイアン（Cheyenne）族、ダコタ（Dakota）族などは四方位を基礎に、色のシンボリズム、聖なる動物、さらに「倫理」と結びついた「聖なる輪」という考え方をもっている（図5）。

聖なる輪の北方には智恵がある。北の智恵の色は白であり、そこをつかさどる聖なる生きものはバッファローである。南はネズミに代表され、聖なる色は緑。南は純粋と信頼、あるがままに心の本質を感じとる場所である。西は熊によって表される内省の場所であり、人々はここで自分の心の内面を見つめなおす。色は黒である。東には聖なる生きものワシがいる。そこは、広く遠くまではっきりと物事を見ることのできる悟りの場所であり、明けの明星の黄金の色をしている。（ヘェメヨースツ・ストーム、一九九二）

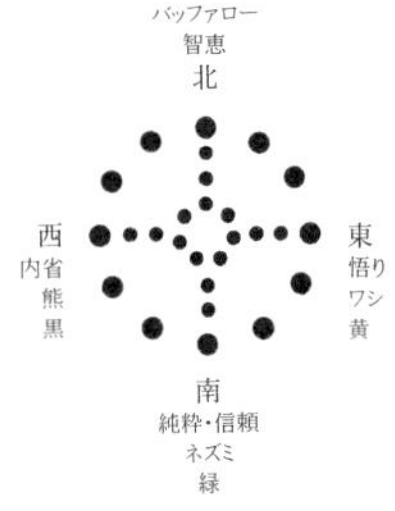

図5　ラコタ族の「聖なる輪」東西南北が人間の性格・価値、動物、色などと結びついている。中央の円と外側の円が自らの居住する世界の中心と境界を表示する。（ヘェメヨースツ・ストーム、一九九二）

ラコタ族の場合はこのように、東＝黄色、ワシ、「悟り」、西＝黒、熊、「内省」、南＝緑、ネズミ、「純粋」と「信頼」、北＝白、バッファロー、「智恵」という結びつきが明確であるが、しかし、ダコタ族の場合には、この「聖なる輪」は単に「赤い輪」と呼ばれる。それは「見る行為」（ワンヤグ）と「歩く行為」（マニ）とをともに結びつけるための「輪」（アンデスカ）であるという。そして北の「野牛（バッファロー）の国」、南の「光の国」、東の「悪霊の国」、西の「雷の国」という四方位の各々の国は、東と西の国を結ぶ黒と黄色の蛇で媒介される一方、北と南の国は、「黄色の道」と呼ばれる道筋で結ばれている。それは富の源泉としての「野牛」の移動していく道筋と考えられている。

しかし、ダコタ族の場合、四方位と色のシンボリズムとの結びつきは、ラコタ族に比べて弱くなっている。

四方位と色のシンボリズム

アメリカ南西部の乾燥地域に住むプエブロ諸族とナバホ族の場合、こうした四方位と色のシンボリズムは、性別、動植物、さらに鉱物（宝石）なども結びついて、より精緻に体系化されている。とくにリオ・グランデ川の上・中流域に居住するプエブロ諸族の場合、テワ語族、ケレス語族、タノ語族、トワ語族などでそれぞれ方位のもつ色は異なってくるが、ケレス語族の場合、北＝黄色、南＝赤、東＝白、西＝青となっている。このような四方位と結びついた色は、とくに儀礼の側面で重要な意味を与えられている。「キバ」（Kiva）と呼ばれるプエブロ族の半地下式の祭儀所の四方位の壁面も同色の色で塗られ、さらに氏族あるいは結社の入会式などにさいして地面に描かれる砂絵でも、四方位と結びついた色砂が用いられる（写真1）。

とくに西部プエブロ諸族に属するホピ族やズーニ族の場合、カッシング（F. H. Cushing）が詳細に分析したように、こうした四方位のほかに「天頂」「中央」「地底」という垂直的な方位軸と結びつき、「七方位」の分類がなされる。そしてこの「七方位」は集落内部の居住の区分、あるいは氏族のトーテム分類にも重要なものとして用いられるという。

リオ・グランデ川の流域から大陸分水嶺を越えて西方のコロラド高原に入ると、ナバホ族の広大な居留地に入る。ナバホ族の四方位と色のシンボリズム[★3]の結びつきは、その砂絵にも表現されるようにきわめて様式化したものであり、北アメリカの先住民の方位観のなかでも、もっともよく知られたものである。北＝黒、南＝青、東＝白、西＝黄と結びつく。ナバホ族の四方位は、また東、西が女性、南、北が男性と一対にされる。さらに各方位は、トウモロコシ、豆、カボチャ、タバコなどの「聖なる植物」とも結びつくし、トルコ玉、メノウ、黒耀石、水晶などの鉱物との関係でも語られる。各方位を象徴する聖なる薬草、樹木、山や湖とも結びつき、日常生活のなかのさまざまな事象を分類する重要な指標となっている。こうした結びつきのなかで注目されるのが、四方位の「聖なる山」のもつ意義である。

聖なる山と人体構造

アメリカ南西部の先住民の場合、ロッキー山脈の南縁部に居住する地理的位置も関係して、四周に山を望むという場合が

写真1　プエブロ族の「キバ（地下祭儀所）」で描かれる砂絵の道具。古い形式は「色砂」ではなく、「色トウモロコシ」を東西南北に配置していた。（筆者撮影、一九八〇）

★3
方位と色のシンボリズム　方位と色との関係については「風水」「中国古典文学」「メソアメリカ」などの項も参照。

多い。そのため、四方位と結びついた自部族の「聖なる山」をもつケースが多くみられる。リオ・グランデ川流域に住むプエブロ諸族の場合、東方のサングレ・デ・クリスト山脈、西方のへメス山塊、北方のロッキー山脈、南方のサン・アンドレス山脈の各々の山頂を四方位の基準点とする集落が多い。とくにへメス山塊の山頂部（「雲を集める人（ツィコモ）」と呼ばれる）は、リオ・グランデ川流域のプエブロ族にとって西方の象徴的な山になっている。さらにこうした四方位の聖なる山は、集落の広場や道の配置にも大きな影響をあたえている。テワ語族のプエブロの場合、広場の東西軸は、「岩の角の山」と呼ばれる東方の聖なる山、トラチャス峰に向かって設定されているし、テスキの集落の広場は東方のレイク・ピーク（「聖なる湖のある峰」の意）の聖なる山に向かって中心軸をもつ。

　ナバホ族の場合、こうした四方位の聖なる山は東＝シエラブランカ山、西＝サンフランシスコ峰、南＝テイラー山、北＝ラプラタ山、そして中央部に「大地のへそ」としてのエル・フェルファーノ峰が設定される（図6）。彼らの描く砂絵のなかにこうした聖なる山はほとんど例外なく登場するし（写真2・3）、さらに祭儀のさいの歌や祭文のなかにもしばしば読み込まれる。このような四方位と砂絵の結びつきのなかでとくに注目されるのが「地母」（母なる大地）の砂絵のなかに描かれる「聖なる山」と「人体臓器」との対応である。「美の道」という儀礼のなかで最初に描かれるのが図7の「地母」像である。その解説は語部サスッファイ（灰色のリス）によってつぎのようになされる。

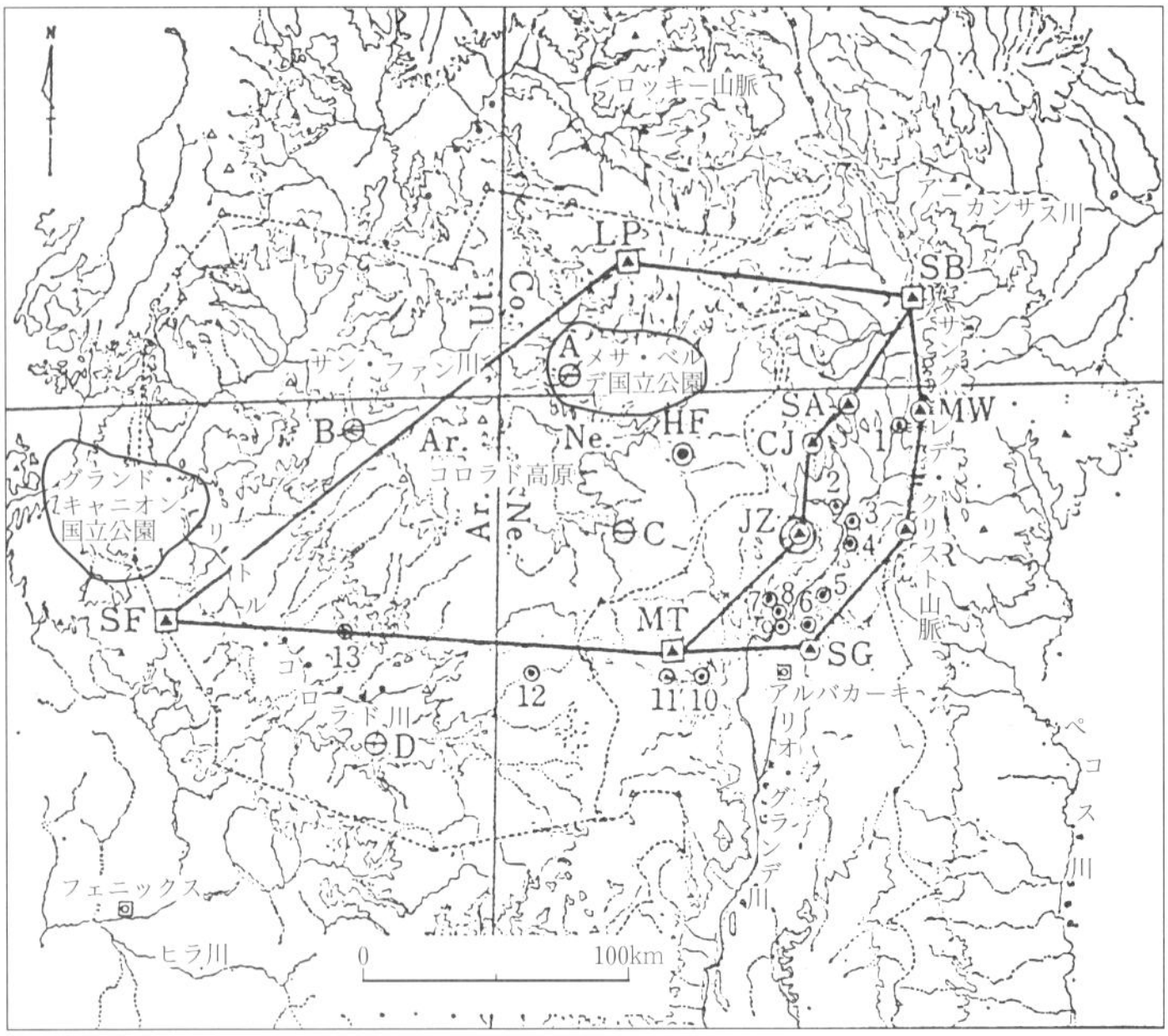

Co. コロラド州／Ut. ユタ州／Ar. アリゾナ州／Ne. ニューメキシコ州／HF. フェルファーノ峰／SB. シェラブランカ山（ブランカ・ピーク）／LP. ラプラタ山／SF. サンフランシスコ山／MT.テイラー山／JZ. ヘメス山（Tsi'como）／CJ. カジロン峰／SA. サンアントニオ峰／MW.ウィーラー山／TR.トラチャス峰／SG. サンディア峰／A メサベルデ／B カエンタ／C チャコ・キャニオン／D ブロークンK.プエブロ／1 タオス／2 サンファン／3 サンタクララ／4 サンイルデフォンソ／5 サントドミンゴ／6 サンフェリペ／7 ヘメス／8 ジア／9 サンタアナ／10 ラグーナ／11 アコマ／12 ズーニ／13 ホピ

図6　ナバホ族の領域と「聖なる山」(久武哲也「岩絵地図と砂絵地図」『甲南大学紀要　文学編』第32号、1979)

写真3　ナバホ族の砂絵師　祭儀所（ホーガン）でシャーマンが色砂を指の間から落としながら砂絵を描いていく。(筆者撮影、1973)

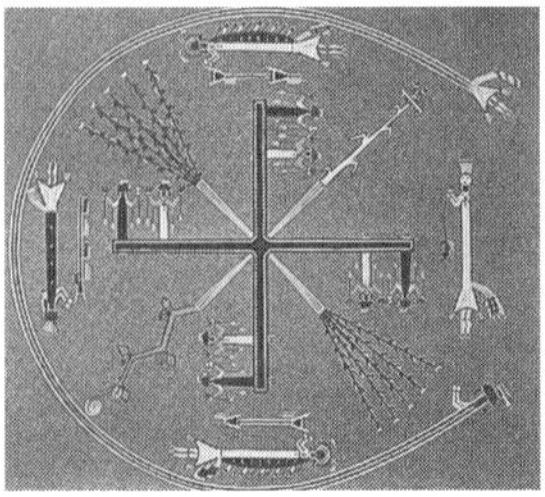

写真2　ナバホ族の砂絵　中央の十字は四方位の聖なる山とその方位を支配する精霊を示す。(筆者撮影、1973)

地母の頭部、角の先端を色どる青はトルコ玉。それは世界の豊饒を意味する。角の下の黄色は花粉。この世界の永遠の生命を具現する。角の間の青い円は太陽（A）。青い円の背後の五本の棒は東方の光を意味する。地母の顔の四つの帯は白・黒・青・黄色で、各々、夜明け、暗闇、夕暮のかすみ、黎明を意味する。顔の両側の上部の赤は、植物の二番生え。下部の黒は暗闇。喉の赤い帯は、青空の中の風と雲。肘の赤と青の線は植物の開花。地母の手に握られた容器は、食料と薬草の種子を運ぶもの。その上の白と黒の点は、あらゆる種類の植物の花を意味する。網状の模様はトウモロコシの実。トウモロコシの幹茎は大地の背骨と食料。それはサンファン川（I）を意味する。トウモロコシの穂の左手の山は、東方の聖なる山シエラブランカ★4（D）。それは大地の心臓である。山頂部の黄色の丸は薬草。トウモロコシの右手中央の山は南の聖なる山テイラー山（F）。それは肝臓の一方の側にあたる。左手下の山は北方の聖なる山ラプラタ山（G）であり、肝臓の他方の側を意味する。ラプラタ山の近くの小さい峰は、エル・フェルファーノ峰★5（E）。腎臓である。右手下の山は西方の聖なる山サンフランシスコ峰（H）であり、膀胱である。大地上を走る黒い線は、水と水系。水は血を意味する。トウモロコシの毛穂は肺（C）。その基部の黒丸（J）は大地の息を示す。大地の息、すなわち、呼吸する風である。地母の子宮部の黒の四角は太陽の妻の家。その上の三角は雲。子宮の白丸は月（B）。月から西方に放射する黄色と白の五本の線は、最初の男と女。その背後の灰色

★4 **東方の聖なる山シェラブランカ**　ここでいうのは、現実にはエル・パソの北方にあるシェラブランカ（三六五九メートル）ではなく、サンタフェの北、サングレ・デ・クリスト山脈にあるブランカ・ピーク（四三七二メートル）を指している。

★5 **エル・フェルファーノ峰**　キャニオン・ラルゴ川の上流部西方の丘陵上の小丘で、「大地のへそ」とも称される。

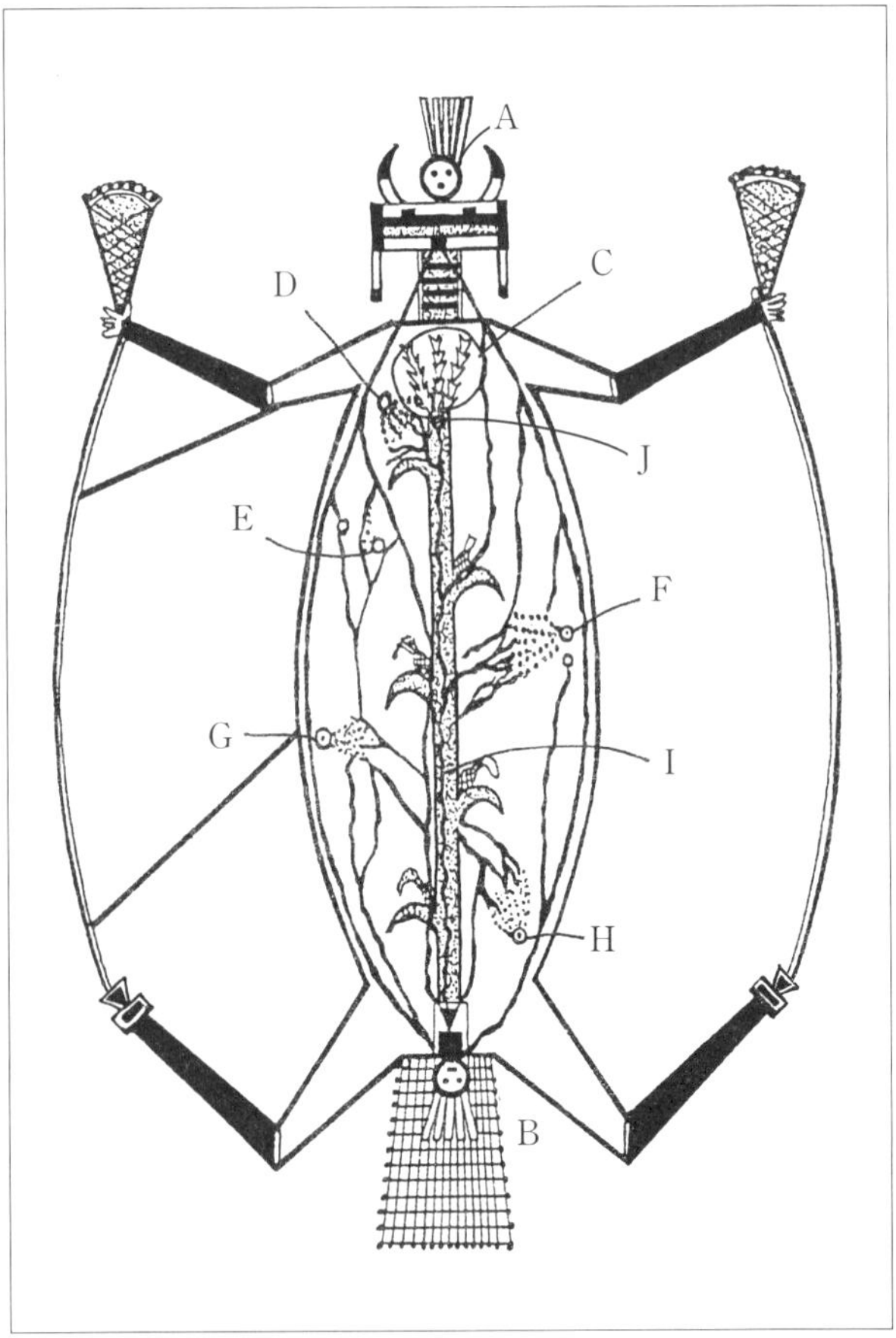

図7　ナバホ族の「地母」の砂絵

と赤の縞模様は、虹と雲と霧。地母を取り囲む灰色はすべて大海の水である。

これは、フレッド・スティーブンス氏（ナバホ名「サスッファイ［灰色のリス］」）が一九七四年に語ったものである。そこには、色のもつさまざまの意味が象徴的に語られるだけでなく、四方位の聖なる山が地母の臓器と対応させられているし、彼らの生命の源泉としての食糧のトウモロコシが象徴的に「大地の背骨」として東西軸を構成している。具体的にこの東西軸は、ナバホ族の居留地の北部を流れるサンファン川に比定され、その流域は乾燥地帯にありながら、重要な農耕地帯となっている。

西洋的方位観との軋轢

こうした伝統的な先住民の方位観は、二分法的な方位を基礎とするものであれ、あるいは色のシンボリズムや「聖なる輪」、さらに「聖なる山」と結びつき、高度に様式化された四方位観を基盤とするものであれ、西欧の植民化を通しての文化接触、さらに先住民間の交易や移動を通して、かなりの変容をこうむり、また混乱も生みだしている。

カナダ北部のアルゴンキン種族に属するモンタネー族の女性や子供たちが、北を上とする現在の地形図を手にして旅行をすると、その方位の指示にとまどうと同時に、地形図上の等高線や目標物の細かな記載に混乱して、例外なく道に迷ってしまった例をバージェス（J. A. Burgesse）は報告している。他方、カナダのマニトバ州のオジブワ族の大人の男性たちは、それまでみたこともなかった北を上にする地形図をみても、ほとんどランドマーク（地標）のない地域のなかで、即座にその四方位の考え方にもとづく地理的関係の表現の仕方を理解できたと、ハロウェル（A. Irving Hallowell）は報告している。またアルゴンキン種族の空間概念や地図的表現を詳細に検討したペントランド（D. H. Pentland）は、カナダのクリー族の人々が四方位の明確な現代の地形図を写す場合、水系のつながりや分岐状態については詳細に描写するが、他の地表の状態は無視するという。そして水系の描写も、水系の流路（水流の方向）に沿って紙面を回転させるために、最終的な方位が地形図と大きくズレてくるといった点を報告している。

日常生活と伝統的方位観

このように、先住民社会の伝統的な方位観が西欧的な「天空方位」を基礎とする四方位観あるいはそれにもとづいてつくられた地図に出会ったときに生じる混乱や葛藤はさまざまであるが、モンタネー族やクリー族のように水系を中心に二分法的方位観をもっていた人々よりも、伝統的な儀礼の面で、明確に四方位にもとづく空間の分類を行うオジブワ族の人々のほうが新しい方位をめぐる葛藤や混乱は少ないようである。

これに対して、カリフォルニア南部のルイセーニョ（Luiseño）族やディゲーニョ（Digueño）族[★6]（イパイ族）の場合、彼らの方位に関する詳細な語彙リストを作成したハイザー（R. F. Heizer）によれば、四方位を示す用語が全部セットになっているケースはないという。しかし、彼らが成人儀礼のさいに描く砂絵には東西南北の領域の境界となる山と島が四方位に描かれるという。これは、砂絵を描く手法、顔料の色砂の交易、さらには成人儀礼の形式などもふくめ、ルイセーニョ族やディゲーニョ族のもつ文化要素の一部が、四方位、色のシンボリズム、聖なる四方位の山などと結びついたアメリカ南西部のプエブロ族あるいはナバホ族の文化の影響を受けたからであると考えられている。

★6
ルイセーニョ族やディゲーニョ族　などの人々は、一般に「ミッション・インディアン」と総称される。文化的には一八世紀からのスペインの宣教師たちの伝導所（ミッション）を中心に集落統合がおこなわれた結果、その集団的統合がなされたと考えられている。

このように、日常生活のいくつかの局面では二分法的方位観にもとづいた行動様式をとりながら、宗教的儀礼あるいはコスモロジーといった側面においては、四方位にもとづく空間の分節化をおこなう、という方位観の重層的関係は五大湖周辺のオジブワ族にも明瞭にみられる。

現代のナバホ族の人々は、日常的には近代的な地形図や地図をもって自動車を運転するし、天空方位としての四方位の読み取りも容易にできるが、儀礼的場面や会話、祭りの歌（チャント）のなかでは、「聖なる山」を指標とした四方位（民俗方位★7）が今なお用いられているのである。

（久武哲也）

★7 **民俗方位**　磁石による方位ではなく、それぞれの地域の特定の地物や天体を指標に設定された方位。

【参考文献】　北沢方邦『ホピの太陽』研究社（一九七六）／ヘエメヨースツ・ストーム（阿部珠理訳）『セブン・アローズI　聖なる輪の教え』地湧社（一九九二）／久武哲也「岩絵と砂絵の地図学」京都大学文学部地理学教室編『地理の思想』地人書房（一九八二）／久武哲也「大地と子宮　ナバホ族の砂絵から」『季刊ドルメン』（再刊）一号（一九八九）／久武哲也「アメリカインディアンの聖なる絵巻物」葛川絵図研究会編『絵図のコスモロジー　下巻』地人書房（一九八九）／久武哲也「地母の砂絵」環境コスモロジー研究会編『環境コスモロジーを求めて』天理大学おやさと研究所（一九九六）

メソアメリカ——独自の天文学的知見と精神世界

メソアメリカのコスモロジー

メソアメリカ（mesoamérica）とは、主に考古学や民族史の分野から支持を受けてきた、先スペイン期の中米における高文明領域を総称する術語である。その領域を実際の地理的な範囲として捉えなおせば、時代によって多少の変動はあるものの、おおよそ現在のメキシコ北西部を北限として、ホンジュラスからエルサルバドル西部にかけてを南限とする広大な地域に広がる。

メソアメリカという概念を規定したドイツの地理学者キルヒホフによれば、同地域には、トウモロコシ、インゲン豆、カボチャ、トウガラシによる複合農業を基本として、ピラミッド神殿を核にした集落の建設、太陽暦、二六〇日暦の採用、人身犠牲、ペロータ球技など、多くの文化要素の共有が指摘される。もちろん、これらの文化要素は、広大かつ多様な自然環境を有するメソアメリカ全域で一度に登場したわけではなく、地域相互の文化伝播により徐々に共有されていき、結果として、一つの文化領域を形づくったのである。

メソアメリカにおける方位・方角にかかわる文化は、彼らのコスモロジー★1（宇宙

★1 **コスモロジー** 二九八頁の脚注参照。

観）とそれにもとづく暦法に密接にかかわる。メソアメリカの基本的な暦には、太陽暦（三六五日暦）と聖暦（二六〇日暦）の二つがあり、この二つの暦の組み合わせで日が数えられた。

二六〇日暦は、一から一三までの数字と、二〇の動植物や自然現象（たとえばジャガーや葦、風など）が組み合わさり、各日が「一のジャガーの日」とか「一三の葦の日」とカウントされ、二六〇日で一周するというものである。

逆に、三六五日暦は、名前のついた一八の月が一から二〇までの数字（マヤの場合は〇から一九）とに区分けされ、一八×二〇＝三六〇となり、それに残りの五日が加えられた。この二つの暦を組み合わせれば、現在われわれが使っている太陽暦で換算して五二年で一周することとなり、これがメソアメリカにおける世紀とされた。

さて、この暦法によれば、毎年太陽暦の第一日目、すなわち現代の日本でいうところの正月一日は、二六〇日暦の二〇ある日のうち、四つの名に限られて順繰りに付与されていく結果となる。そのために、この四つの名は「年の担い手」として特別なものとされ、そのそれぞれが東西南北の方位と関連づけられて認識されてきたのである。

（村上忠喜）

マヤの神話と儀礼

一六世紀に宣教活動をおこなったフランシスコ会士のディエゴ・デ・ランダによれば、マヤ人はバカブと呼ばれる四神を崇めており、この四神は、神がこの世を創造したときに、天が落ちてこないように支

★2 **五行思想による**　「風水」「中国古典文学」「北アメリカ」などの項も参照。五行思想、マヤ、ナワ語系先住民の方位と色との関係をまとめると、つぎのようになる。

	五行思想	マヤ系先住民文化	ナワ系先住民文化
東	青	赤	赤
西	白	黒	白
南	赤	黄	青
北	黒	白	黒
中央	黄	緑	緑

えた兄弟神ともいわれている。マヤの世界観は、五行思想による方位[★2]と色の関係を彷彿とさせるような対応関係をもち、四方位はそれぞれ、東―赤、西―黒、南―黄、北―白、そして世界の中心が緑というように色の属性が付与された。

この四つの色は、彼らの主食であるトウモロコシの色とも対応している。彼らは好みに応じて、微妙に味と風味の違う白、赤、黒、黄の四色のトウモロコシを食べ分ける。マヤ系先住民キチェ人の神話である『ポポル・ブフ』[★3]には、創世神話として、赤、黒、黄、白の四つの色をもった人間の話が語られている。また現行習俗においても、トウモロコシはさまざまな祭儀の供物としても利用されるほか、マヤの一般家庭において一種の魔除けとして、四色のトウモロコシをそれぞれの色でまとめて軒下に吊り下げている。

（村上忠喜）

聖数四の民俗

一六世紀当時、ユカタン半島の村々では、東西南北の四方の入口に、二つの石の山を積み重ねて四神を祀っていたという。現在のマヤ村落には四神を祀る施設はみられないが、グアテマラ西部高地のマヤ村落では、村の守護聖人を祀るカトリック教会を取り囲むように、カピージャという四つの祠を備えているところがある。

中米の教会建築の多くは西面して建[★4]てられており、人々は建物西側から入って、西面する祭壇自体に向かって東面して拝する。教会の向きに関しては、カトリックの東方信仰や、それにもとづくステンドグラスとの配置関係によると推測され、先住民の宗教観とは直接には関係しない。しかし建造物としての教会やその付属施設

★3 **『ポポル・ブフ』**　グアテマラ西部のチチカステナンゴ村で発見されたマヤ系先住民キチェ人の神話で、同じく現在グアテマラ西部高地を中心に集住しているカクチケル人の神話伝承『カクチケル年代記』、ユカテク・マヤ人の『チラムバラムの書』とともに、マヤ人の宗教観念や儀礼、歴史を知るうえでの貴重な資料である。

★4 **中米の教会建築の多くは西面して**　これらは、日本の阿弥陀堂建築が西方極楽浄土の信仰により、東面して建てられたのと対照的である。「仏教」の項を参照。

群に、先住民文化の残像を探すことができる。

たとえば、マヤ系先住民の集落のなかには、教会前広場の四至《しいし》に、常日頃カトリックの祭祀対象物が何も安置されない祠が四つ常設されているところがある。これらの祠は、聖週間や、守護聖人祭をはじめとする村落祭祀において、大切な祭祀対象となっており、聖行列はかならず祠を左回りに巡って手厚く祭祀している。

ちなみに、四というのは★5マヤ人にとって聖なる数であり、メキシコのチアパス高地からグアテマラ西部高地にかけてのマヤ村落に顕著にみられる、高度に階層・序列化された村落内の政治宗教組織（カルゴシステム）においても、役職者の各階梯の人数は四、もしくは四の倍数で構成されるのが一般的である。

他の民俗事例としては、トウモロコシの保管庫の四隅に、水瓶に少量の水を入れておく習慣がある。これは、非常におびえやすいトウモロコシの精霊を守るためのものとされており、何か異常なこと、たとえば地震や火山噴火などが起こると、貯蔵しているトウモロコシから精霊が逃げださぬようにと、四つの水瓶の水をふりかけて精霊を落ち着かせるのである。そうしないと生気が抜け、トウモロコシが腐ってしまうと信じられている。

また、チアパス高地マヤのツォツィル人は人体と四方位を重ね合わせて捉えている。すなわち、頭（口）が東、体の下方が西、右手が北、左手が南と同一視され、たとえば、就寝するときは東枕（死者は西枕）で横たわるのが一般的である。

（村上忠喜）

★5 **四というのは**　四という数字の神聖性については「方位の神話学」の項も参照。

写真1　グアテマラ・チチカステナンゴ村のカルバリオ（教会）　カルバリオ前の石段は一三段。

メソアメリカの方位観は大地の四方位だけではない。大地の上方には一三の層をもつ天上界が存在し、地下には九つの層をもつ世界があると考えられていた。いわば水平世界と垂直世界が複合した三次元的な方位観である。この観念は太陽の運行と重ね合わされて説明される。すなわち、東から生まれた太陽は、天上界の一三層を通って西に沈み、地下世界（冥界）の九層を通って、ふたたび東から生まれ変わると考えられてきたのである。

天上と地下

この一三という数も四同様、聖なる数として認識されている。その証拠に、キリスト教では忌まれる数であるにもかかわらず、村の教会の正面階段が一三段であったりするところが多い（写真1）。

さて、マヤ人は、彼らの三次元的な世界を平面的に表現するさい、天上界と地下世界という垂直の軸を、北・東・南・西という水平の軸に重ねて表現した。つまり色でいうと天上界は北・東と重なり白か赤、地下世界は南・西と重なって黄色か黒で表された。

マヤ人の民族衣装は、各村によってデザインと配色が異なる村のユニフォームであり、彼らの世界観や宇宙観が象徴的に埋め込まれているといわれる（写真2）。とくに女性の民族衣装は、ウイピルといわれる貫頭衣（上衣）とコルテといわれる巻きスカートのツーピースであり、そのデザインには大地と四方向、あるいは太陽を表象する模様などが織り込まれている。また配色も、上衣であるウイピルが赤か白、下衣であるコルテが黒（濃紺）または黄色の配色が多く、いわば人体を彼らの

写真2　民族衣裳を着た女性たち（グアテマラ・ソロラ地方）上衣（ウイピル）は赤糸を主とした織物、下衣（コルテ）は濃紺。

宇宙に見立て、上衣が天上界を、下衣が地下世界を象徴するモードに仕立てられている。

（村上忠喜）

ナワ語系先住民の神話

メキシコ中央高原のナワ語系先住民の神話には、神々や人類や宇宙の創造のほか、トウモロコシや風、火、水などの起源が語られている。

歴史学者ロペス・オースティンの神話や絵文書などの分析にもとづく古代ナワの宇宙観に関する研究によれば、世界は九層の地下世界と一三層の天上界に分かれると考えられていたという。また、大地は対角線で四分される四角形もしくは四分される円形と「大地のへそ」と呼ばれるその中心点の五つの部分に分かれ、四つの角には天を支える柱が立ち上がっていたと解釈される。

方位を示す色については地方によって異なるが、メキシコ中央高原では、東は赤、西は白、南は青、北は黒、中央は緑で表現されるのが一般的である。さらに各方位は、二六〇日暦における四つの「年の担い手」のシンボルをもち、東は「葦」、北は「火打ち石」、西は「家」、南は「兎」とされた。南北の軸は生死を、東西の軸は男女を表し、しばしば、これらの軸は九〇度時計回りに傾き、すなわち東西が天地に位置することになる。なお、天を支える四つの角の柱は、マヤ地方やオアハカ地方にもよくみられる「聖なる木」または「世界樹」（写真3）、もしくは、雨の神トラロク（Tlaloc）の使い、トラロケ（Tlaloque）を表すという。それら四柱は中央の「大地のへそ」をつきぬける柱とともに、神々やその力が地上に下りる道であり、また地上においては対角線上に中心点と連結し、地下世界に通じると解釈される。

写真3　マヤ地方で聖なる木として神聖視されるセイバ

また、フランシスコ会サアグン神父の『ヌエバ・エスパーニャ事物総史』によれば、アステカの神官が宗教的儀礼をおこなうさい、リュウゼツランからとる醸造酒、プルケや松脂の香を、東の方角から始めて、北、西、南という順で奉じると記録されており、一六世紀後半の方位に関するアステカの儀礼がうかがえる。

なお、東西南北を表すナワ語★6は、現代語ならびにアステカ王国の言語として知られる古典語とも、東は「太陽のでる地」、西は「太陽の入る地」を意味している。南北については、一六世紀、メキシコ中央高原において編纂されたナワ語辞典に、南は「女人の地」、北は「死者の地」を意味する単語が登録されているが、これは、地下世界もしくは冥界と天上界という垂直軸を表すものと思われる。なお、現代ナワ語では、南を「下」、北を「上」、もしくは集落の位置によりその方角にある地理的標示を表現するものなどさまざまである。

（敦賀公子）

『フェジェバリ・メイヤー絵文書』

樹皮紙や鹿皮などに描かれた絵文書にもメソアメリカの宇宙観がしばしば描かれる。プエブラ・トラスカラ地方において後古典期後期（紀元後一三〇〇〜一五二一）に作成されたとされるボルジア絵文書群の一つに分類される『フェジェバリ・メイヤー絵文書』（写真4）は、同地方の暦法に関するものであるが、メソアメリカ各地の政治・経済・文化各方面の交流が頻繁になるこの時代を反映して、他の地方と共通の概念も表されている。

同絵文書の第一頁には時間と空間の構造を示す二つの十字架が重なった絵がある。四つの台形から成る十字架は四方を表し、中央の四角形は大地の中心を示す。また

★6 **東西南北を表すナワ語**

東―「太陽のでる地」
トナティウ・イキサヤン／tonatiuh iquizayan（tonatiuh：太陽、iquizayan：でる、現れる場所）。

西―「太陽の入る地」
トナティウ・イカラキヤン／tonatiuh icalaquian（tonatiuh：太陽、icalaquian：入る場所）。

南―「女人の地」
シワトラン／ciuatlan もしくはシワトランパ／ciuatlampa であるが、一六世紀のナワ語辞書によれば、後者は西方を意味するとも記されている。また、「とげのある地」を表す、ウイツトラン／uitztlan も南を表すと記されている。

北―「死者の地」
ミクトラン／mictlan、もしくはミクトランパ／mictlampa。

対角線を描く十字架は天を支える四柱と考えられる。以下、各方位にみられる図像の解説である。神々の名前についてはアステカ王国のナワ語の名称に従うことにする。

まず、大地の中心を表す中央の四角形のなかにはシウテクトリ（Xiuhtecuhtli）と呼ばれる火の神が描かれている。この神は、手に矢と投げ槍をもち戦士の様相である。

東を示す十字架上部の台形は青の点のある赤い帯で囲まれている。太陽が昇る神殿から花を咲かせた木が生えており、その上にはケツァル鳥のような鳥が止まっている。その左手には太陽神、トナテイウ（Tonatiuh）が、右手には聖なる人身犠牲のナイフの神、イッツトリ（Itztli）が、描かれている。これは太陽の国を象徴している。

写真 4　『フェジェバリ・メイヤー絵文書』に描かれたシンボルと方位　上が東にあたる。

北を表す十字架左手の台形は赤の点のある黄色の帯で囲まれている。中央には球技用ゴムボールのようなものが入った器からセイバらしきとげのある木が生えている。その上の鳥はタカかと思われる。左手は雨の神、トラロク（Tlaloc）、右手は山と夜の神、テペヨロトル（Tepeyolotl）である。

西を表す十字架下部の台形は白の点のある青い帯で囲まれている。白い妖怪がハチドリが宿るウイツァチェ（huitzache）の木と二柱の女神が象徴する月の世界を支えている。木をはさんで左手には水の女神、チャルチウトリクエ（Chalchiuhtlicue）、そして右手には生殖の女神、トラソルテオトル（Tlazolteotl）が現れる。

南を表す十字架右手の台形は黄色の点のある緑の帯で囲まれている。大地の口からはカカオの木が生えており、その上にはオウムが止まっている。その左手には、冥界の神、ミクトランテクトリ（Mictlantecuhtli）が、そして右手にはトウモロコシの神、シンテオトル（Cinteotl）が描かれている。

また、天を支える四柱と考えられる対角線を描く十字架の四隅には暦の「年の担い手」のシンボルをもつ鳥が描かれている。左上角には「葦」、左下角には「火打ち石」、右下角には「家」、右上角には「兎」のシンボルがそれぞれみられる。このほか、暦に登場する二〇の動植物、自然現象のシンボルがこの絵のあちらこちらに描かれている。

（敦賀公子）

先スペイン期の都市

メソアメリカでは、先古典期より方位を意識していたことが考古学資料から確認される。たとえば、建造物や都市の中心軸に沿って供物などが捧げられ、墳墓も建造物の中心軸上に造られたこと。また、宇宙観を反映するとされる球戯場が、メソアメリカ全域で造られていることなどから確認される。

一方、方位と密接な関連がある天文観測等に使われた施設もある。マヤ地方のチチェン・イッツァではプラネタリウムのような天文観測の施設をもっていたし、メキシコ中央高原のショチカルコでは、ドーム状に造られた部屋の上に穴が開けてあり、そこから入る光で天文観測をしていた。また、計画的に配置した建造物を太陽などの観測に使用した場合もある。以下、考古年代における各時期の都市遺構にみられる方位について概観してみよう。★7

方位を意識して都市が設計され始めた時期についての定見はまだないが、先古典期前期（紀元前一五〇〇～九〇〇）には大規模な建造物が建て始められている。オアハカ地方やマヤ南部地域などで公共性の高い建築物が造られたが、どれだけ方位を意識して建てられたかについては分かっていない。

しかし、先古典期中期（紀元前九〇〇～三〇〇）になると、メキシコ湾岸、オアハカ、メキシコ中央高原、マヤ地方では、それぞれに決まった方角にしたがって都市がつくられた。たとえば、メキシコ湾岸のラ・ベンタ遺跡とオアハカ地方の中心であるサン・ホセ・モゴーテ遺跡では、西偏八度の方向にしたがって都市がつくられるようになる。メキシコ湾岸とオアハカ地方では磁鉄鉱などの交易がさかんで、それにともなう文字、暦、方位概念などの文化交流が、両地域で同じような都市基

★7 **メソアメリカの時代区分**　メソアメリカの時代区分は、古典期以降の年代はマヤの長期暦にもとづいて、古典期より前の年代は主に放射性炭素年代測定法を用いて計算され、それに、層位学型式学的な考察を総合した考古学的編年を適用して勘案される。ただし、メソアメリカは広範囲にわたるため、左記の時代区分は大枠であり、さらに細かい区分は地域ごとに異なる。

区　分	西　暦	特　徴
古インディオ期	～紀元前7000年	狩猟採集。打製石器の使用。後期氷河期。
食料採集～初期植物栽培期	紀元前7000年～2000年	農耕の開始。磨製石器・土器の使用。
先占典期	紀元前2000年～紀元300年	農耕の普及。定住村落の出現。宗教的政治的建造物の出現。
古典期	紀元300年～900年	都市（政治、経済、宗教、芸術の中心地）の出現。労働の専門化。階級分化。
後古典期	紀元900年～1520年	都市文化。軍事政権の台頭。

線が採られた要因であるとも考えられる。

先古典期後期（紀元前三〇〇〜紀元三〇〇）の都市であるオアハカ地方のモンテ・アルバンでは、南北方向を基線として都市がつくられた。同遺跡内のＪ建造物（東偏四五度の方向）には、西偏一七度の方向で、狭い平石が載る通路があり、天文観測と関係があるとされている。また、マヤ南部地方の中心都市であるカミナルフユ遺跡などでは、決まった方向に合わせて都市がつくられたし、同地域では、カミナルフユと同じ方向を共有する都市もみられる。

古典期は、およそ三〇〇年から九〇〇年ころにあたり、メキシコ中央高原のテオティワカンはメソアメリカで初めての計画都市であり、東偏一五度二五分の方向を基線として都市設計されている（図１）。都市の心臓部である神殿域を貫く大通りである死者の道がこの基線に沿い、神殿域の北端の月のピラミッドとテオティワカンの北側のセロ・ゴルド山が一直線上に並ぶように設計されている。この方向は先古典期のものとはまったく異なり、新しい時代の到来とともに、異なった方位概念が都市設計の場に取り入れられたと考えられている。

大都市テオティワカン建設後、チョルーラ、トゥーラ、チチェン・イッツア（以上、古典期）、テナユカ（後古典期）では、テオティワカンと同じ基線を採用して都市がつくられた。チチェン・イッツァ遺跡内のピラミッド神殿であるエル・カスティヨが春分・秋分の日と関係が深いことを考慮すると、テオティワカンによって始められた基線は、メソアメリカの太陽暦と関係があると考えられる。

同時期、マヤ地方では、ピラミッド神殿の配置を利用した天文観測や、天文観測用の施設の存在が指摘できる。

後古典期は、九〇〇年ころから一五二一年にあたり、アステカ王国の首都テノチティトランでは、テオティワカン、トゥーラとも異なる基線が使用された都市設計がなされた。

以上のように、メソアメリカでは独自の天文学的な知見にしたがい、宇宙観や方位観といった精神世界を都市全体で表現していることが推測できるが、メソアメリカ全体としては、時代と地域による偏差が大きいといえる。

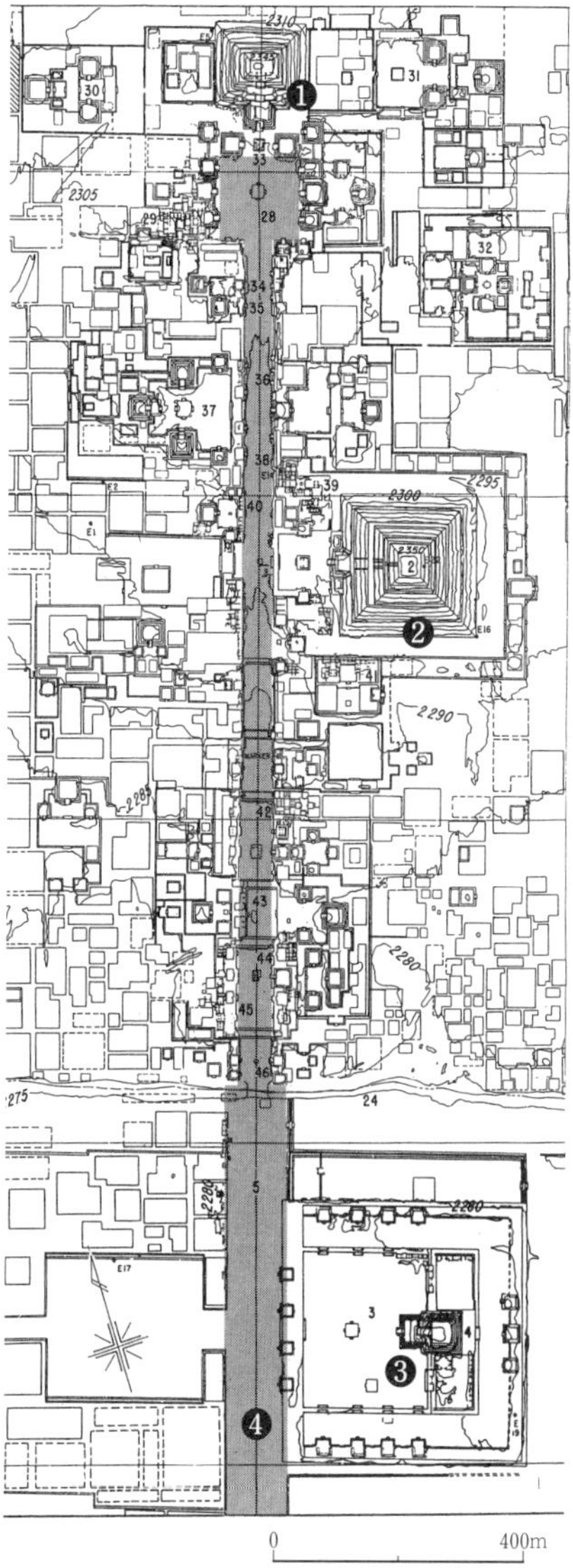

図1　都市中心部平面図（テオティワカン）。①が月の神殿、②が太陽の神殿、③がケツァルコアトルの神殿、④の中央網かけ部分が死者の大通りである。

ただ地域的な傾向として、メキシコ中央高原では都市の基線を決まった方向に定めるのに対して、マヤ地方ではそれが不明瞭であるかわりに、都市内部の建造物の配置によって天文観測をおこなうといった手法で、彼らの世界観を投影していることが指摘できる。

（伊藤伸幸）

地上に降り立つ蛇

メキシコ湾に突きでたユカタン半島は、石灰岩の岩盤からできているため、一年を通じて水をたたえているような川はない。ために、古来より人々はセノーテと呼ばれる、石灰岩盤が陥没してできた天然の井戸を水の供給源としてきた。前にもあげた、古典期後期に繁栄した都市であるチチェン・イッツアは、こうした自然環境のなかにあり、これまでの調査成果から、中心部のみで約六平方キロメートルの広さをもつ大都市であったことがわかっている。

この大都市の住民を支えたセノーテの一つとして、遺跡の最北端に直径六〇メートルほどの巨大なセノーテがあり、生贄《いけにえ》の泉と呼ばれている。生贄の泉ともう一つのセノーテであるシトロックの泉を結ぶ線上に、ククルカン★8（マヤ語で「羽毛をもつ蛇」の意）神殿、あるいはエル・カスティヨと呼ばれるピラミッド神殿があり、チチェン・イッツア遺跡北部グループの大広場の中央を占めている（写真5）。

エル・カスティヨは、一辺五五・五メートルの正方形の平面形であり、傾斜した壁が階段状に九層構造を取り、頂上部に神殿が建てられている。高さはピラミッド基壇部のみで二四メートル、神殿部を加えると三〇メートルに達する。

神殿部へはピラミッド基壇部の四方から昇ることができるが、なかでも北側階段

写真5　エル・カスティーヨ（チチェン・イッツア）　右下に蛇頭の石彫がある。

は神殿部正面へとつながる。ピラミッド基壇部の階段は各面が九一段であり、四面すべての階段数を合計すると三六四段、さらに神殿部の一段を加えて三六五となり、太陽暦の一年にあたるように設計されている。

それだけでなく、神殿全体を太陽の運行と結びつける仕掛けがエル・カスティヨには施されている。すなわち、春分と秋分の日にはピラミッド基壇部の傾斜壁にあたった太陽光が、北側階段の側面に波状の影を落とすように設計されているのである。この波状の影の先には蛇頭をかたどった石彫が置かれ、影と繋がって巨大な蛇が天空から地上へ降りてくる姿をくっきりと浮かび上がらせるのである。

エル・カスティヨの西側には、軸方向を同じくする、長さ一六八メートル、幅七〇メートルの平面I形をしたメソアメリカ最大の球技場がある。両者と同じ遺跡北部グループの南端には、エル・カラコルと呼ばれる建造物がある。エル・カラコルは、異なる直径をもった円筒を二つ重ねたような形をしており、円筒の直径は下部で一一メートル、上部で六メートル、全体の高さは一三メートルである。下部外壁と中心のらせん階段（カラコル）部分の間が内壁により隔たれており、もち送り式アーチをもった二つの空間にわけられている。円筒下部の外壁には四方に入口が開けられているが対象形にはなっておらず、ある種の方角を考慮して造られているものと思われる。円筒上部では、らせん階段に続く狭い通路に沿って小窓がいくつか設けられており、天体観測に使われたとされている。

（柴田潮音）

★8 **ククルカン**　羽毛のある蛇を意味する神ケツァルコアトルのユカタン・マヤ語訳で、その根本に豊穣と創造を支配するという属性をもつ。メソアメリカのさまざまな地方で、これに似た神々を伝える社会集団が確認されており、ユカタン地方では一〇世紀にククルカンが侵入したという伝承がある。

カミナルフユの埋葬は南向き

ピラミッド神殿が建てられる先古典期前期から、建造物の建て替えなどにともなって、その内部に人が埋葬されるようになる。これらの埋葬のほとんどは生贄と推測されるが、当初は墓室もなく、副葬品もともなわない単純な埋葬であった。こうした、いわばシンプルな埋葬の方法は後古典期まで引き継がれていく一方で、豪華な副葬品とともに、墓室をともなった埋葬が先古典期後期以降の各都市で始まる。

葬法については地域差と時代差があり、たとえばマヤ地方では先古典期以来、すべて伸展葬であったが、古典期に入ってメキシコ中央部のテオティワカン文化の影響を受けて、あぐらをかいた姿勢で葬る座葬がみられるようになる。ここでは、南部マヤ地域の中核都市であったカミナルフユの葬法についてみてみよう（図２）。

カミナルフユは、現在のグアテマラ市郊外に位置し、最盛期の都市域が一〇平方キロメート

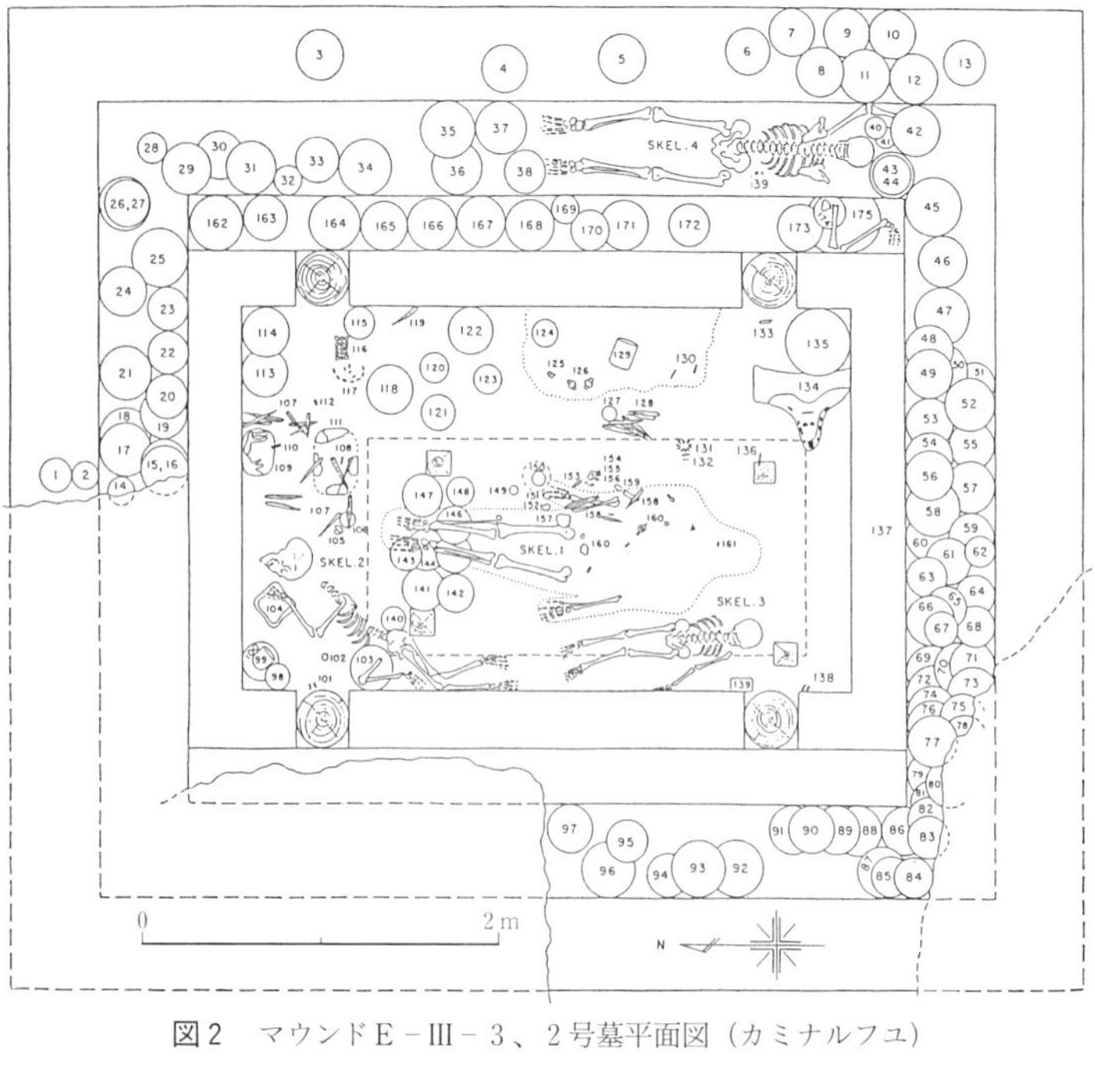

図２　マウンドＥ－Ⅲ－３、２号墓平面図（カミナルフユ）

ルと推定されている。今世紀初頭には二〇〇以上もあったといわれるマウンドは、開発により大部分が損なわれてしまったが、いくつかの埋葬遺体がみつかっており、それらの頭位方向から先スペイン期マヤ人の世界観の一端がうかがえる。

先古典期中期のものとしては、一九体の埋葬遺体が複数のピラミッド神殿内部から検出されているが、大半が仰向けの伸展葬であり、頭位方向は南西から南方向が半数以上を占める。続く先古典期後期のマウンドE－Ⅲ－3からみつかった二つの墓は、それまでのメソアメリカにおいてみられなかった規模である。

二号墓は長軸五・八メートル、短軸五・二メートル、高さ二・一メートルの階段状の墓室で、階段上には多くの土器などの副葬品が置かれ、最下段中央にこの墓の主と、おそらくその死にさいして殉死したと考えられる遺体が三体葬られている。この主（王か）の遺体は大部分が失われているが、朱で覆われていたとされる（図2中央点線部分）。墓室の長軸は南北で、王と目される人物は頭を南へ向けて葬られ、他の二体も同様に南を向く。さらにこの時期には、このマウンドの他地点からも一三例の埋葬遺体があり、そのうち九例が南からやや南西方向へ頭を向けるうつ伏せの伸展葬である。

古典期前期、マウンドA、B（F－Ⅵ－1、2）では、マウンドAが七時期、Bは五時期の建造物が検出され、それにともなってA、B六基ずつの墓がみつかった。墓室は先期と同じく南北方向を長軸に採るものが大半で、建造物の様式や副葬品などはいずれもテオティワカンの影響を強く受けたものである。ただ、もっとも古いマウンドＡ－Ｉ、II号墓からは計一一体の遺体がみつかったが、ほとんどが仰向けの伸展葬で、それぞれの墓の中心に葬られた人物はいずれも頭を北へ向ける。二体のみが南向きであったが、北向きの内四体は顔を起こし南へ向けられている。この段階ではテオティワカンの影響がありながらもマヤ独自の葬法が採用されているようだが、これらより後の時期にみつかった墓の遺体は座葬であった。しかし、それらはすべて南を向いて座った状態であり、やはり「南」という方向は意識され続けているのである。

（中森祥）

【参考文献】 大井邦明『消された歴史を掘る』平凡社（一九八五）／狩野千秋『マヤとアステカ』近藤出版社（一九八三）／たばこと塩博物館『グァテマラ中部・南部における民俗学調査報告書』一九九七）／中村誠一『マヤ文明はなぜ滅んだか？』ニュートン・プレス（一九九九）／ポール・ジャンドロ（高田勇訳）『マヤ文明』白水社（一九八一）／マイケル・Ｄ・コウ（寺田和夫・加藤泰建訳）『マヤ』学生社（一九七五）／マイケル・Ｄ・コウ（寺田和夫・加藤泰建訳）『メキシコ』学生社（一九七五）／八杉佳穂『マヤ興亡』福武書店（一九九〇）

南アメリカ1
——太陽信仰のインカと山河中心のナスカ

アンデスの自然環境

アンデス文化の栄えた南米大陸は、大陸西部を南北に縦断するアンデス山脈によって、大きく三つの地域に分けられる(図1)。アンデス山脈西方の海岸砂漠地域、アンデス山中の比較的温暖で農耕に適した地域、そして、アンデス山脈東方の熱帯雨林地域である。

自然環境の大きく異なるこれら三地域を一括りにして方位観を述べることは難しい。たとえば、インカ貴族の血を引くガルシラソ・デ・ラ・ベガによると、インカの最高神であり、方位の指標となる太陽について、ペルー南部海岸のチンチャ谷の人たちは、「自分たちの共通の神は海であり、太陽よりも大きく、しかも魚をふんだんに供給してくれる。一方、太陽は何の役にも立たないどころか、自分たちの地方はとても暑いので、太陽の炎暑は不要なだけでなく、苦痛でさえあるからだ」と言ったとしている。

つまり、冷害の起こりやすい高原の人々にとって、安定した収穫を保証してくれる太陽の光は重要であり、信仰の対象になっていた。一方、海岸地域の人々にとっては、食料でもあり肥料にもなる海産物を生みだす海と、乾いた砂漠に貴重な水を

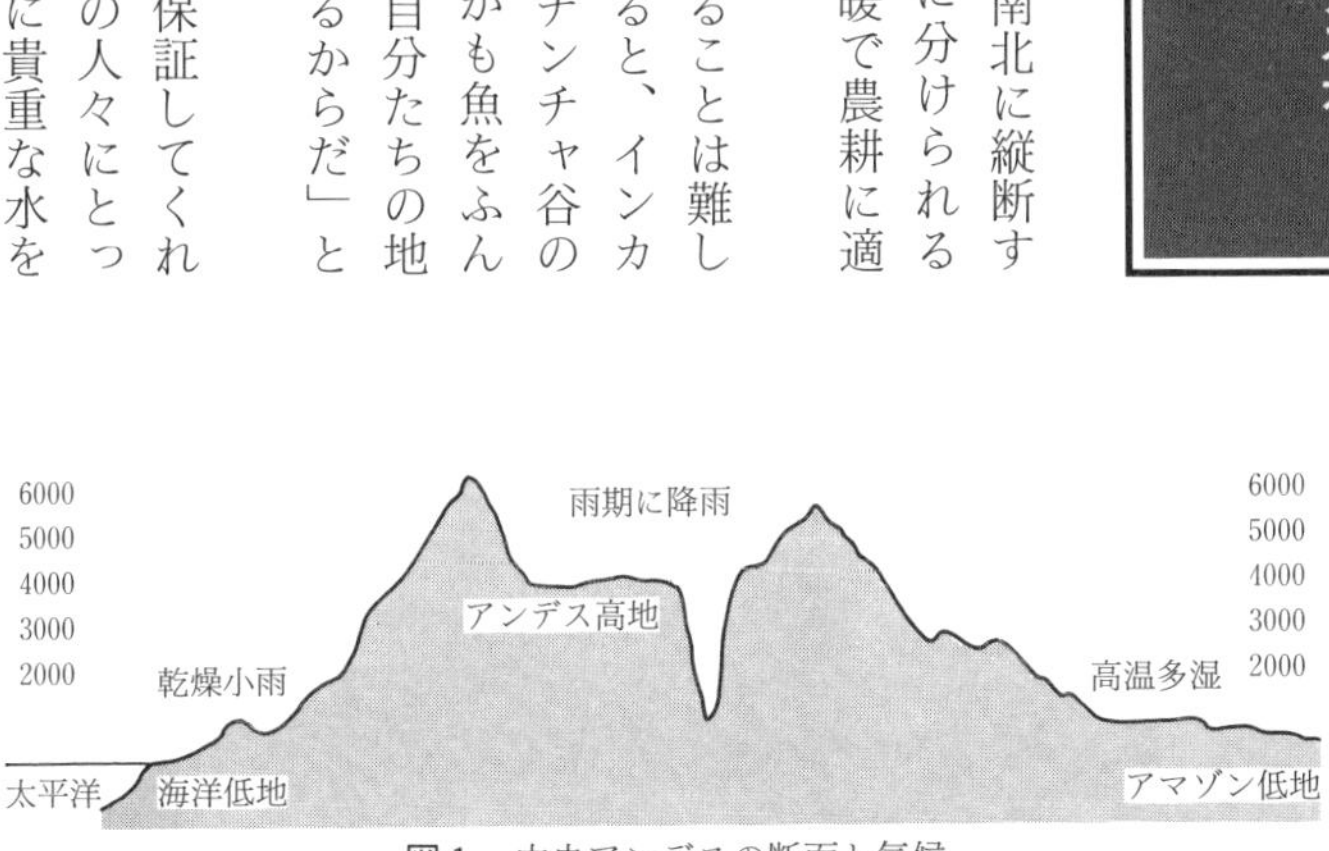

図1　中央アンデスの断面と気候

もたらす川やアンデスの山々が重要であった。

ここでは、主としてインカ帝国を築いた高原の人々と、地上絵を記したペルー南部海岸の、ナスカ地域の人々の方位概念を探っていくことにする。

四つの方位をまとめた国・インカ

インカ帝国を築いた人々は、自分たちの国をタワンティンスーユ★1と呼んだ。タワンティンとは四つ、スーユとは州を意味している。インカ帝国の都で、世界の中心とされたクスコからみて、北方向にチンチャイスーユと呼ばれる第一の州があった。これは、チンチャから北のキート（現エクアドルの首都）までの地方がふくまれていた。第二の州は、クスコの南方向に広がりコリャスーユと呼ばれた。コリャオ（ティティカカ湖周辺）地域を中心に、現在のチリ北部やアルゼンチン北西部にまで延びていた。第三の州は、クスコから東のアマゾン川源流域に広がる地域で、アンティスーユと呼ばれた。最後の州は、クスコから西方向の地域であり、太平洋までの山岳地帯や海岸地域をふくんでおり、クンティスーユと呼ばれた。

クスコは、アンデス社会の世界観を内包した計画都市で、帝国同様、チンチャイスーユ（北）、アンティスーユ（東）、コリャスーユ（南）、クンティスーユ（西）の

図2　インカ帝国の四地域と首都クスコ
(M. Edward Moseley, *Incas and Their Ancestors,* New York, Thames and Hudson, 1992 を一部修正)

★1 **タワンティンスーユと創造神**
四方位の重要度の差は、アンデスの創世神話に登場するコンティティ・ヴィラコチャ神の介在度と一致している。この創造神が直接介在し教化を進めたチンチャイスーユや、この神が出現し、太陽や月、人間を創りだしたティティカカ湖をふくむコリャスーユを上位に、二人の側近を派遣したクンティスーユとアンティスーユが下位に位置付けられている。

四つの地区に分けられ、帝国の四つの州に向かう道がワカイパタと呼ばれる中央広場から延びていた（図３）。

インカに服属した地方の人々は、クスコ内で出身地の属する州と同じ地区に居住した。地方首長も定期的にクスコに出向いたが、彼らの屋敷も所属地方の方位によって定められていた。四つの地区は、アンデス社会の伝統である双分制★2にもとづき、上（ハナン）クスコと下（ウリン）クスコの二つの親族集団★3に分けられ、上クスコにはチンチャイスーユとアンティスーユが、下クスコにはコリャスーユとクンティスーユがふくまれた。帝国最盛期の皇帝を続けて輩出した上クスコが、下クスコよりも上位とされたが、上・下クスコ内でも序列があり、チンチャイスーユがアンティスーユの、コリャスーユがクンティスーユの上位とされた。

セケ・システム

イエズス会士ベルナベー・コボが記した『新世界の歴史』には、太陽の神殿として知られるコリカンチャ（図３）を中心に、想像上のセケ★4と呼ばれる線が四つの州に向かって放射状に延びていた、と記されている。このセケはチンチャイスーユ、アンティスーユ、コリャスーユに九本ずつ、クンティスーユには一三ないし一四本のセケが存在しており、各セケ上にクスコの人々にとって重要なワカ（聖なる場所）が配置され、その数は全部で三二八個に及んでいた（図４）。

さらに、個々のセケはコリャナ、パヤン、カヤオの三つの属性に分かれるが、これらはクスコ内の親族集団を分類したものとされ、コリャナは元来のクスコ人、パ

★2 **双分制**　アンデス地域、とくにペルー・ボリビア両国にまたがるティティカカ湖周辺で広く認められる制度で、アイユと呼ばれる親族集団や、集落を二つの部分に分離する。双分された集団は、上・下、左・右、男性・女性、強い・弱い等の意味をもつ。それぞれに首長を置き、集団同士は相互補完的な役割を果たしていた。

★3 **ハナンとウリン**　双分制で分離された呼称の一つで、ハナン（上）とウリン（下）に分かれる。クスコでは、クンティスーユ道とアンティスーユ道を結んだ直線よりも北側をハナン・クスコ、南側をウリン・クスコとした。

★4 **セケ**　コリカンチャを中心に想像上の線（セケ）が四方に延びていると考えられた。各セケはクスコ内の親族集団によって維持・管理されていた。

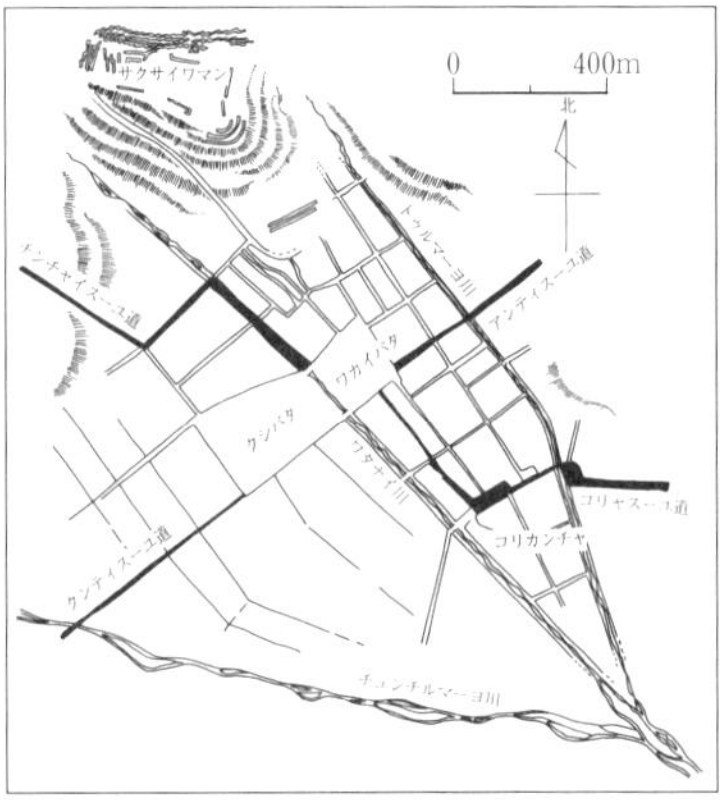

図3　都市計画クスコ（Jean-Pierre Moseley, "Inca Architecture", *The Inca World : The Development of Pre-columbian Peru,* University of Oklahoma Press, 2000 の図1を一部修正）

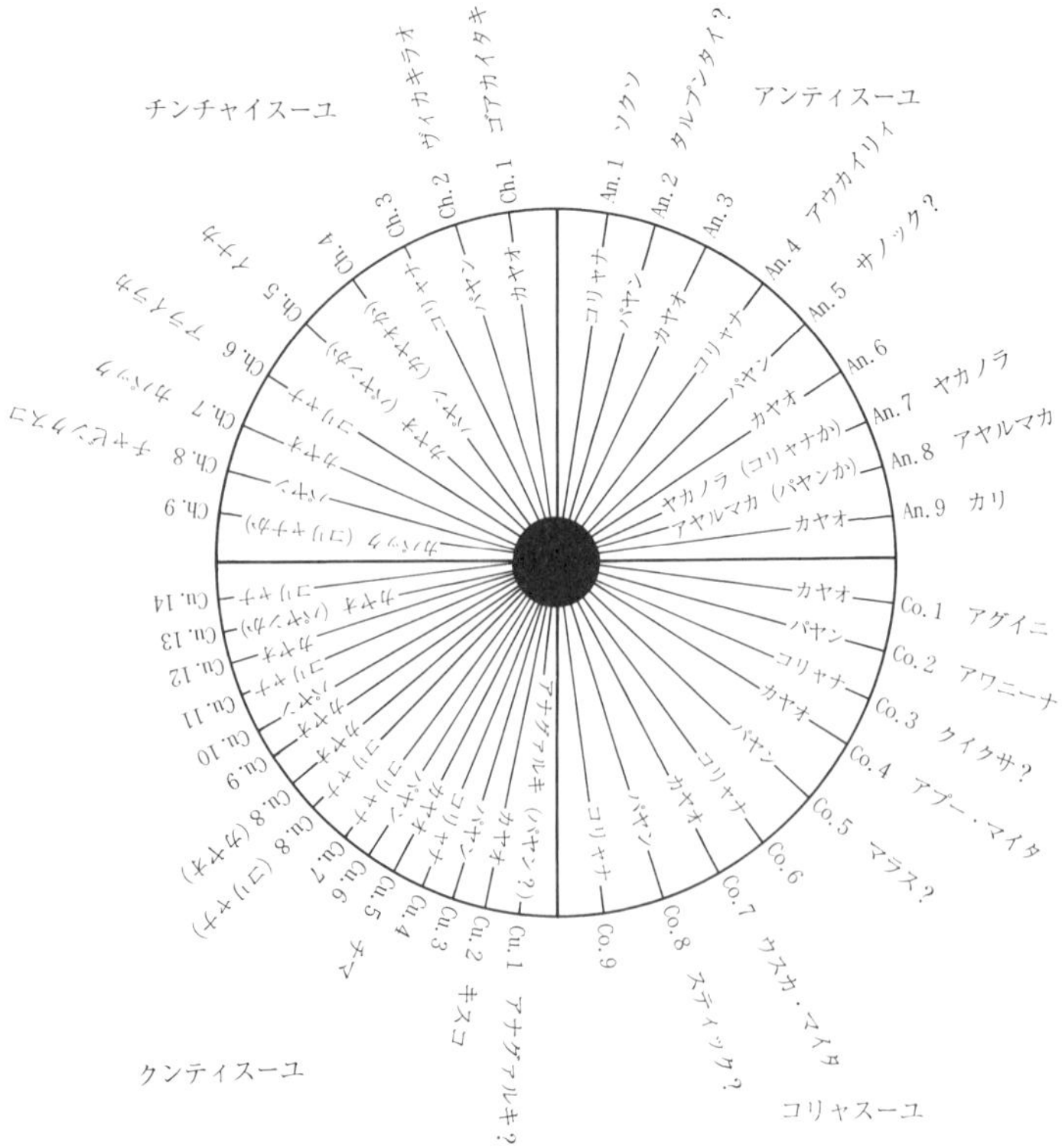

図4　クスコのセケ・システム（Brian S. Bauer, *The Sacred Landscape of Inca,* University of Texas Press, 1998 を一部修正）

ヤンはクスコ以外の土地の人、カヤオは両者の混合とされている。ちなみに、皇帝の親族集団であるパナカは、コリャナに二つ、パヤンにも二つ、そしてカヤオには五つが属しており、皇帝の出自に関連するのであろうか。

セケ・システムは、水利や耕地に対する集団間の境界として、過去の重要な出来事が起こった記念碑的な場所として、また、種蒔きや成人式といった年中行事のカレンダーとしても機能した。重要なことは、インカの人々が特定の方向に意味を見出し、それを観念的に整理・利用していた点にある。たとえば、スペイン人の侵入以前に、タワンティンスーユには一一人の皇帝が即位したとされるが、彼らは個々にパナカと呼ばれる親族組織を結束し、皇帝の死後も、彼のミイラと財産を受け継いだ。新たに皇帝に選出された者は、出身のパナカを離れ、新しいパナカを築いていった。

四一のセケは、パナカやクスコ周辺に居住する民族集団により、維持・管理されたが、各パナカの担当するセケは、初代がクンティスーユ、三代から五代までコリャスーユ、七、八代がアンティスーユ、そして六代、九、一〇代がチンチャイスーユに属している。初代から五代は下クスコに、六代以降は上クスコのセケである。また、上・下クスコ内部でも、六代皇帝インカ・ロカを除き、後出の皇帝は上位の地区に存在するセケを担当している。つまり、セケの配列（方向）と皇帝の即位順序には関係があり、新皇帝ほど上位に★5列せられる社会であったことがわかる。

ちなみに、太陽の運行方向、とくに日昇と日没の方向は、クスコの人々に重要な

写真1　ペルー中部海岸のインカ道（筆者撮影）

★5 **日昇とヴィラコチャ神話**　神話では、コンティティ・ヴィラコチャ神は二人の側近を派遣するにさいして、太陽の日の出を基準にしている。ティティカカ湖に近いティアワナコの町で、彼は日の出の方向を背にして、左手に位置するクンティスーユに側近の一人を、右手に位置するアンティスーユに残る一人を派遣したとされ、ヴィラコチャ自

意味をもっていた。セケ上に配置されたワカには日昇、日没と関係するものが多い。六月至（南半球の冬至）の日没、天底[★6]通過日の日没、一二月至（夏至）の日昇等である。年中行事と運行は密接に関連しており、六月至は太陽の祭り、一二月至はカパック・ライミと呼ばれるインカ貴族の成人式、天頂[★7]通過日（二月一三・一四日、一〇月三〇日）の一〇月末には死者の祭りが、そしてもっとも重要な方向に天底通過日があった。八月一八日の通過日前後は、クスコ周辺での播種期であり、四月二七日の通過日前後は収穫期になる。

身は、二人の向かう地域のあいだを通ってチンチャイスーユに進んだと語られている。

★6 **天底**　直接観察できないが、観測者の真下方向で天球と交わる点をいう。

★7 **天頂**　観測者を中心にした球体を天球と呼び、観測者の真上、つまり、観測者の頭上から延びる鉛直線が天球と交わる点をいう。

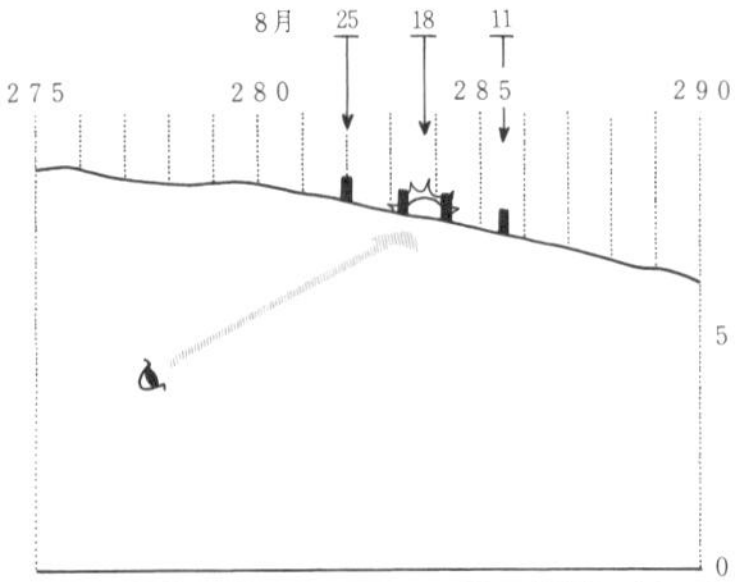

図5　種蒔き期における日没の観察（Anthony F. Aveni, "The Mystery of the Giant Ground Drawings of Ancient Nazca", University of Texas, 2000 を一部修正）

写真2　マチュ・ピュ遺跡トレオン。四つの突起のある窓から太陽を観測したと考えられている。（岩田安之氏撮影）

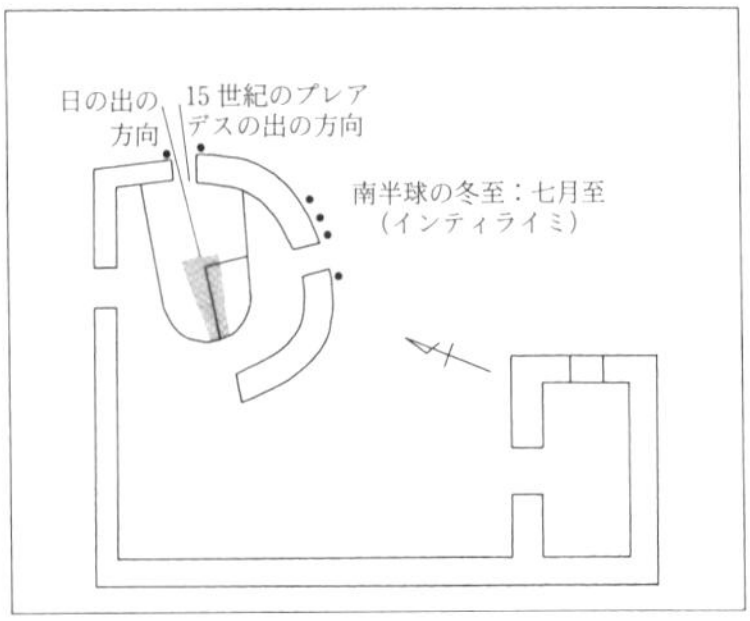

図6　トレオンの建築プラン（David S. P. Dearborn and Schreiber Katharina J., "Here Comes the Sun : Cusco-Machu Picchu Connection", Archaeoastronomy : the bulletin of the Center for Archaeoastronomy, University of Maryland, 1986 を一部修正）

太陽運行の観測

ここでいくつか方位にまつわる話題を紹介してみよう。クスコ西方のピクチュ岳上には、四基の石塔があったとされる（図5）。姓名不詳の記録者によると、最初の塔から最後の塔まで二〇〇パソ（二〇〇メートル）、中央の二基の間隔は五〇パソ（約七〇メートル）であった。クスコのワカイパタ広場の中央にあるウシュヌ★8と呼ばれる石塔を観測装置として、インカの人々はピクチュ岳上の日没を観測した。

最初の石塔を太陽が通過するときに、成長に時間のかかる標高の高い所で種蒔きをはじめ、太陽が中央の二基のあいだに入るとクスコにおいて種蒔きの時期になる。ウシュヌからみた石塔中央の日没日は、八月一八日で、この日は太陽の天底通過日である。ちなみに、この石塔はチンチャイスーユ八番セケの第七のワカ（Ch. 8：7）、スカンカに想定される。

さらに、マチュ・ピチュ遺跡でも太陽の運行が観測されていたらしい。トレオンと呼ばれる施設は（写真2・図6）、自然石を基礎にした精巧な円形石造建物で、四隅に突起のある窓が二つあり、北東と南東を向いている。建物内部にある基壇上面には、きわめて正確に六月至の日昇方向と一致する稜線が加工されており、窓の突起を利用して錘を吊るせば、六月至の前後の日も錘の影と稜線との角度から正確に求めることができるとされる。

また、南東窓は太陽の天頂通過日の前後五日間だけ、日昇時に光りが入り込むようになっている。

★8 **マチュ・ピチュのウシュヌ**　マチュ・ピチュには、インティワタナ（太陽の石）と呼ばれる石（写真3）がある。中央の突起は高さ約六〇センチメートルあり、四周が複雑にカットされている。クスコのウシュヌと同じく太陽を観察したと考えられてきたが、近年の研究で、この石単独では太陽の観測に不適であること、周囲の岳上に観測補助の石塔が存在しないことが明らかになった。

写真3　マチュ・ピチュ遺跡インティワタナ。太陽の運行を観測する道具ともいわれる。（岩田安之氏撮影）

ナスカ文化発祥の地

地上絵の描かれているペルー南部海岸地域は、年間降水量が〇～二五ミリメートルという非常に乾燥した砂漠地帯である。そこに住む人々は、アンデス山脈から流れ込む河川沿いに農地を開き生活している。大半の地上絵は、紀元前二〇〇年から紀元六〇〇年ころに栄えたナスカ文化の時期に描かれたと考えられるが、当時の生活環境も、現在と同様、気候頼みの不安定なものであったのだろう。

現在のナスカ市周辺では、水や力の象徴として山、とくにセロ・ブランコという山が伝説に登場する。一例として、この山と海との関係を示す物語を紹介しよう。

乾期に雨を降らせるために、一人の男が水差しをもって海岸に送られる。そこでは波が岩に当たって砕けている。彼は泡だらけの海水を集め、パンパ（平原）を見下ろす丘陵（セロ・ブランコ）★9の頂上に大急ぎで運び込み、水差しの中身を頂上に撒く。すると、二週間以内に雨が降る。

また、イリャ・カタと呼ばれる高原の山神から、海岸の支配者であるトゥンガ（山神）が女性を連れ去るという別の伝説では、トゥンガは強大な力をもつイリャ・カタから逃れるために、海の底に住むアプ・ヤクの神のもとへ行こうとする。アプ・ヤク神は、土地を肥沃にし、動物を産み、暑い大地を冷ます能力をもっていた。

これらの伝説からも、恒常的な水不足に悩む海岸の人々が、大量の水を湛える海と、水をもたらす山の力を尊敬していたことがわかる。

★9 **セロ・ブランコとヴィラコチャ神**　この山にちなんだ伝説は多く、別の物語では創造神ヴィラコチャが登場する。干魃で苦しむナスカの人々が、セロ・ブランコで祈りを捧げると、ヴィラコチャ神が空からきて、人々の嘆きを聞き届けた。彼の目から流れた涙は、セロ・ブランコをつたい落ち、大地に染み込んだのち、今日ナスカ地域を流れる地下水路の起源になったというものである。

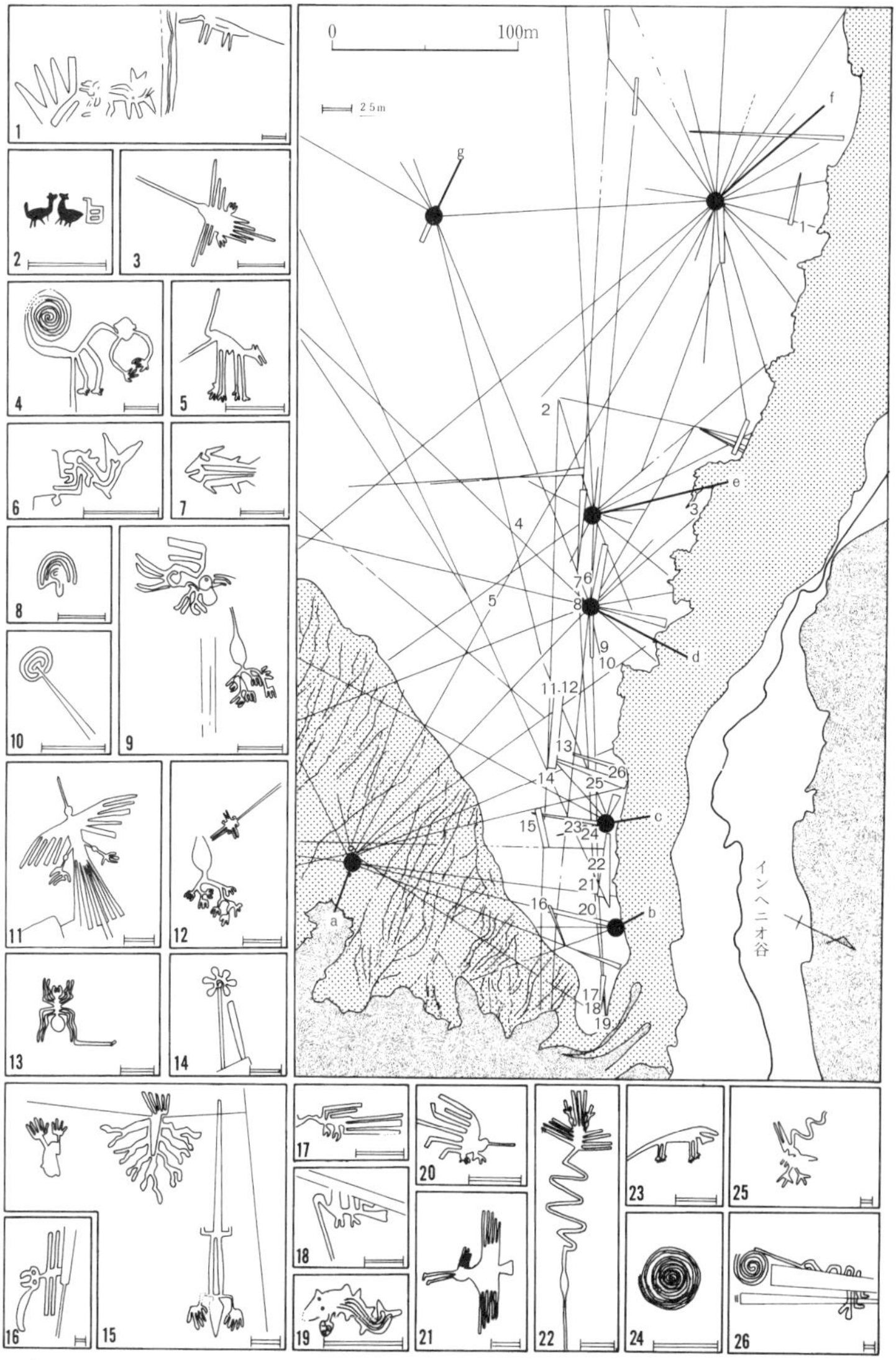

数字：具象文　　アルファベット：ライン・センター

図 7　ナスカの地上絵の配置
(Maria Reiche, *Mystery on the Desert,* Nasca, Peru, SA., 1968 の添付図を一部修正)

地上絵と方位との関係

地上絵は、ナスカ川とインヘニオ川に挟まれたパンパと呼ばれる砂漠台地上に描かれており、その範囲は約二二〇平方キロメートルに及ぶ。酸化して暗赤色になった角礫に覆われた大地から、角礫を取り除くと、その下層には明るい酸化していない粗砂層が出てくる。地上絵は、意図した形にこの酸化した角礫を除去し、文様の輪郭に沿って除去した角礫を数十センチメートル分、縁に積み上げることで描かれている。

地上絵は大きく三種類に分けられる（図7）。有名なハチドリ（3）、猿（4）、コンドル（11）など動植物の文様が第一のグループ、渦巻き（24）等の幾何学文が第二のグループ、最後のグループがもっとも数の多い直線文である。近年、研究の進んだ直線文の多くは、頂上部に石積みを築いた丘陵を中心に放射状に延びていることが明らかになった（写真4）。これらの小丘陵はライン・センター★10（a～g）と呼ばれる。

考古天文学者のアヴェニーらが分析を進めると、もっとも尊敬されるアンデスの山々との関係ははっきりせず、むしろアンデス側（東側）が避けられていた。一部のライン・センターは、太陽や星の運行を意識して造られた可能性があるが、太陽の夏至や冬至、春分・秋分（昼夜平分時）の日昇、日没の方向と直線文との有意な関係も認められなかった。

しかし、さらに直線文と水の流れる方向との交点の角度を調べると、上流方向（〇度）と下流方向（一八〇度）で頻度が最大になり、川を横切る方向で最小になる

★10 **ライン・センター**　現在までに六二個発見され、クスコのセケ・システムと類似することから、直線文をセケと考える研究者もいる。

写真4　ライン・センターから延びる直線文（著者撮影）

ことがわかった。

また、ライン・センターから発する角度は真北を〇度とすると、一〇〇度から一〇五度の部分に多くが集まることがわかったが、これを太陽の運行と比較すると、海岸地域が夏に向かう一〇月二二日から一一月二日の間と、盛夏になる二月一〇日から二月二〇日の方向になる。この時期は、ナスカの天頂を正午の太陽が通過する日（一一月二日、二月一〇日）と正確に一致している。さらに、ナスカ川流域の月別流水量を調べると、一一月の初めは、灌漑水路に水が流れ始める時期と一致し、二月には灌漑農耕に不可欠な流水量がもっとも増加する時期にあたる。

以上のことから、すべての方向性が解明されたわけではないが、農耕に必要な水とのかかわりが明らかになってきた。しかも、太陽の運行方向を観察して、農耕開始期（灌漑水路への水の供給）を決定していたとすると、高地とは違う意味で太陽が重要であった可能性がある。

（馬瀬智光）

【参考文献】　フランクリン・ピース／増田義郎『図説インカ帝国』小学館（一九八八）、関雄二『アンデスの考古学』同成社（一九九七）／インカ・ガルシラソ・デ・ラ・ベガ（牛島信明訳）『インカ皇統記』一、岩波書店（一九八五）

南アメリカ2

——天体・気象に脚色された神話的世界

天体と方位

「南アメリカ1」では、アンデス山脈の高原地帯に栄えたインカ帝国と、その西方の海岸砂漠地帯に栄えたナスカの地上絵にみられる方位文化をみてきたが、本稿ではアンデス東方の熱帯雨林地帯に暮らす人々にみられる方位観を紹介してみよう。

南アメリカの熱帯低地部に住む人々が、天体にさまざまな想いを馳せ、神話や儀礼などで表現していることは、レヴィ・ストロースの浩瀚《こうかん》な『神話の論理』をひもとけばすぐみてとれる。まさに字義通り、コスモロジー★1（宇宙観＝世界観）が語られているのだ。海外では「民族天文学★2」と名乗った本までも公刊されている。

太陽や月はいうに及ばず、火星や金星も彼らの宇宙から逃れはしない。夜空の星もさまざまな形、すなわち星座という形をとって語られている。天の川は、われわれが星の流れと感じている部分のみならず、星の輝きの消えた暗黒の部分にさえ目が向けられる。ブラジル、コロンビアの国境付近に住むトゥクナ人は天の川の流れのなかに浮かぶ星のみえない暗黒の部分を、その形からジャガーとアリクイの戦いに見立てたのだった。

★1
コスモロジー　二九八頁の脚注参照。

★2
民族天文学　ethnoastronomy. 漢方やインド医学、邦楽のように、各民族、文化はそれぞれの医学や音楽学をもっている。西洋医学や西洋音楽はその一つにすぎない。方位学や天文学も同様で各民族、文化により異なる。

こうした天体への興味は、彼らの生活にとってきわめて重要な意味をもつ。太陽暦や、太陰暦と同様に、さまざまな星も時の移ろいの印となる。それは年間サイクルのような長い間隔のものもあるし、季節や、もっと短い一日を刻む印でもある。こうした時の流れのなかで、狩りや漁撈、農耕がおこなわれている。

たとえば、ブラジル、スリナム国境付近に住むトゥリオ人の場合、一年は雨期のおわり（八月の中ごろ）から始まると考えており、農耕サイクルも始まる。太陽が沈むころ、東の地平線にプレアデス星団が姿を現すのが時の印である。彼らの主食であるキャッサバ★3は、一二月に雨が降った後、雨期が本格的になる前の一月に植えつけられる。本格的な雨期の始まりは、夜のふけぬうちに西の空に天頂からオリオン座（ヤラワレという文化英雄★4）が降りてくるのを印としている。こうして、時間の流れが、天体や気象現象と結びつき、空間の方向性も意味をもってくる。

太陽が昇ったり、沈んだりする方向が、そのまま「あがり」や「いり」といった言葉で方角と結びつくことは、日本に限ることではないし、さらに、日月に限ることでもない。もちろん、ここで注意しなければならないのは、「あがり」や「いり」が、すぐに東や西に対応するとは限らない点であろう。

天体や気象は生業だけにかかわっているわけではない。生業もまた文化英雄が大活躍する舞台として、彼らの世界観に結びつく。そのなかでは、栽培植物の起源や、狩りの獲物の起源が語られているのと同時に、彼ら自身の起源や生と死の起源も語られる。そこには、太陽や月や星座の数々、虹や雷がそれぞれの役を演じている。

★3　**キャッサバ**　Manihot esculenta. トウダイグサ科の落葉低木。熱帯地域の根菜類としてしばしば主食となる。南米ではマニオク、マンジョカ、ユカなどと呼ばれる。タピオカはこのイモからとった澱粉のこと。

★4　**文化英雄**　神話に登場するキャラクター。とくにその民族の現在の状態を生みだしたとみなされる英雄。たとえば、民族自体、その言語、火、栽培植物、獲物、狩猟・漁撈の道具、土器、装飾品などを生みだしたとされる。

家屋と宇宙

たとえば、コロンビア・アマゾンのバウペス川流域に住むトゥカノ系の民族（デサナ、バラサナ、クベオ、タイワノなど）では、さそり座（大ヘビ）が農耕サイクルと結びついており、重要な意味をもつ。バラサナ人の住居であるマロカ（長屋）は、東西の太陽の道筋に沿って建てられ、それぞれに入口をもっており、住居全体が一つの宇宙と見なされている（図1）。床部は大地であり、柱は天である屋根を支える峰々である。マロカの後部から前部、つまり西から東に向かって、見えない川の流れがあり、人々はそのほとりに暮らしている。見えない川は「死者の川」とも呼ばれ、マロカの地下を流れる。死者はカヌーでつくられた棺に入れられ、家屋の中央に埋められる。

デサナ人の創世神話によれば、宇宙は一人の女神によって創られたという。彼女の身体は羽飾りで覆われ、保護されている家屋である。この宇宙全体を意味する家屋、あるいは子宮のなかで、彼女は五つの雷をそれぞれの部屋に生みだした。四つは東西南北にあり、五番目のは中央に中空に浮かんでいる（図2）。天頂の雷は羽飾りを吐きだして、それが男女の原型となった。彼らは、雷が姿を変えたアナコンダ・カヌー

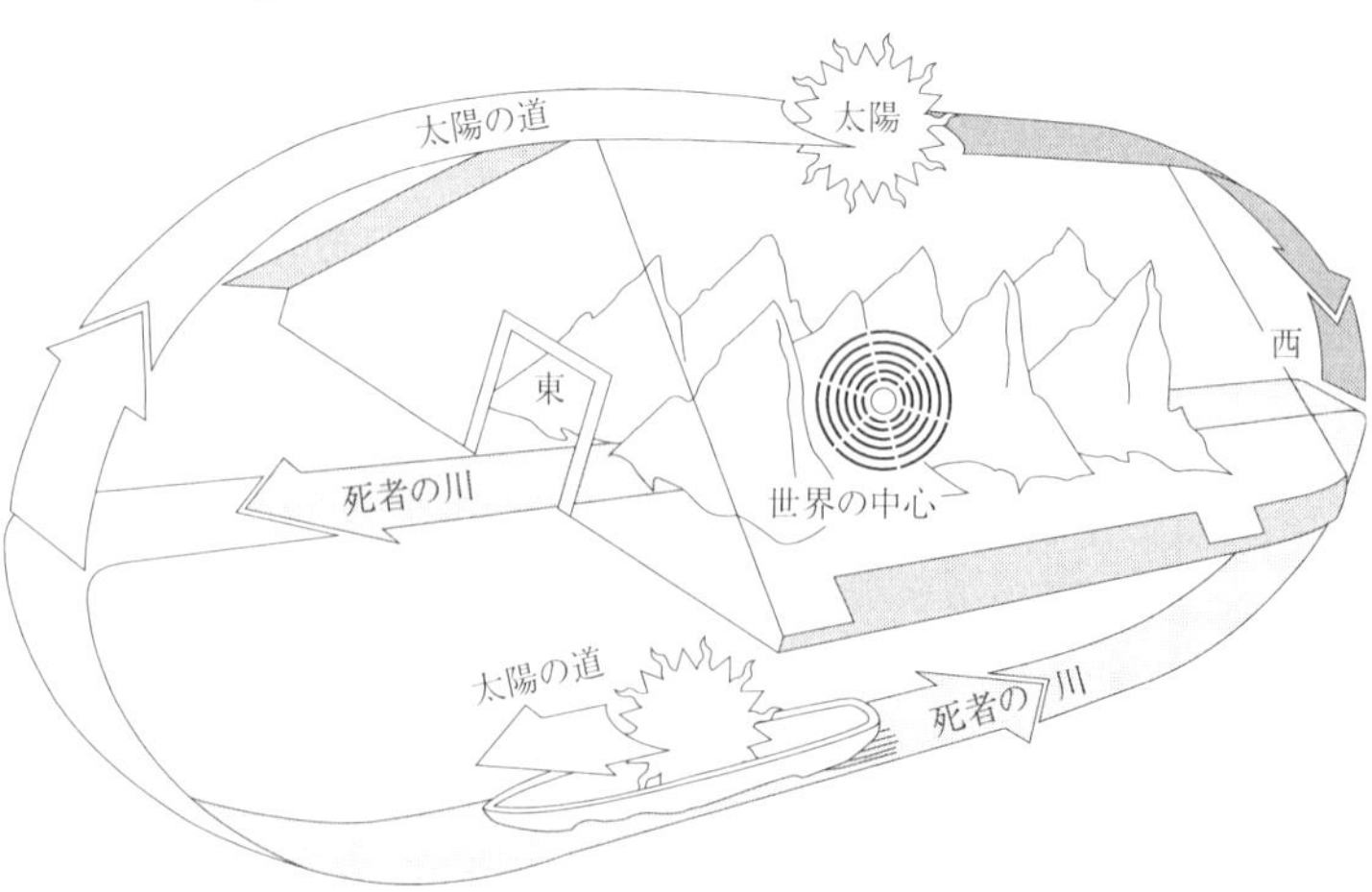

図1　バラサナ人の家屋と宇宙（S. Hugh-Jones, *AMAZONIAN INDIANS*, Goucester Press, New York, 1979)

にのって、東から川を遡る旅にでた。旅の途中で陸に上がっては、踊り、ふたたび旅を続ける。こうして、聖地を生みだしながら世界の中心であるバウペスの地に着き、そこからさまざまな民族集団が分かれていった。そしてアナコンダ・カヌーは元の姿に戻って天に帰ったという。

ワラオの神々

ベネズエラのオリノコ川河口に住むワラオ人によれば、大地はお皿のような形で、中心に彼らの住処がある。大地は水に囲まれ、果てにいたる。大地の周りにはぐるっと一巻き、大へビなる海の怪物がおり、ウロボロス★5の形で、頭と尻尾は東で接している。大地と太陽の下には箱状の世界があり、頭に鹿の角を生やした巨大なヘビが四匹住んでいる。宇宙の東西南北の四方位、そのあいだの四方位には山々が聳え、それは石化した木であるという。そこは「われらが祖先」と呼ばれる神々の住処である（図3）。

南の神はウラオであり、ワラオの神のなかでは最強である。ヒキガエルの皮のような容姿で、とくに右半分はイボイボ状で火のように赤く、焼けこげたようにしなびている。仲間のカロシモと住む。

北にはワロワロと呼ばれる蝶々神が住む。羽に巨大な目をもつ「フクロウ顔」の蝶の姿を取る。南の神に比べれば少し下位のものと考えられている。「波の父」アナバリマが仲間であり、彼の住む山の洞窟には、文化英雄のハブリとその母が住む。

東の山にはアリアワラ、すなわち「起源の神」が住んでいる。彼は勇敢で力持ち、そして大きく、空を飛ぶと考えられ、仲間は「夜明けの造物鳥」である。

図2　デサナ人の宇宙観図（S. Hugh-Jones, "Inside-out and Back-to-Front", J. Carsten and S. Hugh-Jones, eds., *About the house*, Cambridge University Press, 1995）

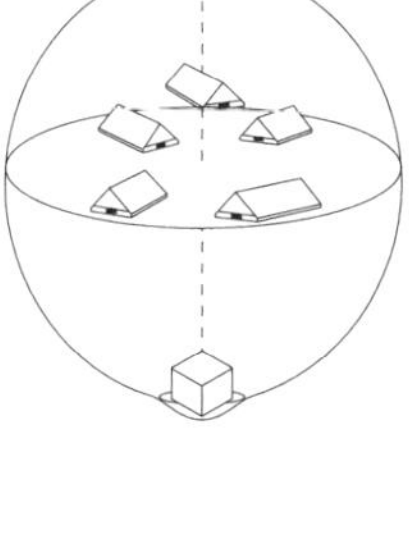

★5 **ウロボロス**　ギリシア語で「尾を食らうもの」の意味。ギリシア人にとって海とは陸をぐるりと囲む巨大な川であった。河口も水源もないこの円状の川は最古の神に擬せられ、自分の尾をくわえたヘビの図像で表された。

西にはホエボと呼ばれるインコ神がいる。その身体は緋色インコであり、地下世界、暗黒世界を支配する。その魂は天頂に住んでいる。

南、北、東の神は、世界の水平線に沿って自由に旅をおこない、世界軸に沿って地上に降りるのに対し、西のインコ神はどこにもいかず、闇シャマニズムと死の主として地下世界を司る。これらの神はたいてい男神と見なされているが、「森の母」は女神である。

彼女の魂は南東の水平線にある山に住み、身体は南西の山に住む。この山の位置は夏至の日の出、日の入の位置に対応する。身体部は男性の職人、とくに船大工のパトロンである。冬至の日の出の位置、北東には彼らの「生命の樹」でもあるモリチェ椰子の澱粉《でんぷん》の母が住み、日没の位置、北西には踊りの神が住む。

神々の仕業

彼らによれば、伝染病や外来の病はみな、この四つの方角や、天頂、天底に住まう神が原因であるという（図4）。それに対応して治療師（シャマン）もそれぞれの神に結びつく。南の神は「たくさんの細粒の熱」（天然痘と麻疹）、「ぶるぶる霊の病」（マラリア）、「熱い肌」の病（黄熱病）などの熱病を引き起こす。北の神は「悪性の咳」（気管支炎）、「傷ついた肺」（肺炎）、とくに「ホエザルの咳」（百日咳）のような呼吸器系の病を専らとする。東の神は十二指腸虫や腸炎、他の下痢の病といった消化器系の疾患を司る。この神のもっとも

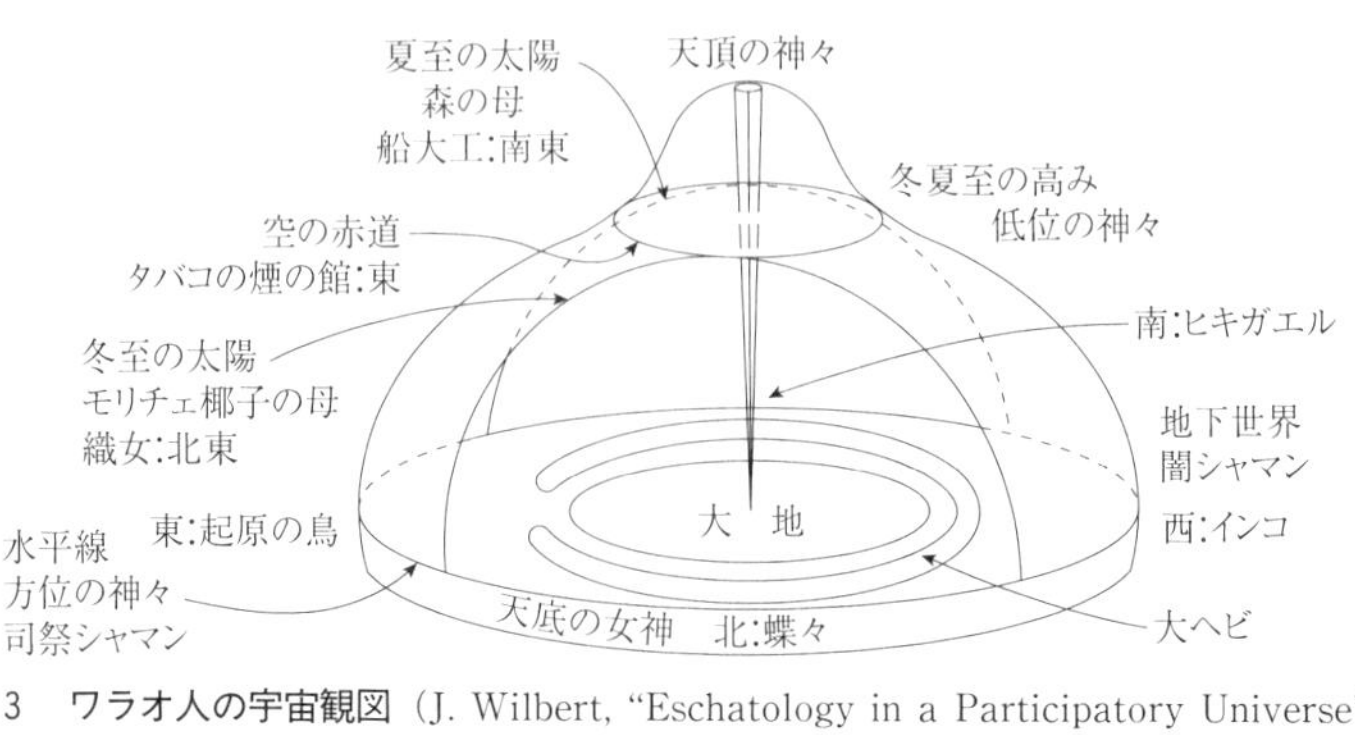

図3　ワラオ人の宇宙観図（J. Wilbert, “Eschatology in a Participatory Universe”, E. P. Benson, ed., *Death and the Afterlife in Pre-Columbian America*, Dumbarton Oaks Research Library, Washington, 1975）

強烈な武器はコレラである。

これら、三つの方角の神には司祭シャマン・ウィシラツが結びついている。西の神はアメーバ性や棹状菌の赤痢のような血液の病によって敵を呪い「殺す」。彼は、「不治の病」（肺結核）で敵を窒息死させる絞殺者でもある。この神には闇シャマン・ホアロツが仕えている。

一方、光シャマン・バハナロツは天頂に住まうマワリ神に結びついている。マワリ神はあらゆる村を全滅させる、偶発的な疫病の流行の原因をつくる。雨シャマンは治療師ではなく呪術師である。彼は雨の主たちに日照りや豪雨を起こさせ、人々に飢餓や災害を与える。こうして、人々は病に罹りやすい状態になる。病の性格によって先の三人の治療師が対応する。雨は浄化や豊饒性と結びつかず、反対に汚染や病、死に結びついている。

雨期に起きる嵐もまた神の仕業である。八人の「夜空の主」によって起こるものとされ、彼らは雨の主として、宇宙の端の八方位にある八つの山に住んでいる。鋭くそびえ立つ山のてっぺんはいつも雲のなかにあり、空がそこに休んでいるようにみえる。

雨の神々は山に家をもち、家の窓と扉は地上の中央を向いている。乾期のあいだ、扉はいつも閉まっているが、雨期になると開く。主人は扉のところで椅子に座り、地上を眺める。

雨のあとに姿を現す虹は、柱のような身体をもつヘビ男と考えられている。フバ

★6 **天頂**　三三六頁の脚注参照。

★7 **天底**　三三六頁の脚注参照。

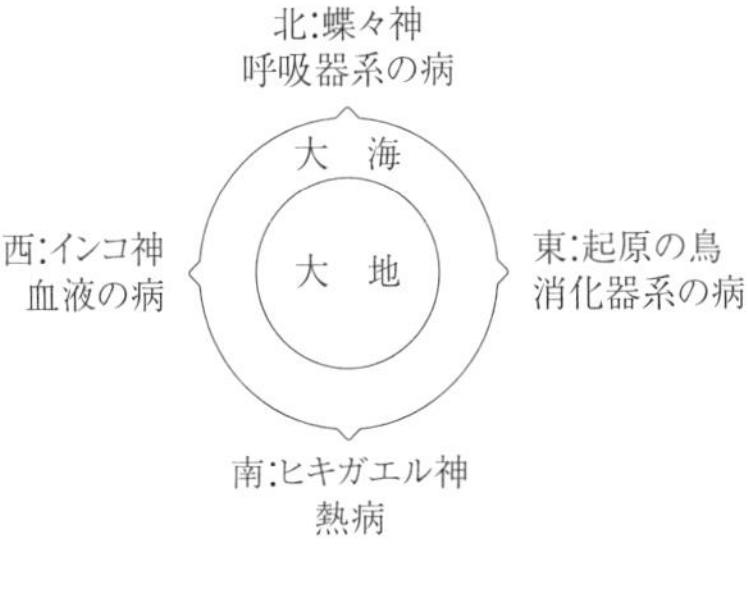

図4　方位神と病気の関係（J. Wilbert, "Eschatology in a Participatory Universe", E. P. Benson, ed., *Death and the Afterlife in Pre-Columbian America*, Dumbarton Oaks Research Library, Washington, 1975）

ナシコが彼の名前である。フバはヘビを、ナシは首飾りを意味しており、彼の名前は「首飾りをつけたヘビ」を意味しているが、ワラオ人にとってそれは「おつむ空っぽのちゃらちゃら兄ちゃん」を指している。この虹男（ヘビ男）は、森の母の娘と結婚し、生まれ故郷を離れ、妻の実家に住んでいた。夏至の太陽の道に住み、日の出（南東）と日の入（南西）のあいだに身体を伸ばす。赤いカチカモの倒木の姿をとっており、この木は森の母が寄りかかる。またシャマンの船大工がカヌーをつくる木でもある。

森の母は彼の前に巨大な角のあるヘビの形で現れる。彼女の頭部は不死の魂を宿し、日出ずるところにあり、その腹は木の幹の形で冬の太陽の没するところにある。腹には彼女の再生産力が込められている。あらゆる木は彼女の娘であり、虹男が娶ったのもその一人である。虹男は妻の南の世界に住んでいるが、ときに生まれ故郷の北の世界にいこうと大空に戯れ、色とりどりの身体を空にくねらせる。故郷の水への渇きをいやそうと願い、大地におしっこ雨を降らすのだ。

世界観のなかで、虹、ヘビ、インコといった色の多いものが病と深くかかわることも、レヴィ・ストロース『神話の論理』の「生のものと火にかけたもの」のなかで論じられる大きなテーマである。

（原毅彦）

【参考文献】　ライヘル・ドルマトフ（友枝啓泰訳）『デサナ』岩波書店（一九七三）／ピエール・クラストル（毬藻充訳）『大いなる語り　グァラニ族インディオの神話と聖歌』松籟社（一九九七）／レヴィ＝ストロース（渡辺公三訳）『やきもち焼きの土器つくり』みすず書房（一九九〇）／カルバリョ・ネト（三原幸久ほか訳）『南米北部の民話』新世界社（一九七九）

アフリカ——二項対立的枠組をもつ方位観形成

アフリカの人々にとって方位とはどのような形で認識され、また、どのような意味や機能をもっているのだろうか。まずは、方位の具体的な認識について、いくつかの民族の事例を紹介してみたい。もとより、アフリカは多民族多文化の大陸で、言語だけでも三〇〇〜一八〇〇の言語集団があるといわれており、したがって、一般的な論述はもちろん不可能である。ここでは、アフリカにおいてある程度地理的・文化的広がりをもつと思われる考え方を提示することにしよう。

太陽運行と東西認識

東と西は太陽の運行と深いかかわりをもち、アフリカ大陸のいろいろな民族において太陽と関連させて認識されている。南アフリカ共和国に分布するバンツー系のズールー族では（以下記載民族については図1参照）、東をインプマランガ、西をインチョナランガと呼ぶ。ランガとは太陽のことで、プマは上る、ショナは沈むを意味する。したがって、東は「太陽の昇るところ」、西は「太陽の沈むところ」となる。

1 ディオラ／2 ドゴン／3 ハウサ／4 コンゴ／5 リンガラ／6 ムブティ・エフェ／7 ルイヤ／8 ハヤ／9 レンディーレ／10 ソマリ／11 イラ／12 ズールー／13 スワヒリ

図1　本稿で紹介した言語集団

アフリカ中央部、コンゴ川（写真1）の両岸にまたがって分布するバンツー語系の民族であるコンゴ族では、東はク・クトンボカンガ・ンタングと称し、西はク・クディンカ・ンタングと称する。ンタングは太陽で、トンボカが上がる、ディンカが下がるとか沈むの意味である。したがって、それぞれ「太陽の昇るところ」「太陽の沈むところ」となり、語義はズールー語とまったく同じである。

同じくバンツー系の言語である、タンザニア北部のハヤ語も同じ言い回し、つまり「太陽の昇るところ」「太陽の沈むところ」で東西を示している。

興味深いことには、これらの言語においては、直接「東」「西」を一語で示すような単語はないようである。

バンツー語以外では、アフリカの角と呼ばれるソマリア半島に分布する牧畜民ソマリ族は、東クシュ系のソマリ語を話すが、東はやはり「太陽のでてくるところ」という言い方をする。

はるか西方に飛んで、西アフリカはマリ共和国の農耕民ドゴン族では、ヴォルタ系の言語が用いられているが、東に対しては「根」という意味の言葉であるドゥを用いている。これは「太陽の根」ということである。

時間の概念が東西の方位に転用されているケースもよくある。これもやはり、太陽の運行によって示されるものである。バンツー語を母胎として、アラブ語の単語を取り入れて作られた商用語であるスワヒリ語では、東はアラブ語に由来するマシャリキという単語があるが、そのほかに、マットライ、マチェオ、マアアオ、ウチ

写真1　コンゴ川（コンゴ共和国の首都ブラザビルからコンゴ民主共和国の首都キンシャサを望む）

エ・ワ・ジュアというさまざまな言葉も使われる。これらはすべて「夜明け」の意味をもつ。

西はマガリービであるが、これは夕方とか日没時という意味である。前述のソマリ語では西は「夕方」を示すガルビードを用いる。西アフリカのナイジェリア北部からニジェール南部に分布するハウサたちの言語では、午後一時から日没までをヤマというが、これは西という意味でもある。その時刻、太陽の位置する方向、という意味である。

このように、東西の方位が何かのイディオムによって表象される場合には、太陽が用いられているケースが圧倒的に多い（写真2）。

高低と結びついた南北認識

おおかたの民族で、東―西の方位がきちんと存在するのに対して、北―南の方位はかなりあいまいである。きちんとした名称がないところもある。ザンビア中央部に分布するイラ族では、東はイウェ、西はインボという名称があるが、北と南にはない。南北に言及するときには、その方面に住んでいる部族の名前を利用するのである。たとえば、南に住んでいるバビジ族に言及して、ク・ブビジというような言い回しをする。「バビジの土地の方」で、南方ということになる。北も、ク・ンバラ、つまり「ンバラ族の土地の方」といった言い方になる。

インド洋に面した東アフリカでは、季節風が方位に使われる。一二月から三月、インド洋を北から南へモンスーン★1が吹く。五月～一〇月には南からのモンスーンが

写真2 ある村の夕暮れ　アフリカの多くの民族では、太陽の運行によって方位を認識した。

★1 **モンスーンと交易**　ソマリアからケニア、タンザニア、モザンビークにいたる東アフリカの沿岸には、点々と交易都市がある。それらの都市とアラビア半島とのあいだには、モンスーンの風を利用した「ダウ」と呼ばれる帆船による交易が古くからおこなわれていた。

吹く。ソマリ語では、アラブ起源で北風を意味するシャマールが北を示す言葉でもある。スワヒリ語では、北はカスカジーニであるが、これは北風「カスカージ」に由来している。また、この言葉は同時に北風の吹く季節をも示す。

クシは、南からのモンスーンであり、それから派生してクシーニは南、そして南風が吹く季節を意味する。アフリカ南部も、ズールー語では、北はイニャカソであるが、これは北風も意味し、南はイニンジギムであるが、これは南風も意味する。

南北を指すのに、上—下あるいは前—後という対立項が用いられている言語もある。ハヤ語では、北はオルグルであるが、これはもともと上を意味する。また、南はエイフォであるが、これは下を意味する。コンゴ共和国やコンゴ民主共和国の広い地域で用いられているリンガラ語では、北はリコロ・ヤ・モコリ（世界の上）と呼ばれ、南はンセ・ヤ・モコリ（世界の下）と呼ばれている。

セネガルのカザマンス地方のディオラ族では、東は、顔、前、前方などの意味をもつハキルという語が使われ、西は後ろの意味をもつブソルが使われている。一方、北はハティアであり、これは高い、てっぺん、などを意味する。

コンゴ語では、北をルセ、南をルニマと呼ぶ。ルセは顔、表、正面などの意味であり、ルニマは後ろの意味である。前述のようにコンゴ語では、東は「太陽の昇るところ」、西は「太陽の沈むところ」という呼び方があるのだが、もう一つ、東をルネネ、西をルモンソとも呼ぶこともある。ルネネは右、ルモンソは左を意味している。つまり、北を正面とするならば、右手が東であり、左手が西となり、理屈は合っている。

　上記のいくつかの事例にみられるように、方位はしばしば、上―下、高―低、右―左、前―後、男―女などのさまざまな二項対立と結びついている。

方位の価値とシンボリズム

　東―西、あるいは北―南の軸は、単なる方位という現象を超えて、二項対立的枠組みのなかで、さまざまな社会的現象とかかわりをもち、価値づけがなされていることがある。西ケニヤのニャンザ地方のバンツー系住民、ルイヤ族のあいだでは、東は、生命、健康、よい生活、繁栄と同一視され、西は病気、悪霊、不運、死と同一視されている。ルイヤ人は、毎朝、東を向いてその日一日の加護を神にもとめるのである。

　ザンビア中央部のイラ族では、集落をつくるときに入口を西（その時点での日没の方向）に向けてつくる。東と西はシンボリックに対立している。新生児はまず東に向かって捧げられ、ついで西に捧げられる（写真3）。死者は、頭を西に、足を東にして埋葬される。このとき、顔は東に向けて埋められる（写真4）。座った姿勢で埋葬されるときには、まさに東に正対することになる。東は、祖先がやってきた方向ともいわれ、雨がやってくる方向でもある。また、創造主がいるとされる。あきらかに東は良きもの、生命そのものを生みだす方角である。東のはるかかなたで、地は天とつながり、そこから西へ徐々に低くなっているとイラ族の人々は考えている。西は、その反対、悪しき方向である。

　では、どうして村は西、つまり悪い方向に面しているのか。一つの推測は、つぎ

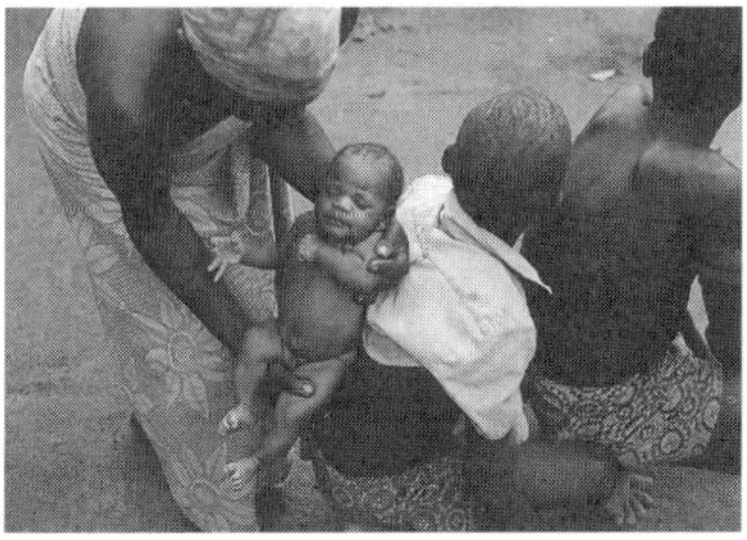

写真3　新生児のすこやかな成長を祈るための儀礼（コンゴ民主共和国レッセ族）

のようなものである。まず、村は安全で親しみに満ちたあたたかい場所である。そのような村から外にでるということは、訳の分からない、敵対的な世界へ踏みだすことである。村こそ東の土地なのであり、村の外部は西の世界なのである。つまり、西に向かって開いた門はそのような価値観をシンボリックに表明しているのである。

一般に東西の軸は空間の枢軸として認識されているのに対して、南北の軸にはときとして無関心である。東西は、毎日の太陽の運行によって明示される方位軸である。一方、南北は、季節による太陽の通り道によって示される。夏には太陽は北へいき、冬には南にいく。毎日の運行の方がはるかに直截的であり、その分、優位を保っているのだろう。しかし、季節の循環としての南北軸の重要性は、けっして無視さているわけではない。しばしば重要な季節的儀礼が夏至や冬至におこなわれるからである。

すでにみたように、南北はしばしば高―低の対立と結びついている。多くの場合、北が高く、南が低い。どうして北が高いのか、南がどうして低いのか。場所によっては、そのとおりの地形になっているところもあるが、そうでないところもある。コートジボワールのラグーン地帯では、東―西の枢軸に対して、東に良い属性を帰せしめ、西は病気・混乱・悪霊と関連させている。

一方、それと相補的に南北の軸にも、北が高く、南が低いという文化的価値づけがみられる。これは、この一帯が北から南にかけて低くなる高原地帯であり、この地形が北―南と高―低の結びつきを生んでいるといえるかもしれない。しかし、地

写真４　死者の埋葬（コンゴ民主共和国）

形的に明瞭でないところでもそのようなシンボリズムはよく出現している。

スーダン南部に住むナイル系言語を話すシルック族では、北と南に対して高—低の対立が結びつけられているが、彼らの住んでいるサバンナ地帯では、ほとんど起伏はみられない。

アフリカの多くの社会では、右と左の対立においては、明らかに右が優位である。そして男は右に、女は左に位置づけられる。言語によっては、右には男と同じ単語が使われる。さらに内と外、前と後ろ、年長者と年少者、自民族と他民族などが優劣の概念で結びつけられる。いずれにせよ、二項対立的思考の枠内では、項目どうしのあいだには直接的な結びつきの基盤はなくても、構造的にさまざまな二項対立が関連してくるものである。

レンディーレ族の方位空間

空間のシンボリズムはまず、住居や集落の構造に反映される。それは社会構造を空間的に表現するものでもある。北ケニアの乾燥地帯に住む[★2]、ラクダを主要家畜とするレンディーレ族では、そのような社会組織に対応した空間のシンボリズムがよく発達している。以下、佐藤俊の記録によって紹介してみよう。

レンディーレ族は九つの氏族からなり、それらは西半族と東半族[★3]に組織されている。西＝バハイと東＝ベリにおいては、西の方が上と考えられている。また、北と南では、北の方が優位である。特別な儀礼をおこなう集落に諸氏族が集合するとき、西半族のものは上座とされる北側の敷地に、東半族のものは下座とされる南側の敷

★2 **東アフリカ牧畜民**　エチオピアからスーダン、ケニア、タンザニアなどの東アフリカの乾燥地帯には、牛やヤギ、羊、ラクダを飼育して生計を立てる牧畜民が多い。彼らの多くは家畜とともに、草と水を求めてあちらこちらを移動しながら生活しているため「遊牧民」とも呼ばれている。

★3 **半族**　一般に、部族が大きく二つの集団に分かれている場合、そのおのおのを半族と呼ぶ。また、このような集団を双分組織という。双分組織社会のなかには、婚姻に際して、自分とは別の半族から配偶者をもらわなければならないという規則があることもある。

地に布陣することによって、その上下関係が明らかになる。

各氏族の集落においては、ほぼ円形の集落の中央部に礼拝所がもうけられ、その西側に門が造られる。レンディーレは西を基準方位（正面）としている。これは、礼拝所から門をみる方向である。集落内で最高位を占める家族は、礼拝場から西方をみて、すぐ北側（右側）に小屋を建てる。この位置は「上座」と呼ばれている。この小屋を起点として、氏族内部での序列の高いものから低い方へと、時計回りに小屋が配置される。最下位の家族は、礼拝場から西方をみてすぐ南側（左側）に小屋を建てることになる。この位置は「下座」と呼ばれている。これによって、小屋は円環状に並ぶことになる。

各小屋の様子は、つぎのようになっている。まず小屋の入口は西側に造られる。ここでも基準方位は西である。小屋のなかは、入ってすぐのところは土間になっており、バハイ（西）と呼ばれる。その奥は皮を敷いた居間（べリ＝東）である。入口からなかに入って、左半分は婦人の空間、右半分は男の空間と呼ばれて区別されている。小屋の外では、入口の前はオレイと呼ばれ、右と左に区別される。家人が小屋の前で休むときには、男性は右側、女性は左側をそれぞれ使用する。

娘が実家に家を造るときには、母親の小屋よりも左側に小屋を建てるが、息子は、結婚すると、母親の小屋の右側に小屋を建てる。母と娘、男と女、という序列がここに反映している。

このようにレンディーレ族では、西─東、北─南、右─左、上─下、男─女という二項対立が相互に関連し合い、また、それぞれ初めの項が優位となっているのである。レンディーレ社会は、年齢階梯制★4によって組織され、長幼の区別がたいへん厳しい。また、男女の差別も大きい。このような社会の構造が、空間の利用とシンボリズムに深く関係しているのである。

森の民ピグミーの実践的方位

ところで、実際に人が日常的に移動するときなどには、東西南北を意識していることはほとんどない。話のなかでも東西南北が言及されることはなく、一般に「……への道を行く」「……村の方向」「……族の方面」といった、具体的な表現がとられる。日常的な空間は、そういった具体的な方角によって成りたっているのである。ここで、イトゥリの森に住むピグミーたちの驚くべき方向感覚について紹介しておこう。

アフリカ中央部には広大な熱帯雨林がある。その一角にイトゥリの森と呼ばれるところがあり、ムブティおよびエフェと呼ばれるピグミー系の人々が住んでいる（写真5）。森のなかを歩くとき、ピグミーたちはどのように方位あるいは空間を認識しているのだろうか。それは深い謎だといってよい。

森のなかでは太陽の位置すら確認できないことが多い。実際、私たちは道からほんの一〇メートル離れただけで、もうどちらがどちらだか分からなくなってしまう。樹木、灌木、蔓植物、林床の草本が幾重にも繁茂し、どこもかしこも同じようにみえてしまう（写真6）。したがって、用を足しにすこし離れたところまでいくときには、ことのほか、慎重にならざるを得ない。記憶はあまりあてにならない。往路

★4 **年齢階梯制**　社会全体が序列化された年齢組織からなり、各成員がその序列を順に上って各段階に固有の地位と役割を担うとき、それを年齢階梯制という。レンディーレでは、男は少年・青年・長老の三段階、女は少女と既婚の婦人との二段階に区別される。青年は戦士でもある。

写真5　エフェ・ピグミーの家族（コンゴ共和国、イトゥリの森）

で確認した場所でも、帰り道、みる方向が違うとまったく違うところにみえてしまうのである。踏み分け道を見失わないように、極力慎重を期さなければならない。

そんなわれわれからすると、森の民であるピグミーたちの方向感覚はほとんど奇跡に近い。ピグミーは、森のなかのどんなところでも平気で突き進んでゆく。道などあってもなくても同じである。そして、当然であるが、けっして道に迷ったりしない。ときどき立ち止まってあたりをぐるっと見回す。それだけで自分の位置がわかるのである。

その奇跡の能力であるが、かれらはけっして太陽の位置を確認したり、東西南北で判断しているのではない。いってみれば、どこにいても、村がどちらで、川がどちらか、どこどこへの道がどちらに走っているか、つねに把握できる三六〇度のレーダーをもっているのである。

たぶん、直観的に森のあらゆる場所を認識し、自分の位置と村や道の位置を定位しているのだろう。よちよち歩きのときから森に生きてきた人間としては当然なのかもしれないが、その奇跡のレーダーの能力には驚嘆するしかない。

ただ、夜になるとさすがにその能力もいささか減じるようである。日が落ちて暗くなっても、森に入っているはずの人がキャンプに戻らないときには、キャンプにいる人々が、暗い森の闇に向かって大きな声で呼びかける。彼らが無事、キャンプにたどり着くまで、「おーい、おーい」と続けられる。森の闇の海のなかで、人の声は、港の在処を示す灯台の明かりとなるのである。

（寺嶋秀明）

写真6　熱帯雨林の樹木（コンゴ共和国、イトゥリの森）

【参考文献】　佐藤俊『レンディーレ　北ケニアのラクダ遊牧民』弘文堂（一九九二）／寺嶋秀明『共生の森』東京大学出版会（一九九七）

第6部

科学と方位

科学史——精緻化する方位計測の歩み

東西観の獲得

方位は、人間の生活圏である地球という限られた地平で考えれば、特定の方向を基準にした平面的方角のことである。人間は、そこに民俗的エートス[★1]としての意味を付与するなどして、それぞれの民族が独自の民俗文化を創造してきた。しかし、ここではそうした側面は捨象して、あくまで科学史的観点からみた方位概念の成立を考えてみよう。

限られた地平での方位といっても、人類史の観点から、地球上のどの地域における、どの文明に、どのように方位概念が芽生えたかを論ずることは、多くは証拠不足で困難である。ただ、地球上における共通の天文学的条件からいえることは、毎日太陽が昇る方向や沈む方向、あるいは太陽が真上や真南にくる（南中）という方向感の獲得は、「一日」という時間単位や「正午」という「時刻」概念の発生と同時であったのではないかと考えられることである。

結果的には、地球上のどこにいても、地球の自転のおかげで、古代人はそれぞれの居住地域におけるおおよその東西の方角を知ることになったわけである。しかし、詳しく観測してみると、その日の出の方角と日没の方角で決める東と西には日毎の

★1
エートス Ethos（独）、ethos（ギ）。特定の地域の社会的集団が長い間に培ってきた習俗的・習慣的な物事の考え方の傾向や性格、あるいは土着の精神風土。

変化があり、真東と真西は別の方法で決めねばならないことに気づいたはずである。

時間と方位

ここで登場するのが、どの古代民族も用いていた、自然発生的な日時計である。地面に立てた棒の影の長さと方角で時刻を知る、もっとも単純で、かつ基本的な時計である。場合によっては、棒というより塔というのがふさわしい塔柱の場合もあったが、そうした日時計をノーモン★2（またはグノーモンとも発音）という名前で呼んだ地域もある。

この種の時計は、時刻を教えたばかりでなく、棒あるいは塔の影が最短になる時刻の太陽の方角として、北半球（南半球）においては正確な「南（北）」を同時に知らしめた。真南（真北）が分かればその反対の真北（真南）は自動的に分かり、それらを結ぶ線と直角の方向として、ようやく正しい東西の方向を知ることができるわけである。こうして、地球上のどの地点においても、理論的には東西南北の方位概念は成立したと考えられる。

もちろん、現実のさまざまな地理的条件で生きていた古代人あるいは発展途上の社会に生きる人たちは、かならずしもこのように合理的に方位を認識したのではなく、むしろどの方向に崇めるべき神々しい山があるかとか、豊穣の海がどの方角にあるかが方位の基準であったりして、同じ山を崇める隣接部族とでは方位の基準が違うということもあったであろう。しかし、ここでは主に科学にかかわる問題について論じるため、これらのことは別項を参照していただきたい。

この四つの方位をさらにどのように細分し、方位の名称をつけるかは、それぞれ

★2 **ノーモン** gnomon. 古代人が、その影の長さや位置によって太陽のみかけの高度を知り、季節や時刻を知る手段とした棒を立てた装置。日時計。

の民族のもった古代宗教や自然観、民俗的エートス、さらには記数法等の差異によって異なるが、代表的なものは古代メソポタミア＝バビロニア＝エジプトで発達した幾何学的、天文学的六十進法による角度分割と、古代中国の干支による暦法と、易学からの陰陽五行説の結合による二十四分割である。

右にみたように、時間または時刻概念と方位概念は自然発生的に密接な関係をもっていたが、方位角度の細分の仕方においても同様に両者の密接な関係がみられる。

六十進法の起源

時間のより大きな単位として、古代人は季節の周期性によって古くから「一年」という単位を知っていた。六十進法の起源は明確ではないが、一年を三六〇日とみて、天空における黄道上での太陽の方位を一日ごとに一度と数えたのではないかという。すなわち、円周を三六〇度とするわけであるが、それを六等分することによって、正三角形六つからなる正六角形というもっとも対称美を示す図形が得られ、古代メソポタミア＝バビロニア＝エジプトの数理的自然学者らを満足させたのではないだろうか。

平面における基本方位である東西南北の四方位と、正六角形の六方位との最小公倍数は一二であり、古代中国の十二支の十二方位や易学的二十四方位とも自然な対応をみることができる。十干十二支という暦法は古代中国・殷の時代にすでに用いられていたといわれているが、それは基本的に六〇で一巡する数え方であり[★3]、六十進法をあみ出した西方の古代文明との交流を暗示している。

★3 **六〇で一巡する数え方**　十干十二支は六〇分の一やさらにその

中国での二十四方位というのは、十二支に十干と五行を組み合わせた「黄帝宅経」の方位観として、陰陽道の展開とともにわが国に伝わった。ちなみに、「正午」という漢語の時刻は太陽の「南中」の時刻であるが、これは方位の「南」が十二支中の「午」であることに由来している。また、二十四方位が一日の二四時間に対応していることはいうまでもない。

六十進法と方位概念の発展

六十進法では、角度一度や一時間はさらに六〇分割されて、新しい単位「分」を得る。伝統的に西洋ではそれを記号（′）で表し、「プリム」（ラテン語、以下ラ）とか「プライム」（英語、以下英）と呼び、つぎの六〇分の一の単位を記号（″）で表し「セクンド」（ラ）、「セカンド」（英）と呼んだ。同様にして、さらなる六〇分の一を記号（‴）で表し「テルティア」（ラ）、「サード」（英）と呼んで、今でも十進法採用以前の文献にみることができる。

二次元的平面方位は、太陽による自然的自覚のほかに、地球上の狭い地域での地理的相対的方角や、生活事象の吉凶を占う必要から、という発生要因がある。そこに人間の行動範囲が広がってくると、

六〇分の一を数える単位をもたないので、厳密な意味では六十進方とはいえない。

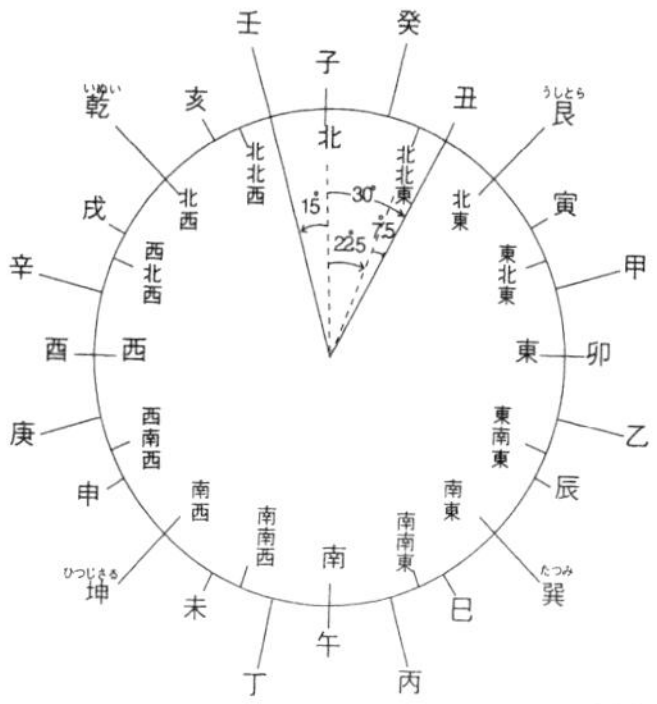

図1　二十四方位図（黒沢紘一・河村貞光、1994）

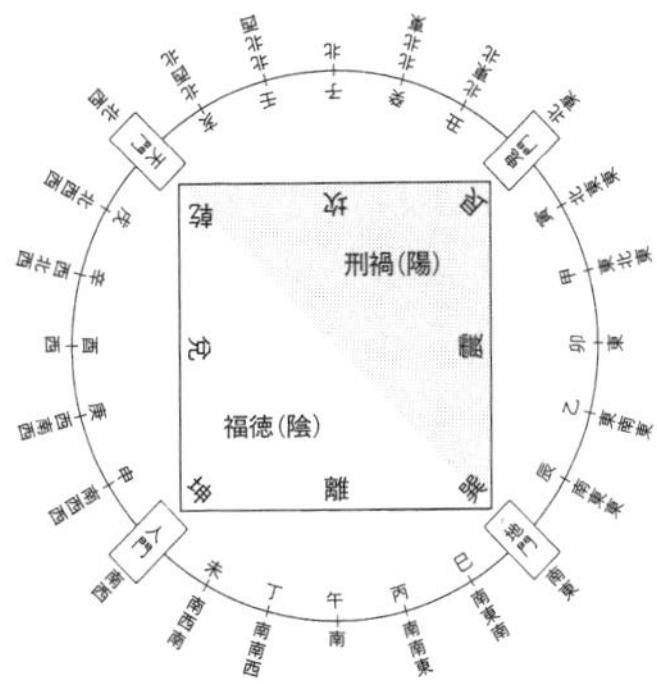

図2　「黄帝宅経」の方位（『世界大百科辞典』、平凡社）

地図の作製というさらに一歩進んだ技術文明的要請が起こり、地図上への方位の記入のための、より客観的な方位概念樹立の必要性が生じてきたのである。

その表記法には、さまざまな時代的、地域的な文化の特徴がある。たとえば、羅針盤を発明していた古代中国人やフェニキア人たちは、地図上に磁針の図を描いて「北」とか「南」といった特定の方位を示そうとしたのに対し、古代ギリシアなどでは、神話にもとづいて特定の風神の顔の向き（その口から吹きだされる風の向き）を書き込むことで、地図上の客観的方位を示そうとした。今日では、地図上では上が「北」★4というのが常識になっているが、古代の地図ではそのような書法は当然定まってはいなかった。

もっとも古い地図は、メソポタミアやバビロニアの粘土板（クレイ・タブレット）、エジプトのパピルスなどに断片が残されており、地図が作製されたのが非常に古い時代にまで遡ることを物語っている。しかし、それらは、局地的なものであり、不正確であった。古代ギリシアの歴史家にして地理学者でもあったストラボンは、一七巻もの『地理書』を残し、多くの地図の存在を伝えている。

ここで、二世紀に活躍したギリシアの大天文学者プトレマイオス★5は、同時に偉大な地理学者でもあったことを特筆しておかねばならない。彼がつくった世界地図が、ヨーロッパや北部アフリカからインドを越えて、東南アジアまでも含んでいたことや、インドへ行くのに西回りのほうが近いだろうと書いたことの興味深さによってではなく、彼こそが近代の地図作製理論上なくてはならない重要な「緯度」および

★4 **地図上では上が「北」** 地図の方位がいつから北になったかについては「近世日本の地図」の項も参照。

★5 **プトレマイオス** Ptolemaios Klaudios。二世紀中ごろアレキサンドリアで活躍したギリシアの天文学者。彼の著『アルマゲスト』はアラビア語に訳され（この書名はアラビア語「偉大

「経度」の概念の導入者であるからである。

天空の方位と天文学の誕生

人間は、これまで述べてきたような地球上の特定の地平での二次元的な方位のほかに、日月星辰の方角や、その運行を記述して暦を作成したりするため、また草原や砂漠を越えて長距離の移動や航海の必要あるいは願望に直面したため、さらに三次元目の方位を確定する必要に迫られた。

三次元目の方位として絶対的なのは「上」という方位である。それは、一方で地球の重力による物体の落下現象から、他方では水平面に対する垂直方向として、自然発生的に現れる客観的観念である。

しかし、地球上での「上」は、特定の地点では絶対的客観的にみえながらも、ほとんどの地点でその方向に何ら特定のものがないため、またその方位に特別の意味がないばかりか、地球が球形であると知ったときには、「上」という意味をも失うことになる。しかしながら、天空を仰いでみるとき、日月星辰の特定の時刻における位置や運動を記述するために、何らかの方位の設定が必要になるばかりか、草原や砂漠で、あるいは航海で、自分の位置や移動距離を知るためにそれらの星辰の方位を確定しておくことが必要になってくるのである。

そもそも、「方位」とは特定の基準方位があって、それとの相対角度が任意の方向の方位となるわけであるから、天空に特定の方位を見出さねばならない。そのようなものとして見出されたのが北半球における「北極星」の方位である。地球から

なるもの」の意)、イスラム世界を通じてヨーロッパのキリスト教世界に伝えられ、その後千三百年余にわたる地球中心説の理論的基礎をつくった。また『地理学』の書を残した地理学者でもあり、球面を湾曲した曲線の緯度・経度で平面に投影した世界地図を作製した。

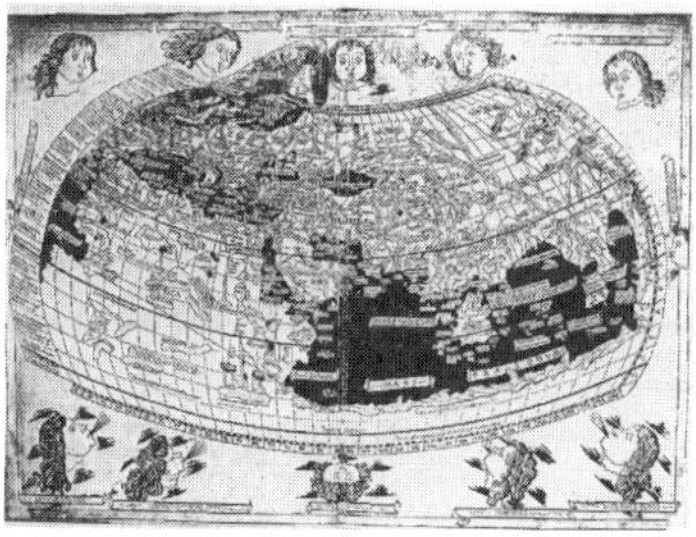

図3　プトレマイオスの世界図（一四八二年、ウルム版）　風神の顔が地図上の方位を示している。

みて一様に回っているようにみえる星空のなかで、動かない星は古代人の注目の的だったに違いない。

それに加えて、天空に射影した太陽の軌道としての「黄道」をあげることができる。黄道は夜の星空を北天と南天に二分する役目を果たした。のちに地球の赤道が確定すると、それに応じて天空の赤道も決まり、黄道が赤道と異なることを知ることになる。黄道は赤道に対して約二三・五度の傾斜角をもつことになった。

そして、太陽の出没方位の変化や、南中時のノーモンの影の長さの変化、夜の月の満ち欠け、また特定の日時における特定の星座、惑星の方位の観測によって、暦が起こり、占星術・天文学が誕生することとなったと考えられる。

古代ギリシアでは、すでに地球中心説のほかに太陽中心説も唱えられ、円盤状地球像とともに球状地球像も登場していた。星の観測は自然に星図をつくらせるが、それは天空の地図にほかならない。それは季節により、あるいは毎日の時刻により位置が変わる地図であるから、より精密な方位定義と測量法の工夫が必要になる。

天文学から測地学へ

同様なことは、地球上での人間の活動範囲の拡大とともに、より精密な地球の地形図や道路図の作製が必要になり、測地学の発達を促した。すでに古代において導入された緯度・経度の概念は、地球上の地点位置、すなわち地球中心からみてのその地点の方位の指定法、および天球上の天体位置、すなわち地球からみた方位の指定法、換言すれば地図学および天文学における科学的方位記述法の終着点であった。

★6 **スネル**　W. van Roijen Snell（一五九一〜一六二六）。ラテン名でスネリウスともいう。オランダの数学者。ライデン大学で数学の教授であったが、彼のもっとも有名な業績は、光の屈折に関する法則（スネルの法則）である。一六一七年、彼は測地学において三角測量の有用性を初めて強調した論文を書いた。

★7 **六分儀・四分儀**　精密に星の位置を観測するための古くから用

しかし、理論的方法が考案されただけでは、正確な地図や星図がすぐできるわけではない。同時に実学としての測地学と天文観測の発達がなくてはならないのである。測地学（geodesics）は語源的にいって幾何学（geometry）とほとんど同義であり、古代から相携え合って発展してきたが、実地面では、精密測量器具の開発と陸上におけるいわゆる三角測量法の樹立が非常に重要であった。そして、後者は一七世紀のオランダ人スネル[★6]によってようやく発案されたのであった。

方位の観測器具としては、天体用には古くから六分儀とか四分儀[★7]があり、それに水準器と望遠鏡が組み合わされ精度を上げてきた。

地上（陸上および海上）用としては、中国やフェニキアで古代より羅針盤が考案

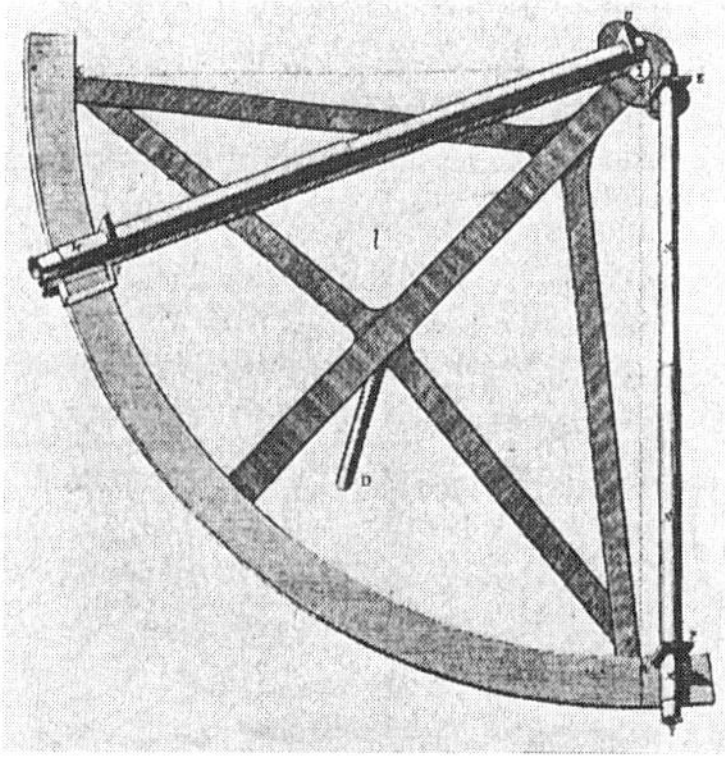

図4　17世紀の四分儀。

図5　17世紀後半のポーランドの天文学者ヘヴェリウス夫妻の使った六分儀。（図3・図4とも I. B. Cohen, *ALBUM OF SCIENCE,* Charles Scribner's Son's, N. Y., 1980）

いられた道具の一つ。角度六〇度の扇形枠型分度器に星を狙う動径方向の可動棒が組み合わされているもので弧の部分には細かな角度目盛りが付けられている。大きければ大きいほど目盛りは細かくできるので、相当大きなものもある。純粋の天体観測ばかりでなく長く航海の必需品だった。開口角が九〇度のものを四分儀という。

図6　指南車（『日本大百科事典』）　指南車の両輪の間隔はそ

され利用されてきた。また、古代中国には「指南車」（図6）という二輪車に南を指し示す人形を乗せ、精巧な歯車仕掛けで、車がどちらの方向に進もうとも、つねに人形の指差す方向は南になるように工夫されたものがあった。羅針盤の普及は、西洋では一五世紀の大航海時代の直前であった。

地球を測った近代科学

一六世紀の前半には、マゼランの世界一周などから地球の球状性は動かせなくなってきていたが、その後のコペルニクス[★8]の太陽中心説の復活、近代科学の勃興による近代天文学の発達、および力学的世界像の樹立とともに、地球上の距離測量、方位計測の精密化が進み、同時により精巧な地図の作製法が考案された。

しかし、緯度・経度の標準の取り方はまちまちであった。緯度のほうは北極星の存在から地球の自転軸の存在を自覚することで、地球の中心を通り、軸に垂直な地表大円を「赤道」とすることにより、比較的早くから概念的には捉えられていた。地球の赤道は天空の赤道に対応し、星の観測により地球上の任意の点の緯度を確定できるからだ。

それに対し、経度のほうは特定の基準がない。経線のことを漢語では「子午線」というが、つまり「子」すなわち北と、「午」すなわち南を結ぶ線であり、赤道に直角で北極を通る大円[★9]であればどれでもいいわけで、地図製作者の好きなように基準が決められていたのである。

そうした状況のなかで、近代的天文観測を組織的におこなった場所として、一六

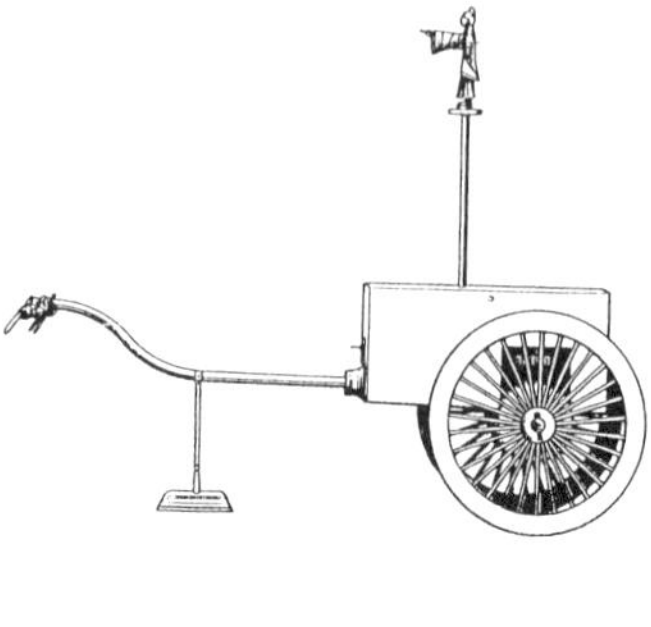

の直径に等しくつくり、中央に水平に大きな歯車を置き、その軸を鉛直上方に伸ばして南を指す人形を固定する。両輪には水平の大きな歯車の半分の直径の歯車が固定されていて、水平な小さい別の歯車で車の向きに応じてどちらかの車輪と水平の大きい歯車を連動させる。車が直進しているときは、小歯車は浮き上がっていて、ハンドルをどちらかに向けたときのみ、回転方向の車輪を止め、反対方向の車輪を連動し、人形の向きはいつも変わらないようになっている。

六七年設立のフランスのパリ天文台と、一六七五年設立の英国グリニッジ天文台[★10]の果たした役割は大きい。後者は、現在では天文台そのものはほかの場所に移転されてしまったが、英国ロイヤル・ソサイエティーはグリニッジを通過する子午線をもって東・西経度の基線とすることを提案し、一九世紀中ごろまでには西洋諸国がほぼそれに従うことになった。

一八八四年にはそれを地図の標準とする国際協定が成立し、二〇世紀半ばまでに世界的に普及した。こうして、地球上の地球中心からみた絶対方位として、今日の緯度・経度表示法が確定したことになる。そして、今日一般に球面極座標系において経度に相当する角度のことを「方位角」という。

一方、子午線の長さを測るという問題においては、フランス科学アカデミーとパリ天文台の果たした役割が大きかった。

話は少々戻るが、一六世紀後半から一七世紀にかけて、西洋ではいわゆる近代科学が勃興し、天体観測の精密化が促された。そのなかでガリレオ[★11]による天体望遠鏡の導入は画期的であった。それに引き続くニュートン[★12]による力学理論の大成は力学的世界像を普遍化し、あらゆるものを数学的合理的に理解しようという近代合理主義の基礎を固めていった。それが、すぐさま一般の庶民思想にまで広がったり、さらに世界のさまざまな地域の民族の民俗文明に影響を及ぼすには、さらに多くの時間が必要であったが、とりあえずはフランスの啓蒙主義運動などを先頭に、「方位」にまつわる非科学的な付属物を切り離していくのには、西欧がリード役を果たした。

★8 **コペルニクス**　N. Copernicus（一四七三〜一五四三）。ポーランドのカトリック聖職者。イタリアに留学し天文学に興味をもち、太陽中心説を復活支持、不本意ながらも『天球の回転について』の著者となって、近代宇宙観の勃興の契機をつくった。

★9 **大円**　球面上に円を描いたとき、円の中心が球の中心と一致するものを「大円」といい、それ以外のものを「小円」という。

★10 **グリニッジ天文台**　グリニッジ天文台創設とニュートン力学の成立による力学的世界像の広まりはほとんど同時期であったが、その潮流はほどなくヨーロッパ大陸の諸国に広まっていった。なお、今日も、このグリニッジを通過する子午線上の時刻をもって「世界時」としている。

★11 **ガリレオ**　Galileo Galilei（一五六四〜一六四二）。実験観測の方法をもって近代物理学の創

ニュートンのいう「自転する地球は完全な球形でなく、赤道方向に遠心力によるふくらみをもっている」との説は、とくにフランスでは一八世紀に入って大きな問題となった。この予想を確認すべくフランスの科学アカデミーは南米のペルーや北欧のラップランド（フィンランド）に遠征隊を送り、地球の赤道付近と北極付近とでの同じ緯度差における距離の違いを測ろうとした。測量の結果は、わずかではあるがニュートンの説を支持していた。しかし、そのころはまだ長さの国際的標準がなかった。

子午線の長さへの関心は、今日の長さの単位「メートル」を生むきっかけにもなった。長さの基準としては、当初の周期一秒の振り子の長さをもって決めようという提案を退けて、地球の子午線の長さのような人類共通の基盤に根ざしたものを採用して、国際的な同調を得ようとしたのだった。すでに地球を子午線と経線で細かく分割することは、天文観測によってなされていた。

そこで、つぎの問題は、地球の子午線の絶対的長さを、測量によって決定することであった。精密測量には多大な費用と労力を要し、現実に北極や南極にまで観測隊を派遣して実測することはできないので、陸上の緯度約一〇度区間の精密三角測量と先に得ている地球の球形からのずれを勘案し、理論的計算をもって地球の子午線の長さとすることになったのである。こうして、フランス科学アカデミーおよび議会は、子午線の北極から赤道までの長さの一〇〇〇万分の一（全周の四〇〇〇万分の一）を一メートルと定義したのである。ただし、今日の一メートルの定義はそ

始者のひとりとなったイタリアの物理学者。一六〇九年初めて望遠鏡で天体観測をおこなう。『天文対話』（一六三二）の出版で宗教裁判にかけられたが、ひそかにオランダで出版した『新科学対話』は同時代のケプラーの『新しい天文学』と相まって、ニュートンによる力学理論形成への礎石となる。

★12 **ニュートン** Isaac Newton（一六四二〜一七二七）。ガリレオの死んだ年にイギリスに生まれ、微分法や万有引力の法則を発見し『自然哲学の数学的原理』（一六七八）によって初の近代的力学理論を提出し、力学的世界観の基礎を築いた。

れとは異なる。このような試行と努力の結果として、地球上の任意の二地点の、地球中心からみた相対的方位とその二点間の平面距離との関係が、より精密化されたことになったのである。

方位と図法

地球上の緯度・経度の取り方とは別に、それらの緯度・経度を地図作製においてどのように表記するかという地図学的問題もあった。これに対しては、歴史的に種々の図法が考案されてきた。地球という球面をどのように平面に投影するかという問題は、古くはプトレマイオスの世界図で用いた方法が有名であるが、それを復活させたルネサンス時代以来、地図への関心も高まり、地球儀の製作と相まって種々の図法の工夫がなされてきた。

現代の地図においては、その目的によっていろいろな図法が採用[★13]されるが、地球上の平面方位の表示法として特徴があり、今日も地図の作製において採用されている代表的なものに、メルカトル投影図法がある。これは「正角円筒図法」ともいい、一五六九年、メルカトルというフランドル（現ベルギー）人による世界図において採用された方法である。球形の地球を円筒面に投影し、それを平面上に展開して地図とするものであった。一定の方向線が図上で直線になり、経線とのなす角が地球上のものと同角になるという利点から、任意の二点を結ぶ直線が地球上の航路線を表すことにより、広く海図として採用されてきた。

球面を平面に写すために、どんな図法によっても、経線に対する方位を保存しようとすれば、距離の比が保てなくなり、距離比を保存しようとすれば、逆に方位が

★13 **いろいろな図法が採用**　図法および測量法については「測量」の項も参照。

保てなくなるという矛盾があるが、球面を平面に写す以上、これは避けられないことである。

現代測地学

地球上の任意の位置を、緯度・経度の網目で表す座標系を「測地系」という。地球が単純な球や回転楕円体なら簡単だが、山あり谷ありのほかに、つねにわずかながら地形の変動があり、測地技術が進歩すればするほど、種々の問題点があることが分かってきた。

わが国では、明治初期に近代測地学が導入され、東京の麻布に天文観測による「日本経緯度原点」が定められ、そこを基準にした三角測量網によって「日本測地系」を定めてきた。同様なことは世界の各国もおこなっていたのだが、近年、人工衛星を使った精密測量で、各国でずれがあることが分かってきた。

具体的にいうと、たとえば、日本測地系で採用していた赤道半径は、人工衛星で測られた「世界測地系」のそれよりも、約七〇メートル小さいことが分かった。その結果、東京の緯度・経度においてそれぞれプラス・マイナス一二度の違いが発見されたのである。距離としては四〇〇〜五〇〇メートルの差である。

こういう事情から、世界中が「世界測地系」で統一する方向にあるが、目下進行中であって、現状では、わが国で使われている人工衛星電波を利用したＧＰＳ（汎地球測位システム）では、受信機のなかで世界測地系から日本測地系に変換している。将来は、世界測地系に準拠した経緯度に、すべての地図を改訂していかなければならないであろう。

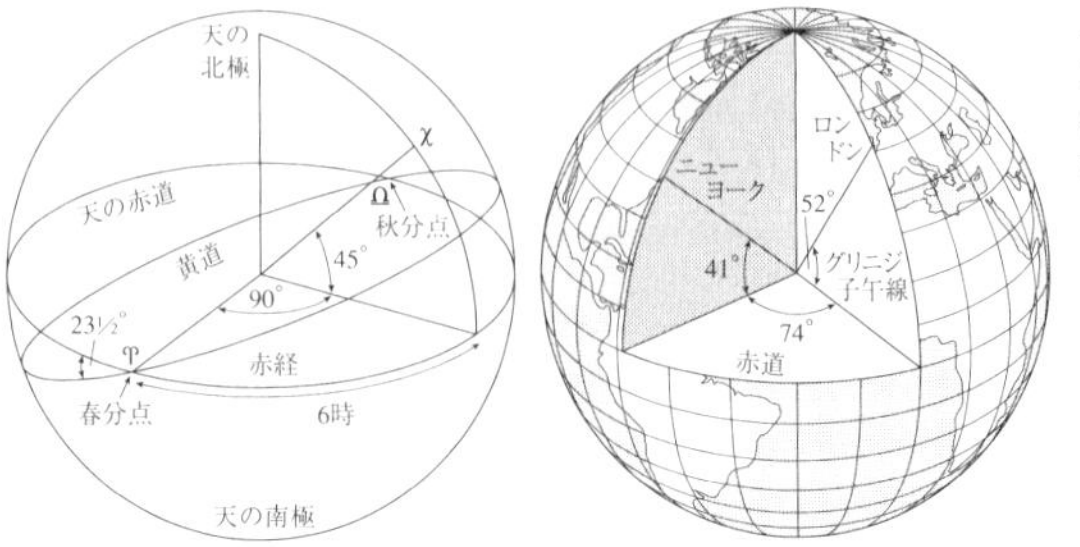

図７　宇宙の方位座標系と地球表面の経緯（コーリン・ロナン、一九八二）

地球を飛びだして、宇宙をみるとき、方位の絶対的基準はどこにもなく、われわれの地球からみての相対的方位になる。方位とは、相対的なものである。地球を天球に投影して、天球の北極や南極、また赤道を定め、そこに地球上と同じように緯度・経度を導入し、宇宙の方位座標系を構成するわけである（図7）。

宇宙基準の方位

地球の場合は、イギリスのグリニッジを通過する子午線を経度の基準線としたが、宇宙の場合は、地球からみた太陽の天空上での軌道である黄道と、天空の赤道との交点（春分点・秋分点）を経線の基点とする。北半球が冬の季節には、太陽は天の赤道の南側にあって、春分の日に赤道を横切って北側にくる。夏中北側にあった太陽は、秋分の日にふたたび赤道を横切り南にいくことになる。春分点は天空の牡《お》羊《ひつじ》座の近くにある（かつてはその星座にあった）ので天文学者はその点を羊の角のマークで示したりする。そこを通る天の経線を、地球上のグリニッジ子午線のように見立てて、天空に経線と緯線の網を張り、星空の座標とするわけである。

これに対して緯線のほうは、赤道を緯線の基線とする場合と、黄道を緯線の基線とする場合とがあり、前者の場合は赤経・赤緯、後者の場合は黄経・黄緯と呼ぶ座標の取り方で、古くからの天文学的座標の、したがって宇宙方位の定め方であった。

しかし、二〇世紀に入り、大型望遠鏡による観測で、観測できる宇宙の奥行きがはるかに大きく深くなり、地球中心あるいは太陽中心の座標の取り方がかならずしも適当ではないことが分かり、特定の時期における銀河面の昇交点の赤緯と傾斜角を決める銀河座標系による方法も採用されている。

しかし、それも一九五九年の国際天文学連合ではさらに改訂して、新たな銀河座標系の定義をおこなった。これらは、われわれの太陽系が銀河系のなかで動いていることによるもので、今後も宇宙座標系の定義は観測によって改訂されていくものと予想される。

同様のことは、地球中心の宇宙座標についてもいえる。それは、地球の自転軸がわずかずつではあるが変動しており、天の北極の方位が絶対的ではないからである。偶然にも、現在は天の北極の位置の近くに北極星があるが、はるか遠くの未来には、北極星が天の北極からかなり離れてしまうということになるかもしれない。したがって、人類が北極星をみて「北」という方位を決めてきたのも、宇宙の長い時間のなかでは、一時期のめぐり合わせ的出来事★14でしかないというべきかもしれない。方位という概念の相対性をあらためて知るわけである。

（小川砌）

★14 **北極星の移動**　このことは、春分点や秋分点が天の固定点ではないことでもある。わずかではあるが、地球の自転軸が太陽系の重心に固定した座標系に対して変動しているために、天の赤道の位置も変動し、それに応じて春分点・秋分点も移動する。その移動の大きさは、一年に角度にして五〇秒ではあるが、長い年月のあいだでは問題になってくる。

【参考文献】　荒川紘『日時計＝最古の科学装置』海鳴社（一九八三）／小泉袈裟勝『単位のいま・むかし』日本規格協会（一九九二）／織田武雄『地図の歴史』講談社（一九七三）／武藤勝彦『地図の話』築地書館（一九八三）／長谷川一郎『天文計算入門』恒星社厚生閣（一九九六）／コーリン・ナン（堀源一郎訳）『図解天体の観測』旺文社（一九八一）／黒坂紘一・河村貞光『20世紀の暦』光村推古書院（一九九四）

気候 ── 気流がもたらす地球環境の多様性

気候は寒暖乾湿など地域に固有な大気の平均的状態で、英語の climate に相当する。この語を遡るとギリシア語の「傾く」を意味する klinein に由来するといわれ、このことから、太陽の傾きにともなう緯度帯を指すようになる。

気候における東西南北

太陽高度によって、北半球では南が暖かく北が寒いことは、気候の大原則である。また、地球は西から東へ自転しているために、地球上の大気の流れには東西成分が強く現れ、南北流と組み合わさって多様な風系帯を成立させているが、風はその風上の大気を運んでくるので、気流の方位はその土地の気候特性に決定的な意味をもつことになる。このように、気候と方位とは切っても切れない関係にあるといえる。

温度帯・地上風系帯の南北配列

地球は球体をなしているので、太陽高度は高緯度に向かって低くなり、そのために地表面の単位面積あたりの太陽放射量は緯度とともに減少し、一方、地球表面から宇宙空間に向かう地球放射との収支は、低緯度では正で、地球放射が卓越する高緯度では負となる。その結果、地球は低緯度側で加熱し高緯度側で冷却するという構図ができ、その不均衡を調節

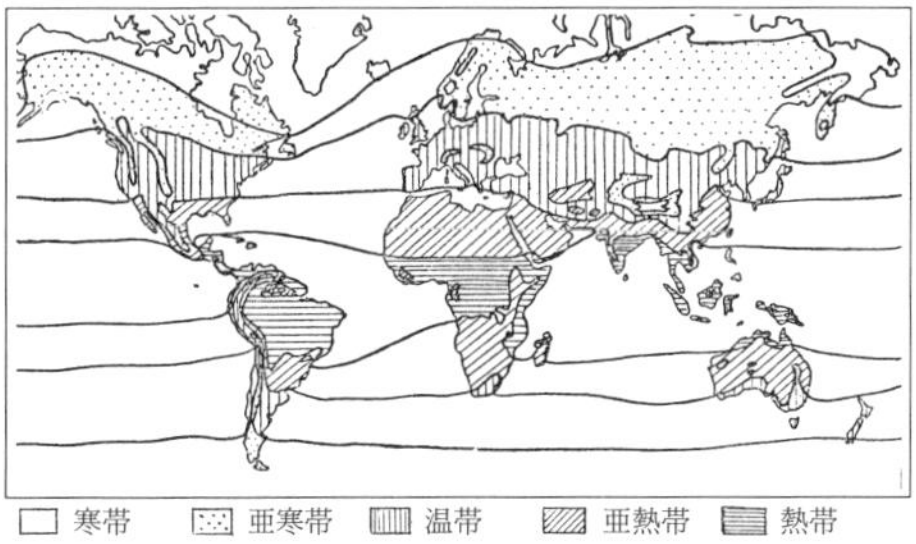

図1　温度帯の配列（ケッペン）

する機能として南北流が両者間の熱交換の役を果たし、赤道地帯から極に向かっての気温分布の傾斜ができる（図１）。このようにして熱帯、亜熱帯、温帯、亜寒帯、寒帯の温度帯が南北に配列することになる。

　また地球は、赤道地帯が熱源で、極地方が冷源になっている。赤道地帯で加熱されて上昇した気流は北半球では北に向かおうとするが、自転の影響を受けて次第に転向して西風の成分を帯び北緯三〇度のあたりで西風となって収束する。上空のこの収束は下降気流を発達させることになり、そこに高気圧ができる。これが亜熱帯高気圧帯である（図２）。地上ではこの高気圧帯から赤道に向かう気流が発達することになるが、北半球で南に向かう風は自転の影響で東風の成分を帯びるので、北東風となって熱帯を吹走している。これが北東貿易風といわれるものである。南半球ではこれと対称的に赤道に向かって南東貿易風が発達しており、両者で赤道偏東風帯をなしている。そして、この両者が相会する収束帯が赤道収束帯である。

　亜熱帯高気圧帯の北側では、この高気圧から北に向かって吹きだす風が自転のためにやがて西風に変わり、温帯は広く西風におおわれることになる。これが偏西風帯である。一方、北極を中心として寒気が高気圧をつくり、そこから吹きだす地上風は転向して北東風となって高緯度地帯を吹走している。これが周極偏東風であって、その南側の偏西風と接して収束するところが寒帯前線帯である。このようにして北半球についていえば、北から南に向かって北極高気圧、周極偏東風帯、寒帯前線帯、偏西風帯、亜熱帯高気圧帯、北東貿易風帯、赤道収束帯の順に南北配列の風

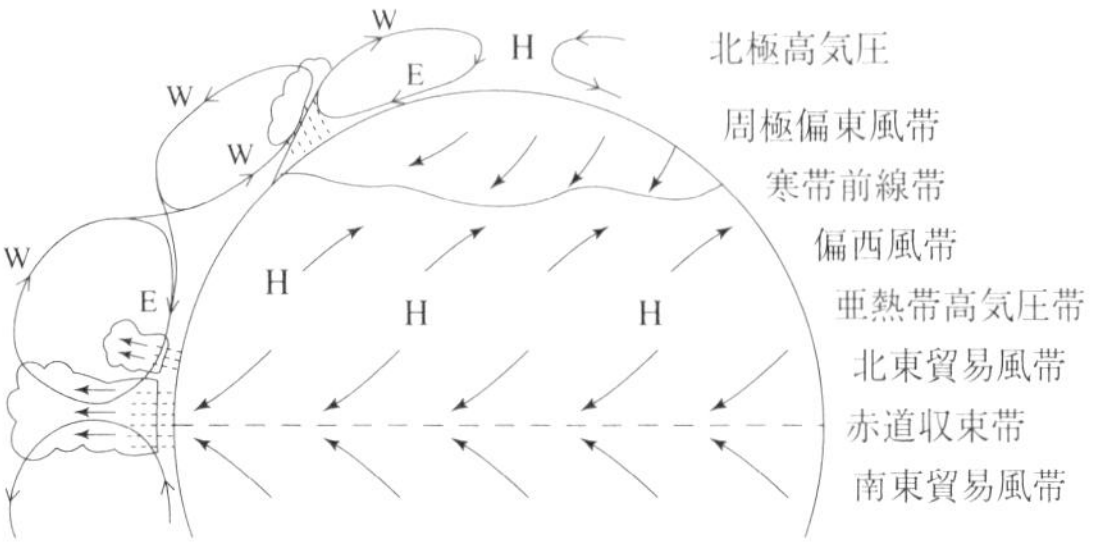

図２　北半球の大気循環モデル（ロスビー）

系模様が形成されている。

気候帯の南北配列

気流の収束するところは、上昇気流が活発で多雨となり、高気圧のもとでは下降気流が発達するので雨が降りにくい。したがって、南北両半球から貿易風が収束する赤道収束帯は顕著な多雨帯をなしている。一方、亜熱帯高気圧帯は雨が期待できないだけでなく、低緯度で高温なために著しく乾燥し、砂漠の多くが亜熱帯にみられ、いわゆる亜熱帯乾燥地帯をなしている。高気圧は極地方にも発達しているので、ここも降水量は少ない。しかし低温なので、乾燥気候にはいたらないが、極を中心として寡雨地域になっているといってよい。そしてこれら二つの高気圧のあいだに介在する寒帯前線帯は、高緯度側からの寒気と低緯度側からの暖気とが収束して前線をつくり、その前線活動によって多量の降水をもたらしている。このようにして、北半球についていえば、南から赤道収束帯による多雨帯、亜熱帯高気圧下の乾燥地帯、寒帯前線の活動による温帯の多雨帯、寒帯の寡雨地域の順に多雨地帯と寡雨地帯とが南北に交互に配列することになる。

地球上の気候を標準的な一つの季節についてモデル化すると以上のごとくであるが、現実の気候には季節変化がある。太陽が頭上を通るいわゆる熱赤道は、冬には南半球側に、夏は北半球側に偏位するので、風系帯も季節的に変位することになる。その結果、熱帯から亜熱帯への漸移地帯では、夏に赤道収束帯が近づいて雨季となり、冬には亜熱帯高気圧におおわれて乾季となる。これが夏雨冬乾燥気候で、サバナ気候ともいわれる。また温帯南部では、夏に北側に張りだしてくる亜熱帯高気圧

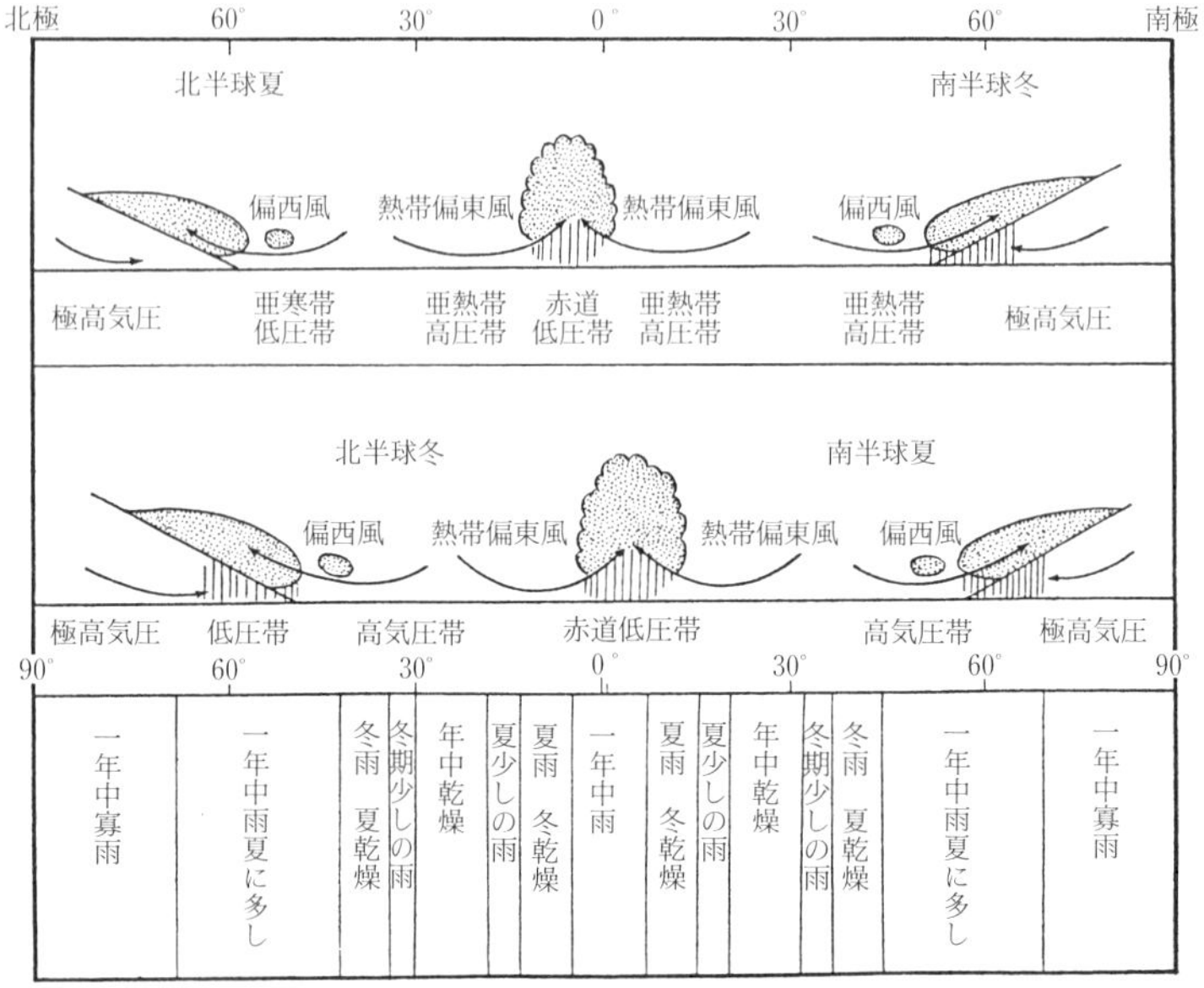

図 3　風系帯の年変化と降水年変化型（アリソフ）

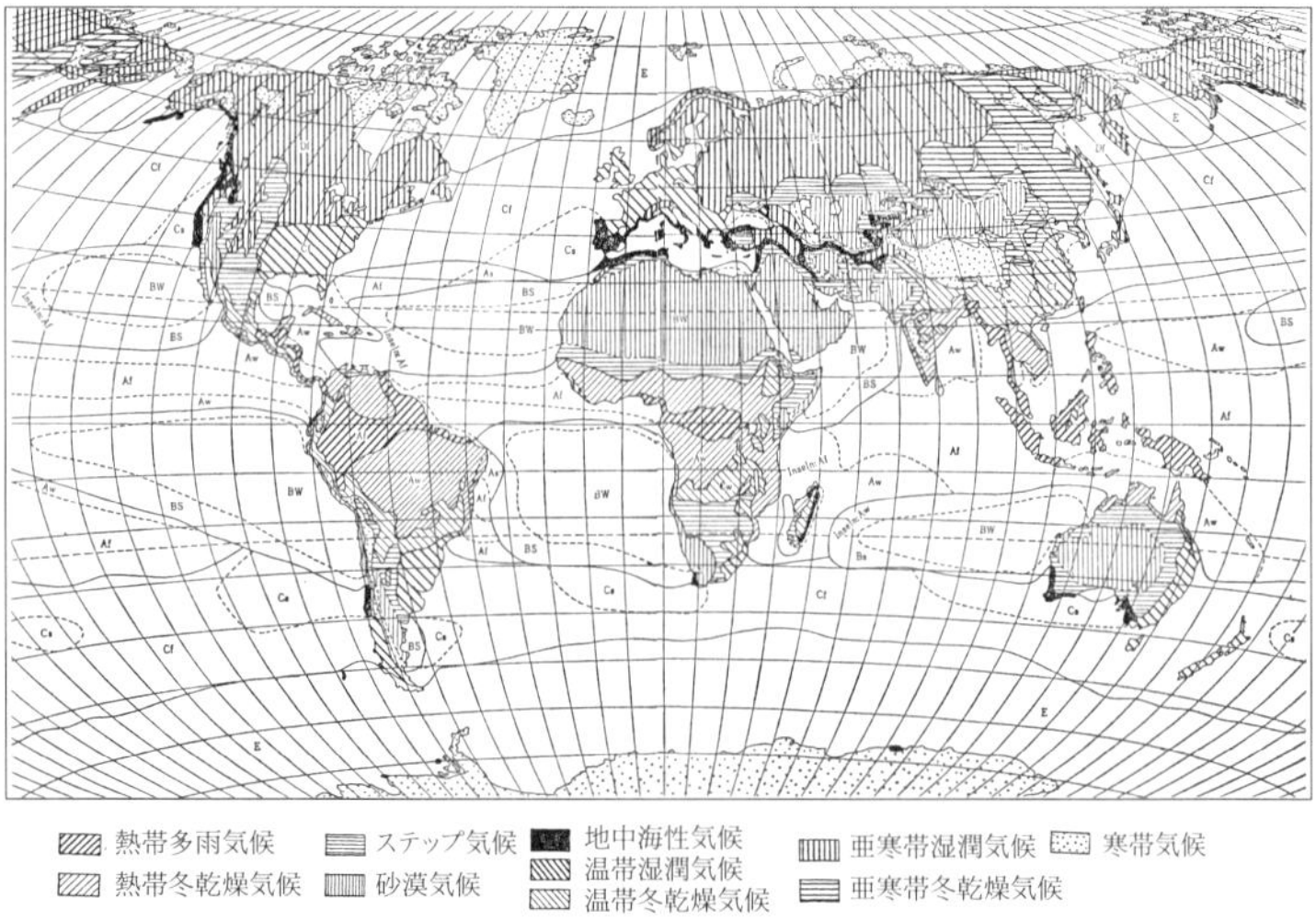

図 4　世界の気候区分（ケッペン）

におおわれて乾燥し、冬には北方から寒帯前線帯が近づいてくるので夏乾燥冬雨気候となる。これが地中海性気候である。この寒帯前線帯は北半球では夏に北上し冬に南下してくるから、温帯では往復二回降雨帯が通過することになるが、日本では梅雨と秋雨がこれにあたる。これらの小雨季によって南方からの暖気と北方からの寒気が交替し、暖候季と寒候季に季節区分されるのが温帯の基本型になっている。そして、寒帯前線帯が北上して折返す地帯は夏に雨が多くなるので、温帯の中部以北では高温期の夏あるいは夏を挟んで前後二回雨に恵まれることになる。これが温帯湿潤気候である。さらに北に進んで北極高気圧圏内に入ると寡雨となり、むしろ低温が優先する気候となる。これが寒帯気候である。

季節変化を考慮に入れると、以上のように気候は緯度帯ごとにつぎつぎにその姿を変え（図4）、赤道から北に向かって熱帯多雨気候、冬乾燥夏雨（サバナ）気候、亜熱帯乾燥気候、温帯夏乾燥冬雨（地中海性）気候、湿潤温帯気候、寡雨寒冷気候など多様な気候帯が南北に配列する。

偏西風による寒暖の東西性

地球上の気温分布には南北傾度があるから、大気は低緯度側で膨らみ、高緯度側で収縮し、上空の等圧面は低緯度側に高く、高緯度側に低くなる。つまり、上空の北半球では気圧が南に高く、北に低い形になり、極の上空からみれば北極を中心とする低圧部に渦巻く形で西風が広く卓越する（図5）。これが上層の偏西風である。この偏西風は南北にゆれて波動を起こし、北側にゆれたところが気圧の尾根となり、南側にゆれたところが気圧の谷に

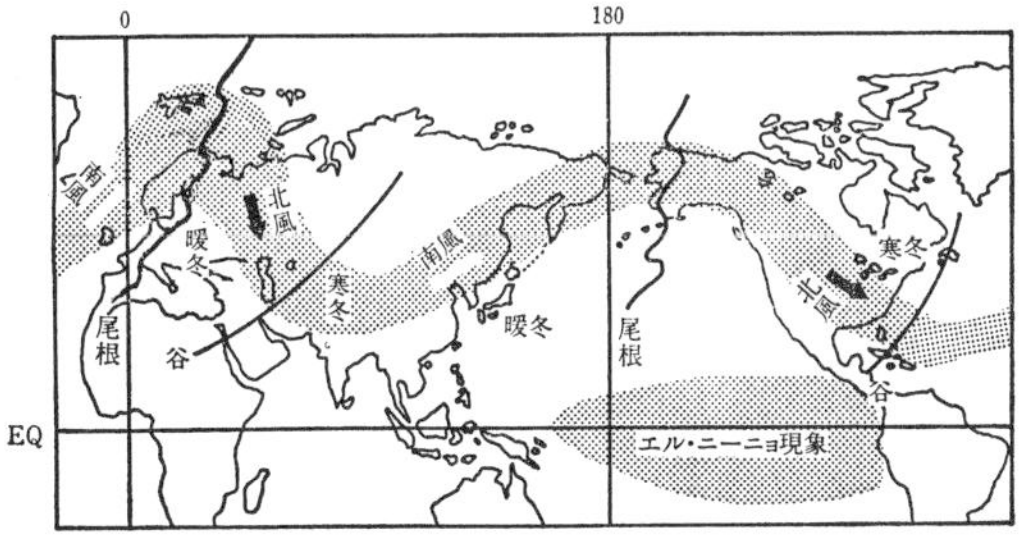

図5　異常気象時における偏西風波動（朝倉正ほか）

なって、波動が西から東に進行して、天気の周期的な変化をもたらしている。こうして天気は西から変わることになる。

この波の進行は、波長が長いほど進行速度が遅く、各種の波が重なっているが、それらを平均しても残る「地球を一周しても二、三波」の波長の場合は、停滞して定常的な形となって居座ることになる。これが定常波で、その結果、平均的に北寄りの流れを受ける地域と南寄りの流れを受ける地域とに分かれ、それらが東西方向に交互に現れることになる。同じくユーラシア大陸でも東シベリア側に低温であり、アリューシャンからアラスカにかけて比較的温暖となるが、カナダにいたってふたたび低温となり、大西洋で元に戻るというように、同一緯度ながら寒暖の東西模様が現れている。このように特定の位置に定常化することについては、地球上の大山脈や海陸分布が深くかかわっているが（図6）、年によって位相がずれることがある。このずれた地域が、異常気象となる。

東岸気候と西岸気候

大気下層の気候は、地球の表面状態によってとくに強い影響を受けている。そのなかでは、大陸と大洋との熱的性質の相違による影響がもっとも大規模なものである。大陸は夏に熱しやすく、冬に冷え込むのに対し、熱容量の大きい大洋は冬に冷えにくく、夏に暖まりにくいという相対関係から、冬は大陸に高気圧が発達し夏は大洋上に発達する。高気圧から吹きだす風は地球の自転によって転向するので、北半球では高気圧の東縁で北西風が卓越して高緯度側からの低温な気流を受け、西縁では南東風が吹走して低緯度側からの暖

図6　海陸配置の影響による気圧配置と気流

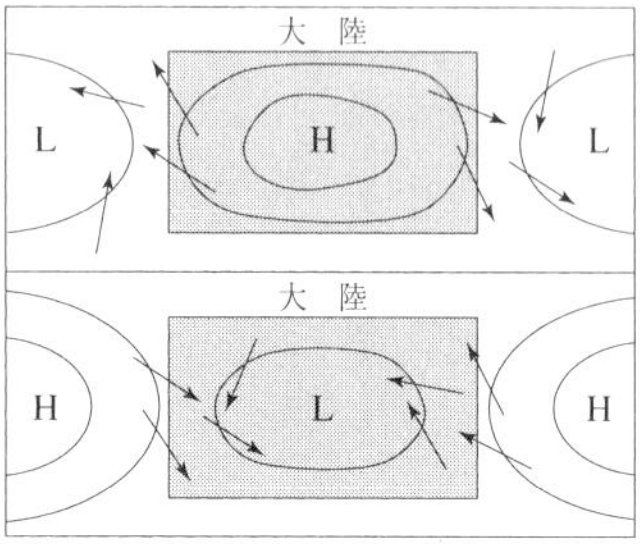

気が卓越することになる。したがって、大陸の東岸では冬は冷えた大陸からの、しかも北寄りの寒気に支配され、夏には南東風が熱帯大洋上から高温湿潤な気流となって吹走する。これが冬の北西季節風と夏の南東季節風で、寒暖の差が著しい気候をもたらしている。

これに対して大陸西岸では、もともと大気の南北熱交換が活発なところであるが、それに夏は北方洋上からの涼しい気流を受け、冬は南側からの暖気が入りやすいので、夏に涼しく冬に暖かい温和な気候が期待できる。しかも偏西風帯では、年を通じて大洋の風下になるので、温和な海洋性の特性が確保される。これが西岸海洋性気候である。

北半球ではユーラシア大陸と北アメリカ大陸との二大大陸と太平洋・大西洋の二大大洋とから成り、大陸と大洋とが交互に並ぶところから、東岸気候と西岸気候とが交互に配列する形になっている。

天気図型と方位

日本列島は亜寒帯から亜熱帯まで南北に広がっており、また、西にシベリア大陸を、東に太平洋を控えているので、季節それぞれに卓越する気圧配置は、特定の方位と強く結びついている。つぎにその代表的なものについて紹介してみよう。

「西高東低型」は冬季に卓越する気圧配置で、西方の大陸に高気圧があり、千島方面には発達した低気圧があって等圧線が南北方面に走り、気圧が西に高く東に低い形になっている。このために強い北西季節風が持続的に吹走する。この季節に乗っ

図7　気圧配置型の諸例（高橋浩一郎・宮沢清春）

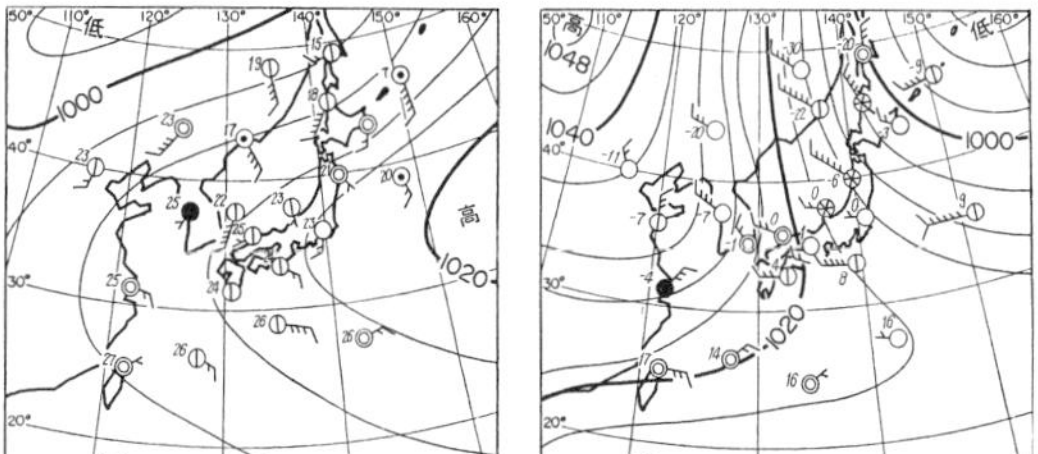

西高東低型　　南高東低型

てシベリアから南下してくる寒気団は、暖かい日本海面に接し熱と水蒸気を受けて変質し、日本に達すると日本海側に降雪をもたらし、さらに脊梁山脈を越えるときの強制上昇で山地を中心に多量の降雪をみる。その結果、太平洋側では乾燥した下降気流となり、晴天が続く。このようにして日本海側と太平洋側と気候が対照的となり、東日本では東西性、西日本では南北性の地域模様が現れる。

「南高北低型」はいわゆる夏型の気圧配置で、大陸が低圧部になる一方、北太平洋高気圧（小笠原高気圧）が本邦南岸に迫って、南寄りの南東季節風が卓越する。高温湿潤な気流なので、夏のむし暑い天気をもたらすが、気層が安定しており、この型の気圧配置になると全国的に酷暑・旱天の日が続く。

「東高西低型」は北太平洋高気圧がやや北方に偏ったときの気圧配置で、夏に多く現れる。日本の東方海上に高気圧があり大陸が低圧部になっていて、東寄りの風が卓越する。このとき、東日本の太平洋側では曇りやすいが、本州中部以西では晴天が多い。

「梅雨型」は、梅雨季に多く現れる気圧配置である。オホーツク海や日本海北部を中心にオホーツク海高気圧が発達し、南方海上に気圧が低く南岸沿いに前線が現れやすい。このため北東の風が卓越し、東北日本の太平洋岸は冷湿なこの気流を受け、霧や小雨まじりの天気が続く。これがいわゆるヤマセ風で、しばしば凶冷をもたらす風である。このようなとき、南方からの夏の高気圧が北上して前線を挟んで西日本をおおうことがある。このために低温な北日本と対照的に西日本が高温となる。

（図7続き）

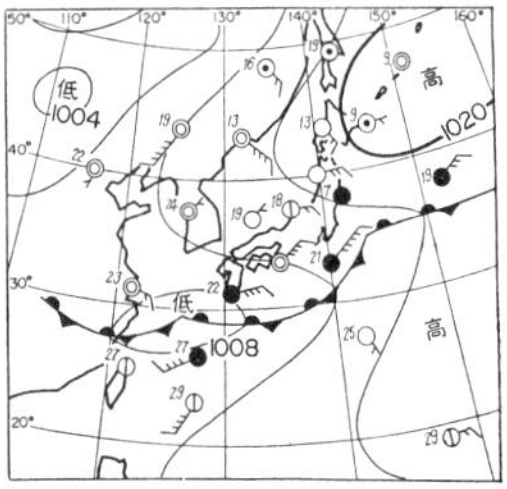

梅雨型

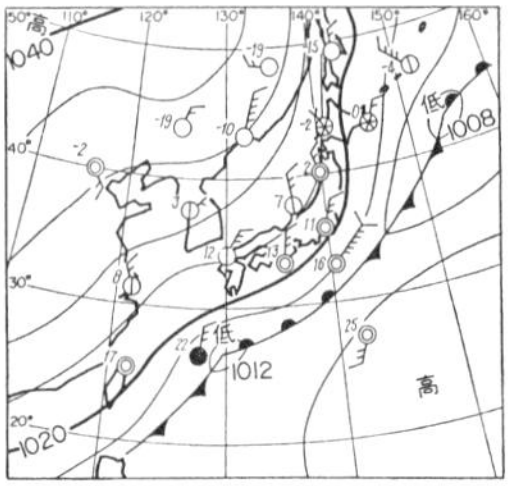

北東気流型

これが北冷西暑である。

「北東気流型」は、主に関東地方を中心に北東風が吹いている北高型の気圧配置の一種で、曇雨天をもたらす。前頁下段の天気図では、大陸に高気圧があり日本の太平洋岸沖には北東から南西に延びる前線があって北東風が吹きやすくなっている。移動性高気圧が日本海から三陸沖に移動する場合にも、その前面から関東地方に北東気流が入り、高気圧圏内にありながら沿岸部では曇天か小雨まじりの天気になって天気予報を誤ることがある。

（設楽寛）

【参考文献】浅井冨雄ほか監修『気象の事典』平凡社（一九八六）／吉野正敏ほか編『気候学・気象学事典』二宮書店（一九八五）／日本気象学会編『気象科学事典』東京書籍（一九九八）

風名

――地方色豊かな日本の風位

風向[★1]は一般に十六方位に分けられるが、季節ごとに卓越する特定の風には、地域ごとの特性があって、それぞれ固有の名称で呼ばれていることが多い（図1、図2）。日本国内の風についてはすでに関口武の大著『風の事典』があり、二一四五件の風の調査例が収められている。主にその調査資料などから引用・要約すると、方位に関係する風の地方名はつぎのように整理することができる。

方位を指す風の地方名

《アイ・アユ》 国語辞典などによると、アイはアユの転で、夏の日本海沿岸で吹く北ないし東の風のことである。福井県以北では北よりの風をいうのに対して、山陰では東の風を指しているところから、上方《かみがた》に向かう航路の順風のことをこう呼んだことが分かる。岩手県北部では北東の風を指し、北海道では意味が変わって冬の冷たい北風の意になる。

《アナジ・アナシ・アナゼ》 乾風を意味し、西日本では冬の北西季節風のこと。

★1 **風向** 風の吹いてくる方向のこと。風向が北の風、あるいは北風といえば、北から南に向かって吹く風をいう。風向は風速とともにたえず変動しているので、観測時点前の一〇分間平均風向で表す。

八方位や三十二方位を用いることもあるが、普通は、北、北北東、北東、東北東、東……というように十六方位を用いている。精密さを要求される場合は、東を九〇度、北を三六〇度とする時計回りの度で表す方法があり、国際的に通用している。昔は艮（丑寅）の風（北東風）とか巽（辰巳）の風（南東風）のように十二支を用いていた。

アナジが吹いて雨雪をともなうときはアナジケという。

《アラシ》　現代語では暴風雨のことであるが、もともと「嵐」は山から吹きおろす夜半の弱い山風のことで、福井県の三国では春から夏にかけて吹く夜半の南風のことをいう。

《イナサ》　中国・四国地方にもみられるが、一般に東日本太平洋岸で、台風の季節に南東から吹く強風。福島県から千葉県にかけていわれているイナサは、春の冷い南東風のこと。

《オシアナ・オッシャナ》　西九州でいう。台風時の強い南東風のこと。

《カイヨセカゼ》　冬の季節風の名残で、陰暦二月二〇日ころに吹く西風。貝を浜辺に吹き寄せる風の意に由来する。

《カリワタシ》　初秋に吹く北風。雁が渡ってくる風の意からきている。

《コチ》　東風のこと。春に東方から吹く風で、梅コチ、サクラコチなどという。星の入コチは陰暦一〇月ころに吹く初冬の北東風で、中国地方や近畿地方の船人に使われる。

《サガ》　関東から東海道にかけて使われる北西の風名で、北西方の山岳地帯から吹きおろす冬の風のこと。東北地方の一部でもいう。「イナサ返しのサガ」とは台風時の北西風のこと。千葉県の西海岸で北西の海風をいうところもある。

《サガヒカタ》　北海道で南南西の風のことをいう。

《サガベットウ》　千葉県から東京湾岸にかけていう秋・冬の強い北西風のことで

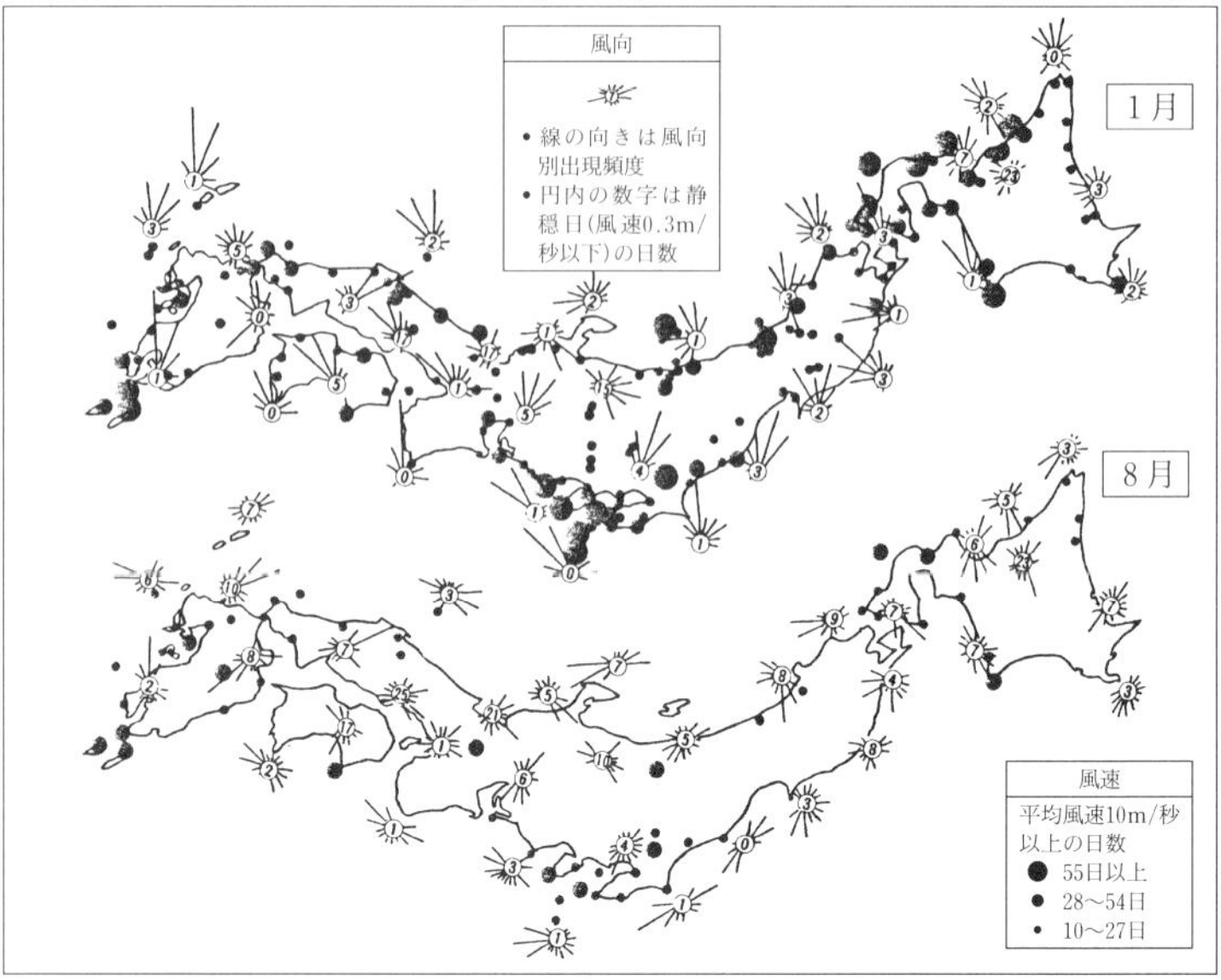

図1　日本における冬（上）と夏（下）の風の状況（河村武）

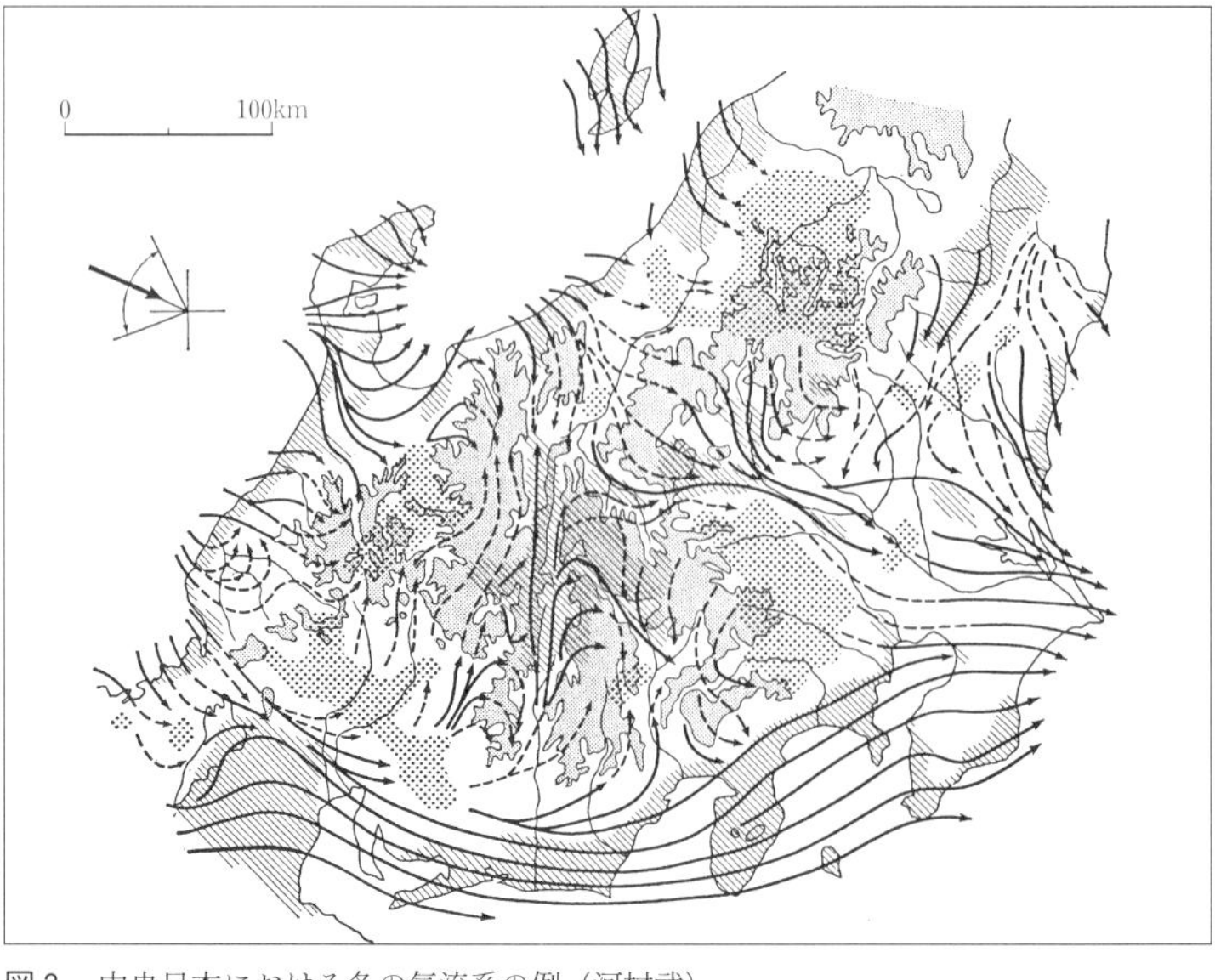

図2　中央日本における冬の気流系の例（河村武）

あるが主に、秋の台風時に強く吹き返すイナサ返しを指す。

《サガナライ》 千葉県を中心として北北西の風をいう。

《シカタ・ヒカタ》 ヒカタはシカタの転。東北地方の日本海側から北陸にかけていわれる夏の南よりの強風。山陰では中国山地から吹きだす南よりの陸風を指し、北海道の小樽からオホーツク海沿岸にかけては春の強い南風でフェーンのことを指す。

《シカマ》 秋から冬にかけての冷たい北よりの風のことで、雨雪をともなうことも多い。三陸海岸から茨城県にかけての太平洋岸でいう。

《シモサ》 房総半島から東京湾一帯にかけて使われる風名で、春や初夏にうすら寒い小雨模様の天気をともなって吹く北東気流のこと。風向が東寄りの場合はシモサゴチ、北寄りの場合はシモサナライの呼び方がある。

《シラ》 土佐で荒れる強い南西風のことをいい、突発的な性質をもっているので危険視されている。南西風でも弱い風の場合はマゼという。

《シラハエ・シロハエ》 白南風。南四国や九州一円で梅雨明けのころに吹く南風のこと。

《タカイカゼ》 日本海沿岸と西日本でいう北風のこと。一部に強い風あるいは上方指向の風を意味しているところもある。対語としてヒクイカゼという呼称がある。

《タカアイ》 タカは北風を意味し、東風をアイと呼ぶ山陰を中心とする地方では北東風を意味する。

《タカコチ・タカゴチ》　タカは北風、コチは東風を意味するが、瀬戸内海西部では暖候季のおだやかな南東風のこと。

《タカマジ・タカマゼ》　マジ・マゼは南風を意味し、タカを上方指向の風とみなす愛媛地方では南西の風を指し、台風時の暴風がその典型。

《ダシ》　山地から平野に押しだしてくる強い風のことで、福井県以北の日本海岸で東から南東の風を指し、山陰では南風のことを指す。国語辞典などによると、船をだすのに便利な風というのがこの語の由来だという。

《タマカゼ・タバカゼ》　東北地方から北陸にかけての日本海側でいう。冬の強烈な北ないし北西の季節風のこと。

《トサ》　土佐以外の周辺地域ではシラのことをトサとも呼ぶ。どちらも強い南西風のことである。

《ナカブキ》　大阪から高知にかけての地方で呼んでいる北西風のこと。

《ナラヒ・ナライ》　冬の季節風に対する東日本太平洋岸一帯での呼称で、岩手では南西風、宮城から茨城にかけては西～北西風、関東では北風を指すことが多い。

《ハエ・ハイ》　日本海西部海岸を中心としてみられる古い呼称で、夏型の気圧配置のもとで吹き続けるおだやかな南風のこと。梅雨で濃い雲をともなうときはクロハエ、空が明るくなるとシロハエという（図3）。

《ハルイチ》　春一番のことで、立春後初めて吹く強い南風。

《ヒカタ》　シカタと同意。

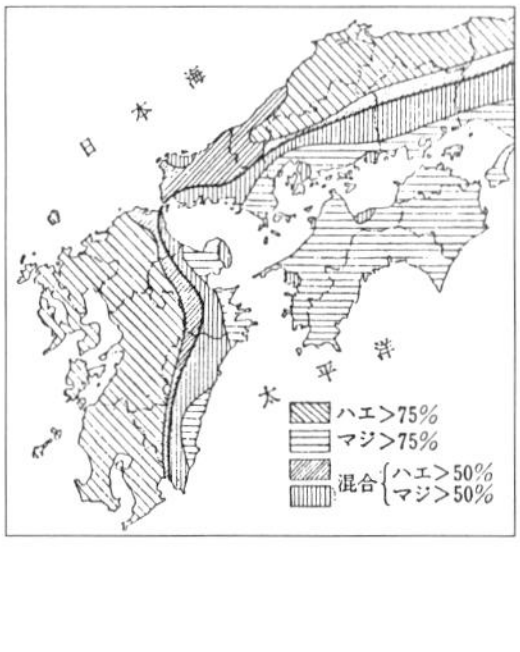

図3　ハエ・マジの使用頻度による西南日本の地域区分（関口武）

《ヒクイカゼ》 使用地域は稀であるが、南風を意味する。対語はタカイカゼ。

《ベットウ》 房総から三重県にかけて使われる風名で、台風時に吹き返す北よりの強風のこと。イナサ返しともいう。

《マカタ》 北風を意味する風名であるが、風の性質は地方によって異なる。東日本太平洋岸一帯で冬の寒い北西季節風をいうところが多いが、北部の岩手・宮城の海岸では春から夏にかけて夜に陸地から吹きだす弱い陸風を呼ぶところがあり、三重県の志摩半島では台風の吹き返しの強い北風のことをいっている。

《マジ・マゼ》 真風と書き、晩春から夏にかけて卓越する高温多湿の南風をいう。使用地域は西日本一帯に広がっているが、京大阪に近い地域がその中心で、その西側の地域ではこれをハイ・ハエと呼ぶところが多い。

《ヤマジ・ヤマゼ》 瀬戸内中西部から関東地方の海岸部にかけていう南よりの強い風。

《ヤマセ》 現在では北日本、とくに三陸地方で主に初夏から夏にかけてオホーツク海高気圧から吹きだす冷湿な北東風をいい、霧や小雨をともない、しばしば冷害をもたらす凶風として恐れられている。しかし、山背風は元来東日本の日本海側で東方から山を吹き越してくるフェーン性の乾いた東風のことで、その後この名称が津軽海峡を経て太平洋岸に伝えられ、沖からの東風をもヤマセと呼ぶようになったもの（図4）。

《ヨウズ》 南風の呼び名。近畿から瀬戸内東部にかけての地方では春夏の夕に吹

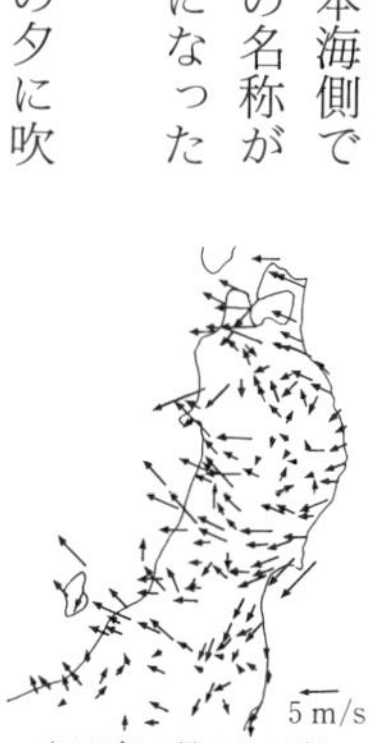

図4　やませが吹いているときの東北地方における風分布（荒川正一）

く南よりの風をいい、瀬戸内西部では台風時の強い南東風を指しており、ところによっては春雨をもたらす南風や夏宵のそよ風に限っているところもある。類似語のユウズ・ユウジマジは爪のことであるが、大分県では南東風のことをいう。

《ワイタ》　西日本系統の呼び名で、にわかに吹きだす暴風を意味し、台風通過後に吹く北よりの強風。静岡では冬から春にかけて吹く東よりの強い風。

《ワカサ》　石川県以北の日本海岸で使われる風名で、秋から冬にかけて南西方向から吹く冷たい強風。

方位のついた風の地方名

《オキニシ》　沖から吹く西に偏った風で、瀬戸内と北九州では南西風ないしは西風のことをいう。これが京都では、北西風になる。

《ウラニシ》　西日本日本海岸でいう北西風ないし西風のことであるが、京都では南西風を指す。

《キタ》　北風のこと。

《サガニシ》　西寄りのサガ（北西風）で、外房では冬の強い西風のこと。

《サガリニシ》　西風が南寄りになった風で、西九州北部で南西ないし西南西の風のことをいう。

《サゲニシ》　北西の風を指し、全国各地にみられる風名。

《シラニシ》若狭湾岸でいう突発的な西からの強風のこと。

《タカニシ》タカは北風のことで、新潟県以西の日本海岸で北西風をいう。関西以西ではとくに一〇月ごろに強く吹く西風をいい、タカを航路の上方指向とする瀬戸内地方では南西風を指す。

《ナカニシ》伊勢湾岸で使われる呼称で、冬の晴天時に強く吹く北西季節風のこと。

《ニシ》西風のこと。

《ニシサガ》宮城県で、西よりの冬の強風のこと。

《ネハンニシ》涅槃会

図5　日本における主な局地風の分布（吉野正敏）一般に局地風というときは、局地的にその地域固有に現れる強風を指すことが多い。

（二月一五日）のころに吹く北西季節風の名残の西風。

《ハマニシ》　主に東京湾の風名で、夕方に吹く南西〜西の風。

《ヒガンニシ》　春の彼岸のころに吹く西風。

《ヒガシ》　東風のこと。茨城に残るシモカゼは東風の古い呼称。

《ミナミ》　夏の南〜南東の風をいい、東日本で使われる。強風のときはイナサとなる。

相対方位を指す風の地方名

《イセチ》　伊勢の方から吹く風の意で、京都府以西の日本海筋では台風時に吹く南東の強風を指す。

《オキバエ》　沖から吹いてくるハエ（南風）のことで、南西九州では南よりの風。

《カミカゼ》　上方の方向から吹く風の古い呼び名で、その後クダリという呼称に変わったところも多い。舞鶴以北の日本海岸では南ないし南西の風、南四国と西九州では北よりの弱い風を指し、強いときはキタ。対語はシモカゼ。

《クダリ》　上方の方向から吹く風の意で、若狭湾以北の日本海岸で南または南西風のこと。ノボリの対語。

《サガリカゼ》　風向が南に偏する風のことで、山口県から西九州北部では南西から西南西の風をいう。サガリニシと同意である。

《サゲ》　サゲニシは北西風をいうから、サゲは北風の意。

《シモカゼ》　カミカゼの対語で、蝦夷の方向から吹く風を指し、富山県以北の日本海沿岸でいう北風ないし北東風のこと。秋冬に強く吹く。

《ノボリ》　上方の方に吹く風のことで、クダリの対語。西日本では西風、東海地方では南東の風になる。

（設楽寛）

【参考文献】　関口武『風の事典』原書房（一九八五）／柳田國男「風位考」『柳田國男全集20』筑摩書房（一九九〇）／吉野正敏『風の世界』東京大学出版会（一九八九）

	西日本系統	日本海系統	東日本太平洋系統
沿岸漁業者主唱型の風名	アナジ（冬の北西季節風） マジ・ハエ(夏の南風) ヤマジ（暴強風）	タマカゼ・タバカゼ(冬の北西季節風) クダリ(夏の南風) ヒカタ・イセチ（暴強風）	ナライ・サガシモチベットウ（冬の風） ミナミ(夏の南風) イナサ（暴強風）
航海漁業者主唱型の風名	カミカゼとシモカゼ タカイカゼとヒクイカゼ クダリとノボリ （以上、北前船の船乗りが使った） 〔ノボリの代りに、アイ・アエ・アユノカゼ(順風で、日本海岸で福井より北は北風、それより西は東風）も使う〕		
地方的な風の名	サガリ(南西～西の風) トサ（南西風） ヨウズ（南風） ワイタ（台風通過後の北の暴強風） アラシ（山風・陸風）	ワカサ（秋～冬の南西風） 〈ヤマセ〉(冬の南風) アラシ（山風・陸風） ダシ（春の南風）	アカンボナライ（北よりの風） 〈サガ〉(冬の強風・台風による暴強風) 〈シモサ〉(春～初夏の北東風) タカニシ（北西風） ヤマセ（三陸海岸の北東風、日本海北部沿岸では山から吹きだす東風）

表1　系統別にみたわが国の代表的風名　冒頭にふれた関口武の調査結果を吉野正敏が系統別にまとめたもの。

生物——五感を駆使した方位決定の動物行動学

生物にとって方位とは

人間の文化的行動というものも、いわゆる本能に根ざしているものが多い。いうなれば生来の好みであって、ある場合には無意識に、またある場合には意識して、文化的な理屈づけをしていることもあろう。人間の場合、それが本能かどうか分からないとき、他の生物の行動と対比して考察すると事情がはっきりしてくることがしばしばである。文化の歴史の理解にも、生物学的観点の導入が必要なことがある。

一般に生物行動の目的は、より良く生き、また生き延びて、よい子孫を残すことに集約される。その行動にはかならず何らかの方向性があり、そこには生物による方位の判断が先行する。そこで、どのような信号を受け、それをどのような仕組みで判断するかが問題となってくる。食料としての他の生物を襲う、また敵から逃れるという行動の説明は容易だが、サケが産卵のために、産まれた川に戻るしくみの説明は容易ではない。孵化したその上流の水のにおい[★1]が、最後の決め手になると分かってはいるが、大洋からの帰還には他の感覚も必要であろう。

生物が求める良い環境あるいは状況とは、その種に適した温度、湿度、日照、水

★1 **水のにおい（魚の嗅覚）** 水性脊椎動物の多くは嗅覚と味覚とで水中の化学物質を感知するが、

とその組成などと、それらの季節による変動という物理的条件、さらに食料があり、競争が少なく、また外敵、疾病を免れられる場所となろう。むろん、人間以外の多くの生物には理想的な環境はあたえられず、生存可能なぎりぎりの適応のなかで生き延びているし、これが生物本来の姿である。

ここでは話題をしぼり、方位決定をまず幅広い生物種について眺め、ついでよく調べられた、ミツバチとトリの解析を紹介してみよう。

単細胞生物および植物と方位

細菌、真菌（酵母、かびなど）、ある種の水棲生物、またわれわれの体内の白血球などは共通して走性★2（趨性）を備えていて、化合物、光、熱、流れなどの外来刺激の方向に向かったり、あるいは逆に逃げたりする。ここまでは教科書通りだが、少し掘り下げてみると、たとえば単細胞生物が栄養となるブドウ糖が豊富なところに近づこうとするとき、細胞の小さな体のどちら側かでブドウ糖が濃いか薄いかというわずかな差を認識する繊細なしくみをもつことは、注目に値する。

普通の植物は個体としては移動しないが、部分は走性をもち、方位を判断する。発芽した種子の根は重力の方向に、芽先は反重力の方向へ向かい、光にも向かう。種にもよるが、葉の角度は光を多く受けるように調節されるし、枝は南、あるいは光の多い方向に伸びていく。蔓はものに絡まり、根も水、酸素、栄養物への走性をもつ。風が強いところでは、木の枝は風を避ける方向に伸び、海岸の松は幹までも山側に傾いて倒れにくい姿勢を取る。しかし、杉はあくまでも反重力の上の方向へ

両者の受容する化学物質は普通別物である。また嗅覚の方がはるかに感度が高い。鼻腔の嗅粘膜上の感覚細胞が刺激されて感覚が生じる。生物学ではこれもにおいである。

★2 **走性**　一定の方向をもつ持続的刺激が生物に加えられたとき、その刺激源の方向、またはその反対方向に移動したりする現象。

すっくと伸びる。

集団としてみるならば、植物は移動する。竹やミョウガが隣の庭に入り込み、セイタカアワダチソウは新しい野原に侵入してゆく。

昆虫一般の方位決定

昆虫は身辺でもっとも多い生物種であって、彼らの行動は、私どもの生活に深くかかわっている。農業では害虫の駆除が大きな問題であり、研究が集積されている。蜜を得る養蜂の立場から、歴史的にわれわれはミツバチにはなじみが深く、古くより多くの興味深い観察が残されていて、本稿の主題の一つとしてミツバチがのちに登場する。昆虫の行動一般については、有名なファーブルの『昆虫記』がある。

多くの昆虫は光に向かって飛ぶという正の走光性を示すが、これについてはこれ以上の深入りはしない。

昆虫の行動に重要なのは嗅覚、すなわち化学物質の知覚ないし認知である。それにはさまざまな誘因物質の働きがあげられる。イネ（稲）の害虫のニカメイチュウがイネだけを食料とするしくみは複雑だが、イネにふくまれるオリザノン★3という簡単な構造の化合物がこの虫を誘引する。カイコが桑の葉を主食料とするプロセスにも秘密が多いが、桑にふくまれるヘキセノールおよび類縁の化合物がまず虫を誘引する。一方、これらの物質をまず感ずる昆虫側の装置ないし器官は主として触角にある。

★3 **オリザノン**　イネにふくまれ、害虫ニカメイチュウを引き寄せる物質。パラメチルアセトフェノン。イネの学名（ラテン語）に由来する名前。

フェロモン

昆虫どうしの連絡にしばしば決定的な役割を果たしているのが、昆虫自らが分泌するフェロモン[★4]と総称される物質である。雌が交尾のために雄を誘引することは古くから知られていたが、それに物質がかかわると分かり、ついでその物質を純粋に取りだす試みが始まった。実験材料の得やすさから、雌カイコの誘引物質が対象となり、数十年にわたる多くの研究グループの努力の結果、最後に高級アルコールの構造をもつ物質が純粋に得られ、ボンビコール[★5]と名づけられた（ドイツのブテナントら、一九六一）。数十万匹の雌カイコから出発して、わずか十数ミリグラムの収量であった。千兆分の一ミリグラムが一ミリリットルに溶けているという低濃度でも、雄の触角にふれれば刺激の反応を引き起こす。このような性誘引物質はその昆虫に独特のものであり、その後に何十種類もみつかっている。少なくともある種のガ（蛾）では数百メートルも有効な誘引力である。

興味を引かれるのはアリの行動である。集団が長い行列をつくり、移動するのに出会うことがあろう。彼らは何を認識し、何を判断して方向と目標を決めるのであろうか。ミツバチに関して後述するように、アリは個体の行動としては太陽の位置により方角を知り、巣に戻るのだが、あるアリでは、一匹が重要な目標を探しあてると、巣への帰りにある間隔で腹を地表につけ、フェロモンをこすりつける。これがその後のアリ集団の道しるべになり、このような方法で一〇〇メートルもの旅行が可能になるという。

カ（蚊）は血を吸いに人肌に寄る。蚊は皮膚よりでる低濃度の二酸化炭素への走

★4 **フェロモン**　動物が体外に分泌する物質が仲間への情報伝達に役立つとき、その伝達物質を指す。

★5 **ボンビコール**　カイコの性誘引物質、フェロモンの一つであり、その概念を生みだすきっかけとなった。雌カイコの腹部末端の分泌腺よりでる。炭素一六個よりなる一種の高級アルコールで、左のように表される。

$$CH_3-(CH_2)_2-CH\overset{c}{=}CH-CH$$
$$\overset{t}{=}CH-(CH_2)_8-CH_2OH$$

$\underline{c}$＝シス　$\underline{t}$＝トランス　幾何異性の表示

ボンビコールの化学構造

化性により人肌に寄るというが、それだけではないかもしれない。

以上の、フェロモンなどに依存する昆虫の行動は、驚くべき生物の秘密といえるが、方位決定の点では、イヌなどの鋭い嗅覚を教えられているわれわれには納得できるものといえる。また、直接的な視覚、聴覚、触覚、温度・湿度の感覚を用いた行動の方向決定も十分に了解できるものである。ただし、ここでは、生物種によって、それ以外に神業ともいえる鋭い能力があるというにとどめて話を先に進める。

ミツバチの踊り

昆虫の方位決定能力の解析は、ミツバチの研究によるところが大きい。ミツバチは高等な能力[★6]を備えながら、費用のかからない絶好の研究対象であった。まず朝の決まった時刻に、一定の餌場にミツバチが現れるという観察と、それへの興味が問題を掘り起こしていく。まず餌を取り除いても、翌朝同じ場所に彼らは現れるではないか。においだけに引かれてきたものではない。では、時刻と場所を告げたのは何だろうということになる。

以下に述べるミツバチのすばらしい能力の発見は、オーストリアのカール・フォン・フリッシュ[★7]とその共同研究者によるところが大きい。そこには方位決定のみでなく、時刻の感知、仲間との情報交換という話題が入ってくる。それらが一体となった能力であることを了解されたい。

一匹の斥候《せっこう》バチが十分な蜜のある餌場をみつけ、満腹して巣に帰ると、すぐに多くのミツバチが餌場を訪れた。かつては最初のハチが仲間を案内するなどと考えられていたのだが、そのグループのハチに番号をつけて観察すると、二番目に餌場を

★6 **ミツバチの踊り**　ミツバチは、ダンスという特殊な行動で仲間に餌の所在の方位と距離を知らせる。

★7 **カール・フォン・フリッシュ**　動物行動学者（一八八六〜一九八二）。一九七三年、ノーベル医学生理学賞を受賞。

訪れた群に斥候バチはかならずしもふくまれていなかった。そこで見通しのきく実験用巣箱をつくり、なかを観察すると、餌の十分な餌場から帰った斥候バチの信じがたいような行動が分かってきた。満腹のハチはまるで熱病にかかったように、垂直方向の巣板を高いところまでかけ上がり、非常な速度で小さな円を描いて走り回る。ほかのあるハチの仲間は、その〝ダンス〟をするハチの近くにきて、接触し、その後を一緒に走って回り、ついですぐ出口から餌場に向かった。なんとあのダンスが餌場を知らせる信号であった。また、そのとき餌場にきたハチは踊り手から体についた餌（花）のにおいを教えられていて、それを探すことが確かめられた。円運動の速度が速いほど餌場が近い。また餌場では、こんどは自分の香り、体の後半にある発香器から香り物質を分泌して近くにいるハチをその餌場に呼び寄せる。

発見は先へと進んでいく。その餌場を巣から遠くして、五〇〜一〇〇メートル以上も離すと、ミツバチのダンスのスタイルが変わってきた。半円を描いてから直線

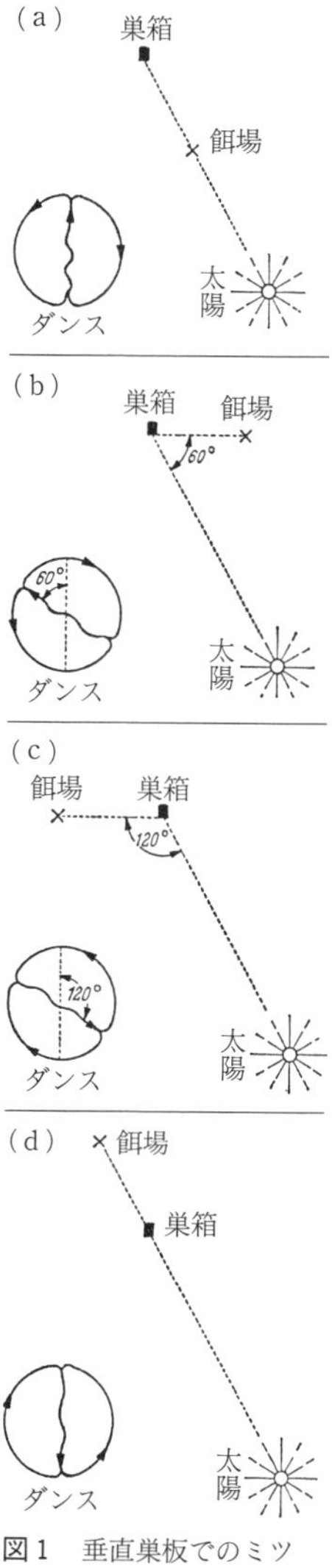

図1　垂直巣板でのミツバチの踊り（尻振り）。太陽の位置を基にした方向指示（カール・フォン・フリッシュ、1970）

的に元の位置に戻り、逆の半円を描いてまた直線上を戻るという八の字運動を繰り返し、その直線を走るときは、どの場合でも身体の後半を左右に振動させた（尻振りダンス・図1）。驚いたことに、飛んでいく新参者たちは、その餌場への距離を正確に知っており、その方向までも知っていたのである。そこで注意深く、しかも執拗な実験と観察を繰り返すと、そのダンスの直線部分の法則性が示されてきた。まず異なる場所から蜜を運んできたミツバチは、その直線部分を異なった方向に向けたのである。巣箱からみて、餌場が太陽と同じ方向にある場合は、その直線部分（尻振り行程）は、垂直に立った巣板上で正確に真上に向かい、もし餌場が太陽の左にあると直線行程も左を向き、しかも餌場に着くために、太陽から左側に保たねばならない角度そのもので左を向いたのである。その角度が九〇度を超えると、直線部分の動きは上から下に向かう。なお、餌場への距離は尻振りダンスのテンポ、すなわち回転数で表現されていた（表1）。信号を受けてそこへ向かうミツバチの群れは、同じ方向にある途中の餌場にはほとんど見向きもしないのである。

では、曇天の日はどうするのか。ミツバチは曇りで太陽が直接みえなくても、あまりに厚い雲でなければ、またごく一部の空がみえるだけでも、太陽の位置を正確に知ることができる。これは、われわれと異なり、ミツバチなどの昆虫はその複眼が偏光、とくに紫外線領域のものを感ずる能力をもつためと分かっている。

太陽コンパス

前述のように、ミツバチは太陽により方位を判断するといっても、このコンパス[★8]の難点は太陽の位置が時々刻々変わっていくということ

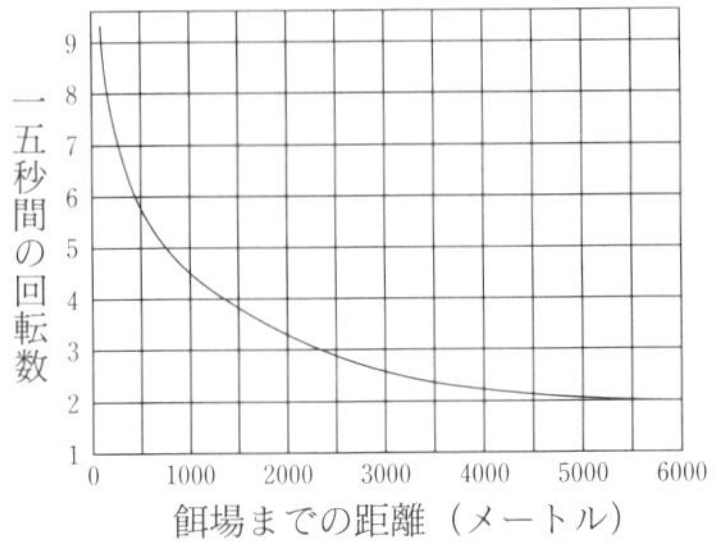

表1　ミツバチの踊りによる距離の指示。一八八五例の尻振りダンスを観察した。縦軸は一五秒間におけるダンスの回数（回転数）。（カール・フォン・フリッシュ、一九七〇より筆者作成）

★8 **コンパス**　羅針盤の意。ここでは円を描く製図用具ではなく、方位を測定する計器を意味する。

とである。太陽をコンパス[★9]として使うためには、時刻を知り、その時々の太陽の位置を知らねばならない。フリッシュらは、これを確認する野外実験をおこなっている（図2）。一群のミツバチを数日にわたって、巣箱から二〇〇メートル西にある餌場に通うようにした。ある朝、彼らが外出するより早い時間に、巣箱を数キロメートルも離れた、ミツバチが知らない景色の場所に移した。ここでは太陽以外に彼らにとって目印はないのだが、その朝ミツバチは西に飛んでいって、餌を探した。そのとき、太陽は南東の方向にあった。前日の最後の採餌にさいしては、太陽は西の地平線にあったのである。どうしてもハチは時刻と太陽の一日の動きとを知っていたと結論せざるを得ない。

時刻については、別の決定的な実験がなされている（レンネルによる）。一九五五年ということで、飛行機の利用と国際協力が可能になっていた。まずパリの研究所の暗室内で人工照明のもとで、ミツバチを午前八時一五分から二時間、給餌皿を訪れるように訓練した。そのハチを十数時間内に巣箱ごとニューヨークにある自然博物館内につくられた、まったく同じ構造の暗室に運び込んだ。さて彼らは何時に餌を求めて巣箱から飛びだしてくるのだろうか。答えはまことに明快で、ニューヨーク時間の午前三時一五分、パリでの給餌のちょうど二四時間後に飛びだしてきた。場所を交換した逆の実験でも結論は同じであった。ミツバチは何か外界の影響によって時刻を知るのでなく、自らがもつ〝時計〟で時刻を計っていたのである。なお、空腹を規則正しく感ずるわけではないことは別に確かめられている。

★9 **太陽コンパス**　動物が太陽の位置で方位を知るしくみ。一日の太陽の動きを体のもつ時刻感知能力（体内時計）で補正する。

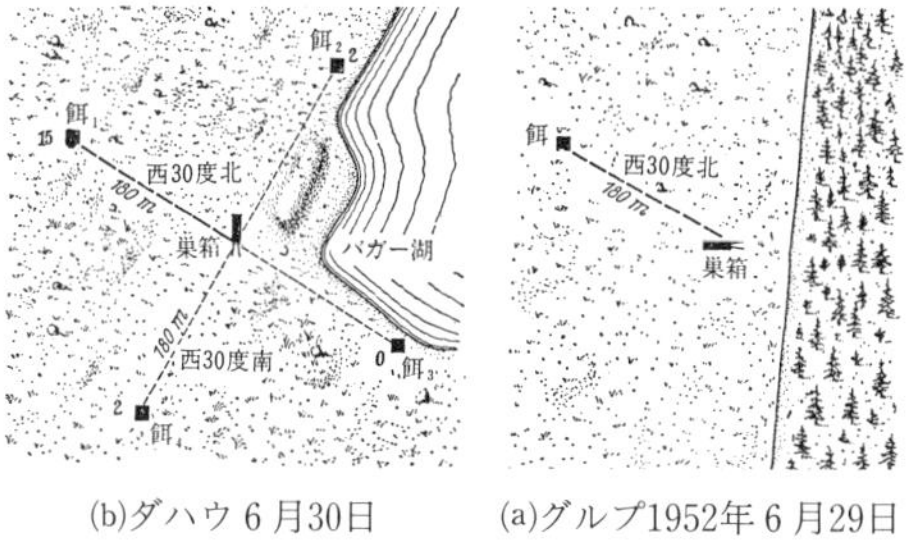

(a)グルプ1952年6月29日　(b)ダハウ6月30日

図2　ミツバチの移転実験。本文よりさらに厳しい条件が選ばれている。
(a)巣箱をミツバチの知らない土地におき、正午に出入口を開い

ダンス信号の精度

　ミツバチの踊りの直線部分が餌場の方向を指示することは前に述べたが、これは一般には正確なのだが、それがかなりずれる場合がある。条件によって、誤差は十数度にも及ぶ。ところが、指示されたハチはそのずれを補正して飛び、結果としては間違いが起きない。その奇妙なずれは、地磁気の影響らしい。また太陽が真上にあると指示はできず、逆に真上に置いた餌場への方向指示も不可能である。

　重要な、しかし人の悪い観察もある。森と野原が直線的に接している対照のはっきりした地形のその線の近くに巣箱を置き、その線に沿って南へ二〇〇メートル程の距離に餌場を置き、ミツバチを訓練した。つぎに、同様に森と野原が接しているが、その境界線の方向が先の地形とは異なり、ほぼ九〇度の方向、すなわち東西の方向に伸びているところを選び、そこに巣箱と餌場を移した。さて、このときミツバチは南にある餌場をみつけることができなかった。視覚により地形をみて飛び、ごまかされてしまったのである。彼らの太陽コンパスの利用は完璧に近いものの、より強い外来信号があればそれに従うという、生物としてはむしろ自然な行動を取るのである。上述の太陽コンパスを確かめた野外での実験でも、難しい課題の場合には少数の迷いミツバチがかならずいたことに注目しておきたい。のちに紹介するトリの方位決定にもやはり生物らしく、試行錯誤があるのである。

生物の体内時計

　ミツバチが時刻を知っていることは以前から分かっていたが、この時刻の感覚★10が、まったく体内からくるものか、あるいは

た。午後、番号のついたハチが巣箱から一八〇メートル北西の餌場で採餌した。

(b)次の朝、巣を別の知らない場所に移し、巣箱の出入口は前日とは別の方向に向けた。四つの方角に餌台を置いた。前日の午後巣箱の北西で採餌した番号つきのハチが、この日の午前に、やはり巣箱の北西の餌場に一五匹飛来した。一方、他の餌場には計四匹しかこなかった。(カール・フォン・フリッシュ、一九七〇)

★10 **生物時計・体内時計**　単細胞生

体外からの信号、たとえば遮蔽した壁を貫通してくる何かの輻射線とか、不明の宇宙の物理的な変化を彼らが人には分からない感覚で感じ取るのかは、分からなかった。上述のように、これが解決されたのは一九五〇年以降のことである。この問題はミツバチに限らず、他の多くの生物系について以前より人々の強い興味の対象であった。植物、動物を問わず、生物の活動にリズムがあり、時を知っているらしいことは早くから観察され、研究もされていた。マメ科の植物、ネムの木などが夜に葉を畳むが、これは暗くなるからそうするのでなく、昼夜を通じて、明るい、あるいは暗い場所に置いてもしばらくのあいだは、夜の時間になると葉を畳み、昼間は葉を広げるのである。詳述は避けるが、タバコ栽培の実用的な要請が、一日の昼間の時間が長くなる、あるいは短くなることにより植物が花芽を分化させる長日性あるいは短日性★11の発見に結びついたのだが、この発見も従前の観察に加わって、研究者に植物と時間という難問を突きつけていた。

一九三六年、ドイツの植物生理学者ビュニングは大胆な仮説を提出した。植物、またおそらくは動物にも内因性の日周リズムがあり、ほぼ二四時間で繰り返す活動のリズムをもつ。第二には、生物はこの内因リズムを用いて時間を測定するというものである。当時は、何か外界からくる未知の信号を生物が感じて時刻を知るという可能性に味方する研究者が大部分であり、上の仮説は初めはナンセンスとみなされ、相手にもされなかった。しかし、すこしずつ研究者の考えに入り込み、影響を与えていった。おそらくこの仮説に影響を受けつつ、逆にこの仮説を強く支持した

物をふくむほぼすべての生物がもつ仕組みで、外界からの刺激によらず時を知る。活動の日周リズムはその一つの表現。

★11 **植物の長日性と短日性**　タバコの新種をアメリカの北の地方で栽培すると開花が遅く、実が熟する前に冬枯れし種子が採れなかった。光の量と質、温度、湿度などを変化させても成功せず、ついに人工的に日照時間を短縮することで開花を早めた（ガーナーとアラード、一九一八）。これが重要な発見の端緒となった。

のが、フリッシュらの上述の実験であり、またつぎに紹介するクラマーらのトリの方位決定に関する実験である。

なお、単細胞生物をふくむほぼすべての生物（生活が日照に無関係な微生物、特殊な生物を除く）が体内時計をもつことは、現在確定した事実として認められ、体内での中枢の位置も分かり、さらに遺伝子レベルでの研究がおこなわれている。これは、二〇世紀における生物学領域での最大の発見であった。外来刺激、とくに光がこの時計の時刻合わせの信号となる。

渡り鳥の方位決定

渡り鳥が目標をみつけだす正確さは一つの神秘であり、古くより人を魅惑してきた謎である。もっとも長い渡りをするのは、キョクアジサシで、北極の二〇〇〇キロメートル以内に巣をつくり、秋になると、カナダを飛び越えて、大西洋を横切り、アフリカの西海岸を下り、喜望峰を回って、冬の餌場に行き着く。何がこの長い飛行中の誘導システムなのか。多くの人が強い興味をもちながら、この研究にはあまりにも困難が多いため、不明のままであった。そこに見事な実験法で切り込み、大筋を明らかにしたのがドイツのクラマーらであった（図3）。

研究対象として選ばれたのは、ヨーロッパ内で渡りをするホシムクドリである。クラマーは、渡りの季節になるとホシムクドリが飼育籠のなかで一定方向を向いて羽ばたきをすることに着目した。その方向は渡りの方向と一致していた。彼は実験用の籠をつくり、そのなかに入れたトリの頭がどの方向にあるかを朝の一時間、一

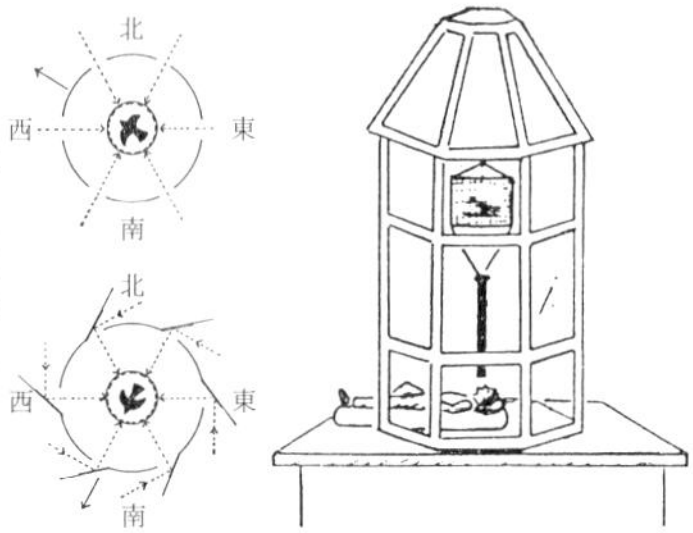

図3　クラマーの実験装置とムクドリの方向取り　クラマーは透明なプラスチック製の鳥籠の底を通してムクドリの方向取りを客観的に観察し記録した。

本当の太陽の位置がみえるときには右上図のように移住方向である北西へ向く。日光を鏡で九〇度曲げると、ムクドリは右下の図のように九〇度方向を変えた。（リッチー・ウォード、一九七四）

〇秒ごとに客観的に記録し、それを繰り返し、上述の方向どりを確かめた。

つぎに鏡を利用して籠に入る日光の方角を九〇度転回した。するとトリはそれに応じて、方向を九〇度変えてしまった。実験の時刻を変えても、結果は同じであった。さらに人工の太陽を置き、回転させ、その方角を変化させると、それに応じてトリは頭の方向を変えていった。籠の位置を遠方に移動させても結果は変わらなかった。トリが太陽を基準に方位を決めること、それを、体内時計で補正する太陽コンパスをもつことが確定した。さらに、籠内の一定方向に餌をみつけだすよう訓練したトリについて上のような実験を繰り返し、上の結論を確認した。

見事な研究であったが、これをそのまま野外のトリに適用できるだろうか。クラマーはつぎにそれを明らかにしようとしたが、一九五九年、事故のため亡くなってしまった。こうして天才的な先駆者により切り口を与えられた方位研究は、その後、器械の進歩にも助けられてさかんになり大いに進歩した。現在の理解を簡略に紹介しておこう。

トリの方位決定

あるトリ（たとえばムシクイ）は夜間に渡りの飛行をする。プラネタリウムを用いた研究もおこなわれ、星が方角の指示になることが分かった。多くの議論はあったが、あまり動かない星、北半球であれば北極星あるいはその近辺の星座を利用するという。回転していく星座の位置を体内時計で補正し、コンパスとする可能性は小さいらしい。

また、地磁気をコンパス（羅針盤）に用いるという期待は大きかった。実に慎重な実験の組み立てを必要とする課題のため、初めトリは磁気コンパスをもたないと[12]されたが、現在、その存在は確定している。地磁気磁力線の南北方向の分力でなく、磁力線が地表面とつくる角度（緯度により変化する）を感ずるものという。実は、ヒトも磁気コンパスをもつことが実験的に明らかにされているが、現在の地球環境は人工的な磁力に満ちているためトリともどもにコンパスが乱されることが多い。実験の前にどのような磁気条件にさらされていたかがその後の能力に大きく影響する。伝書バトを人工的な、しかも変化する磁場に数日間入れておいて、雲で太陽がみえない日に遠くから放つと、帰巣率が未処理のハトに比べて著しく悪かった。なお晴天の日には差がなかった。

ヒトでは、前夜、頭を北に向けて、地磁気の方向に沿って寝たときに能力が冴え、東西方向に寝たときには、極端に成績が悪いという。[13]ネコは体軸を南北方向に向けて寝るのを好むという観察があるが、慎重な観察を重ねる必要があろう。ヒトが磁気を感ずる部位は前頭部、目の少し下の中央、数センチメートル内部という。興味をそそられる問題である。

当然ながら視覚は最上位の信号であり、その他としてトリではにおいが場合によって強い信号となる。また音、とくに低周波の、ヒトには音にならない波による空気振動などをハトは感じ、信号として利用する。緯度が変われば、太陽の運行、どの高さを太陽が通るかが変化する。これも信号になりうるらしい。[14]

トリの方位決定に関して現在の理解を述べておくことにしよう。[14]トリの種類、産

★12 **磁気コンパス**　地球の磁気を感知して、ある程度方位を知る動物のしくみ。

★13 **ヒトの磁気感覚実験**　被験者をターンテーブルの上においた木製の椅子に座らせ、目隠しをし、耳栓をした状態で、椅子を適度な仕方で回して方角を答えさせる。慎重におこなうとかなりの方向感覚を示す。磁気の関与をみるため、頭に磁石をつけ、そのつけ方を変えると推測する方角が変化する。

★14 **トリの飛行のくせ**　トリの種類、また群れあるいは各巣によって飛行したがる方向がある（優先指向方向）。イギリスであるマガモの群れは、放つと巣の方向にかかわりなく北西に向かって飛んだ。伝書バトでもその傾向をもち、しばらくして巣の方向を選択する。理由は不明という。

地、経験の有無（成熟度）などで実験結果が細部では矛盾することもあるのだが、太陽コンパスの発見をピークとして、以降は常識的な線に落ち着きつつあるようである。巣の近辺、訓練された場所では、視覚（地形、目標物）に、音、においなどを合わせてつくった地図を記憶し、それに頼り、遠くに運ばれたときは往路での諸信号の記憶が重要らしい。太陽コンパスおよび星コンパスは視覚についで優先性をもつ。それらが使えないと磁気コンパス、そのほかに頼る。多くの信号を総合判断するのであり、一つの神秘的な力によるのではない。ミツバチに迷いバチがいたように、トリにも試行錯誤があり、また伝書バトも遠距離の不慣れな土地からでは帰れない場合が多いことを考えると妥当な結論と思われる。

（橘正道）

【参考文献】　石井象二郎『昆虫学への招待』岩波書店（一九七四）／カール・フォン・フリッシュ（木下治雄、菅原隆、菅原美子訳）『ミツバチとの対話』東京図書（一九七九）／リッチー・ウォード（長野敬、中村美子訳）『生物時計の謎』講談社（一九七四）／ロビン・ベーカー（網野ゆき子訳、中村司監修）『鳥の渡りの謎』平凡社（一九九四）

心理学——方向を知る能力はどこからくるのか

方向感覚

今自分がどちら方向を向いているのかということは、ふだんはあまり気にせず、当然のことのようにして受け入れられている。たとえば、私の右三〇度の方向に自宅があるとか、行きつけの酒屋は背後にあるという場合、われわれは、地表の対象（たとえば、自宅とか酒屋など）を基準にして、自身の向いている方向を把握しているのである。この能力は、日本語でも英語でも方向感覚(sense of direction)といわれている。

方向感覚は、感覚という言葉を使っているが、特定の感覚受容器が特定の刺激にのみ反応するという、狭い意味での感覚ではなく、知識や身体運動にも依拠した総合的な知覚的能力と考えられる。たとえば、初めていった場所でも間違わずに帰宅できる人を、方向感覚のいい人だということがあるが、このときの方向感覚は、感覚の問題だけではなく、空間に関する記憶力や移動能力もふくまれていることは明らかである。

方向感覚を一時的に喪失したときの不安感を思い起こせば、この能力の重要性に気づかされるであろう。たとえば、地下街を歩いていて、出口の方向が分からなくなると狼狽《ろうばい》する。また、山中での遭難などは、方向感覚を一時的に失った例である。老人性痴呆症の一つに徘徊があるが、これは、方向感覚の喪失として位置づけられよう。方向感覚の不調が恒常的で軽微な場合には方向音痴といわれる。

方向感覚という言葉は、日常語のなかでも、研究者のあいだでも、かなり幅広い意味をもたせて用いられている。そこには、①目を閉じてまっすぐに歩く能力、②身体を空間的に移動（回転と水平運動）させた後に特定の方向（たとえば「北」の方向）を指し示す能力、③地図を描く能力、などがこれにふくまれる。目を閉じてまっすぐに歩く能力には、内耳★1のなかの前庭機能（図1）、足底の触圧の感覚、左右の足の歩幅に関する筋腱の感覚が関与していると考えられるが、身体を移動させたのちに、特定の方向を指摘する行為は、これらの諸感覚から生じた情報を記憶し、さらには統合する能力がなくてはできない。さらに、地図を描く能力は、さまざまな感覚、筋・腱情報を、記号を用いて表出するという概念的な能力の介在を必要としている。

眼を閉じてまっすぐ歩く能力

霧のようなものにおおわれて、周囲の環境との視覚的な連絡が断たれたとき、人間も他の動物も円軌道で移動することが知られている。円軌道の方向（右回りと左回り）には個人差があるが、右に旋回する人が多いとされている。

この旋回傾向を説明するものとして二つの説が有力である。一つは、旋回機構なるものが、すべての動物に備わっていると仮定する。とくに、シェーファー（一九

★1 **内耳と方向感覚**　頭蓋の内部に埋め込まれている内耳の前庭器官には、三半規管（semicircular canals）と円囊（saccule）・楕円囊（utricle）がある。三半規管は頭の回転による角速度の検出を、円囊と楕円囊は直線加速度（重力加速度と身体が水平に移動するときの加速度）の検出にかかわるとされる（図1）。

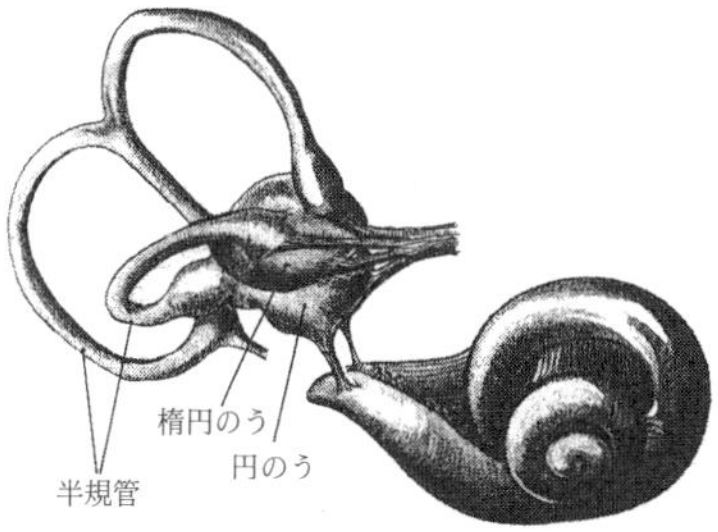

図1　前庭器官

日常生活のなかで、われわれが方向を判断するさいには、さまざまな基準がある。その代表的ないくつかを紹介しよう。

《東西南北》北極星（あるいは地軸の方向）を基準にして定められた方位。北極星のみえる方向を北とし、その反対方向を南とする。東は、北極星をみたときの右手方向を意味し、西は、その左手の方向を意味する。要するに、特定の星のような外的な基準にもとづいて方向を定めたものである。環境中心的な方位システムである。

《前後左右》観察者を基準にして定められた方位。判断をおこなう人の胴体の向いている方向を前と呼び、その反対方向を後ろと呼ぶ。方向判断をおこなう人からみて、心臓をふくむ側の半空間（身体もふくむ）を左と呼び、その反対側の空間を右と呼ぶ。したがって、前後左右を用いて事物の方向を示すときには、判断者のいる場所とその身体の向きを、はっきり示す必要がある。東西南北とは対照的に、前後左右のシステムは自己中心的な方位システムである。

《上下》人間の上下の判断は、三つの基準を用いておこなわれているように思われる。一つは身体軸である。頭の方向を上と呼び、足の方向を下と呼んでいる。肩は腰よりも上にあるという具合である。二つ目の基準は重力軸である。重力の方向を下と呼び、その反対方向を上と呼んでいる。「川を下る」とか「ボールを上に投げる」という表現は、人やボールが重力方向に従っているか逆らっているかによって上と下とを使い分けている。三つ目の基準は視覚的な対象軸である。われわれの周りには、上と下の特徴を備えたものがある。とくに、文字や本や家具のような熟知対象には、はっきりと上と下の部分がある。たとえば、机は横転していても、上は天板の部分であるし、下は足の部分である。

上下の基準を明確にしないで、上下の判断を求めると、混乱が生じるときがある。たとえば、床の上に寝転がっている人に、上を示すように求めると、自分自身の頭の方向を指す人と、天井の方向を指す人に分かれる。これは、前者が身体軸を基準に使っているのに対して、後者が重力軸あるいは対象軸（天井と床）を基準に使っているからである。

二八）は、動物には旋回機構があり、通常の感覚的な情報があたえられないとき、動物はらせん的に回転するようになると強く主張した最初の学者である。この機構は、脳のなかにあって、利き手とか体の構造的な非対称からは独立していると仮定されている。彼は、各個人の特定の旋回傾向は、歩いていても、泳いでいても、自動車を運転していても一定であることを見出している。もし、頭のなかにある左右の前庭の機能に、わずかでも非対称性があれば、このような特定方向への旋回を説明することは可能であるが、今のところはっきりしていない。

もう一つの説では、旋回は、身体の肉体的な非対称によると仮定する。ここでいう肉体的な非対称性とは、利き手、利き目、腕や足の長さ、体の中心線の傾きの程度などを指す。とりわけ左右の足の長さの違いが重要な要因と考えられている。この説によると、目隠しをしてまっすぐ歩くように求められたほとんどの人に、右旋回をする傾向があるのは、左足が右足よりもわずかに長いためであると仮定している。

移動後の方向感覚

リービッヒ（一九三三）という学者は、暗室のなかで一光点のみを被験者に示し、その方向をよく記憶するように求めた直後に、その光点を消し、ひじょうに複雑な道に沿って被験者を移動させ（自分の足で歩く条件と台車に乗って移動する条件）、それから、被験者に、最初にみた光点のある方向を向いて、その場所へ戻るように求めている。この実験の結果、自分の足で歩いた被験者は、台車に乗せられた被験者よりも正確に課題を遂行した。

これは、当然の結果かもしれない。台車に乗せられた被験者は、回転加速度と直線加速度を検出することができるが、台車が一定の速度で移動しているあいだは、速度というものをまったく知覚していないからである。たとえば、眼を閉じて電車に乗ったとき、電車が動き始めたときや止りかけたときには、速度の変化を知覚するが、定速度で移動しているあいだは、動いていることすら分かりにくい。一方、自身の足で歩くときには、自分のステップの長さを基準に連続的な情報を入手できるので、移動距離に関する情報が、かなり正確にあたえられることになる。

リービッヒの方法は、のちにもっと単純化されて、方向感覚に関する検査に用いられるようになった。すなわち、被験者は目隠しをして実験者に誘導されて、床に描かれた三角形の二辺を歩かされたあと、自分の足でスタート地点に戻るように求められる。あるいは、目隠しをした被験者が、直角二等辺三角形の斜辺を歩かされたあと、その三角形を完成するように残りの二辺の上を自力で歩くように求められる。この検査では、完全に出発点に戻ることができれば、良い方向感覚をもっていると判定され、出発点から逸脱するほど方向感覚が悪いと判断される。

リービッヒの方法はもちろんのこと、このような三角形課題を正しく遂行するには、自分の歩いた距離と自分の回転した角度を正確に把握することが必須である。どちらか一方が欠けても被験者は課題を正確に遂行することができない。

おそらく、各被験者がおこなう三角形課題の遂行は、身体の移動距離の知覚と身体の回転角の知覚を個別に評価することができれば、ある程度は予想できるかもしれない。身体の回転と方向感覚の精度の関係を研究するには、目隠しをした被験者をある場所に立たせ、その場で被験者の体を能動的に回転させたあと、特定の方向を指摘させる検査をすればよい。一方、身体の移動距離と方向感覚の精度の関係を研究するには、目隠しをした被験者にある直線距離を歩かせたあとに、特定の方向を指摘させる検査をすればよい。残念ながら、今のところ、この三者の関係を実験的に明らかにした研究はないように思われる。

視覚情報がある場合

視覚情報がふんだんにあたえられている状況では、先に述べた「まっすぐに歩く課題」や「三角形課題」は、きわめて容易な課題である。わざわざ実験をしなくても、ほとんどの人はきわめて正確に課題を遂行するであろう。

それでは、もっと長い距離、たとえば、図2に示すように入り組んだ地下道のような道を出発点から目的地にまで約一五〇メートルほど移動した後、出発点の方向を指摘させると、どの程度の反応の精度が得られるのであろうか。コズロフスキーたちの実験（一九七七）では、第一試行は平均して五〇度の誤差が生じるが、方向感覚が優れていると自認している被験者に繰り返して遂行させると、第四試行目の平均誤差は二五度にまで縮まった（表1）。

一方、入り組んだ路地を出発点から目的地にまで移動（往路）した後、同じ道を通って出発点に戻る（復路）という課題を被験者にあたえたときにはどうであろうか。われわれのおこなった実験では、出発点から目的地までの歩行に約一〇分を要

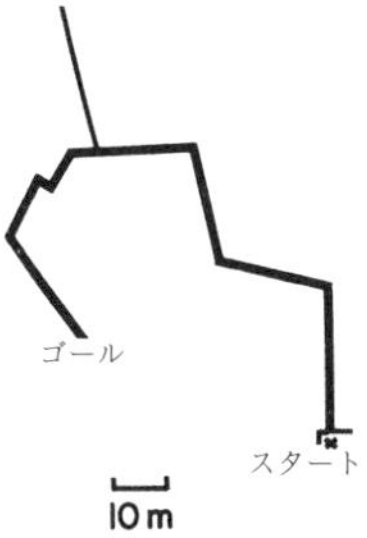

図2　コズロフスキーたちが用いた地下道

表1　コズロフスキーたちの実験結果（図2・表1とも Kozlowski, L. T., and Bryant, K. J. "Sense of direction, spatial cognition, and cognitive maps", Journal of Experimental Psychology : Human Perception and Performance, 3, 1977）

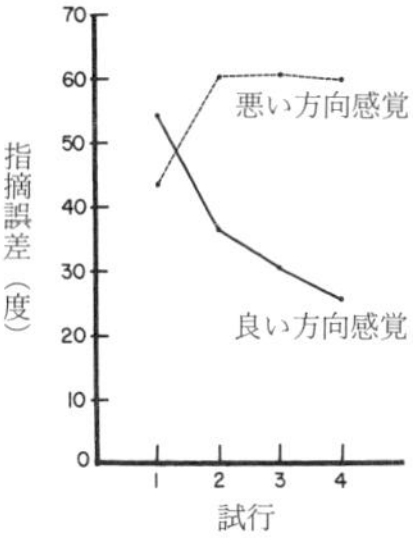

し、その間に七回の方向転換（右折と左折）をしなければならない路地では、誰もがいつも正しく戻ってくるとは限らず、往路を歩いているときに被験者にあたえられた視覚情報によって、正しい復路をたどることができたりできなかったりすることが分かった。同じ路地でも、明るい昼間に歩く場合と、夕方から宵にかけた時刻に歩く場合を比較すると、昼間のほうが、正しく復路をたどる被験者の割合が高くなる。また、往路の曲がり角にある手がかりに被験者の注意を向ける場合と、曲がり角からつぎの曲がり角までの距離に被験者の注意を向ける場合を比較すれば、前者のほうが正しく復路をたどる被験者の割合が高くなる。したがって、往路の曲がり角に、被験者の注意を引く視覚的手がかりがあると、正しく戻りやすくなることが示唆される。

地下街や雑居ビルのような複雑な通路から構成されている場所で、火事のような緊急事態に遭遇したとき、われわれは、迅速にその場を離れなければならない。先に示唆した研究結果は、主要な曲がり角に、右折をすればどこに、左折をすればどこへ行き着くのかを目立つように表示しておいてこそスムーズな避難につながることを示唆している。★2

★2　道案内の方法　たとえば、郵便局までの道案内を乞うたときに、つぎの二つの案内A、Bを受けたとする。A「この道を北へ一五〇メートルほどいって、そこを東に曲がり、四五〇メートルほどいったところの角を、さらに南に曲がると郵便局があります」。B「この道をまっすぐ前に行ったところに八百屋があり、そこを右に曲がり、まっすぐ行って寿司屋の角をさらに右に曲がると郵便局があります」。案内Aは、距離や東西南北の方位システムを用いた案内であり、案内Bは、目印と前後左右の方位システムを用いた案内である。われわれの研究は、案内Bのほうが効果的であることを示している。

地図の描き方・見方

被験者に、たとえば、よく知っている自分の町の様子を地図で描くように求めると、彼らの描いた地図は、おおむね二タイプに分類できる。一つは、自分の居住地を中心にして、その周りに建物、道路、川などを配列して描いたものである。この地図では、自分の居住地は地図の中央に描かれ、たとえば道路などは、被験者自身の位置からみた方向と実際の方向を一致させるようにして描かれることが多い。もう一つは、東西南北のような客観的（あるいは伝統的）な方位を基準にし、町の中心部を地図の中央に描いたものであり、被験者の居住地からみた方向とは独立して道路などを描くことが多い。前者を、自己中心的地図とするならば、後者を環境中心的地図と呼ぶことができるであろう。子供は、自己中心的地図を描きがちであるが、大人になるにしたがって、環境中心的地図を描くようになる。

一方、さまざまな方向に体を向けた被験者に、東西南北の方位が示されていない地図をあたえて、もっとも自然な向きに、その地図を置くように求めることによって、被験者の方向感覚の特徴を知ることができる。その結果、地図の置き方にはつぎの三種類が認められる。

一　実際の地勢の姿と地図のなかの通りや川の方向が一致するように地図を置く（整序関係にあるという）。

二　被験者の身体に一定の関係をもつように地図を置く（たとえば、地図のなかの自分のいる位置をいつも左に置く）。

三　地図のなかで北に相当する部分を自分から一番遠くに置き、地図のなかで東に相当する部分を体の右側に置く（二の特殊ケース）。

最初のケースは、知覚的な要因によって大きく影響された地図の置き方であるが、最後のケースは、伝統的な文化的要因によって影響された地図の置き方ということ

★3 **地図と方向**　左の図は何の地図（答は本稿の最後に示す）？　初めは、どこの地図なのかがわからないが、テキストを右に九〇度回転すると、その地図の表している場所が突然に分かる。われわれは地図をみるときに、地図のどの部分を上にするかを習慣的に決めているので、この図は、その習慣を崩すと地図の再認が困難になることを示唆している。

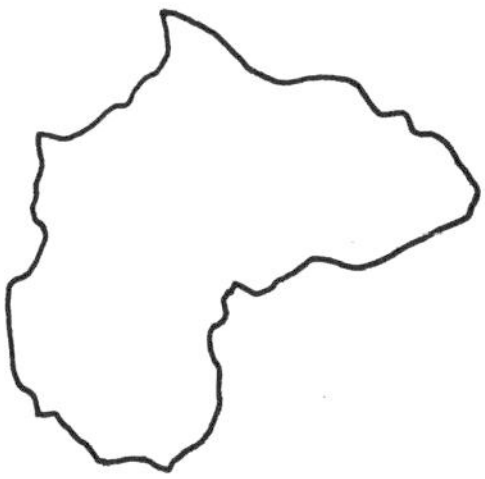

どこの地図でしょう

ができる。[★3] 大人は、普通、「三」に示したような地図の置き方をするが、なじみのない土地を旅行したときには、「一」に示したように地図を置いて方向を確認することが多い。

レヴァインたち（一九八二）は、地図の方向と被験者の関係が整序関係にあるときに、方向の認知が促進されることを示した。図3のような簡単な地図を被験者に提示したのちに、目隠しをして「今あなたは位置1にいます。位置2が前方にみえます。では位置4はどの方向にあるでしょうか（正解は右後）」とたずねる条件と、「今あなたは位置2にいます。位置1が前方にみえます。では位置4はどの方向にあるでしょうか（正解は左前）」とたずねる条件を比べたところ、前者のほうが容易であったという。これは、最初の問いでは、位置1、位置2の実際の配列と地図上での配列が整序関係にあるが、二つ目の問いでは、二点の実際の配列が地図上の配列と反対になっていることから生じたものと考えられる。

図3　レヴァインたちによる方向認知実験の地図（Levine M. and Jankovic I. N. and Palij M., "Principles of spatial problem solving", Journal of Experimental Psychology : General, 111, 1982）

地磁気と方向感覚

最後に、地磁気と方向感覚の関係についてひと言述べておこう。

先にみてきたように、人間の方向感覚は、視覚（あるいは視覚的イメージ）、前庭による平衡感覚、筋肉や腱による運動感覚、目的地にいたるまでの環境に関する知識などが総合的に作用し合って決定されるものであることは明らかであるが、これに地磁気の効果を加える研究者がいる。伝書バトやミツバチが地磁気に反応して[★4]、方向の定位をおこなっていることは、一九七〇年代ころから、はっきりと実証されるようになってきたが、それと同様に、人間にも地磁気に反応

★4 **地磁気に反応して**　四〇六頁の脚注参照。

する機構があると仮定するのである。

たとえば、近年では、ロビン・ベイカー（一九八一）が、目隠しをした被験者を出発点からバスに乗せて何キロメートルも離れた地点にまで移動させ、そこで出発点の方向を指摘させるという実験をおこなったが、目的地でも目隠しをしたままで判断させると平均誤差は一三度、目隠しを外して判断させると平均誤差は四度となり、かなり正確な方向の判断が得られた。それに、移動が二〇キロメートル以上の長い距離になっても、数キロメートルの短い距離でも、また移動中に眠っていても、起きていても、目的地での方向の判断には大きな相違が認められなかった。ところが、被験者の頭に強力な磁場を発生させる装置をつけて移動すると正確な方向判断が失われたのである。彼は、これらの証拠から、人間も他の動物と同じように地磁気に反応すると考えた。しかし、その後の追試実験では、むしろ地磁気説を否定する結果が得られている。おそらく人間が地磁気に反応することがあるとしても、視覚をはじめとする諸感覚や知識の効果ほど大きくないのであろう。（東山篤規）

【参考文献】　R・ロビン・ベイカー（高橋景一・菅原隆訳）『人間の方向感覚　磁気を感じる脳』紀伊國屋書店（一九八一）

（四一五頁の答えはアフリカ）

［編者略歴］

山田安彦　やまだ・やすひこ

1927年、兵庫県加古川市生まれ。1954年、立命館大学大学院中国思想史研究科修了（文学修士）。1974年、理学博士（東京教育大学）。1976年、岩手大学教育学部教授を経て千葉大学教授。1993年、千葉大学名誉教授、神戸学院大学教授。1998年、神戸学院大学特任教授。元歴史地理学会会長。元学術会議会員。2002年逝去。
主な著書に、『遠野市農林業拠点開発都市』（国土計画協会、1966年）、『古代東北のフロンティア』（古今書院、1976年）、『古代の方位信仰と地域計画』（古今書院、1986年）、『ケントゥリア地割と条里』（大明堂、1999年）のほか編著・共編など多数。

方位読み解き事典（ほういよみときじてん）

二〇〇一年六月一五日　第一刷発行
二〇〇五年一二月二五日　第三刷発行

編者　山田安彦
発行者　富澤凡子
発行所　柏書房株式会社
〒113-0021 東京都文京区本駒込1-13-14
Tel 〇三（三九四七）八二五一（営業）
〇三（三九四七）八二五四（編集）

装幀　中根光理
印刷　株式会社亨有堂印刷所
製本　協栄製本株式会社

ISBN4-7601-2066-1 C0539

執筆者紹介（五十音順）

（生年、専門、現職、本書執筆担当箇所の順で掲出）

赤桐毅一（あかぎり・たけかず）1945年生まれ。自然地理学、測量および地図学。元国土地理院（現在、㈶河川情報センター勤務）。「測量」担当。／浅香勝輔（あさか・かつすけ）1929年生まれ。日本都市史。日本大学大学院理工学研究科講師。「送葬空間と方位」担当。／池田潤（いけだ・じゅん）1961年生まれ。セム語学。筑波大学文芸・言語学系助教授。「イスラエル」担当。／礒永和貴（いそなが・かずき）1962年生まれ。歴史地理学。九州産業大学講師。「地籍図」「便所の位置」「江戸」担当。／一海知義（いっかい・ともよし）1929年生まれ。中国文学。神戸大学名誉教授。「中国古典文学」担当。／岩坂七雄（いわさか・ななお）1963年生まれ。日本民俗学。奈良市教育委員会文化財課技術吏員。「民俗」担当。／伊藤伸幸（いとう・のぶゆき）1962年生まれ。メソアメリカ考古学。名古屋大学文学部助手。「メソアメリカ」担当。／植村卍（うえむら・まんじ）1942年生まれ。哲学、宗教。神戸学院大学人文学部教授。「方位の神話学」担当。／馬瀬智光（うませ・ともみつ）1966年生まれ。南米考古学。京都市埋蔵文化財調査センター文化財保護技師。「南アメリカ１」担当。／遠藤匡俊（えんどう・まさとし）1954年生まれ。歴史地理学、文化地理学。岩手大学教育学部教授。「アイヌ」担当。／小川砌（おがわ・つよし）1934年生まれ。理論物理学、科学史。千葉大学名誉教授。「科学史」担当。／河野眞知郎（かわの・しんぢろう）1948年生まれ。中世考古学。鶴見大学文学部教授。「鎌倉」担当。／川村博忠（かわむら・ひろただ）1935年生まれ。歴史地理学。東亜大学総合人間・文化学部教授。「近世日本の地図」担当。／菅野成寛（かんの・せいかん）1952年生まれ。中世宗教文化史。中尊寺仏教文化研究所主任。「仏教」担当。／木下良（きのした・りょう）1922年生まれ。歴史地理学。古代交通研究会会長。「古道」担当。／黒木祥子（くろき・しょうこ）1949年生まれ。中世日本文学。神戸学院大学人文学部助教授。「日本古典文学」担当。／小林圓照（こばやし・えんしょう）1934年生まれ。インド思想史。花園大学文学部教授。「インド」担当。／佐伯英樹（さえき・えいじゅ）1965年生まれ。考古学。(財)栗東市文化体育振興事業団出土文化財センター主査。「弥生の建造物」「古墳」担当。／設楽寛（したら・ひろし）1926年生まれ。気候学、自然地理学。東北大学名誉教授。「気候」「風名」担当。／柴田潮音（しばた・しおね）1963年生まれ。メソアメリカ考古学。エルサルバドル共和国遺産局調査部考古課。「メソアメリカ」担当。／澁谷鎮明（しぶや・しずあき）1963年生まれ。韓国地域研究、人文地理学。中部大学国際関係学部助教授。「風水」「沖縄」「韓国」担当。／関口靖之（せき

ぐち・やすゆき）1958年生まれ。歴史地理学。大阪教育大学非常勤講師。「寺社建築と方位」担当。／**高橋正**（たかはし・ただし）1934年生まれ。人文地理学。岡山理科大学総合情報学部教授。「オリエント・ギリシア」担当。／**橘正道**（たちばな・まさみち）1931年生まれ。生化学。千葉大学名誉教授。「生物」担当。／**敦賀公子**（つるが・きみこ）1962年生まれ。民族歴史学。慶應義塾大学文学部非常勤講師。「メソアメリカ」担当。／**寺嶋秀明**（てらしま・ひであき）1951年生まれ。文化人類学。神戸学院大学人文学部教授。「アフリカ」担当。／**中島義一**（なかじま・ぎいち）1926年生まれ。歴史地理学。駒澤大学名誉教授。「日本の地名」担当。／**長野覺**（ながの・ただし）1928年生まれ。歴史地理学。元駒澤大学教授。「修験道」「山で叫ぶヤッホー」担当。／**中村雅子**（なかむら・まさこ）1932年生まれ。英語学。「英語圏」担当。／**中森祥**（なかもり・しょう）1968年生まれ。メソアメリカ考古学。鳥取県埋蔵文化財センター。「メソアメリカ」担当。／**早瀬哲恒**（はやせ・あきひさ）1930年生まれ。集落地理学。「民家」担当。／**原毅彦**（はら・たけひこ）1953年生まれ。文化人類学。立命館大学国際関係学部教授。「南アメリカ２」担当。／**東山篤規**（ひがしやま・あつき）1951年生まれ。視覚・触覚による空間知覚。立命館大学文学部教授。「心理学」担当。／**久武哲也**（ひさたけ・てつや）1947年生まれ。文化地理学。甲南大学文学部教授。「北アメリカ」担当。／**平田隆一**（ひらた・りゅういち）1936年生まれ。西洋古代史。東北学院大学文学部教授。「エトルリア・ローマ」担当。／**古谷尊彦**（ふるや・たかひこ）1939年生まれ。地球環境科学。千葉大学大学院自然科学研究科教授。「モンゴルのゲル」担当。／**細矢藤策**（ほそや・とうさく）1929年生まれ。国文学、民俗学。國學院大学栃木短期大学講師。「神道」担当。／**村上忠喜**（むらかみ・ただよし）1960年生まれ。日本民俗学、中米民族学。京都市文化財保護課技師。「メソアメリカ」担当。／**元木靖**（もとき・やすし）1944年生まれ。人文地理学。埼玉大学教養学部教授。「農業」担当。／**山田浩久**（やまだ・ひろひさ）1964年生まれ。都市地理学。山形大学人文学部助教授。「都城」「城下町」「近代都市」担当。／**山田安彦**（やまだ・やすひこ）奥付に記載。「方位とは」担当。／**和田光生**（わだ・みつお）1960年生まれ。日本民俗学。大津市歴史博物館学芸員。「恵方」担当。

索　引

項目名の補足を〔　〕で示した。

あ　行

か　行

さ　行

た　行

な　行

は　行

ま　行

や　行

ら　行

わ　行

ん